インターネット法

INTERNET LAW

EDITED BY
MATSUI SHIGENORI
SUZUKI HIDEMI
YAMAGUCHI ITSUKO

編／松井茂記・鈴木秀美・山口いつ子

はしがき

　あなたは，今日一日どれだけインターネットを利用しただろうか。朝起きてまずメールを確認し，電車やバスが時刻通りに走っているかどうか確認し，今日の天気を確認し，何かニュースはないかどうか確認しただろうか。電車やバスに乗りつつ，オンラインゲームをしたり，ストリーミングで音楽を聴いたりしただろうか。学校や職場に着いて，タブレットやコンピューターの端末に向かって，ウェブサイトの情報を集めたり，メールを書いたりしただろうか。家に帰って，見逃したテレビ番組や映画をネットで見たり，ネットを検索したり，ソーシャルネットワークを通じて友達と写真を共有したりしただろうか。オンラインで銀行に送金を依頼したり，オンラインショッピングで商品を注文したり，旅行やホテルの予約をしただろうか。あるいはウェブページを更新したり，ブログを書いたり，掲示板に投稿したりしただろうか。おそらく，ほとんどの人にとって，一日でどれだけインターネットを利用したのかわからないくらい，インターネットはもはや我々の生活の不可欠の一部になっているのではなかろうか。

　だが，このようにインターネットが果たす重要な機能にもかかわらず，インターネットが提起する法律問題には，今なお多くの論点が残されている。なかには，インターネットだからといってオフラインの現実世界で提起される問題と変わらないため，これまでの法律で十分対処できるものもある。しかしインターネットであるがゆえにこれまでの法律では対処できない問題や，新たな対応が必要とされる問題もある。法律が制定されて対処された場合もあるが，今なお適用されるべき明確な法律がなく，裁判所に最終的解決がゆだねられている問題も少なくない。インターネットに対応した法の形成は，発展途上である。

　この本はそのようなインターネットを巡る法の現状と課題を概観した教科書である。この本を読んでいただければ，インターネットが提起する法律問題の複雑さと，それをうまく解決することの難しさとをわかっていただけるのではないかと思う。この本はあくまで，インターネット法の基礎を概観することを

目的としている。したがって，執筆にあたっては，法律を知らない一般の方にもわかっていただけるよう，専門用語を避け，しかもなるべく易しく説明するように努力したつもりである。ぜひこの本を通じて，インターネット法の世界の一端に触れていただきたい。

　この本の出版に当たっては有斐閣書籍編集第一部の笹倉武宏さんに大変お世話になった。ここで感謝しておきたい。

　　2015 年晩秋

編 者 一 同

執筆者紹介

執筆順。✻は編者

CHAPTER

1 ✻松井 茂記　まつい・しげのり
ブリティッシュ・コロンビア大学教授

2 ✻山口 いつ子　やまぐち・いつこ
東京大学教授

3 宍戸 常寿　ししど・じょうじ
東京大学教授

4 曽我部 真裕　そがべ・まさひろ
京都大学教授

5 ✻鈴木 秀美　すずき・ひでみ
慶應義塾大学教授

6 小倉 一志　おぐら・かずし
小樽商科大学教授

7 木村 真生子　きむら・まきこ
筑波大学准教授

8 森田 果　もりた・はつる
東北大学教授

9 渡邊 卓也　わたなべ・たくや
筑波大学准教授

10 駒田 泰土　こまだ・やすと
上智大学教授

11 山本 龍彦　やまもと・たつひこ
慶應義塾大学教授

12 西土 彰一郎　にしど・しょういちろう
成城大学教授

13 長田 真里　ながた・まり
大阪大学教授

CONTENTS

CHAPTER 1　インターネット法の発達と特色

PREFACE　はじめに …………………………………… 1

1　インターネットとは何か ……………………………… 2
　1.1 インターネットの歴史的発達 ❘ 2
　1.2 インターネットの構造 ❘ 3
　1.3 インターネットの上でできること ❘ 4
　1.4 インターネットの特色 ❘ 7

2　インターネットに対する政府の対応 ………………… 8
　2.1 世界の国々 ❘ 8
　2.2 日　本 ❘ 9

3　インターネットの光と陰 ……………………………… 12
　3.1 インターネット上の表現の功罪 ❘ 12
　3.2 拡大しつつある電子商取引とその落とし穴 ❘ 14

4　インターネット法の現状 ……………………………… 14
　4.1 インターネット上の有害な表現の規制 ❘ 14
　4.2 インターネット上の電子商取引の規制 ❘ 16
　4.3 関連する諸問題 ❘ 17

5　インターネット法はどうあるべきか ………………… 18
　5.1 包括的な法律は必要か ❘ 18
　5.2 インターネットの世界に法律は立ち入るべきではないか ❘ 19
　5.3 インターネット法の構造――レッシグの議論を踏まえて ❘ 21

CONCLUSION　おわりに ……………………………… 23

CHAPTER 2 インターネットにおける表現の自由 ……… 25

PREFACE はじめに ……………………………………………………… 25

1 メディアをめぐる革新的技術と伝統的な法枠組み …… 27
●印刷・放送・コモンキャリッジ

- **1.1** 印刷メディアの法——政府介入からの表現の自由の原型 〔 27
- **1.2** 放送メディアの法——放送の特殊性に基づく規制 〔 29
- **1.3** コモンキャリッジの法——通信事業者の義務 〔 30

2 インターネットの技術特性とは ………………………… 32
●その複合性と可変性からの示唆

- **2.1** 伝統的な法枠組みにおけるインターネットの位置づけ
  ——印刷・放送・コモンキャリッジとの類推 〔 33
- **2.2** 変わりゆくインターネット
  ——その自由の最大化と不可視のアクセス制限の可能性 〔 34

3 インターネット上の表現・情報の自由をめぐる諸相 …… 36
●送り手側の視点から

- **3.1** 報道の自由と「知る権利」との関係性
  ——国政・公共的事項に関する表現と「ブロガーの特権」 〔 36
- **3.2** 民主主義的自己統治の価値と政治的言論の自由
  ——インターネット選挙運動の解禁とプロバイダー責任制限法の特例 〔 38

4 インターネットの自由を支える主体間の相互作用 …… 40
●受け手側ないし中間媒介者の視点から

- **4.1** 表現・情報に関する受け手側の自由と権利 〔 41
- **4.2** フィルタリング・検索エンジンをめぐる情報の自由とアクセス
  ——著作権・「忘れられる権利」に関するEU司法裁判所先決裁定から 〔 43

5 つながるインフラ●自由なアクセスとインターネットの中立性 …… 45

- **5.1** ブロードバンド・プロバイダーとエッジ・プロバイダー
  ——その競争関係と懸念された事態 〔 46
- **5.2** 連邦通信委員会の規制権限とコモンキャリアの分類 〔 47
- **5.3** 自由な表現のためのプラットフォームを誰が支えるのか 〔 49

CONCLUSION おわりに ……………………………………………… 51

CHAPTER 3 インターネット上の名誉毀損・プライバシー侵害　53

PREFACE はじめに　53
(1) インターネットの外での表現・情報発信 (54)　(2) インターネットでの表現・情報発信 (54)　(3) インターネットの光と陰 (55)　(4) 名誉毀損・プライバシー侵害に関する従来の法理とインターネットの特性 (55)

1　名誉毀損　56

1.1　伝統的な法理　56
(1) 刑事・民事の名誉毀損 (56)　(2) 名誉毀損と表現の自由 (58)

1.2　インターネット上の名誉毀損　64
(1) インターネットの特性と伝統的な法理 (64)　(2) ラーメンチェーン店事件 (67)　(3) 読売新聞西部本社事件 (70)　(4) その他の論点 (74)

2　プライバシー・肖像権侵害　76

2.1　伝統的な法理　76
(1) 表現行為によるプライバシー侵害 (76)　(2) 肖像権侵害 (80)

2.2　インターネット上のプライバシー・肖像権侵害　82
(1) 表現行為によるプライバシー侵害 (82)　(2) 肖像権侵害 (84)

CONCLUSION おわりに　88

CHAPTER 4 インターネットにおけるわいせつな表現・児童ポルノ　90

PREFACE はじめに　90

1　わいせつ表現　91

1.1　刑法による規制の概要　91
(1) 規制の構造 (91)　(2) わいせつ表現の規制根拠と表現の自由 (93)　(3)「わいせつ」の意義 (95)

1.2　インターネットとわいせつ規制　96
(1) ウェブ上でのわいせつ画像 (96)　(2) ファイル共有ソフト

（P2P）でのわいせつ画像の流通（98）　(3) 電子メールでのわいせつ画像の送信（98）　(4) マスキング（98）　(5) リンク，検索エンジン，掲示板管理者（99）　(6) 海外サーバーからのわいせつ画像の配信（99）

2　児童ポルノ ……………………………………………… 100

2.1　児童ポルノ規制をめぐる問題状況　100
(1) 児童ポルノとは（100）　(2) 児童ポルノ規制をめぐる国際動向（102）

2.2　児童買春・児童ポルノ禁止法　103
(1) 立法及び改正の経緯（103）　(2) 児童ポルノの定義（105）　(3) 規制対象行為（108）

2.3　自主規制による児童ポルノサイトのブロッキング　112

CONCLUSION　おわりに ……………………………………………… 113

CHAPTER 5　インターネット上での青少年保護　115

PREFACE　はじめに ……………………………………………… 115

1　有害図書規制と表現の自由 …………………………… 117
(1) 条例による有害図書規制（117）　(2) 岐阜県青少年保護育成条例事件（118）　(3) 最高裁の論理（119）　(4) 検閲・事前抑制と明確性の理論（121）　(5) 表現内容規制・表現内容中立規制二分論（122）　(6) 有害図書規制と表現の自由（123）　(7) 青少年の知る自由（124）　(8) 有害図書規制の立法事実（125）　(9) 成人の知る自由（125）　(10) 有害図書の定義の不明確さ（126）　(11) その後の判例（127）

2　インターネット上の有害情報規制 …………………… 128
(1) フィルタリングによる有害情報対策（128）　(2) 青少年環境整備法の制定（129）　(3) 青少年有害情報の例示（130）　(4) 子ども・若者育成支援推進本部（132）　(5) 携帯電話事業者・ISP のフィルタリングサービス提供義務（133）　(6) 事業者の義務（134）　(7) 青少年閲覧防止措置（135）　(8) フィルタリング推進機関（136）　(9) EMA によるコミュニティサイト運用管理体制の認定（137）　(10) フィルタリングの現状と課題（138）　(11) 共同規制の可能性（140）

3　インターネット上のいじめへの対策 ……………… 141
　　　　(1) いじめ防止対策推進法（141）　(2) アメリカの動向（142）

CONCLUSION **おわりに** ……………………………………………… 143

CHAPTER 6　インターネット上の差別的表現・ヘイトスピーチ　145

PREFACE **はじめに** ……………………………………………… 145

1　インターネットにおける差別的表現の具体例 ……… 147
　　1.1 これまでの状況　147
　　1.2 最近の判例　149
　　　　(1) 奈良水平社博物館事件（150）　(2) 京都朝鮮学校事件（150）

2　差別的表現に対する諸外国の対応 ………………… 152
　　2.1 国際法レベル　152
　　2.2 国内法レベル　154
　　　　(1) 規制に肯定的な国（ドイツなど）（154）　(2) 規制に否定的な国（アメリカ）（156）

3　差別的表現に対するわが国の対応 ………………… 158
　　3.1 憲法学説　158
　　3.2 法律（案）・条例（案）　161
　　　　(1) 人権擁護法案・鳥取県条例（161）　(2) 人種差別撤廃法案・大阪市条例案（162）　(3) 大阪府条例・岡山市条例（163）

CONCLUSION **おわりに** ……………………………………………… 164
　　　　●わが国におけるインターネット規制のこれまで・これから

CHAPTER 7　電子商取引と契約　167

PREFACE **はじめに** ……………………………………………… 167

1 電子商取引の仕組み ……………………………………… 168

- **1.1** 電子商取引の意義と沿革　168
- **1.2** 通信販売としての電子商取引　170
- **1.3** 電子商取引の未来　170

2 電子契約の特色 ……………………………………………… 172

- **2.1** 問題の所在　172
- **2.2** 契約締結の自動化と人の責任　172
- **2.3** 匿名性の功罪　174
- **2.4** 電子文書の脆弱性　174
- **2.5** ICT 提供者と利用者の情報格差の拡大　175

3 電子契約をめぐる私法的な問題 ………………………… 175

- **3.1** 申込みと承諾　176
- **3.2** 契約の成立時期　179
  - (1) ウェブ画面の場合（179）　(2) 電子メールの場合（180）
  - (3) インターネット・オークションの場合（181）
- **3.3** 価格誤表示と売主の責任　182
- **3.4** なりすまし　183
  - (1) 民法のルールと「なりすまし」（183）　(2) 本人確認の方式に合意がある取引（184）　(3) クレジットカード決済の場合（185）
- **3.5** 未成年者による意思表示　186
- **3.6** 契約の不履行　187
- **3.7** モール及びオークションサイト運営者の責任　188
  - (1) 当事者間トラブルへの対処（188）　(2) システム障害（189）
  - (3) モール運営者の名板貸責任（189）

4 ウェブサイトの表示に関する消費者保護の仕組み …… 191

- **4.1** 広告規制　191
  - (1) 不当景品類及び不当表示防止法（景品表示法）による規制（191）　(2) 特定商取引に関する法律（特定商取引法）による規制（192）
- **4.2** ステルスマーケティング　193
- **4.3** 特定商取引法上の返品権　195
- **4.4** 事業者団体による自主規制　196

CONCLUSION おわりに ●電子契約の法的課題・・・・・・・・・・・・・・・・・・・・・ 197

CHAPTER 8 電子商取引の支払いと決済,電子マネー
199

1 電子商取引の支払いと決済の仕組み ・・・・・・・・・・・・・・・・ 199

1.1 現金以外の支払手段の必要性 199
1.2 銀行振込 200
1.3 収納代行 201
1.4 クレジットカード 201
1.5 電子マネー 201
　(1) プリペイド式電子マネー (202)　(2) サーバー型電子マネー (202)
1.6 代引き(代金引換) 203

2 支払い・決済をめぐる法的問題 ・・・・・・・・・・・・・・・・・・・ 204

2.1 リスクの分配 204
2.2 デフォルトルールの設定 205
2.3 ルール設定の視点 205

3 電子マネーをめぐる法的問題 ・・・・・・・・・・・・・・・・・・・・ 207

3.1 電子マネーの仕組み 207
3.2 原因関係と支払関係 207
3.3 無権限取引 208
3.4 運営会社の倒産リスク 210

4 銀行振込をめぐる法的問題 ・・・・・・・・・・・・・・・・・・・・・ 210

4.1 銀行振込の仕組み 210
4.2 原因関係と支払関係 211
4.3 無権限取引 212
4.4 ネットバンキングの場合 212

5 代引き・収納代行をめぐる法的問題 ・・・・・・・・・・・・・・・・ 214

5.1 リスクの分配 214
5.2 公法的規制との関係 215

6 クレジットカードをめぐる法的問題 ……………… 216

- 6.1 クレジットカードの仕組み ▎ 216
- 6.2 原因関係と支払関係 ▎ 218
- 6.3 無権限取引 ▎ 219

7 仮想通貨をめぐる法的問題 ● ビットコインを中心に ……… 220

- 7.1 ビットコインの仕組み ▎ 220
- 7.2 公法的規制 ▎ 222
- 7.3 私法的規整 ▎ 222

CONCLUSION おわりに ……………………………………… 224

CHAPTER 9 インターネットと刑法

1 インターネットと刑法 ……………………………… 226

- 1.1 科学技術の発展と刑法 ▎ 226
- 1.2 インターネットを利用した犯罪 ▎ 227

2 インターネット上の表現の規制 ……………………… 229

- 2.1 名誉毀損表現 ▎ 229
- 2.2 わいせつ表現 ▎ 232
- 2.3 児童ポルノ表現 ▎ 234
- 2.4 サイバーストーキング ▎ 235

3 インターネットと財産保護 …………………………… 237

- 3.1 情報の刑法的保護 ▎ 237
- 3.2 電子商取引と財産犯 ▎ 240

4 ネットワークセキュリティの保護 …………………… 242

- 4.1 ハッキング ▎ 243
- 4.2 コンピューターウィルス ▎ 246

CHAPTER 10 インターネットと知的財産法

PREFACE はじめに ……………………………………………………… 249

1 インターネットと特許法 ……………………………………… 250

1.1 特許法の概要　250
1.2 発明としてのプログラム　251
1.3 ビジネス方法特許　252
1.4 インターネットを介した発明の部分実施　254

2 インターネットと著作権法 …………………………………… 255

2.1 著作権法の概要　255
2.2 違法ダウンロード　258
2.3 ファイル交換／共有システム　258
　（1）ユーザーによる著作権侵害（259）　（2）P2P サービス・プロバイダーによる著作権侵害（259）　（3）P2P プログラム開発者・頒布者の責任（260）
2.4 クラウド・コンピューティングと著作権法　261

3 インターネットと商標法，不正競争防止法 …………… 263

3.1 商標法，不正競争防止法の概要　263
　（1）商標法（263）　（2）不正競争防止法（264）　（3）両法律の規整の異同（265）
3.2 メタタグ　266
　（1）商標的使用（266）　（2）メタタグは商標的使用か（267）　（3）不正競争防止法による規制（268）
3.3 ドメイン名　269
　（1）ドメイン名が惹起する問題（269）　（2）不正競争防止法2条1項13号による規律（270）　（3）ADR（271）

CONCLUSION おわりに ……………………………………………… 272

CHAPTER 11 インターネット上の個人情報保護

PREFACE はじめに ……………………………………………………… 274

(1) 民間事業者による情報の収集・利用等について (274)
(2) 国家による情報の収集・利用等について (278)

1 民間事業者による情報の収集・利用等 …………… 278

1.1 オンライン識別子と「個人情報」 ⎾ 278
(1) 文脈依存性 (278)　(2) 法改正のポイント (280)　(3) ガイドライン (283)

1.2 プロファイリングとプライバシーポリシー ⎾ 286
(1) 個人が特定されている状況下で行われるプロファイリング (286)　(2) 個人が特定されない状況下で行われるプロファイリング (288)　(3) 告知の実効化と選択機会の実質的保障 (290)

2 国家による情報の収集・利用等 …………………… 293

2.1 「ゲートキーパー」としての電気通信事業者 ⎾ 293
2.2 裁判官による「境界」管理 ⎾ 295
2.3 今後の展望 ⎾ 298

CONCLUSION おわりに …………………………………………… 299

CHAPTER 12 サービス・プロバイダーの責任と発信者開示
301

PREFACE はじめに …………………………………………………… 301

1 プロバイダーの役割 ………………………………… 302

1.1 マスメディアとコモンキャリア ⎾ 302
1.2 プロバイダーの位置づけ ⎾ 303

2 情報媒介者の法的責任●名誉毀損を例として ……… 305

2.1 ニフティサーブ「現代思想フォーラム」事件 ⎾ 305
2.2 都立大学事件 ⎾ 306
2.3 2ちゃんねる（動物病院）事件 ⎾ 307
2.4 基準の一般化の必要性 ⎾ 308

3 プロバイダーの責任の制限 ………………………… 310

3.1 プロバイダーの責任が問題になる場合 ⎾ 311

　　　　　(1) 送信防止措置を講じなかった場合（311）　(2) 送信防止措置
　　　　　を講じた場合（314）
　　3.2 公職候補者等の特例 ┃ 315
　　3.3 プロバイダーの作為義務？ ┃ 315
　　3.4 著作権侵害の場合の特殊性 ┃ 316
　　3.5 プロバイダーの刑事責任 ┃ 317

4 プロバイダー責任制限法における発信者情報開示請求権 ···· 318

　　4.1 通信の秘密との関連性 ┃ 318
　　4.2 プロバイダー責任制限法4条の構造と論点 ┃ 319

5 プロバイダーの責任制限及び発信者情報の開示を考える ···· 322

　　5.1 プロバイダー責任制限法に対する指摘 ┃ 322
　　5.2 クラウド・コンピューティングと検索サービス ┃ 323

CONCLUSION おわりに ·· 325

CHAPTER 13　国境を越えた紛争の解決　327

PREFACE はじめに ··· 327

1 国際裁判管轄 ·· 328

　　1.1 2011年民事訴訟法改正前 ┃ 328
　　1.2 2011年民事訴訟法改正後 ┃ 328
　　　　　(1) 被告住所地原則（329）　(2) 特別管轄（329）　(3) 特別の
　　　　　事情による訴えの却下（337）

2 準　拠　法 ··· 338

　　2.1 準拠法決定ルール ┃ 338
　　2.2 契約の準拠法 ┃ 339
　　　　　(1) 契約の成立及び効力の準拠法（339）　(2) 契約の方式の準拠
　　　　　法（341）
　　2.3 消費者契約 ┃ 341
　　　　　(1) 消費者契約の成立及び効力の準拠法（341）　(2) 消費者契約
　　　　　の方式の準拠法（342）　(3) 消費者契約の特則の適用除外（343）

2.4 不法行為の準拠法 ▎344

(1) 一般不法行為の準拠法 (344)　(2) 生産物責任の準拠法 (345)　(3) 名誉・信用毀損の準拠法 (346)　(4) 準拠法の変更：その1 例外規定 (346)　(5) 準拠法の変更：その2 合意による準拠法変更 (347)　(6) 法廷地法の累積適用 (347)

2.5 知的財産権侵害の準拠法 ▎348

(1) 知的財産権の準拠法：属地主義と準拠法 (348)　(2) 知的財産権の侵害の準拠法 (349)

3 外国判決の承認・執行 ……………………………… 351

3.1 外国判決承認執行制度 ▎351

3.2 外国判決承認執行の要件 ▎351

(1) 外国裁判所の確定判決であること (352)　(2) 間接管轄 (353)　(3) 敗訴の被告への送達 (353)　(4) 公序 (354)　(5) 相互の保証 (355)

CONCLUSION おわりに ……………………………… 356

判例索引 ……………………………… 358

事項索引 ……………………………… 364

凡 例

本書で用いた略語とその正式名は下記のとおりである。

法 令

IT 基本法	高度情報通信ネットワーク社会形成基本法（平成 12 法 144）
e-文書法	民間事業者等が行う書面の保存等における情報通信の技術の利用に関する法律（平成 16 法 149）
景品表示法	不当景品類及び不当表示防止法（昭和 37 法 134）
サイバー犯罪条約	サイバー犯罪に関する条約（平成 24 条 7）
児童買春・児童ポルノ禁止法	児童買春，児童ポルノに係る行為等の規制及び処罰並びに児童の保護等に関する法律（平成 11 法 52）
出資法	出資の受入れ，預り金及び金利等の取締りに関する法律（昭和 29 法 195）
ストーカー規制法	ストーカー行為等の規制等に関する法律（平成 12 法 81）
青少年環境整備法	青少年が安全に安心してインターネットを利用できる環境の整備等に関する法律（平成 20 法 79）
組織犯罪処罰法	組織的な犯罪の処罰及び犯罪収益の規制等に関する法律（平成 11 法 136）
通則法	法の適用に関する通則法（平成 18 法 78）
出会い系サイト規制法	インターネット異性紹介事業を利用して児童を誘引する行為の規制等に関する法律（平成 15 法 83）
電子契約法	電子消費者契約及び電子承諾通知に関する民法の特例に関する法律（平成 13 法 95）
電子署名法	電子署名及び認証業務に関する法律（平成 12 法 102）
特定商取引法	特定商取引に関する法律（昭和 51 法 57）
ハーグ送達条約	民事又は商事に関する裁判上及び裁判外の文書の外国における送達及び告知に関する条約（昭和 45 条 7）
犯罪収益移転防止法	犯罪による収益の移転防止に関する法律（平成 19 法 22）
風俗営業法	風俗営業等の規制及び業務の適正化等に関する法律（昭和 23 法 122）
不正アクセス禁止法	不正アクセス行為の禁止等に関する法律（平成 11 法 128）
プロバイダー責任制限法	特定電気通信役務提供者の損害賠償責任の制限及び発信者情報の開示に関する法律（平成 13 法 137）

迷惑メール規制法	特定電子メールの送信の適正化等に関する法律（平成14法26）
預金者保護法	偽造カード等及び盗難カード等を用いて行われる不正な機械式預貯金払戻し等からの預貯金者の保護等に関する法律（平成17法94）
リベンジポルノ被害防止法	私事性的画像記録の提供等による被害の防止に関する法律（平成26法126）

判　例

　判例は下記のような略語を用いて，その裁判所名・言渡日・掲載判例集（代表的なもの）を示した。例えば「東京高判 2001・9・5 判時 1786 号 80 頁」は，「東京高等裁判所」で 2001 年 9 月 5 日に言い渡された「判決」で，「判例時報」という判例掲載誌の 1786 号 80 頁に掲載されていることを示す。なお，主な判例は裁判所ウェブサイト（http://www.courts.go.jp/）でも見ることができる。

大判	大審院判決
最	最高裁判所
最大判	最高裁判所大法廷判決
最大決	最高裁判所大法廷決定
高	高等裁判所
知財高	知的財産高等裁判所
地	地方裁判所
支	支部
判	判決
決	決定
民集	（大審院または最高裁判所）民事判例集
刑集	（大審院または最高裁判所）刑事判例集
刑録	大審院刑事判決録
集刑	最高裁判所裁判集刑事
高刑集	高等裁判所刑事判例集
東高刑時報	東京高等裁判所（刑事）判決時報
下民集	下級裁判所民事裁判例集
無体例集	無体財産権関係民事・行政裁判例集
判時	判例時報
判タ	判例タイムズ
金判	金融・商事判例

本書のコピー,スキャン,デジタル化等の無断複製は著作権法上での例外を除き禁じられています。本書を代行業者等の第三者に依頼してスキャンやデジタル化することは,たとえ個人や家庭内での利用でも著作権法違反です。

インターネット法の発達と特色

松井 茂記

PREFACE　はじめに

　インターネットは，相互に接続されたコンピューターのネットワークのネットワークである。

　もともとインターネットは，アメリカのARPANETと呼ばれる軍事プログラムから発展してきたものであった。それは，軍や防衛関連企業，軍に関わる研究を行う大学などにおいて利用されるコンピューター・ネットワークが，複数の経路をもつことによって，たとえ戦争でネットワークの一部が損傷を受けても相互に情報伝達を行うことができるように開発されたものである。それが，民間において発展し，いまや世界規模で29億人以上の人が情報にアクセスし，相互にコミュニケートすることのできるメディアへと成長したのである。日本でも1億人以上の人がインターネットにアクセスしており，人口の83%はインターネットを利用している状況である。[1] このようにして構成されたコン

---

1) 総務省『情報通信白書 平成26年度』(http://www.soumu.go.jp/johotsusintokei/whitepaper/ja/h26/pdf/index.html)

ピューター・ネットワークの社会圏は、しばしばサイバースペース（cyberspace:電子的な仮想空間）とも呼ばれる。

　このようなインターネットの発達は我々の生活をきわめて大きく変えた。もはやインターネットのない生活は多くの人にとって考えられないであろう。しかしインターネットの発達は、同時にこれまでになかった様々な法律問題を生じさせた。さらにこれまでもあった法律問題であっても、インターネットの発達は新たな局面を与え、これまでとは異なった解決を迫った。本書は、このようなインターネットの発達に伴って生じている様々な法律問題を紹介し、それを理解する手がかりを与えることを目的としている。そこで、まずこの CHAPTER 1 では、インターネットの構造や特色を簡単に振り返り、インターネットの発展に対する政府の対応を比較法的に検討しつつ、インターネットをめぐる法の在り方と構造について検討し、CHAPTER 2 以下の検討の素材としたい。

1 インターネットとは何か

1.1 インターネットの歴史的発達

　すでに触れたように一般的な理解によれば、インターネットは、1969 年に始められたアメリカの ARPANET と呼ばれる軍事プログラムから発展してきたものであった。それは、軍や防衛関連企業、軍に関わる研究を行う大学などにおいて利用されるコンピューター・ネットワークが、複数の経路をもつことによって、たとえ戦争でネットワークの一部が損傷を受けても相互に情報伝達を行うことができるように開発されたものである。

　そして、コンピューター・ネットワークがやがてこのようなプロジェクトの関係者を超えて、いろいろな大学や研究組織に形成され、それらがやがて相互に接続され、コンピューター・ネットワークのネットワークが形成された。これがインターネットである。

　インターネットの利用者は 1970 年代及び 1980 年代次第に拡大する。そして、1990 年に入って、商用の利用が拡大する。さらに 1991 年のワールド・ワ

イド・ウェブの誕生により，インターネットの利用者は飛躍的に拡大した。はじめに述べたように，現在では全世界で29億人以上の人がインターネットを利用している状況である。

1.2 インターネットの構造

　インターネットはコンピューター・ネットワークのネットワークである。ほとんどの人は，まず大学，会社等の組織の内部的なネットワーク（LAN）に接続し，その組織内のネットワークからインターネットに接続するか，さもなければインターネット・サービス・プロバイダーと契約することによってインターネットに接続する。

　インターネットの利用ははじめのうちはコンピューターに限られていて，しかも接続は当初はダイヤルアップの電話回線であった。しかしやがて電話回線が高速回線になって常時接続が可能となり，さらにはケーブルテレビ会社がそのケーブルを利用してインターネット接続サービスを始め，やがて光ケーブルが普及するに従って，通信速度は急激に速まった。さらに，スマートフォンやタブレットの普及もあって，インターネットへの接続を無線（Wi-Fi）で行うことも一般的となっている。インターネット上の情報送信は無線か有線かにとらわれない。

　このように，情報送信の方法が特定の技術的制約に服しない点がインターネットの大きな特色のひとつである。

　インターネット上の通信は，共通のプロトコルに従って行われる。そのため，インターネットに接続されるハードウェアやそのオペレーションソフトの違いにかかわらず，すべてのコンピューターがインターネットに接続することができる。その基盤を成しているのは，伝送制御プロトコルであるTCP/IPプロトコルである。しかもインターネットの上では，情報はパケットと呼ばれる情報単位に分けられて，それぞれ別の経路を経由して送信先に送信される。このことがインターネットに分散的な性格を与えている。

　インターネットの接続にあたって，それぞれの利用者は固有のIPアドレスをもっていて，インターネットの上では，このIPアドレスを通じて個人が識別される。IPアドレスは通常自動的に割り振られる。情報の送信者や受信者

はこの IP アドレスによって特定されうるが，それが具体的にどの個人を指しているのかは，インターネットの上では特定できない。通常は，その IP アドレスの持ち主は，インターネットの接続を提供しているインターネット・サービス・プロバイダーなどの契約を確認しなければ，特定できない。

　このインターネット上では，この IP アドレス相互間で，様々な上位プロトコルによって情報の送受信が行われている。HTTP はウェブ閲覧のためのプロトコル，SMTP や POP3 はメールの送受信のためのプロトコル，FTP はファイル転送のプロトコルである。

　ワールド・ワイド・ウェブ（WWW）は，インターネットの世界を格段に広げた。ウェブは，ハイパーテキストマークアップ言語（HTML）を利用したテキスト，イメージ，ビデオなどによって構成され，インターネットの利用者は，特定のアドレスにウェブサイトを開設することができる。このアドレスはコンピューターアドレスであり記号であるが，これに日常的に利用される言語をドメインネームとして割り当てることで，遥かに利用しやすくなった。ドメインネームはいくつかの階層に分かれており，最も基底を成すルートドメインネームは後述するように ICANN によって管理されている。

　ユーザーはブラウザーソフトを使ってインターネットをブラウズ（閲覧）することによってウェブにたどり着く。現在では，目的のウェブを探すための検索エンジン（グーグルやヤフーなど）が一般的に使われている。ウェブページには，他のウェブページへのリンク（ハイパーリンク）が張られており，ユーザーはこのリンクをクリックすることによって，リンクされたウェブページに自動的にたどり着くことができる。このワールド・ワイド・ウェブは，情報の宝庫として重要な機能を果たしているとともに，相互にリンクされることによって，相互連携性を果たしている。そのうえ，ウェブの上の情報を監督する包括的な権限を持つ組織も企業も存在せず，情報を集中的に管理するような場所もない。きわめて開かれた性格を有していると言える。

1.3　インターネットの上でできること

　インターネットは，現状では次のような機能を果たしている。
　まずインターネットを通じ，個人は電子メールを交換し，対話を行うことが

できる。1対1の対話で飽き足らなければ、メーリングリストサービスに加わり、一定の人との間で自動的にメールを交換することもできる。メールマガジン（メルマガ）を受信することも送信することもできる。ニュースグループのサービスでも、ニュースを複数の相手に読んでもらうことができる。メールのやりとりに満足できなければ、会議室に加わって一定の論点についての討論に加わることもできるし、チャットルームに参加し、複数の相手と同時進行的に会話を楽しむこともできる。さらに、他の人や企業、あるいは政府機関などの情報に、ワールド・ワイド・ウェブを通してアクセスすることもできるし、情報をダウンロードすることもできる。掲示板を読み、書き込みをすることもできるし、それぞれのテーマに沿って電子会議室で意見を交わすこともできる。

　このようにインターネットは、郵便や電話と類似した通信メディアとしての性格とともに、表現メディアとしての性格を持っている。ウェブサイトは、個人や企業が様々な表現を行い、誰でもがそれにアクセスし、情報をダウンロードすることができる場である。そのうえ、ブログと呼ばれる個人の日記形式のサイトは、読んだ人からの書き込みのスペースを持つものも増え、ブロガーはマスメディアによるサイトに匹敵する影響力を持つようになっている。しかも、インターネットの可能性はこれらに限られるわけではない。すでにインターネットを通してゲームをダウンロードしたり、他のプレーヤーとゲームをしたり、セカンドライフに象徴されるように、オンラインの仮想社会に参加することも一般的になってきている。また、フェイスブックやツイッターのようにソーシャル・ネットワーキングのサービスも普及してきている。人々と出会うのも、交際相手を見つけるのも、婚姻のパートナーを見つけるのも、インターネットに頼る時代になったと言っても言い過ぎではない。

　さらに、インターネットの上では、iTunesのように音楽ダウンロードサービスのサイトも多く存在し、Netflixのように映画の配信サイトも存在する。かつては人々はレコードを、そしてその後はCDを音楽店で購入していたが、今ではインターネットからダウンロードする方が主流になっている（さらに定額制でストリーミングできる方法が拡大している）。映画もかつては多くの人がビデオやDVDをレンタルビデオ店で借りていたが、今ではインターネットの上で映画を見たり、借りる方が多くなった。本も、インターネットを通して購入したり、電子書籍をダウンロードして購入し、iPadなどのタブレットデバイス

や電子書籍閲覧専用のデバイスを利用して読む人が増えている。インターネット・ラジオやインターネット・テレビも発達してきており，これが普及するのも時間の問題と思われる。しかも，インターネットの利用者双方でのピアツーピア（peer to peer：P2P）のアプリケーションも普及し，ファイル交換ソフトウェアを利用して，ファイルを交換することも盛んに行われるようになっている。

さらに，インターネットは，ウィキペディアの成功にみられるように，多くのユーザーの協力によって，ひとつのプロジェクトを遂行させることを可能にした。一人の力ではできないことも，このような利用によって可能となるのである。メディアとしてのインターネットのもつ可能性には計り知れないものがある。

そして，利用形態の多様化に伴い，インターネット上のサイトを検索する検索エンジンも，非常に重要な役割を果たすようになっている。グーグルに代表されるような検索エンジンによって，利用者はアクセスを求めているサイトにたどり着くことができるのである。いまや検索エンジンは，インターネットのユーザーにとって不可欠な役割を果たしているだけでなく，スポンサーを得て，サイトを示すなどして，ユーザーを誘導する役割も果たしている。

このようなインターネットは，ビジネスに対しても大きなチャンスをもたらすことを意味する。わざわざ店に足を運ばなくても，人はインターネット上に開かれている仮想モールを通して，好きなものを注文することができる。通販サイトのアマゾンの成功は，まさにインターネットを通した取引の可能性の象徴といえる。銀行の店舗・ATM まで行かなくても，インターネットを通して残高照会や振込みをすることもできる（インターネット・バンキング）。インターネットを通して株式を売買し，保険契約を締結することも，イーベイ（eBay）のようなオークションに参加することもできる。個人でもクレイグズリスト（craigslist）などのサービスを利用して，物やサービスの売買，出会いやパートナー探しのためのサービスの提供ができる。自分で物やサービスを販売しなくても，物やサービスを紹介することで，取引を促進し収入を得ることもできる。インターネットの上での広告を専門にする企業も大きく成長した。

このようなインターネットを利用する商取引を一般に「電子商取引」と呼ぶ。2014 年の日本の電子商取引規模は，企業間電子商取引市場が約 280 兆円，消費者向け取引市場が約 12.8 兆円と推計されている[2]。現在はもっと拡大してい

ることは疑いない。そして，今後もその市場規模が拡大していくことも疑いない。

1.4　インターネットの特色

インターネットには，これまでのメディアと異なった独自の特徴がいろいろとある。まず第一に，インターネットはきわめて分散的なネットワークであり，全体を管理統制するような組織や機関が存在しない。インターネットははじめアメリカで発達したが，いまやインターネットは世界中に張り巡らされたクモの巣のような存在であり，どの国も全体を統制できるような力を有してはいない。またインターネットを管理統制する国際的な組織や機関も存在しない。

さらに，インターネットの上では，送信される情報は小さなパケットに分解され，それぞれのパケットはそれぞれ別のルートで目的地に届き，その目的地で再び組み立てられて元々の情報になる。この送信経路はランダムであり，しかも分散的である。あるルートが使えなかった場合は，自動的に別のルートに回される。すべてのパケットがかならず通過するような地点はどこにも存在しない。ボトルネックが存在しないのである。

そのうえインターネットは高度の匿名性を有している。インターネットの上で情報を送信するのには，身元を明かす必要はない。匿名でも，特定のハンドルネームでもかまわない。通常は送信元のIPアドレスまではわかるかもしれないが，そのアドレスの送信者が誰かはわからない。しかもプロキシーサーバーを経由することによって，送信元のアドレスでさえ隠すこともできる。しかも，インターネットカフェを利用したり，ホットスポットにおいて無線で接続したりすることによって，どこから送信されたかはわかっても誰が送信したのかはわからないこともしばしばである。

他方で，インターネットはベスト・エフォートのメディアである。それはこれまであったような通信や情報提供メディアと異なり，最初から完璧に情報を提供することを元々目指していない。

2）　経済産業省ウェブサイト（http://www.meti.go.jp/policy/it_policy/statistics/outlook/h26release.pdf）

2 インターネットに対する政府の対応

2.1 世界の国々

　このようなインターネットの発達に対して世界中の国々では，かなり対照的な対応を示してきた。

　インターネット発祥の地であるアメリカでは，大統領がインターネットの自発的な発達を促す観点から，なるべく政府は口出しをしないという態度を取ってきた。とりわけ，クリントン政権下，ゴア副大統領は情報ハイウェイ構想を展開し，インターネットの発達を促進する役割を果たした。後述するように，アメリカでは青少年に不快なメッセージを送ったり，青少年がアクセスできるような形で不快な表現を掲示することを禁じた通信品位保持法（CDA：Communications Decency Act）のように例外的にインターネット上のメッセージを規制したり，スパム行為を規制したりしてはいるが，それ以外には包括的なインターネットの規制法はない。

　これに対し，インターネットに対し最も厳しい規制を敷いているのは恐らく中国であろう。中国では，バックボーンとなるインターネット・サービス・プロバイダーはすべて強い政府による規制に服しており，インターネットへの接続には身元の登録が要求され，インターネット上で政府批判や分離独立を支援するような表現は禁止されている。さらに政府批判的なサイトやチベット問題に触れたようなサイトへは，接続はおろか検索にも引っかからないような措置がとられている。サイバーポリスを多数抱え，そのうえ自動検閲ソフトウェアが好ましくないメッセージや情報を削除して回っているといわれる。抜け道はないではないが，中国国内から自由に情報を発信し，あるいは情報に自由にアクセスすることは著しく困難な状況である。

　他の国々は，この中間に位置する。シンガポールでは，インターネット・サービス・プロバイダーとホームページ発信者は，放送管理局に登録し，免許を受けなければならず，政府が有害とみなした情報へのアクセスを排除しなければならないものとされている。有害情報は，治安を乱すおそれのある情

報，公衆道徳に反する情報，そして人種・宗教の調和を乱すような情報である。オーストラリアでは，インターネット・サービス・プロバイダーのウェブへのアクセスに規制がかけられており，海外のサイトであっても接続が規制の対象となっている。このように，それぞれの国はそれぞれの政治・社会状況を反映して，インターネットに様々な規制を加えている。最近も，トルコがツイッターを禁止する措置をとったことで，大きな反響を呼んだ。

2.2 日　本

　このようなインターネットの発展に対し，それを推進し，それに伴って生じる社会の変化に対応するための措置を講ずるという点で，日本の政府は著しく立ち遅れてきた。しかし政府も，1990年代後半になって，ようやくインターネットが果たす役割を認識し，インターネットが重要な社会的役割を果たす「高度情報通信社会」実現に向けて様々な政策を展開してきた。
　政府は，1995年2月21日の高度情報通信社会推進本部決定として，「高度情報通信社会に向けた基本方針」を発表した。それによれば，高度情報通信社会を新たな社会革命と捉え，その構築のための情報通信インフラ整備の必要性を指摘し，①誰もが情報通信の高度化の便益を安心して享受できること，②社会的弱者に配慮すること，③活力ある地域社会の形成に寄与すること，④情報の自由な流通を確保すること，⑤情報通信インフラを総体的に整備すること，⑥諸制度の柔軟な見直しを図ること，そして⑦グローバルな高度情報通信社会の実現を図ることが，行動原則とされている。
　そして，2000年7月7日には，この高度情報通信社会本部が情報通信技術（IT）戦略本部に継承され，IT立国の形成を目指してIT戦略会議が発足した。検討課題とされたのは，①日本独自のIT国家戦略の構築，②電子商取引を促進するための規制改革等諸制度の総点検，新たなルールづくり，③電子政府の実現，④情報リテラシーの向上・人材の育成，⑤情報通信インフラ，ハード／ソフトの整備，競争の促進，⑥電子商取引を支える制度基盤の整備という6つであった。
　また政府は，新しいミレニアムの始まりを目前に控え，人類の直面する課題に応えるため，新しい産業を生み出す大胆な技術革新への取組みとして，1999

年12月に「ミレニアム・プロジェクト」を発足させ，今後の日本の経済・社会にとって重要性や緊急性の高い「情報化」，「高齢化」，「環境対応」の3つの分野における技術革新を図ろうとした。そして，「情報化」のひとつの柱として「電子政府の実現」があげられ，政府認証基盤の構築や，申請・届出等手続の電子化などがうたわれた。

　そしてこれらの課題に取り組むため，政府は，2000年11月29日，IT基本法（高度情報通信ネットワーク社会形成基本法）を制定した。これは，情報通信技術の活用により世界規模で生じている急激かつ大幅な社会経済構造の変化に適確に対応することの緊要性に鑑み，高度情報通信ネットワーク社会の形成に関し，基本理念，及び施策の策定に係る基本方針を定め，国及び地方公共団体の責務を明らかにし，並びに，高度情報通信ネットワーク社会推進戦略本部を設置することにより，高度情報通信社会の形成に関する施策を重点計画の作成について定めることにより，高度情報通信ネットワーク社会の形成に関する施策を迅速かつ重点的に推進することを目的としたものである（1条）。そして，基本理念として，すべての国民が，高度情報通信ネットワークを容易かつ主体的に利用する機会を有し，その利用の機会を通じて個々の能力を創造的かつ最大限に発揮することが可能となり，もって，情報通信技術の恵沢をあまねく享受できる社会を実現することを掲げ（3条），次の点を高度情報通信ネットワーク社会の実現にあたっての留意点としてあげた。

　①経済構造改革の推進及び産業国際競争力の強化
　②ゆとりと豊かさを実感できる国民生活の実現
　③活力ある地域社会の実現及び住民福祉の向上
　④国及び地方公共団体と民間との役割分担
　⑤利用の機会等の格差の是正
　⑥社会経済構造の変化に伴う新たな課題への対応

　そして，重点計画の策定その他政府，地方公共団体の施策の策定および実施にあたっての基本方針として，次のような点をあげた。

　①世界最高水準の高度情報通信ネットワークの形成
　②教育及び学習の振興並びに人材の育成
　③電子商取引の促進
　④行政の情報化

⑤高度情報通信ネットワークの安全性の確保等
⑥研究開発の推進

また，2001年1月6日，政府は高度情報通信ネットワーク社会推進戦略本部（IT総合戦略本部）を立ち上げ，同月22日「e-Japan戦略」構想を発表した。それによれば，「すべての国民が情報通信技術を積極的に活用し，その恩恵を最大限に享受できる知識創発型社会の実現に向け，早急に革命的かつ現実的な対応を行わなければならない」とし，「市場原理に基づき民間が最大限に活力を発揮できる環境を整備し，5年以内に世界最先端のIT国家となることを目指す」という。そして，「IT革命は産業革命に匹敵する歴史的大転換を社会にもたら」し，「ITの進歩により，知識の相互連鎖的な進化が高度な付加価値を生み出す知識創発型社会に移行する」ことに鑑み，日本が「繁栄を維持して豊かな生活を実現するには，新しい社会にふさわしい法制度や情報通信インフラなどの国家基盤を早急に確立する必要がある」とした。目指すべき社会としてあげられたのは，次のものである。

①すべての国民が情報リテラシーを備え，豊富な知識と情報を交流しうる。
②競争原理に基づき，常に多様で効率的な経済構造に向けた改革が推進される。
③知識創発型社会の地球規模での発展に向けて積極的な国際貢献を行う。

そして，推進すべき方策として，超高速ネットワークインフラの整備及び競争の促進等とならんで，電子商取引と電子政府の実現があげられた。その後も政府は，e-Japan重点計画やe-Japan戦略を改定してきた。

そして2013年6月14日には，「世界最先端IT国家創造宣言」が閣議決定されている[3]。ここでは，これまでの取組みでインフラ整備は整ってきたが，多くの国民がその成果を実感するに至っていない点を反省し，従来の戦略では利用者ニーズを十分把握せず，組織を超えた改革が行われなかったため，ITの利便性や効率性が発揮できなかったこと，また，各省がバラバラにIT投資，施策を推進し，重複投資や施策効果が発揮できない状況を生み出してきたなどの面をその理由として指摘する。そこで，今後，5年程度の期間（2020年まで）

---

3) 官邸「世界最先端IT国家創造宣言について」（2013年6月14日閣議決定）（http://www.kantei.go.jp/jp/singi/it2/kettei/pdf/20130614/siryou1.pdf）

に，世界最高水準の IT 利活用社会の実現とその成果を国際展開することを目標として，また，震災からの復興の加速化にも資するよう，デジタル技術における急速な技術革新と，グローバルな情報社会の進展を踏まえ，データの活用には「見える化」が重要であるとの認識のもと，

① IT・データの利活用による，国民が日本経済の再生を実感できる革新的な技術や複合サービスの創造による新産業創出と全産業分野の成長への貢献

②国民が健康で安心して快適に生活できる，世界一安全で災害に強い社会への貢献

③公共サービスがワンストップで誰でもどこでもいつでも受けられるように，国民利用者の視点に立った電子行政サービスの実現と行政改革への貢献

の3項目を柱として，目指すべき社会・姿を明らかにし，その実現に必要な取組みを策定しようとしたものである。

3 インターネットの光と陰

3.1 インターネット上の表現の功罪

インターネットは，個人のもつ力を大きく変えた。これまでのマスメディアの場合，個人は専ら情報の受け手としての地位しかもちえず，情報の送り手としての可能性は乏しかった。しかも，情報を受け取るといっても，個人はマスメディアが選択し発信した情報だけを受け取ることしかできなかった。個人はマスメディアの情報発信に大きく依存し，マスメディアは発信する情報を操作することで情報市場を取り仕切ることができた。個人はきわめて無力な，情報の受け身の存在であった。

ところがインターネットは，その個人が情報を自ら主体的に選択して収集することを可能にした。もはや流通する情報の内容を一部の者が操作することは困難である。しかも，インターネットは地球規模のコミュニケーションを可能にした。情報を国内だけで統制することはもはや容易ではない（ただし，中国

のようにインターネットアクセスを厳しく統制し，不都合な情報，とりわけ外国から発信される情報への国民からのアクセスを著しく困難にしている国もある)。また，インターネットは個人が自己の情報を発信することを可能にした。個人は表現者としての地位を再び取り戻したのである。

　このことは，とりわけ政治参加との関係で重要な意味を持ちうる。これまでは政治に関する情報を個人が入手することは容易ではなく，また政治に関わる表現を行うことは困難であった。しかし，インターネットはこれを変える可能性を持っている（ただし日本では，公職選挙法の規制がインターネットにかぶせられ，この可能性は制限されている）。インターネットを使えば，一定の論点について国民的対話を行うことも，国民投票を行うことも可能である。インターネットは参加型民主主義の強力な武器となりうるかもしれない。

　ただし，インターネットの普及に必要なインフラ整備はまだまだ不十分であるし，このようなインターネットの利便性を享受できる人とできない人の間の格差（デジタル・デバイド）の問題も残されている。さらにインターネットの利便性を本当に享受するためには高速アクセスが必要であるが，まだ高速アクセスを享受していない人も少なくない。インターネットに必要なインフラ整備と高速アクセスの普及が重要な課題となっている。

　しかも，このようなインターネットの功績の陰に落とし穴がないわけではない。もはやインターネット上で流される情報に，権威的な確証はない。情報を入手し，それに評価を加えるのは個人の責任である。当然，無責任な情報もインターネット上に氾濫する。すでにインターネット上で名誉毀損やプライバシーの侵害が行われたとして，表現者やプロバイダーの責任を問う訴訟が増えている。さらに中傷をウェブページやブログに書き込み，名誉毀損で逮捕起訴される事例や，インターネット上でわいせつな画像をサーバーにアップロードしたことに対し，わいせつ物公然陳列罪を理由に逮捕起訴される事例や，児童ポルノをインターネットで流し，逮捕起訴される事例も増えている。しかもインターネット上でレイプや殺人を依頼して逮捕されたりする事例まである。さらに，青少年に対して有害な表現を送信することに対して規制を求める声が強まってきた。著作権侵害も重大な問題となっている。とりわけピアツーピアのファイル交換ソフトウェアの普及は，音楽や映画ソフトの著作権侵害の重大な問題を提起してきた。

3.2　拡大しつつある電子商取引とその落とし穴

　電子商取引の拡大は，ビジネスの在り方を大きく変えてきた。すでに，インターネット上の通信販売やインターネットを通した銀行サービスや保険契約，証券売買などは日常的となっている。しかも今後はこれらを超えた電子商取引も進展するであろう。また，インターネットを通した取引の決済は，まだクレジットカードや銀行口座からの引落しで行われているが，やがて銀行預金の価値を IC カードに移転しあるいはネットワーク上で送信し，それで支払いを行う「電子マネー」が普及するものと目されている（ビットコインによる支払いを受け付けるところも拡大しているが，ビットコインは単なる情報にすぎない）。

　しかし，他方ですでに，インターネットを通じた通信販売に関し，代金を払ったにもかかわらず商品が送られてこないとか，注文したものと違うものが送られてきたといった消費者からの苦情が数多く寄せられている。今後電子商取引が拡大普及していくにつれて，さらに多くの紛争が生じることが予想される。しかも，1998 年に起きたインターネット上で青酸カリを入手して自殺した事件（ドクター・キリコ事件）は，インターネット上で認可を受けていない薬品や譲渡を禁止されている麻薬等が売買されている現状を明らかにした。さらにインターネット上での詐欺やねずみ講で逮捕される事例も増えている。

　これらの状況に法律がどう対応すべきかが，緊急の課題となっているのである。しかも，さらなる「電子マネー」等の普及のためには，新たな法制度の構築が求められている。

4　インターネット法の現状

4.1　インターネット上の有害な表現の規制

　実際インターネットの急速な普及に対し，法制度の対応はなお大きく立ち遅れているといわざるをえない。

　インターネット上のいわゆる有害な表現については，諸外国は対照的な対応

をとった。ドイツは1997年にいわゆるマルチメディア法（情報サービス及び通信サービスのための大綱条件の規律のための法律）を制定し，電子商取引とともに，表現行為についても規制を盛り込んだ。さらにその後，インターネットの上での映像送信の一部を「放送」として規制しつつ，それ以外の情報送信をテレメディアとして規制に服させている。これに対し，アメリカ合衆国は，品位を欠く表現や明らかに不快な表現を青少年に送信することを禁止する通信品位保持法（CDA）を制定したが，それ以外では政府は自主規制路線を歩んできた。これはアメリカ政府がインターネットの発達を重視する政策をとったためである。

　しかし日本では，はっきりとした方針は定められなかった。日本でも，総務省（旧郵政省）は包括的な法規制を構想してきたが，経済産業省（旧通産省）は民間主導の発展を主張し，官庁間で意見がととのわず，結局自主規制路線がとられることになった。そのため，これまで，インターネットを包括的に規律した一般法は存在せず，業界団体である一般財団法人日本インターネットプロバイダー協会や一般社団法人テレコムサービス協会，一般財団法人インターネット協会，一般社団法人インターネットコンテンツセーフティ協会などによって，インターネット上のコンテンツから違法なだけでなく有害なものを排除するための取組みが行われており，さらに児童ポルノ掲載アドレスリスト作成管理団体である一般社団法人インターネットコンテンツセーフティ協会が2011年に設立され，児童ポルノサイトのアドレスがプロバイダーや検索エンジンに提供されている。

　ただ，そうした中でも，1998年に改正された風俗営業等の規制及び業務の適正化等に関する法律，いわゆる風俗営業法は，アダルト映像をインターネットを通して送信することに対して規制を強化した。また2002年の特定電子メールの送信の適正化等に関する法律，いわゆる迷惑メール規制法は迷惑メールの送信を規制し（しかも当初は紛らわしい迷惑メールや詐欺的なメールを禁止しつつ，オプトアウトを保障しただけであったが，2008年の改正であらかじめ承諾を得ていない限りメールの送信を禁止するオプトイン方式に変更されている），2003年には出会い系サイト規制法（インターネット異性紹介事業を利用して児童を誘引する行為の規制等に関する法律）が制定されている。また2008年には青少年環境整備法（青少年が安全に安心してインターネットを利用できる環境の整備等に関する法律）が制定され，また2014年にはリベンジポルノ被害防止法（私事性的画像記録の提供等に

よる被害の防止に関する法律）が制定されるなど，一定の法的規制が導入された。

しかし，こうした個別の立法によって対処されなかった場合，現行の法令のもとで，インターネット上の名誉毀損・プライバシー侵害について，発信者はどのような場合にどこまで責任を負うべきかが重大な問題となってきた。また，インターネット上でのわいせつな情報や児童ポルノの発信や送信をどこまで規制できるのかも問題とされてきたが，これまでの対応はパッチワーク的であり，なお多くの問題が，判例による解釈に委ねられている。

また，これと同時に，インターネットへのアクセスを媒介するプロバイダーの責任をどう考えるべきかが重要な問題となってきた。インターネット上で提供される様々な違法または有害な情報に対し，その発信者の責任が問題とされることは明らかであるが，インターネット上では匿名で情報を送信することが可能であり，しかも個人の責任を追及するには限界がある。そこで問題となるのが，情報提供の場を提供したプロバイダーはどこまで責任を負うべきかである。そして，これら違法な情報または有害な情報によって被害を受けた個人は，どのような場合にどのようにして発信者が誰かを知ることをできるであろうか。政府はプロバイダー責任制限法（特定電気通信役務提供者の損害賠償責任の制限及び発信者情報の開示に関する法律）を制定し，この問題に対処した。しかし，なお議論は尽くされてはいない。

4.2 インターネット上の電子商取引の規制

状況は，電子商取引についても同様である。日本では，電子商取引についても包括的な法規制はなく，ここでも民間主導の自主的なルール作りが続けられてきた。

しかし，すでにみたようなトラブルに応じ，これまでの民法や消費者保護法の規定をインターネット上の取引にどのように適用していくべきかが重要な法律問題となってきている。また，代金の支払いや決済をめぐるトラブルも，重要な問題を提起している。政府も，2001年には電子契約法（電子消費者契約及び電子承諾通知に関する民法の特例に関する法律）を，また2000年には電子署名法（電子署名及び認証業務に関する法律）を，さらに2004年にはe-文書法（民間事業者等が行う書面の保存等における情報通信の技術の利用に関する法律）を制定して

いる。これらの法律，とりわけ電子契約法は，このような電子商取引をめぐる諸問題に対する対応であった。しかし EU では，電子商取引指令が出され各国に法整備を求めているが，日本ではまだ包括的な法整備はこれからの課題である。

　電子商取引をさらに普及させるための法制度の制備についても，これからである。すでに，電子署名法が制定され，電子署名を認証する認証機関が基準を設けて認定し，電子署名に対して押印と同じ効力を認めるとともに，他人になりすまして認証を申請した者に刑罰が科されることとなった。しかし，電子商取引を推進するには，もっと包括的な法制度の整備が求められる。さらに，インターネット上で代金の支払いを行うためには，「電子マネー」に関する法制度の整備が不可欠である。また，秘密の情報の保護を図るためには「暗号技術」の開発とその法的保護が不可欠である。そして取引に伴う消費者のプライバシーの保護も重要な課題となる。そのうえ，インターネット上の紛争を裁判で解決するのではなく，裁判外で解決する処理方法も当然要求されよう。

　そしてインターネット上の違法な取引に現行の刑法をどのように適用すべきかあるいは特別の立法を要するかが大きな問題となってきている。刑法の規定がいくつか新たに加えられ，さらに新たな立法化が図られている。しかし，なお多くの解釈上の問題が残されている。

4.3　関連する諸問題

　また，このような中で，インターネットに関する犯罪行為にどう対処するか，そしてインターネットのセキュリティをどう確保するかも重大な問題となってきている。コンピューターの普及に伴い 1987 年の改正で電子計算機損壊等業務妨害罪（刑法 234 条の 2）が刑法に加えられ，コンピューター・ウィルスやハッキング（クラッキング）による妨害行為自体には刑罰が科されることとなった。しかし，同法に対しては，法的対応の不十分さが問題とされてきた。ようやく 1999 年になって不正アクセス禁止法（不正アクセス行為の禁止等に関する法律）が制定され，不正アクセスや ID 番号の不正な提供が禁止されることになった。だが，パスワードなどを盗み取るフィッシングなどは後を絶たず，2014 年にはサイバーセキュリティ基本法も制定されたが，セキュリティ確保のため

すべき課題はなお残されている。

　インターネットと著作権の関係も複雑である。インターネット上の表現行為に対してどのように著作権を保護すべきか。既存の著作権の保護をそのまま認めることはインターネットの普及に大きな足かせとならないであろうか（2000年7月，インターネット上で利用者同士が好きな音楽を交換できるサービスを提供していたNapsterに対し，著作権侵害を理由に停止命令が出された事例は，この問題を象徴的に示している）。また，インターネットを利用するためのドメインネームの利用も，複雑な紛争を生じさせている。

　そして，国境を越えたインターネットに関する紛争はどこの国の裁判管轄に服するのか，そしてどこの国の法律が適用されるべきなのか，これも深刻な問題となってきている。「わいせつ」かどうか，「名誉毀損」かどうかが，それぞれの国によって異なることを考えると，この問題はきわめて重要である。と同時に，インターネットをめぐっては何らかの国際的な基準の必要性をも示唆する。

5　インターネット法はどうあるべきか

5.1　包括的な法律は必要か

　では，このようなインターネットの世界を規律する法はどうあるべきであろうか。

　この点すでにみたように，諸外国のなかにはインターネットを規律する包括的な法律を制定しているところもある。ところが日本では，インターネットを規律する包括的な法律はなく，インターネットのための個別の法律規定の他は，既存の法律の規定をインターネットに適用するという方法で対処している。そこで，日本でもインターネットを規律するために包括的な法律を制定すべきだという主張がみられる[4]。

---

[4]　林紘一郎「『電子メディア共通法』としての『電子公衆送信法』（案）」慶應義塾大学メディア・コミュニケーション研究所紀要52号（2002）90頁。

たしかにインターネットの特性に照らせば，従来からある法規制をそのままインターネットの世界に適用するよりは，インターネットの特性に合わせて再検討する必要があると思われる。しかし，インターネットに適用される包括的な法律を制定すれば，インターネットの上の自由は大きく制約されることであろう。

このことに鑑みると，やはり原則はインターネットの上での自主的な規制に委ねつつ，現行の法律を個別的にインターネットに適用し，その適用に際して，インターネットの特性に応じて修正してゆくほうが望ましいように思われる。もちろん必要な修正は立法者が行うべきである。だが，立法者が十分手当てをしない場合には，裁判所が必要に応じて修正を図ってゆくべきである。さらには，憲法の表現の自由，通信の秘密やプライバシーの保護に照らし許されないような適用は，裁判所が毅然として排除してゆくことが求められよう。

5.2　インターネットの世界に法律は立ち入るべきではないか

インターネットの発展に際し，インターネットに関わる人たちの間では，合意に基づく自主的な規制を重視する傾向が強く，政府によるインターネットへの介入に否定的な声も強かった。たとえば，現在でもドメインネームの配分やドメインネームシステム（DNS）の根幹を成すルートDNSサーバーの管理は，政府の機関ではなく，ICANN（The Internet Corporation for Assigned Names and Numbers）と呼ばれる民間の非営利法人によって担われている[5]。

このような政府によるインターネットの世界への干渉に対する反感は，「サイバースペースの独立宣言」の中に象徴的に示されている[6]。ロックバンドのグレイトフル・デッドの作詞家で，サイバーアクティビストとしても知られるジョン・ペリー・バーロウは，汚れた産業社会の諸政府に，自由な心のよりど

---

[5]　ただし，アメリカの商務省との間に覚え書きが交わされており，アメリカ政府と一定の密接な関係を有している。米国政府の影響下にあることについて，欧州やロシア，中国などから反発の声が高まり「インターネットガバナンス」の問題と呼ばれる国際問題にもなっている。

[6]　John Perry Barlow, A Declaration of the Independence of Cyberspace, https://projects.eff.org/~barlow/Declaration-Final.html

ころであるサイバースペースに立ち入ることなく放っておいてくれと宣言したのである。

　このような主張を法律論として展開したのが，デイヴィッド・ジョンソンとロバート・ポストの両教授であった[7]。この両教授はインターネットの世界のことについてはインターネットの世界の自主的な規制に委ね，それぞれの政府が法律を適用してインターネットに規制を加えることに強く反対したのであった。しかし，これに対してジャック・ゴールドスミスは，サイバースペースの上であっても政府が規制を加えることは可能であり，今までの国境を越えた活動や取引と同様，法律の規制の対象となりうる点で変わりはないと反論した[8]。

　実際，サイバースペースで行われることは現実世界にも結びついている。インターネットの上で薬物を取引したり，殺人を請け負ったりすれば，現実世界の法律に反することになる。インターネットの上で名誉毀損的な書き込みをしたり，他人のプライバシーを暴いたりすれば，現実世界で名誉毀損やプライバシーの侵害となりうるので，現実世界で法的責任を問われざるをえない。それゆえ，サイバースペースから政府による干渉を全て排除することはできない。

　また，たしかにインターネットの世界における規制には，抜け道の余地があり，完全な規制は期待できない。たとえばわいせつな表現のインターネット上での提供に法律によって規制を加えても，海外のサイトで提供されるものにまで規制を加えることは難しい。このような規制の限界を捉えて，それゆえ規制は無意味であり，規制はすべきではないとの主張にも理由がないではない。しかし，これは現実世界の法律の規制の場合でも同様であり，抜け道があるからといって，規制は無意味だということにはならない。

　ただ，サイバースペースの独立を主張する論者の指摘する点にも理由がないではない。インターネットは国境を越えたコンピューター・ネットワークのネットワークである。世界中のどこからでもアクセスすることができ，世界中の誰にでも情報を提供することができる。そこに，それぞれの政府がそれぞれの国の法律を適用し，規制を導入した場合，それは必然的にその国以外におけ

---

7) David R. Johnson & David G. Post, *Law and Border : The Rise of Law in Cyberspace*, 48 Stan. L. Rev. 1367 (1996).
8) Jack L. Goldsmith, *Against Cyberanarchy*, 65 U. Chi. L. Rev. 1199 (1998).

るインターネットの上の行為に影響を与えざるをえない。

　たとえば、フランスの裁判所がフランス法を適用し、アメリカにあるヤフー本社のオークションサービスにナチスの関連商品が出品されていたのに対し、これをストップさせようとした例は、このような問題点を典型的に示している。フランス国内ではフランス法によりナチスの関連品を展示したり掲示することは禁止されている。だが、アメリカにはそのような法律はなく、そのような行為を禁止する法律ができたとすればそれは表現の自由を保障した修正第1条に違反して無効とされる可能性が高い。だが、アメリカのサイトに掲示された商品には世界中のどこからでもアクセスできる。ヤフーのフランスの子会社に対してはフランス法を適用できるかもしれないが、アメリカにある本社にまでフランス法を適用することは、やはりインターネットの独自性を著しく害するおそれがある。

　たしかに、フランスの裁判所の判決はアメリカでは修正第1条に反するが故に国の政策に反し、それゆえ承認されないとして、その執行を拒否することは可能かもしれない。しかし、例えばそれぞれの国がそれぞれの国の法律を適用し、国外で行われた行為にも刑罰を加えたような場合、法律に違反した人が外国にいる限り処罰は困難であるが、いったん国内に足を踏み入れたならば処罰が可能になりかねない。このような状況は、インターネットの上の自由に大きな脅威となろう。

5.3　インターネット法の構造——レッシグの議論を踏まえて

　このように、いかにインターネットが独自の社会圏であり、そこでは自由が最大限尊重されるべきであるとしても、サイバースペースと現実社会とが接合している以上、インターネットに法律を適用することはやむをえないし、またその必要性が認められるであろう。ただ、インターネットの世界における規制の在り方を考える上では、インターネット法の構造を理解しておくことが必要となる。

　この点で、ローレンス・レッシグのコード論は、インターネット法を理解する上で不可欠な視点を提供してくれる[9]。レッシグは、インターネットの世界を規律するものに、議会が制定した法律以外に、インターネットを構成し、そ

5　インターネット法はどうあるべきか　　21

の作用を定め，限界を設けているコードがあると指摘する。それは連邦議会のあるワシントン特別区の東部の法に対し，コンピューターメーカーやソフトウエア業界が存在するシリコンバレーなどの西部の法であり，それはコンピューターの活動を定め限界を設定し，そのコンピューターの作動を統制するオペレーティング・システムを開発し提供する業界などによる制約である。インターネットの上でできること，インターネットの上でできないことを決定する上では，議会が制定した法律だけではなく，こういったコードが決定的に重要な意味を持っているというのである。

この指摘はインターネット上の規制を考える際にきわめて有用である。例えばそれぞれの国は著作権法を有しており，インターネットの上で著作物を著作権者の許諾なくウェブにアップロードすることは著作権侵害となる。これは法律による規制である。だが著作権者は，技術的に著作権を保護することもできる。著作物に著作権の存在を示す情報を埋め込む（ウォーターマーク）こともそのような手段のひとつであるし，著作物の複製を技術的にできないようにすること（コピーガード）そのような手段のひとつである。これらは，著作権者が自主的にとる制約であり，まさに法律以外の手段による制約と言える。

ただ，制約がこのような法律的規制以外のものである場合，その技術的な制約を回避するような技術やソフトウェアが開発され，そういった技術的な措置が無意味になってしまうことがある。そこで，著作権法では，著作権情報の改変や技術的保護措置を回避する技術の提供などを法律で禁止している。したがって，こういった法律以外の手段による制約も最終的には法律的に執行されなければならない場合もある。

このようにインターネットの上でどこまで自由が保障されているのかは，法律と法律以外による制約の複合的な規制の結果で決まるのである。日本国憲法は国の統治の基本法であり，表現の自由を保障した憲法21条は，国や地方公共団体による公権力の行使にしか適用されない。それゆえ，これら企業による法律以外の制約には，憲法の表現の自由の保障は直接には適用されない。しか

---

9) LAWRENCE LESSIG, CODE AND OTHER LAWS OF CYBERSPACE (Basic Books, 1999)（レッシグ〔山形浩生＝柏木亮二訳〕『CODE──インターネットの合法・違法・プライバシー』〔翔泳社，2001〕）

し，もしこういった民間事業者の行為に対して憲法の適用を否定しただけでは，このような民間事業者によるインターネットの制約を放任する結果を招きかねない。このことは，インターネットの上での自由を確保するためには，法律による規制を排除するのではなく，むしろ自由を制約する民間事業者の行為を制約する法律の制定を求める考え方につながる。

　このような主張は，自由の性格に再考を迫るものであり，慎重な検討を要する。しかし，憲法だけに焦点を当てるのではなく，こういった法律以外の手段による制約を含め，トータルで自由を確保するよう配慮することが求められよう。

CONCLUSION　おわりに

　本書はこのようなインターネットが提起する様々な法律問題を検討し，どのようにこういった問題を解決すべきかを考えるための資料を与えることを目的としている。このような法律問題をどう解決するのかによって，インターネットの将来は大きく変わりうる。本書をきっかけにしてぜひ考えていただきたい。

考えてみよう

　世界の国々がバラバラにインターネットを規制しようとしていることに対し，国際的なハーモナイゼーションを求める声がある。また，インターネットを国際的な機関の監督下におくべきだとの主張もある。このような主張は現実的であろうか。問題はないであろうか。

もっと詳しく知りたい方は　　REFERENCE

村井純『インターネット』（岩波書店，1995）

おわりに　23

同『インターネット2』（岩波書店，1998）
同『インターネット新世代』（岩波書店，2010）
松井茂記『インターネットの憲法学〔新版〕』（岩波書店，2014）
林紘一郎『情報メディア法』（東京大学出版会，2005）
山口いつ子『情報法の構造』（東京大学出版会，2010）

CHAPTER 2

インターネットにおける表現の自由

山口 いつ子

PREFACE　はじめに

　自分を表現したい，何かを新しく創り出したい，外の世界を知りたい，他の人とつながりたい，といった欲求は，人間にとって寝食と同様に根源的なものである。人々が表現活動を行う手段は，その時代がもたらす革新的技術とともに大きく変化し，その変化を受けて新たな生活やビジネスが発展し，さらに関連する法制度もその従前の姿を変えていく。とりわけ，20世紀後半に顕著となった社会の「情報化」がさらに進展して，近年では，ユビキタス・コンピューティング，モノのインターネット（IoT），人工知能，ビッグデータ・アナリティクス等の先端的な情報技術の発達に伴い，いつでもどこでもスマートにネットにつながる情報環境が実現しつつある。そうした中で，いまやインターネットは，個人や社会のさまざまな変化を牽引するイノベーションを象徴する存在と言ってよい。

　法は，しばしば人々の行為の自由を制約するものとして捉えられるが，自由を支える仕組みでもある。なかでも，メディアやコミュニケーションに関する伝統的な法は，グーテンベルクの活版印刷・マルコーニの無線電信・ベルの電

話という3つの主要な革新的技術とともに発展し，人々の表現活動や情報流通に関するさまざまな自由とその限界を規定してきた。大きな枠組みとして見れば，印刷・放送・コモンキャリッジ（通信。については**1.3**参照）といういわば3本柱の形で各々に規制内容を異にする法制度が発達してきており，[1] アメリカでメディア別（medium-specific）と呼ばれるこの法構造は，日本でも基本的に同様である。このようにメディア別に組み立てられてきた法の下で，技術革新に伴い従前のメディア間の融合・連携が進んでいる近年の事実状況を視野に入れつつ，新たに登場したメディアであるインターネットにおける表現・情報の自由と規制のあり方を考えていくには，何が求められるのだろうか。

この問いかけを踏まえて，本章では，最初に，こうしたメディア別の伝統的な法枠組みの内容について確認する（**1**）。次に，インターネットの技術特性とは何か，また，それが法にとって何を示唆するのかについて探っていく（**2**）。そして，インターネット上の表現・情報の自由をめぐる具体的な諸相として，主に，送り手側の視点から，報道の自由と「知る権利」，ブロガーの特権，インターネット選挙運動の解禁等の問題を取り上げながら，考察を加えてみたい（**3**）。さらに，インターネットの自由を支える複数の主体間の相互作用を捉えるために，送り手側のみならず受け手側や中間媒介者の視点も加えつつ，表現・情報に関する受け手側の自由と権利について考えていくとともに，著作権侵害の防止のためのフィルタリングやいわゆる「忘れられる権利」に関してかなり踏み込んだ判断を示した欧州連合（EU）司法裁判所先決裁定にも言及する（**4**）。最後に，インターネットの基盤となるインフラストラクチャー（インフラ）にかかわる近年の課題として，インターネットの中立性ないしオープン性をめぐる議論について，主にアメリカでの事例を素材にしつつ検討を加えておく（**5**）。このようにして本章では，関連する法制度についての個々の説明よりもむしろ，表現の自由に関する法の基本的な考え方と，それがインターネットの文脈で持ちうる意味について，できるかぎりその歴史的背景や比較法的考察も盛り込みながら全体像を概観していくことにしたい。

---

1) *See* LAURENCE H. TRIBE, AMERICAN CONSTITUTIONAL LAW §12-25, at 1003-1010 (2d ed. 1988). このメディア別の法枠組みおよびそこでのインターネットの位置づけについては，さしあたり，後掲・山口『情報法の構造』152頁以下を参照。

1 メディアをめぐる革新的技術と伝統的な法枠組み　●印刷・放送・コモンキャリッジ

1.1 印刷メディアの法——政府介入からの表現の自由の原型

　15世紀のグーテンベルクによる活版印刷術の発明は，当時，人々の知識や情報の伝達のあり方に大きな影響を及ぼし，社会の諸相に変化をもたらす契機となった。これを表現の自由という観点から見ると，印刷出版業が隆盛する一方で印刷物が検閲制度ないし許可制に服せしめられるという状況の中で，検閲・許可制からの言論・出版の自由を求める長い闘争を経て，表現の自由が個人や社会にもたらす価値を探求する原理論とともに，自由の限界を規定するための判断基準論等が発展させられてきた。[2] こうした議論の豊かな蓄積が結実したのが，現代の多くの国々の憲法や国際条約の下で定められている，政府介入からの表現の自由の保障である。歴史に裏打ちされた，政府による事前抑制からの新聞等の印刷メディアの自由は，憲法において保障されるさまざまな種類の表現活動に関する自由の中でも，その原型とも言うべき中心的地位を占めている。

　現行の日本国憲法は，戦前・戦中期の新聞検閲などの苛烈な言論弾圧の反省を踏まえて，大日本帝国憲法（以下，明治憲法という）29条が定めていた「法律ノ範囲内」という留保を付することなく，21条1項において「集会，結社及び言論，出版その他一切の表現の自由」を保障するとともに同条2項で「検閲」の禁止と「通信の秘密」の保護を定めている。ここにいう表現の自由について，思想や意見を表明する自由とともに，事実を伝達する報道の自由が含まれることは，今日では判例・学説で異論はなく[3] また，表現の手段・媒体・態様という点でも，「その他一切」と明記されているように，口頭や新聞・雑誌その他

---

[2] 表現の自由の原理論について，例えば，奥平康弘『なぜ「表現の自由」か』（東京大学出版会，1988）3頁以下，および後掲注15）を参照。また，違憲審査の基準論に関しては，後掲注5）を参照。

FIGURE 2-1 インターネットの法の新たなデザインに向けて（本章の構成）

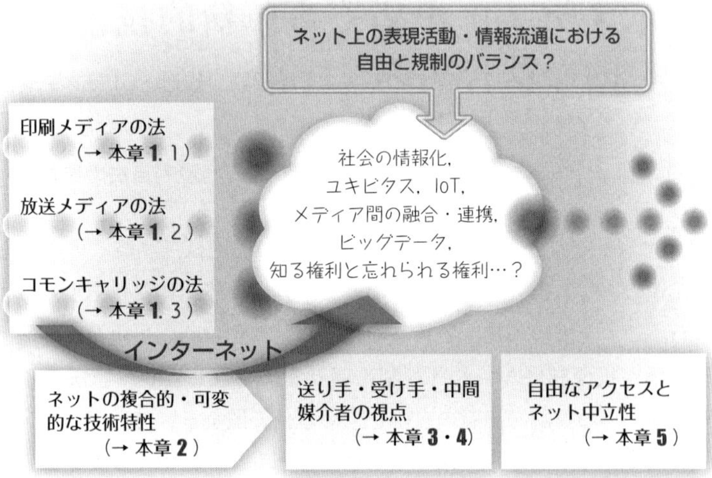

- 印刷メディアの法（→ 本章1.1）
- 放送メディアの法（→ 本章1.2）
- コモンキャリッジの法（→ 本章1.3）

ネット上の表現活動・情報流通における自由と規制のバランス？

社会の情報化，ユキビタス，IoT，メディア間の融合・連携，ビッグデータ，知る権利と忘れられる権利…？

インターネット

- ネットの複合的・可変的な技術特性（→ 本章2）
- 送り手・受け手・中間媒介者の視点（→ 本章3・4）
- 自由なアクセスとネット中立性（→ 本章5）

の印刷物はもちろん，ラジオやテレビジョンといった放送，さらに各種の通信手段など，情報社会の進展に応じて多種多様なものを広く包摂する[4]と解釈されてきている。さらに，憲法81条では，明治憲法では認められていなかった，国会によって制定された法律が憲法に適合するか否かを決定する権限（違憲立法審査権）を裁判所に与える制度が設けられ，基本的人権の実質的な保障を担保している[5]。

　もっとも，表現の自由の憲法的保障といえども，絶対無制限ではない。新聞や雑誌等の印刷メディアが，例えば他人の名誉を毀損したり，プライバシーを侵害したり，あるいはわいせつ表現を掲載したりといった場合には，民法や刑法のような一般的に適用される法の規律を免れるわけではなく，問題となった表現行為に対する損害賠償・差止め・刑事罰等が憲法21条の下でどこまで許

---

[3] 最大決1969・11・26刑集23巻11号1490頁〈博多駅事件〉。また，山口「取材フィルムの提出命令と取材の自由」憲法判例百選Ⅰ〔第6版〕(2013) 166-167頁に掲げた文献を参照。

[4] 例えば，芦部信喜『憲法学Ⅲ〔増補版〕』(有斐閣，2000) 240-242頁，261頁，宮沢俊義『憲法Ⅱ』(有斐閣，1959) 354-355頁を参照。

容されるかは，具体的事例に応じて最終的には裁判所で判断されることになる（表現の自由の限界として論じられる名誉毀損等に関しては，**CHAPTER 3**以下を参照）。それでも，今日の日本において，印刷メディアについては基本的に，それに固有な内容規制は存在していない。

1.2 放送メディアの法——放送の特殊性に基づく規制

これに対して，19世紀末のマルコーニによる無線電信技術に基づくラジオやテレビといった放送メディアに関しては，印刷メディアの分野では表現の自由の憲法的保障の下で許されない免許制や広範な内容規制・事業規制が課せられている。例えば，アメリカでは，合衆国憲法に1791年に修正条項として加えられた第1修正（First Amendment）において「連邦議会は，……言論またはプレスの自由を縮減する……法律を，制定してはならない」と定められ，これによって幅広い表現活動が手厚く保護されているが，こうした第1修正の下でさえ，放送規制の合憲性を問う訴訟では，放送用電波の周波数の稀少性・放送が人々の生活に及ぼす「浸透的」な影響力・子どもからのアクセスの容易さなどといった放送の特殊性[6]が強調され，表現規制立法の違憲審査において通常は適用されるはずの厳格な審査基準よりもむしろ，厳格さが緩和された審査基準が適用されて，放送規制の合憲性が裁判所によって支持されてきた。

日本について見ても，憲法21条1項にいう「その他一切」の表現の自由の

---

[5] なお，違憲審査の制度が人権保障の機能を果たすには，審査の基準をいかに設定するかが重要となる。その基準論として，アメリカの判例理論から導き出された「二重の基準」論——すなわち，表現の自由を中核とする精神的自由は，立憲民主政の政治過程にとって不可欠の権利であるから経済的自由に比べて「優越的地位」を占め，それゆえに，精神的自由の規制立法に対して裁判所が違憲審査を行う場合には，経済的自由の規制立法には立法府の裁量を尊重して緩やかな違憲審査基準が適用されるのに対して，より厳格な基準によって審査されなければならない——が，学説で広く支持され，判例でも取り入れられてきた。これについて，例えば，芦部信喜『憲法学Ⅱ』（有斐閣，1994）213-245頁，芦部信喜（高橋和之補訂）『憲法〔第6版〕』（岩波書店，2015）103-106頁，野中俊彦ほか『憲法Ⅰ〔第5版〕』（有斐閣，2012）〔中村睦男〕264-267頁，352-353頁を参照。

[6] See, e.g., National Broadcasting Co. v. U.S., 319 U.S. 190 (1943); Red Lion Broadcasting Co. v. F.C.C., 395 U.S. 367 (1969); F.C.C. v. Pacifica Foundation, 438 U.S. 726 (1978).

ための手段等の範囲が広く捉えられてきたことは先述したとおりであり，ラジオやテレビといった放送メディアによる表現の自由ないし報道の自由が，憲法21条の下での保障の範囲内にあることは言うまでもない。それにもかかわらず，放送用電波の有限稀少性や放送の社会的影響力等の規制根拠に基づき，電波法（1950年）における放送用無線局開設の免許制度に加えて，放送法（1950年）の下で，放送番組の編集にあたっては「政治的に公平であること」「報道は事実をまげないですること」等の準則の遵守が求められるとともに，教養番組・教育番組・報道番組・娯楽番組の相互間の調和を保つように要求される（2010年改正前の放送法3条の2第1項・2項）など，放送に固有な規制が許容されてきた。

　つまり，放送メディアは，政府介入からの表現の自由が憲法上で最大限に保障される印刷メディアとは明らかに異なる，特殊な法的取扱いを受けてきたのである。たしかに，衛星放送やケーブルテレビの普及による多メディア・多チャンネル化や技術革新が進み，電波の有限稀少性や放送の社会的影響力等の規制根拠論がかつてほどは説得力を持たなくなるにつれて，近年では，放送規制は全体的に緩和される方向にある。なかでも，通信・放送の融合化の波を受けて，日本では，2010年に放送法が電波法等の関連法とともに大幅に改正された。

　この改正放送法では，例えば，従前の放送メディアの技術特性の1つであった「無線」という文言を，ここにいう「放送」とは何かを定義した規定から外した（すなわち，放送法2条1号の「公衆によって直接受信されることを目的とする無線通信の送信」にいう無線通信が，「電気通信」等に改正された）ほか，放送市場への参入促進のための無線局免許制度等の見直しも行われた。ただ，それでもなお，総合編成を行う基幹放送としての地上波のテレビ放送等に限っては，放送番組編集における準則や番組調和原則等の放送に固有な従来型の規制が，基本的に維持される形となっている（現放送法4条・5条・106条）。

1.3　コモンキャリッジの法——通信事業者の義務

　さらに，19世紀後半のベルによる電話技術の普及とともに，コモンキャリッジと呼ばれる公衆向けに提供される通信サービスについては，これを提供する

事業者（コモンキャリア）に対して，誰にでもあまねくサービスを提供する義務や料金規制などを課す法制度が発達してきた。ちなみに，なぜコモンキャリアにはこのような法的義務が課されるかを探っていくと，20 世紀初頭の英米法での議論によれば，通信事業者の他にも，かつての蹄鉄工や旅館主，また，運送・港湾・鉄道事業者などといった何らかの公共的な性格を有するまたは道路等の公共施設から恩恵を得ている事業者は，いわば公共資源から私的利益を得ているものと理解され，合理的な料金を支払った者には誰にでもサービスを提供することを通じて公衆全体に恩恵をもたらすように求められる，と説明されていた。[7]

表現の自由との関係では，例えば言論活動を行う送り手が郵便・電信・電話といった通信手段を用いた場合でも，憲法 21 条 1 項にいう「表現」の射程に広く含まれることについては，前述のとおりである。ただ，他人の通信を媒介する立場にあるコモンキャリアとしての通信事業者は，自ら言論活動を行うのではないことから，原則として，言論者として表現の自由の保障を受けるわけではない分，他人の通信内容に対する責任からは免除されるとともに，他人の通信への検閲禁止やその秘密保持等が求められることになる。この点に関して，日本では，電気通信事業法（1984 年）の下での電気通信事業者の義務として，憲法 21 条 2 項の趣旨を受けた，電気通信事業者の取扱中に係る通信の検閲の禁止（3 条）及び通信の秘密の保護（4 条）が規定されているほか，電気通信役務の提供についての不当な差別的取扱いの禁止（6 条）等が定められている。

電気通信の市場においては，1980 年代頃から，日本を含む多くの国々で，「通

---

[7] *See* Bruce Wyman, *The Law of the Public Callings as a Solution of the Trust Problem*, 17 HARV. L. REV. 156, 158-161 (1904); Recent Case, 127 HARV. L. REV. 2565, 2571-2572 (2014). なお，当時のコモンキャリアの義務を論じる例として蹄鉄工や旅館主も含まれることについて説明を補足しておくと，かつて，馬が重要な交通手段であった時代は，蹄鉄の提供を蹄鉄工から拒まれれば，馬が足を痛めて道行人は先に進めず，また，旅人が僻地で夕暮れ時に旅館主から宿泊を拒まれれば，数マイル先の別の旅館まで夜盗うごめく道中を進まざるをえず，それを避けるには当該蹄鉄工や旅館主の言い値で高額料金を請求されても支払うほかない，といった特別な事情がある場合には，その職業上のいわば公的な要請（public callings）として，合理的な料金であまねくサービスを提供するように法で義務づける必要がある，ということになる。これに対して，例えば，町中にある普通の小売店主のように，その客が不当な料金を請求されたとしても他の多くの小売店から選択できる場合には，こうした公的な要請に基づく特別な法による義務づけは必要ないとされる。

信の自由化」と称される，電気通信事業における公社体制の民営化や競争原理の導入が進められ，顕著な規制緩和の傾向が見られる。それと同時に，コンピューター処理技術の進歩によって電話回線を通じた高度なデータ通信が可能になり，従来型の1対1の他人の音声通話のみならず，1980年代頃からは1対多数のいわば放送類似の形態での新たな通信サービスも始まった。例えば日本でのダイヤルQ²やアメリカでダイヤル・ア・ポルン（dial a porn）と称されたような，不特定多数からアクセスできる情報提供サービスがそれである。ただ，そこで仮にわいせつなメッセージ内容が提供される場合には，そのメッセージ内容の送り手自身が，日本で言えば刑法のわいせつ物公然陳列罪[8]などといった一般的に適用される法の規律を受ける（**CHAPTER 4・9** を参照）ことに加えて，その通信を媒介するサービスの提供者の責任も絡んだ，内容規制にかかわる複雑な問題が生じる。これが後に，インターネット・サービス・プロバイダー（ISP）の責任をめぐる問題（**CHAPTER 12** を参照）にもつながってくる。

2 インターネットの技術特性とは
●その複合性と可変性からの示唆

　このような3本柱で発達してきた伝統的なメディア法の枠組みを所与とすると，新たに登場してきたインターネット上の表現活動は，どの柱に近いと考えられるだろうか。これまで，こうした法枠組みの下では，新たに登場してくるメディア技術が提起する問題に対しては，従来の印刷・放送・コモンキャリッジが有する技術特性ないしは媒体特性と比較した上で，その類似性の程度に応じて，既存の法を類推適用して対応する，といった「メディア別」を前提としたアプローチが採られてきた。

　しかし，インターネットという技術ないし媒体の特性を端的にまとめるとす

---

[8]　大阪地判1991・12・2判時1411号128頁。また，この「公然」性の概念について，「不特定又は多数の人が認識することのできる状態をいう」とした東京高判1957・1・24刑集11巻5号1530頁およびこの判示を正当とした最決1957・5・22前掲刑集1526頁を参照。

れば,まず何よりも,①従来の印刷・放送・コモンキャリッジが有していた特性を複合的に併せ持つこと,そして同時に,②インターネットを形づくっているソフトウェアやハードウェアの技術を縦横に組み合わせることによって,自らの特性をも柔軟に変えられるという固有の存在構造(アーキテクチャ)[9]を持っていること,が挙げられる。そうなると,従来の3本柱の法枠組みの中のどこかにインターネットを包括的ないし一律的に位置づけることは,困難であるというほかない。

2.1 伝統的な法枠組みにおけるインターネットの位置づけ
―― 印刷・放送・コモンキャリッジとの類推

ここでいう困難さを,はじめに,前記①のインターネットの複合的な特性に即して,確認しておこう。おおよそ1990年代中頃までの草創期のインターネットでは,一部の企業や大学等を除き,一個人がアクセスするには,パソコンを固定電話回線経由のダイヤルアップで接続するのが一般的であり,そこで例えば1対1で電子メールをやりとりするという場合には,まさにコモンキャリッジの分野での典型的な通信形態となる。他方,ウェブ上のホームページでの情報発信については,不特定多数がアクセスできる先述のダイヤルQ^2のような放送類似の通信形態ないし放送メディアによる瞬時かつ広範な情報伝播に近いと言える上に,そこで入手できる多種多様なコンテンツの豊富さは膨大な印刷物の世界や巨大な図書館をも連想させるものがある。

そうした技術の発展の中で,インターネットを直接の対象とする世界初の規制立法と呼ばれた,アメリカで1996年2月に制定された通信品位保持法(通信品位法,CDA)は,従前の迷惑電話や不特定多数がアクセスできる通信形態であるダイヤル・ア・ポルンのサービスに関する1934年通信法の規制条項(47 U.S.C. §223)等を修正して,ウェブやメールを用いた「下品」または「明らかに不快」な通信にまでも,未成年者保護の目的を理由に一定の条件の下で刑事罰を科していた。

この「下品」や「明らかに不快」というのは,要するに,わいせつまでには

---

[9] こうしたアーキテクチャの概念について,山口・前掲注1) 74-75頁,164頁を参照。

至らない程度の性表現である。アメリカでは，わいせつ表現は合衆国憲法第1修正の保護を受けないとされていることからその規制も許容されるが，わいせつではない「下品」な表現は「憲法的に保護された言論」である[10]ために，それに対する規制は，特殊な取扱いを受けてきた放送メディアの領域を除いて，第1修正の下での厳格な合憲性審査に服することになる。そこで，通信品位法における「下品」な通信等の規制条項の合憲性を問う訴訟では，従来のメディア別の法枠組みのどこにインターネットを位置づけるかが，正面から争われることになった。

　ここで連邦最高裁判所（合衆国最高裁判所）は，同規制条項に対して，放送規制に対して用いられる厳格性が緩和された基準ではなく，最も厳しい審査基準を適用して違憲判断を下した（Reno v. ACLU, 521 U.S. 844 (1997)）。その判断の理由づけでは，放送に対する広範な政府規制の歴史・利用可能な周波数の稀少性・放送の侵入的性格といった放送規制の正当化事由は「サイバースペースには存在しない」とされ，インターネット上での表現活動には，第1修正による最大限の保護――つまりは，印刷メディアと少なくとも同等の取扱い――が与えられるべきものとされたのである。

2.2　変わりゆくインターネット
――その自由の最大化と不可視のアクセス制限の可能性

　もっとも，前記②のインターネットのアーキテクチャに由来する可変的な特性に関して言えば，ここでの連邦最高裁判所の判断の前提となった，a)ネット上の情報を得るための子どもからのアクセスは放送ほど簡単ではなく，また，b)ウェブサイト運営者がユーザーの年齢を確認してアクセス制限することにはかなりの負担が伴う，といった1990年代中頃当時のインターネットの技術水準に関する事実状況は，今日では大きく変化したと言ってよい。

　すなわち，a)ネットへのアクセスの容易さという点では，例えば，スマートフォン等の手軽な接続端末の普及や検索機能の向上，さらには人工知能やビッ

---

10) Sable Communications of California, Inc. v. F.C.C., 492 U.S. 115, 126 (1989).

グデータ・アナリティクス等の先端的な情報処理技術の発達によって，ある意味では個人情報保護の観点からの懸念が高まる程に，子どもであっても自分が望む情報に効率的にアクセスできるようになってきている。他方，b) ネット上の情報へのアクセス制限という点では，フィルタリングやブロッキング等の技術的手段と法規制・自主規制とを組み合わせてネット上の違法・有害情報をコントロールする手法が広がっており，それは政府による直截な刑事罰による規制よりは自由に対する負担は軽減されるにしても，むしろユーザー側にとっては情報へのアクセスに対する目に見えない形での事前抑制となる可能性[11]が現実化したという見方もできる。

　ここで改めて，インターネットがこうした複合的かつ可変的な特性を持つことの含意について，考えておこう。かつて放送メディアの領域での規制根拠とされた電波の有限稀少性といった確固たる技術特性が，そもそもインターネットには存在しないということは，ネット上の表現活動や情報流通の自由の行く末にとって，かなりの不確実性を含んでいる。これはすなわち，インターネットにおける自由と規制のあり方をめぐっては，先にも少し触れたようにその時々の技術水準といった事実状況次第で，ネット上の自由に対する憲法的保障を印刷メディア並みに最大化していく方向にも，またオフラインの世界では難しいような不可視の形での情報アクセス制限ないしサーベイランス（監視）がオンラインで広がっていく方向にも，いずれにも進んで行く現実的な可能性があることを示唆している。次に **3** 以下では，こうしたインターネット上の表現・情報の自由をめぐるさまざまな問題局面を，いま少し具体的に取り上げていこう。

---

11) *See, e.g.,* U.S. v. American Library Association, Inc., 539 U.S. 194, 225（2003）(Stevens, J., dissenting). また，山口・前掲注1) 160頁，165頁も参照。さらに，インターネット上の言論に対する新たな規制手法について，*see* Jack M. Balkin, *Old School/New School Speech Regulation*, 127 HARV. L. REV. 2296（2014）; Yochai Benkler, *Freedom in Systems*, 127 HARV. L. REV. F. 351（2014）。加えて，青少年保護目的でのフィルタリングの活用に関し，青少年環境整備法（2008年）については，**本書 CHAPTER 5** を参照。

3 インターネット上の表現・情報の自由をめぐる諸相 ●送り手側の視点から

本章 **1** で概観したように，表現の自由の数世紀にわたる展開史の中で，メディアやコミュニケーションに関する革新的技術が登場する度に，出版物の検閲・許可制，放送メディアに対する特別な規制，コモンキャリッジにおける事業者の義務，といった法規制の仕組みがもたらされてきた一方，新聞等に対する政府介入からの表現の自由の憲法的保障のように，自由を支えるための法制度や法理が発達してきた。日本でも，憲法 21 条 1 項にいう「その他一切の表現」の手段のうちには放送や各種通信手段も広く包摂されると捉えられてきたことを踏まえれば，新たに登場した表現手段としてインターネットもここに含まれること自体は当然と言ってよい。その前提に立って，本章 **2** で触れたインターネットの変わりゆく特性を考慮に入れつつ，自由と規制のあり方が具体的な問題局面において定められることになる。その諸相を，この **3** では，まずは主に，送り手側の視点から捉えていこう。

3.1 報道の自由と「知る権利」との関係性
―― 国政・公共的事項に関する表現と「ブロガーの特権」

表現の送り手となる主体をめぐっては，マスメディアにはその社会的役割に応じた特別の法的地位ないし「特権」[12]が認められるべきか否かが従前から論じられてきたところであるが，ここで興味深い論点の一つとして，もしそうであれば，ブロガー（インターネットのウェブ上においてログないし記録――つまりブログ――を書く者，という意味）にもそうした特権が与えられるべきか，という

---

12) プレスないしメディアの特権論について，憲法学の視点から，例えば，浜田純一『メディアの法理』（日本評論社，1990）61 頁以下，鈴木秀美「取材・報道の自由」駒村圭吾 = 鈴木秀美編『表現の自由 I』（尚学社，2011）242 頁以下，また，刑法学の視点から，池田公博『報道の自由と刑事手続』（有斐閣，2008）を参照。また，山口・前掲注 1）189 頁以下も参照。

問題がある。こうしたテーマを論じるにあたっての手掛かりを，表現の自由に関する日本の最高裁判所判例から探していくと，1960年代以降に，報道機関による報道・取材の自由の重要性について積極的に言及される事例が見出せるが，その重要性は，報道機関による報道が国民の「知る権利」に奉仕するという関係から引き出されている。

すなわち，博多駅テレビフィルム提出事件で最高裁判所は，「報道機関の報道は，民主主義社会において，国民が国政に関与するにつき，重要な判断の資料を提供し，国民の『知る権利』に奉仕するものである」から，報道の自由が「憲法21条の保障のもとにある」ことはいうまでもなく，また，報道のための取材の自由も「憲法21条の精神に照らし，十分尊重に値いする」（最大決1969・11・26刑集23巻11号1490頁）と述べている。ここで目を惹くのは，本決定が最高裁判所大法廷として「知る権利」という言葉を初めて持ち出し，報道の自由の意義を説いていることである。[13]

そして，いかなる表現主体ないし内容であれば憲法21条の下でより手厚く保護されるのかという指針を探すと，最高裁判所は，いわゆる外務省秘密電文漏洩事件において，上記の博多駅事件決定の判断を確認しつつもやや言い回しを変えて，「報道機関の・国政に関する・報道は，民主主義社会において，国民が国政に関与するにつき，重要な判断の資料を提供し，いわゆる国民の知る権利に奉仕するものであるから，報道の自由は，憲法21条が保障する表現の自由のうちでも特に重要なもの」（最決1978・5・31刑集32巻3号457頁。傍点は著者）として，報道機関の報道の中でも国政に関する内容の重要性が強調されている。

さらに，北方ジャーナル事件最高裁判所判決では，「表現の自由，とりわけ，公共的事項に関する表現の自由は，特に重要な憲法上の権利として尊重されなければならないものであり，憲法21条1項の規定は，その核心においてかかる趣旨を含むものと解される」（最大判1986・6・11民集40巻4号872頁）[14]と述べられている。加えて，法廷においてメモを取る行為をめぐって争われた事件では，裁判長が一般の傍聴者には禁止しながらも司法記者クラブ所属の報道機関の記者のみに許可したことについて，最高裁判所は，「裁判の報道の重要性

---

13) 例えば，奥平康弘「報道機関に対するテレビフィルム提出命令の適憲性」判評132号（判時578号）(1970) 24頁を参照。

に照らせば当然であり，報道の公共性，ひいては報道のための取材の自由に対する配慮」（最大判1989・3・8民集43巻2号89頁）に基づくものであって，合理性を欠く措置ではないとしている。

　これらの事件での最高裁判所の理由づけからは，当時の言論市場において独占化・集中化したマスメディアが送り手として果たしてきた役割の大きさが窺える。それと同時に，この理由づけの論理を展開していけば，仮に，インターネット上で展開されるある表現活動が，「国民の知る権利に奉仕」するとともにその内容が「国政」や「公共的事項」に関するもので，しかも「重要性」と「公共性」を備えているとなれば，その表現主体が伝統的なマスメディア組織に属していないブロガーであっても，今日では，少なくとも，インターネットを主な表現手段にしているという事実のみをもって伝統的なマスメディアの活動に与えられるはずの憲法的保護を切り下げることは，もはや正当化が難しいと言うことも可能であろう。

3.2　民主主義的自己統治の価値と政治的言論の自由
　　　――インターネット選挙運動の解禁とプロバイダー責任制限法の特例

　インターネットの利用拡大に伴っていわばマス・パブリケーションを行う主体の多様化が進むと，表現の自由の憲法的保障が想定している価値秩序において，具体的にどのような表現内容であれば重要性や公共性が認められるべきなのかについて，議論を改めて詰めておく必要がある。ちなみに，1.1で触れた表現の自由の原理論では，表現の自由のそもそもの価値や保障根拠とは何かを説明するにあたって，主に，①個人が言論活動を通じて自己の人格を発展さ

---

14) 本最高裁判所判決は，これに続けて，表現行為に対する事前抑制は「憲法21条の趣旨に照らし，厳格かつ明確な要件のもとにおいてのみ許容されうる」とし，とりわけ「公務員又は公職選挙の候補者に対する評価，批判等の表現行為」を対象とする出版物の頒布等の事前差止めは原則として許されないものの，「その表現内容が真実でなく，又はそれが専ら公益を図る目的のものでないことが明白であつて，かつ，被害者が重大にして著しく回復困難な損害を被る虞があるとき」には，例外的に事前差止めが許される，と述べている。事前抑制の法理に関して本判決が有する含意について，山口「ネット時代の名誉毀損・プライバシー侵害と『事前抑制』」論究ジュリスト1号（2012）50頁以下も参照。

せるという，個人的な価値（自己実現の価値），②言論活動によって国民が政治的意思決定に関与するという，民主政に資する社会的な価値（自己統治の価値），などが挙げられてきた。[15] とりわけ，この個人の「自己実現」という議論と対比した場合，民主主義的な「自己統治」という議論は，それに直接的に関係する政治的言論を手厚く保護する際の理由づけとして強い説得力を持っている。

例えば，日本の最高裁判所においても，先述したように博多駅事件決定以降は度々，報道・取材の自由の意義を説いたりその活動への手厚い保護を導き出そうとしたりするときには，それが民主主義社会において国民が国政に関与するにつき重要な判断の資料を提供して国民の知る権利に奉仕する，という論理が用いられている。[16] さらに，アメリカでは，政府や公職者の職務行為に対する批判については，たとえ虚偽事実を含む名誉毀損表現であっても「現実の悪意」と呼ばれる極めて言論保護的な免責法理が適用されるなど，「公共の争点に関する討論」に対する憲法上の確固たる保護が与えられている。[17] もっとも，日本ではそれほどストレートな取扱いがされるわけではなく，例えば，政治家がマスメディアを相手取って提起した名誉毀損訴訟では，しばしば高額な損害賠償額が認容されることに伴う問題点が，かねてから指摘されてきた。[18]

そして，まさしく国民の国政関与のための判断資料を提供してくれる政治的言論としての選挙運動についても，日本では，公職選挙法（1950年）において，選挙運動期間の制限（129条），戸別訪問の禁止（138条），法定外の文書図画の

---

15) 芦部（高橋補訂）『憲法〔第6版〕』・前掲注5）175頁，芦部『憲法学Ⅲ〔増補版〕』・前掲注4）241頁，248-261頁，野中ほか『憲法Ⅰ〔第5版〕』〔中村〕・前掲注5）352-353頁を参照。

16) 例えば，本章3.1で触れた判例のほか，民事事件における報道関係者の取材源秘匿に関する最決2006・10・3民集60巻8号2647頁，また，いわゆる配信サービスの抗弁に関連して論じられてきた，通信社からの配信記事を掲載した新聞社が免責される判断枠組みに係る最判2011・4・28民集65巻3号1499頁（**CHAPTER 3**）を参照。なお，特定秘密の保護に関する法律（2013年）22条も参照。

17) こうした公共の争点ないし公共の関心事に係る言論に対する合衆国憲法第1修正上の保護について，see, e.g., New York Times Co. v. Sullivan, 376 U.S. 254, 270（1964）; Bartnicki v. Vopper, 532 U.S. 514, 534-535（2001）; Snyder v. Phelps, 562 U. S. 443, 451-461（2011）.

18) 例えば，浜田純一「政治家に対する名誉毀損」法律時報69巻13号（1997）234頁以下を参照。

頒布・掲示の禁止（142条等）等に関して，選挙の公正や候補者間の平等の確保といった理由で，諸外国との比較で見ても厳しく規制されてきた。[19] わずかに，2013年の公職選挙法改正により，インターネットのウェブサイト等や電子メールを利用する方法によって選挙運動期間中に行われる文書図画の頒布等については，あくまでも一部ではあるが解禁されている（142条の3，142条の4等）。

なお，この公職選挙法改正に伴い，誹謗中傷やなりすましへの対策として，「特定電気通信役務提供者の損害賠償責任の制限及び発信者情報の開示に関する法律」（2001年。このいわゆるプロバイダー責任制限法について，CHAPTER 12 を参照）も2013年に改正された。例えば，公職の候補者等からプロバイダーに対して名誉侵害情報の送信防止措置を講じる（つまり，その情報を削除する）ように申し出があった場合には，プロバイダーがその情報発信者に対して削除に同意するか否かを照会する期間を，通常の場合の7日から「2日」に短縮する等の特例（3条の2第1号）が設けられている。

こうしたインターネット選挙運動の解禁のように，ネット上のある表現活動に対して，他の表現手段の場合とは異なる特別な法的取扱いのルールが導入される際には，それがたとえ表現の自由の拡張のためのものであっても，具体的な場面でどのように機能していくのかを注視していく必要がある。こうした制度変更の機会は同時に，表現の自由とその対抗利益とされる選挙の公正・候補者間の平等や公職候補者の名誉等との間の調整についての従前からのバランスのとり方が，インターネット以外の文脈ではなお維持されるとすれば，それが今日の状況において最善と言えるのかを改めて問い直す契機ともなろう。

4 インターネットの自由を支える主体間の相互作用 ●受け手側ないし中間媒介者の視点から

---

19) なかでも，公職選挙法における戸別訪問の禁止規定が憲法21条に反するのではないかと批判されてきたが，その合憲性は，最高裁判所によって繰り返し支持されている（最判1981・7・21刑集35巻5号568頁，最判2008・1・28集刑293号11頁等を参照）。

本章の **3**.1 では，日本の最高裁判所判例を辿りながら，表現の送り手としての報道機関の報道・取材の自由が，受け手側の国民の知る権利に奉仕するという関係によって意義づけられてきたことを確認した。表現活動にかかわる複数の主体間のこうした関係は，特にインターネット上の情報の流れにおいては，かなり複雑になっている。というのも，ネット上における送り手・受け手・その間に位置するいわゆる中間媒介者（intermediary）の存在形態や役割は，1960年代頃の言論市場において「送り手と受け手の分離」と称されたマスメディアと一般国民との関係のように，必ずしも固定化された一方的なものではないからである。ネット上でのこれらの主体は，ときには互いに利害が対立する場合もあれば，またときには国境さえも越えて積極的に連携する場合もありうる。[20]そこで，この **4** では，これらの主体間の相互作用を捉えるために，送り手側に加えて受け手側や中間媒介者からの視点も，考察の俎上に載せていこう。

4.1　表現・情報に関する受け手側の自由と権利

まず第一に，表現・情報に関する送り手側の自由のみならず，その受け手側の自由についても，表現の自由の憲法的保障の射程に含まれるのか否かを確認しておこう。これを国際的な基本権保障の文脈で明快に肯定するものとして，例えば，EU 基本権憲章 11 条は，「表現および情報の自由」という見出しの下で，「何人も，表現の自由に対する権利を有する。この権利は，公権力から介入されることなく，また，国境にかかわりなく，意見を持ち，ならびに，情報および思想を受け，および伝える自由を含むものとする」（同条 1 項），と規定している。ちなみに，この EU 基本権憲章は，2009 年のリスボン条約発効とともに，法的拘束力を持つに至っており，この憲章上の基本権の具体的な保障をめぐって，後述するように，最近，EU 司法裁判所が積極的な役割を果たしているこ

---

[20]　例えば，ウィキリークス等による 2010 年のアメリカ国防省の外交公電等のリークをめぐって，国境を越えて展開された，マスメディアや ISP を含む複数の関係主体間の利害対立と連携に関して，Yochai Benkler, *A Free Irresponsible Press*, 46 HARV. C.R.-C.L. L. REV. 311, 313-315, 322-328, 395-397 (2011); Balkin, *supra* note 11, at 2327-2329, マルセル・ローゼンバッハ＝ホルガー・シュタルク（赤坂桃子ほか訳）『全貌ウィキリークス』（早川書房，2011）を参照。

とは注目に値する。

　日本でも，こうした受け手側の自由については，憲法 21 条の解釈によって，肯定的な回答が用意されている。すなわち，まず，前掲の 1969 年博多駅事件決定では国民の「知る権利」という言葉が最高裁判所大法廷として初めて用いられたが，その約 1 ヶ月前の「悪徳の栄え」事件最高裁判所判決の反対意見でも，受け手側の「知る自由」が論じられていた。[21] この「悪徳の栄え」事件は，芸術的・思想的価値のある文書をわいせつ文書として刑法 175 条によって処罰することの是非が争われたものであるが，多数意見ではわいせつ文書としての取扱いを免れないとされたのに対し，反対意見では，表現の自由の表裏をなす「読み，聞き，見，かつ，知る自由」（田中裁判官）ないし「文芸作品を鑑賞しその価値を享受する自由」（色川裁判官）等に言及して，自由への制限を「公共の福祉」の見地から必要とされれば当然視してきた旧来の考え方に疑問が投げかけられていた。

　さらに，その後の判例において，最高裁判所は，憲法 21 条の表現の自由の保障が知る自由の保障をも伴うことを認めている。これを簡単に辿っておくと，まず，前掲の 1989 年法廷メモ採取事件判決では，未決拘禁者の新聞閲読の自由に関する 1983 年よど号ハイジャック記事抹消事件判決[22]を引きながら，「各人が自由にさまざまな意見，知識，情報に接し，これを摂取する機会をもつことは，その者が個人として自己の思想及び人格を形成，発展させ，社会生活の中にこれを反映させていく上において欠くことのできないものであり，民主主義社会における思想及び情報の自由な伝達，交流の確保という基本的原理を真に実効あるものたらしめるためにも必要」であるとして，「このような情報等に接し，これを摂取する自由」は，憲法 21 条 1 項の「規定の趣旨，目的から，いわばその派生原理として当然に導かれる」，とした。それに加えて，1984 年に最高裁判所は，税関検査によるわいせつ表現物の輸入規制が争われた事件で，結論としてはその合憲性を支持したものの，ここでの理由づけにおいて，前掲の博多駅事件決定とよど号記事抹消事件判決を引用しつつ，表現の自由の保障は「これを受ける者の側の知る自由の保障をも伴うものと解すべき」（最大判

---

21) 最大判 1969・10・15 刑集 23 巻 10 号 1239 頁。
22) 最大判 1983・6・22 民集 37 巻 5 号 793 頁。

1984・12・12民集38巻12号1308頁）と明言するに至っている。

4.2 フィルタリング・検索エンジンをめぐる情報の自由とアクセス
―― 著作権・「忘れられる権利」に関する EU 司法裁判所先決裁定から

それでは，第2に，こうした表現・情報に関する受け手側の権利や自由の保障は，インターネットの文脈では，具体的にどれほどの意味を持つのだろうか。ここで興味深いのは，近年，EU 基本権憲章上の基本権の保障において，EU 司法裁判所がかなり踏み込んだ判断を下していることである。

その一例として，2011年のスカーレット事件 EU 司法裁判所先決裁定が挙げられる。本件では，ファイル共有による著作権侵害を防止するための包括的なフィルタリング・システムの導入をベルギーの国内裁判所が ISP に対して命じることの可否が争われたところ，EU 司法裁判所は，関連する EU 指令の解釈を示すにあたって，この命令の発給は許されないと結論づけている。その理由の中で，EU 司法裁判所は，EU 基本権憲章に定める知的財産に対する権利（17条2項）と他の基本権の保護との間の公正な衡量――フェアなバランス――が求められることを確認した上で，当該命令の影響は ISP の営業の自由（16条）のみならず，ISP の顧客の個人データ保護に対する権利（8条）および情報を受けまたは伝える自由（11条）にも及ぶこと，さらに，本件でのフィルタリング・システムは違法なコンテンツと合法なコンテンツを適切に区別していない上に，合法か否かの判断は著作権の制定法上の例外規定次第であるもののそれは加盟国によって異なっていることなどから，この命令は「情報の自由を潜在的に害するかもしれない」，とまで述べている。[23]

そして，EU 司法裁判所におけるもう1つの例として，2014年のいわゆる「忘れられる権利（right to be forgotten）」に関する先決裁定がある。これは，1995年 EU 個人データ保護指令 12 条の「削除（erasure）」権および 14 条の異議申立権等の解釈を示したものであるが，検索エンジンで個人の名前に基づいて検索した結果として表示されるリンク先の情報が，合法的に公表された上にそのリンク先のウェブページではまだ公表され続けている場合にまでも，検索エンジン事業者に削除を義務づけることができる旨の判断を示しており，欧州委員

会・欧州議会等で検討されてきた新たな個人データ保護規則案17条の「忘れられる権利」ないしは「削除に対する権利」の実質的内容をいわば先取りしたと捉えることもできるとして，EU内外で賛否両論を呼んでいる。[24]

とりわけ，ここでEU司法裁判所は，個人データがその処理目的との関係において「不適切であり，関連性がない，もしくはもはや関連性がなくなった，または過度である」場合には，同指令12条b号に基づいて削除を求めうるとしているが，ここでいう忘れられる権利が認められるためには，当該情報が検索結果リストに含まれることがデータ主体（その個人データの本人）に「不利益を生じさせる（causes prejudice）」ことは必要とされない，としている点に注意を要する。[25]

というのも，データ主体側にとっては実効的な問題解決手段が与えられた一方で，検索エンジン事業者側やその検索結果のリンク先のウェブページを提供している本件新聞社側にとっては，例えば名誉権やプライバシー権等の明らかな権利侵害の場合ならまだしも，不利益を生じさせたと認定されていない場合

---

[23] The Court of Justice of the European Union (CJEU), Case C-70/10, Scarlet Extended SA v SABAM, (24 Nov. 2011), at [43]-[54]. この先決裁定は，EU司法裁判所のウェブサイト（http://curia.europa.eu/）から検索して入手できる。ちなみに，EU法における先決裁定（preliminary ruling――先決判決・先行判決とも訳される）の手続について簡単に説明しておくと，EU加盟国の国内裁判所は，国内に係属する訴訟でEU法の解釈等が争点となった場合に，訴訟手続を一時停止してその争点に関する質問事項を司法裁判所に付託し，それに対する司法裁判所からの回答（先決裁定）に基づき，訴訟手続を再開して終局判断を下すことになる。司法裁判所の先決裁定は，付託を行った国内裁判所に対して拘束力を有することから，その後の類似の事件にとって重要な意味を持ち，これによってEU法の統一的な解釈・適用の実現が図られている（この先決裁定手続につき，後掲注24）に挙げた文献を参照）。また，山口「グローバル情報環境における著作権と表現の自由とのバランス」中山信弘先生古稀記念論文集『はばたき――21世紀の知的財産法』（弘文堂，2015）624-625頁も参照。

[24] CJEU, Case C-131/12, Google Spain SL and Google Inc. v Agencia Española de Protección de Datos (AEPD) and Mario Costeja González (13 May 2014). この先決裁定について，さしあたり，宍戸常寿＝門口正人＝山口「HOT issue インターネットにおける表現の自由とプライバシー――検索エンジンを中心として」ジュリスト1484号（2015）ii頁以下，山口「EU法における『忘れられる権利』と検索エンジン事業者の個人データ削除義務――グーグル・スペイン社事件EU司法裁判所2014年5月13日先決裁定を手掛かりにして」堀部政男編著『情報通信法制の論点分析（別冊NBL153号）』（商事法務，近刊予定）を参照。

[25] CJEU, *Case C-131/12, Google Spain SL*, at [92]-[96], [99].

でも，データ主体が望むのであれば検索エンジン事業者に対して検索結果リストからのリンクの削除を要求しうるとなると，もちろんデータ主体の権利それ自体は前掲のデータ保護指令で定められてはいるものの，本件でいう削除を求める権利によって保護される利益とは具体的には何なのか，といった疑問も生じうる。本件で司法裁判所は，こうしたデータ主体の権利とその対抗利益となる検索エンジン事業者の経済的利益や「一般公衆が同データ主体の名前に関する検索によって当該情報にアクセスできるという利益」等との間の調整次第で，データ主体からの削除要求が許容されない場合があるとして一定の手掛かりを示しているが，今後，こうした対抗利益間の調整をめぐる試行錯誤が続くことになろう（日本における検索サービスの運営者の責任に関する裁判例について，CHAPTER 12 の 5.2 を参照）。[26]

次の 5 では，インターネット上の情報へのアクセスのみならず，インターネットの基盤となるインフラにかかわるアクセスをめぐる課題についても視野に取り込んで，考察を加えておくことにしたい。

5 つながるインフラ

●自由なアクセスとインターネットの中立性

インターネット上で表現をはじめとするあらゆる活動を行うには，当然ながら，最初に，ネットにつなぐ必要がある。そうした基盤的なレベルでのアクセスがどこまで可能かによって，表現・情報の自由の現実的な意味合いは大きく変わってくる。

かつての 1990 年代中頃までのネット接続状況を振り返ると，例えば固定電話回線経由のダイヤルアップ接続では，通信速度が遅い上に従量制で決して安価ではない接続料金がかかることもあり，ネット上で行える活動もそこで費やすことができる時間も限られていた。そもそもネットにアクセスしてそれを使

---

[26] こうした調整について，see id. at [97]-[99]，また，前掲注 24) に挙げた文献も参照。

いこなさなければ，どれほどネット上の表現や情報が多様で豊かであってもその恩恵を享受できないことから，社会の情報化が進展する中でのいわば持つ者と持たざる者との間の格差——デジタルデバイド，または情報格差——をいかにして解消するかが，当時の日本を含む多くの国々において政策課題となっていた。[27]

当時と比較すると近年では，インターネットへの接続状況は，インフラ整備や接続端末の普及の面では大きく改善したものの，高速ブロードバンド常時接続でのサービスやコンテンツが充実し，動画のストリーミングも次第に身近になり，伝送路が混雑するにつれて，ネットへのアクセスに関するさらに新たな課題として，インターネットの中立性ないしはオープン性（開かれていること）をめぐる議論がアメリカや欧州諸国で盛んとなっている。この点について，主にアメリカでの議論を素材としながら検討を加えておこう。

5.1 ブロードバンド・プロバイダーとエッジ・プロバイダー
—— その競合関係と懸念された事態

このネット中立性をめぐる争点とは，要するに，高速ブロードバンド・インターネット接続事業者は，ネット上の全ての合法的な通信を，その発信源・種類または受信する装置・相手によって差別することなく，消費者に送ることを義務づけられるべきか否か，ということである。[28] その背景には，今日のインターネット市場における，例えばケーブルモデムサービスによって接続を提供する「ブロードバンド・プロバイダー」と，Amazon, Google, YouTube 等のいわばネットの先端でコンテンツ，アプリケーションないしサービスを提供する「エッジ・プロバイダー」との間の競合関係がある。とりわけ，ブロードバンド・プロバイダーが，加入者であるエンドユーザーが特定のエッジ・プロバイダーにアクセスするのを妨げるかその接続の質を下げることによって，競合

---

[27] 例えば，高度情報通信ネットワーク社会形成基本法（2000 年）8 条では，「地理的な制約，年齢，身体的な条件その他の要因に基づく情報通信技術の利用の機会又は活用のための能力における格差」の是正を積極的に図ることが規定されている。

[28] *See* Recent Case, *supra* note 7, at 2565; *see also* Tim Wu, *Network Neutrality, Broadband Discrimination*, 2 J. TELECOM. & HIGH TECH L. 141 (2003).

する自らのコンテンツやサービスを優遇したり，あるいはいわばゲートキーパーとしての自らの競争上の優位な立場を利用して特定のエッジ・プロバイダーに対してより高額な料金を請求するようになったりする，という事態が懸念されていた[29]。

実際に問題となった具体例として，2005年に，電話回線経由でブロードバンド・インターネット接続を行うDSLサービスを提供するマディソン・リバー社等が，VoIPと呼ばれるネット上での音声通話のアプリケーションに使われるポートを遮断したことが争われた事件で，連邦通信委員会は，同社等が今後こうした遮断等によって加入者のVoIPアプリケーションの利用を妨げないよう命じる同意審決を下している[30]。

また，もう1つの具体例として，ケーブルテレビ回線を通じたブロードバンド・インターネット接続サービスを提供するコムキャスト社が，ネットワークの混雑緩和を理由に，BitTorrentを含むピアツーピア（P2P）ネットワークのアプリケーションに干渉して，遮断はしていないものの通信速度を遅らせたことが問題となった。この事件で，2008年に連邦通信委員会は，同社の差別的で恣意的な行為は合理的なネットワーク管理とはみなされず，消費者が選んだコンテンツにアクセスしてアプリケーションを利用する能力を妨げているとして，同社に対してこうした合理性を欠くネットワーク管理を止める計画の提出等を命じた[31]。ただ，その後，連邦通信委員会のこうしたネットワーク管理に対する規制は，その是非をめぐって法廷で争われることになる。

5.2　連邦通信委員会の規制権限とコモンキャリアの分類

そうした訴訟として，このコムキャスト社に対する上掲の連邦通信委員会による命令について争われた事件における2010年4月の連邦控訴裁判所判決で

---

29) *See* Verizon v. F.C.C., 740 F.3d 623, 628-629, 645-649 (D.C. Cir. 2014).
30) *In re* Madison River Communications, LLC & Affiliated Companies, Order, 20 F.C.C.R. 4295 (2005).
31) *In re* Formal Complaint of Free Press & Public Knowledge Against Comcast Corp. for Secretly Degrading Peer-to-Peer Applications, Memorandum Opinion and Order, 23 F.C.C.R. 13028 (2008), at [1], [44]-[49].

は，連邦通信委員会は同命令を正当化する制定法上の権限に関する証明ができなかったとされ，この命令が取り消されている。[32] さらに，2010年12月に連邦通信委員会が，ブロードバンド・プロバイダーに対して情報開示・遮断禁止・合理性を欠く差別の禁止を義務づける「開かれたインターネットの保護」と題する規則[33]を採択したところ，同委員会の規制権限をめぐって再び連邦控訴裁判所で争われ，その結果，2014年1月の同裁判所判決は，この差別禁止および遮断禁止に関する規則の一部を取り消して連邦通信委員会に差し戻している。

　この2014年判決の理由づけで注目されるポイントを，ここで3つ挙げておくと，第1に，連邦通信委員会がこうしたブロードバンド・プロバイダーのネットワーク管理に関する規制権限を有すること自体については，通信法の規定に基づいて認められるとされている。[34] そして，第2に，開かれたインターネットに関する同委員会規則の根拠とされた，ブロードバンド・プロバイダーがそのゲートキーパーとしての力を用いてエッジ・プロバイダーの通信を制限する恐れがあるという同委員会の事実認定についても，連邦控訴裁判所は基本的に支持している。それにもかかわらず一部規則が取り消された理由を要約すると，第3のポイントになるが，連邦通信委員会がその規制権限の行使において，ブロードバンド・プロバイダーを通信法の下でコモンキャリアとして取り扱わないと分類した以上は，先述の差別禁止のようなコモンキャリアとしての義務をブロードバンド・プロバイダーに課すことは通信法の下で許されない，ということであった。[35]

---

32) Comcast Corp. v. F.C.C., 600 F.3d 642, 644 (D.C.Cir. 2010); see also Verizon, 740 F.3d at 628.
33) In re Preserving the Open Internet, Report and Order, 25 F.C.C.R. 17905 (2010).
34) Verizon, 740 F.3d at 628, 635. より具体的には，連邦控訴裁判所は，連邦通信委員会のこの規制根拠を，1996年電気通信法の706条（47 U.S.C. §1302）に基づいて認めている。同条項は，連邦通信委員会等による高度電気通信事業の普及の促進について定めている。なお，1996年電気通信法は，1934年通信法を改正したものであることから，本章では，適宜，通信法として言及する。
35) Verizon, 740 F.3d at 628-635, 645-650. この規制分類について説明を加えておくと，通信法第2編の下では，電話等の基本サービスを提供する「電気通信事業者（telecommunication carriers）」と，インターネット接続を含む高度サービスを提供する「情報サービス・プロバイダー」とが大別され，コモンキャリアとしての義務は前者として分類された者のみに課せられる。この分類において，従来，連邦通信委員会は，ケーブルモデムによるインターネット接続サービス等を後者として，その提供者をコモンキャリア義務から免除していた。

こうした状況の下では，2014年の連邦控訴裁判所の理由づけの上記3点を裏返して解釈して，連邦通信委員会がブロードバンド・プロバイダーに先述の差別禁止等を義務づけるためには，それまでの規制分類を見直して，ブロードバンド接続サービスをむしろコモンキャリア並みの電気通信サービスとして分類する，という選択肢が現実的となる。それを選択したのが，連邦通信委員会が2015年2月に採択した「開かれたインターネットの保護および促進」と題する新たな規則である。ここでは，固定および移動体のブロードバンド接続サービスについて，通信法第2編の下での電気通信サービスとして再分類した上で，同法で定められるコモンキャリアとしての義務のうちかなりの部分を課することなく，遮断禁止・速度制限（throttling）の禁止・有償での優遇（paid prioritization）の禁止等を一定の範囲に限って義務づけるものとなっている。[36]

5.3 自由な表現のためのプラットフォームを誰が支えるのか

ただ，本章1.3で述べたように，電気通信分野はここ数十年間に顕著な規制緩和傾向にある。そうした中で，かつての固定電話のような技術特性に基づいたコモンキャリアの分類を用いて，ケーブルテレビ・電話・無線等の別を問わずにブロードバンド・プロバイダーに一定の義務を課すとなると，そもそもエッジ・プロバイダー等が自由闊達に活躍する場となるプラットフォームのためのコスト負担やインフラ投資を支えていくべきなのは果たして誰なのか，という疑問への回答を準備しておく必要があろう。ここで興味深いのは，合衆国憲法第1修正の下で表現の自由が手厚く保障されるアメリカならではと言える反駁として，コモンキャリアとしての義務がかかるブロードバンド・プロバイダー側から，加入者のアクセスに関する編集権は私人としての同プロバイダー側にあり，この裁量を制限する規制はいわば「強制された言論」であって，新聞と同様に，政府の監督を受けない第1修正上の保護を同プロバイダーも享

---

36) *In re* Protecting and Promoting the Open Internet, Report and Order on Remand, Declaratory Ruling, and Order, 30 F. C. C. R. 5601 (2015), at [307]-[308]; *see, e.g.*, 47 C.F.R. §§8.5, 8.7, 8.9, 8.11. この新規則については，執行停止を求める関係事業者からの訴えが退けられ，2015年6月に施行されたが，本章執筆時点で関連訴訟が連邦控訴裁判所に係属している。

受するはずであるという主張がなされ，看過できない力を持っていることである[37]。

これに対して連邦通信委員会は，先に触れた2015年の新規則の採択に際し，ブロードバンド・プロバイダーを言論者というよりもむしろ他者の言論のための導管（conduit）として捉えた上で，この新規則は，仮にこうしたプロバイダーの言論者としての権利にかかわる場合でも内容中立的規制であって，違憲審査に服することになっても中間的審査基準の下にあり，表現のためのプラットフォームとしての開かれたインターネットを維持するという重要な政府利益のために許容される制約であるとして，第1修正に反しないと主張している[38]。

おそらく，近年のアメリカの電気通信分野における顕著な規制緩和の流れの中で，インターネットの中立性やオープン性といった目指すべき価値を実現する手段として，どこまでを市場での自由競争に任せ，どこからは政府介入を許容するかについては，利害が激しく対立する当事者間での合意形成に難航が予想される。日本でも，ネット上に流れる通信量が増加傾向にある中で，特定のアプリケーションやユーザーの通信を制限すること（帯域制御）は一定の合理性がある場合にのみ認められるとして，その合理的範囲を判断するために関係事業者間での自主的なガイドラインの改定が重ねられている[39]が，欧米諸国で懸念されている事態が現実化して自主規制の限界が問われた場合も想定して，議論をさらに深めておく必要があるテーマである。

---

[37] こうしたいわゆるプロバイダーによる合衆国憲法第1修正に基づく主張について，*see* Susan Crawford, *First Amendment Common Sense*, 127 HARV. L. REV. 2343, 2343-2344 (2014)．

[38] *Protecting and Promoting the Open Internet, supra* note 36, at [543]-[558]．

[39] 例えば，㈳日本インターネットプロバイダー協会等「帯域制御の運用基準に関するガイドライン（改定）」（2012年3月），http://www.jaipa.or.jp/other/bandwidth/1203_guidelines.pdf を参照。

CONCLUSION　おわりに

　最後に，本章のはじめに掲げた，インターネットにおける表現・情報の自由と規制のあり方を考える際に求められるのは何か，という問いかけに立ち返って，本章のポイントと結論を簡単にまとめておこう。

　急激な技術革新やグローバル化の進展の中で，インターネットの技術特性や社会的機能も大きく変わりゆく現代では，既存の法をいかに解釈・適用して問題を解決するかという視点のみならず，インターネットを通じて人々が実現したい価値や利益は何かを改めて問いかけ，その手段として講じられたはずの法規制・自主規制・技術的手段等が，関係する複数の主体間の複雑な相互作用の下で，本来期待された機能を果たしているかを不断にチェックして，ときに大胆に見直していくというスタンスが必要となる。そして，そこでは，かつて印刷・放送・コモンキャリッジの法がその技術特性と国境に枠づけられていた時代にはなしえなかった，国内外の幅広い関係主体との積極的な連携を通じて，インターネットの法を新たにデザインしていくための創意工夫が求められているのである。

＊本章の一部について，科研費（25380131）の助成を受けている。

考えてみよう

　インターネット上では自由にできる表現活動や情報流通が，インターネット以外の表現手段を用いた場合には法によって規制されている具体的事例として，どのようなものがあるか，探してみよう。もしあれば，その事例においては，なぜ法的規制が課されているのかという根拠を調べた上で，今日の時点でその規制根拠は説得的かどうかについて，そこに含まれる価値や利益をめぐって対立する当事者のそれぞれの立場から，検証してみよう。さらに，そこでの表現の自由と規制との間のバランスのとり方として，具体的にどのような改善策がありうるかについても，知恵を絞ってみよう。

もっと詳しく知りたい方は　REFERENCE

松井茂記『インターネットの憲法学〔新版〕』（岩波書店, 2014）
岡本久道編『インターネットの法律問題』（新日本法規出版, 2013）
宇賀克也＝長谷部恭男編『情報法』（有斐閣, 2012）
駒村圭吾＝鈴木秀美編『表現の自由Ⅰ・Ⅱ』（尚学社, 2011）
浜田純一『情報法』（有斐閣, 1993）
山口いつ子『情報法の構造』（東京大学出版会, 2010）

CHAPTER 3

インターネット上の名誉毀損・プライバシー侵害

宍戸 常寿

PREFACE はじめに

　総務省の事業として 2009 年より運営されている違法・有害情報センターは，インターネット上で流通する違法・有害情報について，個人・企業・法務局等からの相談を受け付けている。総務省によると，[1]その相談件数は年々増加傾向にあり，[2]そのうち名誉毀損・プライバシー侵害に関するものが実に約半分を占める。[3]なぜ，インターネット上で名誉毀損・プライバシー侵害が問題になるのだろうか（**CHAPTER 1・2**も参照）。

---

1) 総務省「ICT サービス安心・安全研究会」報告書「インターネット上の個人情報・利用者情報等の流通への対応について」(2015) 及び同研究会の「個人情報・利用者情報等の取扱いに関する WG」第 2 回資料参照（http://www.soumu.go.jp/main_sosiki/kenkyu/ict_anshin/index.html）。
2) 2010 年度 1206 件，11 年度 1544 件，12 年度 2111 件，13 年度 2840 件，14 年度 3400 件。
3) 2013 年度では約 44.3%を占める。その内訳は次の通り。名誉毀損・信用毀損 24.8%，プライバシー侵害（犯罪事実）9.5%，プライバシー侵害（写真・動画）6.0%，プライバシー侵害（住所・電話番号・メールアドレス）4.0%，肖像権・パブリシティー権 2.1%。

(1) インターネットの外での表現・情報発信

これまでの表現・情報発信の中心的な担い手は，新聞・放送・出版・雑誌等にプロとして携わるジャーナリストや作家等であり，インターネットの外で一般の個人が意見・情報を発信することは，不可能ではないにしても，物理的・時間的な制約によって現実には困難であった。意見・情報発信の前にその真偽を確認したり，適切性をチェックしたりすることは，報道機関内部の仕組みあるいはジャーナリズムの倫理として当然のことであり，不備があれば，同じプロからの批判により職業・営業上のダメージを受け，ひいては表現・情報市場からの退出を強いられるという制裁を観念できた。いまから振り返ってみれば，名誉毀損・プライバシー侵害に関する従来の法理は，このような「表現の送り手と受け手の分離」の状況における発信者の能力や体制を想定しつつ，組み立てられてきたものだといえる。[4]

(2) インターネットでの表現・情報発信

これに対して，インターネットの発展，とりわけブログ・電子掲示板・SNS等のサービスや，携帯電話・スマートフォン等の移動端末の普及は，インターネット上での意見・情報の発受信を容易なものとした。個人はいつでもどこでも，文字・音声・写真・動画等の様々な方法で，自らが見聞きし思いついたことを発信できる。インターネット上に流通する様々な表現・情報を即時に拡散することも，逆にコメントで批判することもできる。こうして多くの利用者が関わって生じる情報の洪水の中から，自分に必要な情報を，検索エンジンを通じて拾い上げることもできる。このように，インターネット上の意見・情報は，いつ誰がどのような目的で表現・発信したのかというコンテクストから切り離されて，流通し拡散していく。その結果，インターネットの外ではできない（しようとも思わない）性質の意見・情報も，インターネットでは安易に発信されてしまう傾向がある。情報発信の匿名性が一定程度保障されていることは，こう

---

[4] 宍戸常寿「ジャーナリズム」佐々木弘通＝宍戸編『現代社会と憲法学』（弘文堂，近刊）は，本稿とは逆の関心で，インターネットが伝統的なジャーナリズムをどのように変容させ，そのことが報道・取材の自由にどのような影響を与えるかを論じている。

した傾向を助長している。

(3) インターネットの光と陰

このようなインターネットの特性は、表現の自由から見ると、光と陰の側面をともに持っている。インターネットの外では公共的な事柄に対して発言することを躊躇する個人でも、インターネット上では積極的に自らの意見・情報を発信し他人と交換することで、自らの考えをより豊かにし、あるいは公共的な世論の形成に貢献することができる。こうした活動は、表現の自由の保障根拠である自己実現の価値と自己統治の価値に資するものであり、強く保障されなければならない（**CHAPTER 2** の **3**. 2 参照）。

その半面、何の深い考えも決意もなく、その時の興味や感情の赴くままに他人を傷つける意見・情報の発信が可能であるのも、しかもそれが瞬時に世界規模に拡散されるために被害が拡大し長期化してしまうこともまた、インターネットの偽らざる姿なのである。

(4) 名誉毀損・プライバシー侵害に関する従来の法理とインターネットの特性

こうしたインターネットの特性を踏まえれば、名誉毀損・プライバシー侵害に関する従来の法理は、根底的に見直されるべきではないだろうか。それは、光の側面を重視すればより表現の自由に有利なものになるだろうし、陰の側面を重視すれば逆にインターネットを規制する方向に進むことになるだろう。

しかし法はこれまでのところ、インターネットの外で形成された従来の法理をインターネットにも適用する（「オフラインで違法であればオンラインでも違法」）という原則を維持しつつ、個別の局面でその修正の必要があるかを検討する、という姿勢をとってきた。こうした手探りのアプローチは、一見すると一時逃れの弥縫策のように見えるかもしれないが、急速な変化の可能性と影響を見通すことができないところで、これまでの安定した紛争解決の枠組みを利用しつつ適切な方向性を探るというもので、法・法律家にとってはいわば伝統的な思考様式といってよい。

したがって、まずはインターネット上の表現の自由と名誉・プライバシーの対立が、従来の法理を前提にしてどのように具体的に調整されているのか、その際にインターネットの特性がどのように考慮されているのか、それとも考慮

されていないのかを確認する必要がある。この章では，そうした確認作業をした上で，従来の法理には修正の必要があるのか，それとも根底的に見直されるべきかについて，若干の観点を示すことにしたい。[5]

1 名誉毀損

1.1 伝統的な法理

(1) 刑事・民事の名誉毀損

刑法230条1項は，「公然と事実を摘示し，人の名誉を毀損した者は，その事実の有無にかかわらず，3年以下の懲役もしくは禁錮又は50万円以下の罰金に処する。」と定めている。事実を摘示せず人の名誉を毀損した場合には侮辱罪（刑法231条）として処罰される（大判1926・7・5刑集5巻303頁）。

これに対して，民法709条は，「故意又は過失によって他人の権利又は法律上保護される利益を侵害した者は，これによって生じた損害を賠償する責任を負う。」と定めており，名誉毀損行為はこの一般的な不法行為の中に含まれる。現に民法710条は，名誉の侵害により生じる損害賠償の責任を負う者は，財産以外の損害に対しても賠償をしなければならないと定めている。民法上の不法行為は，刑事上の不法行為とは異なり，公然と事実を摘示しなくても成立することに注意が必要である。特定の人に摘示しただけ，事実を摘示せずに意見を表明しただけでも，名誉毀損として不法行為責任が成立し得る。また，刑法上の名誉毀損は故意犯であるが，民法上の名誉毀損は過失によっても成立する。

(a) **名誉の概念**　名誉とは，人の品性，徳行，名声，信用等の人格的価値について社会から受ける客観的評価であり，憲法13条の保障する人格権の一つ

---

[5] インターネット上の名誉毀損・プライバシー侵害へのプロバイダーの対応については，実務上，プロバイダ責任制限法ガイドライン等検討協議会「プロバイダ責任制限法　名誉毀損・プライバシー関係ガイドライン〔第3版補訂〕」（2014年12月）が重要な役割を果たしている。

である（最大判 1986・6・11 民集 40 巻 4 号 872 頁〈北方ジャーナル事件〉）。人が自己自身の人格的価値について有する主観的な評価である名誉感情は，名誉に含まれない（最判 1970・12・18 民集 24 巻 13 号 2151 頁。民法 723 条について）。ただし名誉毀損が成立しないとしても，名誉感情の侵害によって，民法上の不法行為責任が生じ得る点にも，注意が必要である（最判 2002・9・24 判時 1802 号 60 頁〈「石に泳ぐ魚」事件〉）。

名誉毀損で問題になる名誉とは，特定の個人または法人の社会的評価である（大判 1926・3・24 刑集 5 巻 117 頁）。人種・民族・宗教・性・性的志向等を指標としたマイノリティ集団に対する敵意や憎悪を表す表現，いわゆる差別的表現（ヘイトスピーチ）については，それが集団に属する者全体に対する差別的発言にとどまり個人に具体的な損害が生じていない段階では，名誉毀損は成立しない。他方，街宣活動を行いそれを動画投稿サイトに投稿する等して個人に損害を発生させ名誉毀損が成立する人種差別的表現について，人種差別撤廃条約を踏まえて高額の損害賠償額を定めた裁判例がある（京都地判 2013・10・7 判時 2208 号 74 頁，大阪高判 2014・7・8 判時 2232 号 34 頁）。

(b) **社会的評価の低下**　　名誉毀損は，名誉すなわち社会的評価を低下させる行為がなされれば成立し，名誉毀損的表現がなされたことを被害者が知ったかどうかは無関係である。ただし名誉毀損罪は親告罪である（刑法 232 条）。

ある表現行為が社会的評価を低下させるものかどうかは，一般読者の普通の注意と読み方を基準として判断される（最判 1956・7・20 民集 10 巻 8 号 1059 頁）。たとえば，ある新聞が主に興味本位の内容の記事を掲載することを編集の方針とし，読者層もその方針に対応するものであったとしても，他人の社会的評価を低下させる内容の記事を掲載した場合には，名誉毀損が成立する。当該新聞が報道媒体としての性格を有している以上，読者も記事にある程度真実も含まれているものと考えるのが通常であり，当該新聞の編集方針や新聞に対する一般的な社会的評価は名誉毀損の成否を左右しないからである（最判 1997・5・27 民集 51 巻 5 号 2009 頁〈夕刊フジ事件〉）。

テレビ番組における摘示事実についても，一般の視聴者の普通の注意と視聴の仕方を基準として判断されるが，視聴者が音声および映像により次々と提供される情報を瞬時に理解せざるを得ないというテレビ番組の特質から，番組の全体構成，登場人物の発言内容やフリップ・テロップだけでなく，映像・音声

に係る情報の内容，全体から視聴者が受ける印象等が総合的に考慮されなければならない（最判 2003・10・16 民集 57 巻 9 号 1075 頁）。

新聞・雑誌の見出しについては，それ単独ではなく本文記事と一体のものとして名誉毀損の成否を考えるべきである（東京地判 2007・12・5 判時 2003 号 62 頁）。他方，新聞広告・中吊り広告での見出しについては，読者は本文記事の内容について言葉を省略したり刺激的・誇張的表現を用いたりしているものと了解して見るのが通常であるから名誉毀損は成立しないとする立場（東京高判 2009・7・15 判時 2057 号 21 頁）と，雑誌を購入して記事を読む者は広告を読んだ者の一部にとどまることを理由に，雑誌の記事本文と切り離して広告の見出しの内容だけで名誉毀損に当たるかを判断すべきとする立場（東京地判 2009・4・15 判タ 1303 号 180 頁）とに分かれている。

(c) 損害賠償額の算定　名誉毀損が認められた場合の慰謝料は，被害者の品性，徳行，名声，信用等の人格的価値について社会から受ける客観的評価が当該名誉毀損以外の理由によってさらに低下したという事実を含め，事実審の口頭弁論終結時までに生じた諸般の事情を斟酌して裁判所が裁量によって算定する（前掲最判 1997・5・27）。報道機関による名誉毀損の損害賠償額は 100 万円が相場といわれてきたが，2000 年代に入ると，女優の近隣騒動を報じた週刊誌に 500 万円の支払いを命じた東京地判 2001・2・26（判タ 1055 号 24 頁）等，高額賠償化の傾向が強まっており，表現の自由の観点からは問題視されている[6]。

(2) 名誉毀損と表現の自由

伝統的には，これまで見たとおり名誉毀損に対して刑事・民事の責任を追及できることは当然のことであり，名誉毀損的表現は憲法の保障する表現の自由の範囲外にあるとされてきた（最大判 1956・7・4 民集 10 巻 7 号 785 頁〈謝罪広告事件〉，最判 1958・4・10 刑集 12 巻 5 号 830 頁）。しかし，名誉毀損的表現の規制は，時の権力を批判する表現活動を抑圧する手段として用いられてきた歴史的経緯をもつ。現在でも，政府や政策の批判を政治家個人に対する名誉毀損とし

---

[6]　長谷川貞之＝湯淺正敏＝松嶋隆弘編著『メディアによる名誉毀損と損害賠償』（三協法規出版，2011）89 頁以下［長谷川］。

て，あるいは商品・サービスの批判を企業に対する名誉・信用毀損として，その法的責任を追及することも可能である。しかし，このような責任追及が広く可能になれば，公共的事柄に関する意見・情報の発信は困難になり，国民の知る権利も大きく損なわれることになろう。

そこで現在では，名誉毀損的表現にも憲法上の保護が及び得ることを前提として，表現の自由と名誉権の対立を調整すべきだと考えられるようになっている。この点，刑法230条の規定は真実の表現に対する処罰を可能とする点で憲法21条に反し，名誉毀損として処罰し得るのは表現者が故意・過失に基づき虚偽の表現をしたことが証明される場合に限られ，真実性の立証責任は表現者の責任を追及する側が負うべきこと，とりわけ公職者，あるいは著名人等の「公人」(public figure) に関する名誉毀損的表現は「現実の悪意」があったことが証明されない限り法的責任を負わせてはならないこと[7]，民事上の名誉毀損についても同様に考えるべきことを説く見解も有力である[8]。しかし判例および多くの学説は，刑法230条の2およびその解釈を通じて，表現の自由と名誉権の対立を調整しようとしてきた。

(a) **真実性の証明**　刑法230条の2は，次のように定めている。

1. 前条第一項の行為が公共の利害に関する事実に係り，かつ，その目的が専ら公益を図ることにあったと認める場合には，事実の真否を判断し，真実であることの証明があったときは，これを罰しない。
2. 前項の規定の適用については，公訴が提起されるに至っていない人の犯罪行為に関する事実は，公共の利害に関する事実とみなす。
3. 前条第一項の行為が公務員又は公選による公務員の候補者に関する事実に係る場合には，事実の真否を判断し，真実であることの証明があったときは，これを罰しない。

---

[7] 「現実の悪意」(actual malice) の法理とは，公職者に対する名誉毀損的表現については，表現が虚偽であることを知りながらなされたか虚偽か否かを気にかけずになされたものであることを，名誉毀損の責任を追及する側が立証しなければならない，とするものである。これは，合衆国最高裁が New York Times Co. v. Sullivan (376 U.S. 254 (1964)) 判決において示した法理で，公職者や公的人物に対して批判的な表現の自由を最大限に認めたものと解されている。

[8] 松井茂記『インターネットの憲法学〔新版〕』（岩波書店，2014）225頁以下。

この規定はもともと大日本帝国憲法下の出版法・新聞紙法に由来するが、日本国憲法制定後の 1947 年刑法改正で挿入され、現在では「人格権としての個人の名誉の保護と、憲法 21 条による正当な言論の保障との調和」を図る趣旨の規定である、と解されている（最大判 1969・6・25 刑集 23 巻 7 号 975 頁〈夕刊和歌山事件〉）。
　刑法 230 条の 2 第 1 項によると、表現行為が名誉毀損の構成要件に該当したとしても、①事実の公共性、②目的の公益性が認められ、かつ表現者が③摘示事実の真実性を証明した場合には免責される。民事上の名誉毀損的行為が同じく①～③の要件を満たす場合には、行為の違法性を欠き、不法行為は成立しない（最判 1966・6・23 民集 20 巻 5 号 1118 頁）。
　①について、同条 2 項は公訴提起前の犯罪行為に関する事実を①と見なしており、さらに同条 3 項によれば、公務員・公選候補者については①②を問わず③のみが問題となる。個人のプライバシーに当たる私生活上の事実は原則として公共性が否定されるが、当該人物が携わる社会的活動の性質やこれを通じて社会に及ぼす影響力の程度によっては、公共性が認められる（最判 1981・4・16 刑集 35 巻 3 号 84 頁〈月刊ペン事件〉）。
　②については、たとえ侮辱的・嘲笑的な部分を含む表現であっても、その主たる動機が公益を図る目的にあれば、目的の公益性が認められる（東京地判 1983・6・10 判時 1084 号 37 頁〈月刊ペン事件差戻審〉）。とりわけ政党間の批判・論評は、表現の自由の濫用にわたると認められる事情のない限り、目的の公益性が認められる（最判 1987・4・24 民集 41 巻 3 号 490 頁）。
　③については、実務上、何が摘示事実かをめぐって争われることが多い。例えば、「……という噂である」のような表現における摘示事実は風評の存在ではなく、風評の内容である事実の真否である（最決 1968・1・18 刑集 22 巻 17 号頁）。摘示された事実の重要な部分が真実であることが証明されれば、真実性の証明は認められる（最判 1983・10・20 判時 1112 号 44 頁）。他方で証明の程度については、厳格な証明によって「合理的疑いを容れない」程度の証明が必要であるとの裁判例があるが（東京地判 1974・11・5 判時 785 号 116 頁）、犯罪事実の証明に際して訴追側に求められるのと同じ程度の証明を被告人（表現者）に要求することは酷であり、証拠の優越の程度で足りると解すべきとの見解も有力である。真実性の証明の基準時は、事実審の口頭弁論終結時である（最判

2002・1・29判時1778号49頁)。

(b) **相当性の法理**　　先述の通り，真実性の証明の責任は表現者が負う。しかし，証明に失敗した表現者に常に名誉毀損の責任を負わせる（例えば，最判1959・5・7刑集13巻5号641頁）のは，表現の自由の保障として十分とはいえない。裁判上の証明の成否は表現時には不確かであるのが通常であり，そして証明に失敗した場合には法的責任を免れないとすれば，本来適法になし得たはずの表現も表現者が萎縮して差し控えてしまうこと（萎縮効果）が予想されるからである。

そこで判例は「たとい刑法230条の2第1項にいう事実が真実であることの証明がない場合でも，行為者がその事実を真実であると誤信し，その誤信したことについて，確実な資料，根拠に照らし相当の理由があるときは，犯罪の故意がなく，名誉毀損の罪は成立しないものと解するのが相当である」としている（前掲最大判1969・6・25）。同様に，民事上の名誉毀損的行為に誤信相当性がある場合には，故意または過失を欠くものとして，不法行為は成立しない（前掲最判1966・6・23）。

実務上，誤信の相当性は「確実な資料，根拠」に照らしたものかどうかという観点から厳格に判断されている。捜査当局の公の発表（最判1972・11・16民集26巻9号1633頁）や裁判所が刑事事件において認定した事実（最判1999・10・26民集53巻7号1313頁）については誤信相当性が認められるが，それらを超えた場合，裏付け取材を欠いた場合，一方的情報を鵜呑みにした場合については，誤信相当性が否定される。

裁判例は，報道機関が特別の調査権限を有していない半面，報道の迅速性が要請されることから，裏付け資料に高度の確実性を要求せず，報道機関をして一応真実であると思わせるだけの合理的な資料又は根拠があることをもって十分であるとしている（東京高判1978・9・28判タ372号85頁）。他方，民事裁判については報道機関に取材源の秘匿が認められるが（民訴197条1項3号，最決2006・10・3民集60巻8号2647頁），報道機関が裏付け取材の対象者の氏名を裁判で明らかにしないまま裏付け取材の存在を主張しても誤信相当性は認められない（大阪地判2013・4・26判例集未登載）。この場合について，提出された詳細な取材メモを検討することで，誤信相当性を認めた裁判例がある（東京地判2013・10・11判例集未登載）。

以上のように,「相当性の法理」それ自体は表現者が一般人か報道機関かを区別していないが,実務上,報道機関を念頭に「確実な資料,根拠」を得るだけの十分な取材活動がなされたかどうかが重視されてきたといえる。
　誤信相当性の証明は,真実性の証明とは異なり,行為時に存在した資料による（前掲最判 2002・1・29）。

(c) **通信社の配信記事と相当性の法理**　国内外のニュースを取材し記事を加盟する新聞社等に配信する通信社は,とりわけ地方紙を支える基盤として機能している。新聞社が通信社の配信した記事について独自の取材をせずそのまま報道したところ,摘示事実が真実でなかったという場合に,新聞社が誤信相当性を主張する余地はなく,常に名誉毀損の責任を負わざるを得ないのだろうか。
　この点,最判 2002・1・29（民集 56 巻 1 号 185 頁）は,犯罪報道については通信社の配信記事であっても信頼性が確立していないとして,新聞社の誤信相当性を否定した。これに対して最判 2011・4・28（民集 65 巻 3 号 1499 頁）は,通信社を利用した報道システムでは配信を受けた新聞社が裏付け取材をすることは予定されておらず現実的にも困難であるとした上で,報道が萎縮し国民の知る権利が損なわれないようにとの配慮から,新聞社と通信社が「報道主体としての一体性を有する」場合には,通信社に誤信相当性があれば新聞社にも誤信相当性が認められる,とした。
　もっともこの判決は,通信社に誤信相当性があるか否かにかかわらず専ら通信社から配信を受けたというだけで新聞社を免責するもの（いわゆる配信サービスの抗弁）ではないことに,注意が必要である。

(d) **公正な論評の法理**　意見・論評によって他人の社会的評価を低下させる行為については,事実を摘示していない以上刑法 230 条の構成要件には該当せず,民法上の名誉毀損の成否のみが問題となる。判例は,その行為が公共の利害に関する事実にかかり,その目的が専ら公益を図ることにあった場合,意見・論評の前提とする事実が主要な点で真実であることの証明があったときは,人身攻撃に及ぶ等論評としての域を逸脱したものでない限り,当該行為は違法性を欠く,としている（最判 1989・12・21 民集 43 巻 12 号 2252 頁）。また,意見・論評が前提とする事実が真実であることの証明がない時でも,前提とする事実についての誤信相当性があった場合には,故意過失を欠くものとして不法行為は成立しない（最判 1997・9・9 民集 51 巻 8 号 3804 頁）。

事実摘示による名誉毀損か論評による名誉毀損かは、証拠による証明になじむか否かによって判断される（最判 2004・7・15 民集 58 巻 5 号 1615 頁）。

(e) **不当訴訟**　企業等が、公共的事項についての表現活動に対する報復を目的に、名誉毀損訴訟を提起し巨額の賠償を請求する例がしばしば見られる。このような提訴は、「公的参加を妨げるための戦略的訴訟」(strategic lawsuit against public participation: SLAPP) の一つであり、表現の自由を脅かすものとして問題視されるようになっており、アメリカでは約 30 州が反 SLAPP 法を制定している。[9]

日本では裁判を受ける権利の保障（憲法 32 条）の下、一般には、民事訴訟の提起が相手方に対する違法な行為といえるのは、当該訴訟において提訴者の主張した権利等が事実的、法律的根拠を欠くものであるうえ、提訴者がそのことを知りながら又は通常人であれば容易にそのことを知り得たのにあえて訴えを提起した等、訴えの提起が裁判制度の趣旨目的に照らして著しく相当性を欠くと認められるときに限られる、と解されている（最判 1988・1・26 民集 42 巻 1 号 1 頁）。この法理の下で例外的ではあるが、名誉毀損訴訟の原告に対して表現者が提起した反訴が認められる例も見られるようになっている（東京地判 2001・6・29 判タ 1139 号 184 頁、高知地判 2012・7・31 判タ 1385 号 181 頁等）。

(f) **特定的救済**　民法 723 条は「他人の名誉を毀損した者に対しては、裁判所は、被害者の請求により、損害賠償に代えて、又は損害賠償とともに、名誉を回復するのに適当な処分を命ずることができる。」と定めている。「適当な処分」のうちには謝罪広告の新聞紙等への掲載も含まれるが、判例は「単に事態の真相を告白し陳謝の意を表明するに止まる程度のもの」であれば憲法 19 条に反しないとする（前掲最大判 1956・7・4）。

名誉毀損的表現の被害者は、人格権に基づき当該表現の差止めを求めることもできるが、表現行為に対する事前抑制は憲法 21 条の趣旨から「厳格かつ明確な要件のもとにおいてのみ許容されうる」のであり、公職選挙の候補者に対する評価・批判等を仮処分の手続で事前に差し止めることは原則として許されない。ただ、「表現内容が真実でなく、又はそれが専ら公益を図る目的のもの

---

[9]　松井茂記『表現の自由と名誉毀損』（有斐閣、2013）403 頁以下。

ではないことが明白であつて、かつ、被害者が重大にして著しく回復困難な損害を被る虞があるとき」は、例外的に差止めが許容される（前掲最大判 1986・6・11）。この北方ジャーナル事件判決の基準は、名誉毀損的表現の事前差止めに関して、比較的厳格な実体的・手続的要件を示したものとして評価されている[10]。

1.2　インターネット上の名誉毀損

(1)　インターネットの特性と伝統的な法理

これまで見てきたとおり、伝統的な名誉毀損の法理は、「情報の送り手と受け手の分離」という状況の下、発信者の能力を想定しながら組み立てられてきた。インターネット上の名誉毀損については、こうした伝統的な法理がそのまま適用されるべきか、それとも修正されるべきか、という形で議論されてきた。その際にポイントとなってきたのは、次のようなインターネットの特性である[11]。

(a)　**インターネット上の表現の正確性・信頼性**　インターネット上の表現が、伝統的な報道機関のそれとは異なり、必ずしも正確性が保障されるものではないことは、よく知られている。それ故、インターネット上で名誉毀損的表現がなされても、受け手がそれを直ちに信頼し、社会的評価が低下するとは必ずしもいえないのではないか。このように考えれば、インターネットで名誉毀損が成立する場合は、従来の法理よりも限定されるべきではないか、ということになる。

他方、従来の法理の射程は報道機関による名誉毀損に限られておらず、報道機関以外の者が名誉毀損の法的責任を追及されてきたことも事実である。さらに、インターネット上の表現の中にも、報道機関がウェブサイトで発信するものをはじめ、信頼されるものがあることを踏まえれば、伝統的な法理を修正し名誉毀損の成立を限定することには慎重であるべきだ、ということになる。

(b)　**対抗言論の可能性**　表現の自由の保障の意義を重視し、「誤つた言論に

---

[10] なお同判決は、仮処分による手続において例外的に債務者に主張立証の機会を与えなくても許されるとしたが、現在は仮の地位を定める仮処分一般について口頭弁論または債務者審尋を経なければならないこととされている（民事保全法 23 条 4 項）。

[11] 松井・前掲注 8) 227 頁以下。

対する適切な救済方法はモア・スピーチなのである（前掲最大判 1986・6・11 における谷口正孝裁判官意見）と考えるならば，名誉を毀損されたと主張する者が対抗言論（more speech）によって失われた名誉の回復を図ることができる限り，国家が介入する必要は乏しい。このような対抗言論の考えが妥当するためには，①名誉を毀損されたと主張する者が，名誉を毀損したとされる者と同程度の表現空間へのアクセスをもっている必要があり，②自らが批判を誘発するような表現をする等して論争の「場」に進んで参入した結果，その「場」における自らへの批判として名誉毀損的な表現がなされた等の事情が必要である，と考えられる。「現実の悪意」の法理が，公職者に対する名誉毀損だけでなく公人に対する名誉毀損にも適用される理由は，公人がメディアへのアクセスを有している点に求められる。

そして，このような「対抗言論」の考えが，インターネット，とりわけ掲示板やフォーラムの上での名誉毀損に一層強く妥当すると考えるならば，たとえ摘示した事実が公共の利害に関わっていなくても，例えば掲示板やホームページで論争点に関する自己の見解を発信していた等，名誉を毀損されたと主張する者に対抗言論を要求しても不公正ではないといえる事例では，「相当性の法理」の適用を認めてもよいのではないか，と考えることもできる。[12)13)]

このようなインターネット上の対抗言論の可能性を主張する見解に対しては，インターネット上の反論が成功する可能性は小さく，またあるサイトでなされた名誉毀損的表現に対して別のサイト等で反論しても，名誉の回復に実効的とはいえないとの批判が考えられる。

(c) **一般ユーザーの表現の機会**　　インターネットはすべての人に気軽に表現す

---

12) 高橋和之「インターネット上の名誉毀損と表現の自由」高橋和之＝松井茂記＝鈴木秀美編『インターネットと法〔第4版〕』（有斐閣，2010）64頁以下。なおこの立場は，対抗言論を要求する目的は論争を深めることにあるから，事実無根の中傷であるとか再反論後も同じ内容の人格攻撃が執拗に繰り返される場合にまで，被害者側に対抗言論を要求すべきではないとする（同68頁）。

13) 1.2 (3) (c) でみるとおり，裁判例によっては，①本文で紹介したように，対抗言論の可能性があることを理由として「相当性の法理」の適用範囲を拡大するほか，②対抗言論が現実になされ奏功したことを理由として社会的評価の低下を否定する，③自身への批判に対する反論として相手方を批判した表現（対抗言論）について社会的評価の低下を否定する，というように様々な意味で「対抗言論」の語が用いられることがある。

る機会を開いており，多数のユーザーがインターネット上で入手できる情報に依拠して表現・情報発信を行っている。しかし，既に述べた「相当性の法理」は，「確実な資料，根拠」を誤信の相当性に要求することで，実務的には，報道機関に対して適切な裏付け取材を行うことを求めている。この伝統的な法理をそのまま適用して，報道機関に所属する記者等と同じだけの注意を一般ユーザーに要求することは，実質的にインターネット上での表現を禁止するに等しいのではないか。このように考えれば，インターネット上の名誉毀損について相当性の法理を緩和するか，「現実の悪意」の法理のような，より表現保護的な法理を採用すべきだ，ということになろう。

　他方，不正確な情報が急速に拡散する，匿名性が一定程度保障されるというインターネットの特性において，他人の社会的評価を傷つけるような表現が安直かつ無責任になされ，しかも二次被害・三次被害をも考慮すれば，インターネット上の名誉毀損によるダメージは一層大きなものになり得る。このように考えれば，インターネット上の名誉毀損について，従来の「相当性の法理」を緩和する理由はない，ということになる。

　(d) **検　　討**　上記の3つの論点について，インターネットの特性を強調し伝統的な法理の修正を求める議論とそれに対する反論はそれぞれ相応の説得力をもつが，どのように考えるべきだろうか。

　伝統的な法理の修正に対する(a)の反論のポイントは，インターネット上の表現が一概に正確性・信頼性を欠くとはいえない，ということである。それは突き詰めてしまえば，インターネット上で不正確な情報が急速に拡散しやすいという(c)の反論のポイントとは対立する契機をはらんでいる。それ故，総合的な認識としては，インターネット上には正確性・信頼性の高いものからそうでないものまで含まれており，その多様性の幅がインターネットの外の表現よりも広い，というのが適切であろう。

　このようなインターネット上の表現がより多様であるという認識をもってすれば，伝統的な法理を見直すことには一理があるが，そこから先の途は分かれる。そもそも伝統的な法理が名誉権の保護に手厚すぎ，表現の自由を軽視しすぎていたという評価を前提にすれば，インターネット上の表現の多様性を積極的に評価して，表現の自由を強く保護する法理に転換すべきだ，ということになるだろう。これに対して，伝統的な法理がこれまでの実務において表現の自

由と名誉権を適切に調整してきたものと評価するならば、むしろインターネット上の表現の多様性に配慮した形で伝統的な法理を柔軟化させていく途がとられるべきことになる。

筆者自身は、前者の姿勢に強い共感を覚えつつも、現実にインターネット上で多くの違法・有害情報が流通していることからすれば、インターネット上の表現であるからといってそれらに一律に強い憲法上の保護を及ぼすことに対する危惧を拭いきれない。そこで現状では、インターネットのより健全な発展を促す方向で後者の途を進み、例えば名誉毀損の成否や相当性の法理を文脈に応じて柔軟に運用すべきではないか、と考えている。他方、このように考えることに対しては、とりわけ刑事法の立場から、名誉毀損罪の処罰範囲を不明確にするとの批判が予想される。しかし、真の問題は当該表現が憲法上保護されるべきかどうかの判断であって、構成要件の明確性を理由にその評価を回避することは許されない。[14]仮に処罰範囲の明確性を重視するというのであれば、むしろ憲法上保護された表現を刑法230条の構成要件から排除するような定義づけ較量の手法が、真摯に検討されるべきであろう。

次に、インターネット上の名誉毀損に関する2つの最高裁判例を検討することにしよう。

(2) ラーメンチェーン店事件

(a) 事実の概要 会社員であるX（被告人）は、パソコン通信上の、Aが主催する団体Bの関係者とその批判者等の間での批判の応酬に興味をもち、自らのホームページに「B観察会」を立ち上げた。その後Xは、ネット上の掲示板や飲食店「ラーメンC」の加盟店店長のメールによって、Cの加盟店の募集や経営指導を行うD社の代表取締役がAの息子であり、BがD社の母体でCの売上げがBの活動資金になっている、D社に多額の投資をした結果財産を失う被害に遭った人がいるという情報を入手し、Bへの批判を強めていった。また、Bの関係者と称する人物等から、複数の脅迫メールがXに送られたり、Xの掲示板に殺人予告を示唆する記事が書き込まれたりした。

---

[14] この点については、公務員の政治的行為の処罰に関する堀越事件（最判2012・12・7刑集66巻12号1337頁）を想起されたい。

Xは，2002年10月18日頃から1カ月弱の間，ホームページで，「貴方が『C』で食事をすると，飲食代の4〜5％がカルト集団の収入になります。」，D社の会社説明会の広告を引用して「教祖が宗教法人のブローカーをやっていた右翼系カルト『B』が母体だということも，FC店を開くときに，自宅を無理矢理担保に入れられるなんてことも，この広告には全く書かれず，『店が持てる，店長になれる』と調子のいいことばかり。」等の文章を掲載した。そのためXは「D社がカルト集団である」等の虚偽の事実を摘示してD社の名誉を毀損したとして起訴された。
　このように，カルトとして批判される団体をめぐる議論がネット上で白熱化した結果，刑事事件に発展した点が，ラーメンチェーン店事件の特徴である。
　(b) **訴訟の経緯**　第1審（東京地判2008・2・29刑集64巻2号59頁）は，Xが摘示した事実が真実であることの証明がなく，「相当性の法理」による限りXには誤信相当性が認められない，とした。しかし，誰もが容易にアクセスできるというインターネットの特性，インターネット上の情報の信頼性が一般的に低いものと受け止められていることから，公共の利害に関する事実に関する公益を図る目的でのインターネット上の名誉毀損的表現については，「加害者が，摘示した事実が真実でないことを知りながら発信したか，あるいは，インターネットの個人利用者に対して要求される水準を満たす調査を行わず真実かどうか確かめないで発信したといえるとき」に限って名誉毀損罪が成立する，との新基準を示した。そして本件ではXの情報収集がこの水準を満たしていたとして，無罪判決を下した。
　これに対して第2審（東京高判2009・1・30刑集64巻2号93頁）は，被害者の反論の可能性を理由に免責の基準を緩和することはできない，またインターネット上の情報は必ずしも信頼性が低いとは限らないと述べて，従来どおり「相当性の法理」を適用し，Xに対して罰金刑30万円の有罪判決を下した。第2審判決に対してXが上告したため，最高裁がインターネット上の名誉毀損に対してどのような判断を示すかが，注目された。
　(c) **最高裁の判断**　最高裁（最決2010・3・15刑集64巻2号1頁）は，次のように述べて，Xの上告を棄却した。
　「個人利用者がインターネット上に掲載したものであるからといって，おしなべて，閲覧者において信頼性の低い情報として受け取るとは限らないので

あって，相当の理由の存否を判断するに際し，これを一律に，個人が他の表現手段を利用した場合と区別して考えるべき根拠はない。そして，インターネット上に載せた情報は，不特定多数のインターネット利用者が瞬時に閲覧可能であり，これによる名誉毀損の被害は時として深刻なものとなり得ること，一度損なわれた名誉の回復は容易ではなく，インターネット上での反論によって十分にその回復が図られる保証があるわけでもないことなどを考慮すると，インターネットの個人利用者による表現行為の場合においても，他の場合と同様に，行為者が摘示した事実を真実であると誤信したことについて，確実な資料，根拠に照らして相当の理由があると認められるときに限り，名誉毀損罪は成立しないものと解するのが相当であって，より緩やかな要件で同罪の成立を否定すべきものとは解されない」。

(d) 「相当性の法理」の検討　　第1審はインターネットの表現の多様性から「相当性の法理」を緩和したが，その背後には，表現が活発になされることを通じてインターネットが健全なものに成長するというオプティミズムが潜んでいるように思われる。

これに対して最高裁は第2審と同じく，インターネット上の表現についても「相当性の法理」を修正しないという立場を採った。その第1の理由は，インターネット上の表現だからといって信頼性が低い情報として受け取られるとは限らないというものである。しかし，本件でXが依拠したインターネット上の書き込み等について「一方的立場から作成されたにすぎないものもある」と述べたことからすると，インターネット上の表現の多様性についての認識には，実は第1審とも大差ないように思われる。

むしろ最高裁が誤信相当性に「確実な資料，根拠」を要求する背後には，インターネット上の表現の現状に対する懸念があるのではないか。第2審はこの点を直截に，「インターネットによる表現行為は今後も拡大の一途をたどるものと思われるが，その表現内容の信頼度の向上はますます要請されるのであって，これにより真の表現の自由が尊重されることになる」と述べている。

しかし，インターネット上の表現の信頼性を高めるためには，「相当性の法理」を従来のまま厳格に維持しなければならない，というわけではなかろう。例えば，配信サービスの抗弁の発想を応用して，信頼できる報道機関の報道に依拠していれば，「確実な資料，根拠」に照らしたものとして，一般ユーザー

のインターネット上の表現に誤信相当性を認めることは，許されないだろうか。こうした解釈は，インターネット上の信頼できない情報に依拠した表現が問題となった本件とは区別（distinguish）が可能であるし，報道機関の報道と一般ユーザーの表現それぞれの特性に配慮しながら全体として表現の自由を拡大すると同時に，インターネット上の表現の信頼性を高めることにも資するのではないか。もちろん，報道機関の信頼性をどのように判断するか，報道機関の報道を直接閲覧・引用した場合に限るのか等いくつか検討すべき問題も残るが，伝統的な法理をこのような方向で柔軟に運用することが，今後の課題であるように思われる。

本件では「対抗言論」の考えの当否がもう一つの論点となっているが，この点は次の判例とともに検討したい。

(3) 読売新聞西部本社事件

(a) **事実の概要と訴訟の経緯**　フリージャーナリストであり，新聞社の新聞販売店への対応や新聞業界の体質を批判的に報道しているY（被告）は，2008年3月1日に，X_1（読売新聞西部本社）の法務室長であるX_2等がA販売店を訪問して新聞の取引中止を伝え，「その上で明日の朝刊に折り込む予定になっていたチラシ類を持ち去った。これは窃盗に該当し，刑事告訴の対象になる。」との記載（以下，本件記載部分）を自己の開設するウェブサイトに掲載した。しかし現実には，新聞折込広告代理業を営むB社の従業員がA販売店の所長の了解を得た上で折込チラシを持ち帰ったものであった。そこで，X_1，X_2等がYに対して名誉毀損を理由として損害賠償を求めた。

第1審（さいたま地判 2009・10・16 判例集未登載）はYが「本件記事に対する反論を本件サイト上に掲載する旨を連絡しており，不十分とはいえ一応反論の機会を与えていること」をも考慮して損害賠償を認める程度にまで原告らの社会的評価を低下させるものとはいえないとし，第2審（東京高判 2010・4・27 判例集未登載）も結論において同様の立場を採り，いずれもX_1等の請求を棄却した。そこでX_1等が上告に及んだ。

(b) **最高裁の判断**　最高裁（最判 2012・3・23 判時 2147 号 61 頁）は，社会的評価の低下について「一般の読者の普通の注意と読み方」を基準とするという伝統的な法理を挙げた上で，「本件記事は，インターネット上のウェブサイトに

掲載されたものであるが，それ自体として，一般の閲覧者がおよそ信用性を有しないと認識し，評価するようなものであるとはいえ〔ない〕」として，本件記載部分を含む記事が X_1 等の社会的評価を低下させることは明らかとした。そして，本件記載部分で摘示された事実は真実ではなく，Y は X_1 と「訴訟で争うなど対立関係にあったという第三者からの情報を信用して本件サイトに本件記事を掲載したと主張するのみで，本件記載部分において摘示した事実が真実であると信ずるにつき相当の理由があったというに足りる事実を主張していない」として，原判決を破棄し，本件を原審に差し戻した（差戻審については後述(4)(d)）。

(c) **「対抗言論」をめぐる裁判例**　ラーメンチェーン店事件では「相当性の法理」の修正が争われていたのに対して，読売新聞西部本社事件では，インターネット上の表現による社会的評価の低下をどのように考えるべきかが問題になっていた，と見ることができる。この点について，以前の裁判例では，パソコン通信や電子掲示板での表現が争われることが多かった。

例えば，東京地判 1997・12・22（判時 1637 号 66 頁）は，原告がパソコン通信上で ID を不正使用したとの疑惑がきわめて濃厚であることを摘示した電子掲示板への書き込みについて，当該疑惑が当該掲示板上で既に多数回にわたり掲示されており濃厚な疑惑として受け止められていたこと，原告の反論が当該掲示板にも掲載されていること等から，社会的評価の低下を認めなかった。

ニフティサーブ「現代思想フォーラム」事件[15]では，会員間の意見交換のために設定されたフォーラム（電子会議室）上で，別のフェミニズムに関するフォーラムで積極的に発言していた原告を批判する書き込みが名誉毀損に当たるかどうかが問題になった。第 1 審（東京地判 1997・5・26 判時 1610 号 22 頁）は，被告の書き込みは「原告に対する個人攻撃的な色彩が強く，原告の社会的名誉を低下させるに十分なもの」として名誉毀損の成立を認めた。これに対して第 2 審（東京高判 2001・9・5 判時 1786 号 80 頁）は，原告が嬰児殺し及び不法滞在の犯罪を犯したとする内容の書き込みについて社会的評価の低下を認めたが，それ以外の書き込みについては名誉毀損の成立を否定した。その際に，主張を

---

[15] 本件の経緯はニフティ訴訟を考える会編『反論──ネットワークにおける言論の自由と責任』（光芒社，2000）に詳しい。プロバイダーの責任については **CHAPTER 12** を参照。

裏付けたり主張を反駁する意味を持たなかったりするような発言は言論の場でも許容されず，罵倒に対する反論の価値も認められないと述べており，対抗言論の考えからは，「発言の行われた具体的なコンテクストを重視するアプローチ」を採用したものと評価されている。[16]

ニフティサーブ「本と雑誌フォーラム」事件第 1 審（東京地判 2001・8・27 判時 1778 号 90 頁）も，反論が可能であるというパソコン通信・フォーラムの特質から，「当該発言がされた経緯，前後の文脈，被害者からの反論をも併せ考慮した上で，パソコン通信に参加している一般の読者を基準として，当該発言が，人の社会的評価を低下させる危険性を有するか否か，対抗言論として違法性が阻却されるか否かを検討すべきである」と述べた上で，原告が現実に十分かつ適切な反論をしたことにより，フォーラムでの書き込みによる原告の社会的評価は低下しなかったと判断した。

これに対して，匿名電子掲示板「2 ちゃんねる」の管理者が名誉毀損的発言を削除しなかったことの責任が問われた裁判例では，「対抗言論」の考え方が退けられている。例えば，2 ちゃんねる（動物病院）事件第 2 審（東京高判 2002・12・25 判時 1816 号 52 頁）は，「匿名という隠れみのに隠れ，自己の発言については何ら責任を負わないことを前提に発言している」者に対して「言論をもって対抗せよ」とはいえず，さらに原告は本件掲示板を利用したことも本件掲示板において自己に対する批判を誘発する言動をしたものでもないとして，名誉毀損の成立を認めた。東京地判 2003・7・17（判時 1869 号 46 頁）も同掲示板上で対等な議論を交わす前提が欠けており，反論によって社会的評価の低下を防止するような作用を働かせる状況にないとして，管理者に名誉毀損的表現の削除を命じた。

別の匿名掲示板に関する東京地判 2008・10・1（判時 2034 号 60 頁）は，反論が奏功した場合には社会的評価が低下したとはいえず，論争において相手方から誘発された名誉毀損的発言も対抗言論として許される範囲内のものである限り違法性が阻却されるとの一般論を認めつつも，「インターネット上の掲示板における投稿は，相対する当事者間の論争と異なり，当事者間の言論と言論と

---

16) 高橋・前掲注 12) 70 頁。

の間に時間的な隔たりが介在する余地があるところ，閲覧する目的，頻度及び回数は，掲示板の閲覧者毎に様々であるから，閲覧者が一方の言論に対する他方の反論（対抗言論）を確認するとは限らない」として，原告に当該掲示板上での反論を要求すべきではないとして，名誉毀損的表現を削除しなかった管理者の責任を認めた。

(d) **「対抗言論」の考えの検討**　これまでの裁判例を概観すれば，パソコン通信や電子会議室については「対抗言論」の考えが妥当する側面がある一方，匿名掲示板については認められない，と整理できる。これに対して，ラーメンチェーン店事件および読売新聞西部本社事件はいずれも個人の開設するホームページ上の表現が問題であった。

このうちラーメンチェーン店事件では，第1審が「対抗言論」の考えを採用し，被害者が名誉毀損的表現を誘発する情報を事前に発信していた等の「特段の事情」がある場合には，「相当性の法理」を緩和すべきだという立場に立っていた。これに対して最高裁は「インターネット上での反論によって十分にその回復が図られる保証があるわけでもない」と述べ，第2審はこの点をより詳しく，①名誉毀損的表現が存在することを知らない被害者に反論を要求することはできない，②反論による名誉毀損的表現の拡散を恐れて反論を控えることもある，③匿名の表現に対して有効適切な反論をすることが困難な場合がある，④名誉毀損的表現を閲覧した第三者が反論を閲覧する可能性が高いとはいえない等の点を挙げている。

これらの指摘は，それ自体として確かに説得力をもつ。しかし「対抗言論」の考えからすれば，②については自ら批判を誘発する立場に身を置く等した者が，論争すべき場合に反論せず裁判に訴えるのは，表現の自由の精神に反するという批判があり得よう。あるいは③についても，被害者側に反論を要求するだけの事情があるとすれば，反論が奏功するかどうかは主張の巧拙を含めて論争の展開次第であり，対等な論争の局面で有効に反論できなかったとすればそれはその者の責任だというのが「対抗言論」の考えの帰結となろう。このように考えると，第2審および最高裁の指摘は「対抗言論」の妥当する範囲を限定するとしても，電子会議室等でこの考えを取り入れてきた裁判例を否定するものではない，と考えて差し支えないように思われる。

それでは，ラーメンチェーン店事件および読売新聞西部本社事件について

「対抗言論」の考えを認めるべきだろうか。両事件の当事者は，インターネット上の同じ「場」で論争してきたわけではない。①④にも関わるが，インターネット上では膨大な数のウェブサイトが日々開設されたり更新されたりしており，それらをチェックして反論することは，たとえ大企業であるとしても重大な負担であるし，自らのホームページで反論をしたとしても名誉毀損的表現を閲覧した者がそれを見るとは限らない（東京地判2007・5・31判例集未登載も同旨）。読売新聞西部本社事件については，報道機関であり日本を代表する新聞社である以上反論をすべきであるという批判もありうるが，逆に公共的役割を担う新聞社が自らへの批判に対して紙面を使って反論することの問題性も考える必要があろう。結論としては，ウェブサイト上の名誉毀損に対しても「言論で対抗すべき」という原則は妥当しない，と考えるべきであろう。

他方，前述したとおりラーメンチェーン店事件ではXとB側の間に，読売新聞西部本社事件では新聞販売のあり方を批判するYとX_1の間に，問題となる掲載までの間にかなり激しいやり取りの経緯があった。こうした特殊な事情に鑑みれば，2つの事件では，「相当性の法理」の局面ではなく，むしろ名誉毀損の成否の段階で「対抗言論」の考えを活かし，最高裁のいう「一般の読者の普通の注意と読み方」を基準とするという伝統的な法理の枠内で，論争の文脈に配慮して具体的に検討する必要があったように思われる。

2つの最高裁判例を前提にすれば，ブログやSNSについても「対抗言論」の考えは妥当しないのが通常であるように思われる。ただし，やはり当該ブログやSNSの特性を具体的に捉えて，事実上電子会議室的に運用されている，あるいは論争が展開されているような場合には，実質的には社会的評価が低下していないと判断したり，「相当性の法理」を柔軟に適用したりする余地はあると考えるべきだろう。

(4) その他の論点

以下では，インターネット上の名誉毀損に関するその他の論点に触れておきたい。

(a) **特 定 性**　インターネットでは，氏名ではなくハンドルネーム・ユーザーネーム・アバター等で表現を行ったりサービスを利用したりすることが多い。ある表現がハンドルネーム等を用いている人物の評価を低下させる場合

も，その人物が特定の個人と同定され，それを一定の範囲の者が知り得るならば，名誉毀損は成立する（前掲東京地判 1997・5・26）。通称名について名誉毀損的表現がインターネットでなされた場合も同様である（東京地判 2003・6・25 判時 1869 号 54 頁）。

(b) **名誉毀損の成立時期**　インターネット上の名誉毀損は，他人の社会的評価を低下させる表現がアップロードされ一般ユーザーが閲読し得る状態になった時点で成立し，名誉を毀損された本人が表現の掲載を知ったかどうかに関わらない。ただし，ユーザーが閲覧可能な状態が続く間は名誉毀損が継続しているものとして告訴期間は進行しない（大阪高判 2004・4・22 判タ 1169 号 316 頁）。

(c) **ハイパーリンク**　インターネット上の名誉毀損に特有の問題として，ハイパーリンクの設定表示がある。リンク元の記事の閲覧者がリンク先の記事を閲覧することが容易に想像でき，発信者が意図的にハイパーリンクを設定表示することでリンク先の記事を自らの記事に取り込んでいるとして，リンク元の記事とリンク先の記事を一体として名誉毀損の成立を認めた裁判例（東京高判 2012・4・18 判例集未登載）がある。

(d) **損害賠償額の算定**　先述の通り，名誉毀損の慰謝料額は裁判所が裁量によって算定するが，この点で読売新聞西部本社事件の差戻審（東京高判 2012・8・29 判時 2189 号 63 頁）は，「損害の額の算定に当たっては，名誉毀損の内容，表現の方法と態様，流布された範囲と態様，流布されるに至った経緯，加害者の属性，被害者の属性，被害者の被った不利益の内容・程度，名誉回復の可能性など諸般の事情を考慮して個別具体的に判断することが相当である」とした上で，ウェブサイトへの掲載が深刻な被害を生じさせかねない半面，掲載期間・アクセス数等を考慮して，X_1 に対して 40 万円，X_2 等に対してそれぞれ 20 万円ずつ賠償するよう，Y に命じている。

報道機関のウェブサイトの記事は本来の報道媒体における記事を転載していることが多いため，両者が一体として名誉毀損等で訴えられ，損害賠償額も一体的に評価されている（奈良地判 2013・1・17 判例集未登載，東京地判 2014・3・4 判時 2225 号 83 頁）。

(e) **特定的救済**　インターネット上の謝罪広告・差止めも伝統的な法理に従って判断されており，さらに，ウェブサイト上に名誉毀損的表現が掲載されている場合には名誉回復手段としてその削除が命じられることが多い。

謝罪広告については，書籍による（インターネットでなされたものではない）名誉毀損に対する「適当な手段」として，著者と出版社のウェブサイトのトップページに謝罪広告を1カ月命じた裁判例が注目される（東京地判2001・12・25判時1792号79頁）。最近では，週刊誌およびウェブサイトに掲載された，政治家が元暴力団組長の愛人であった等の記事に対する名誉回復手段として，ウェブサイトから記事を削除し週刊誌に1回の謝罪広告を掲載するだけでなく，ウェブサイトに1年間の長期にわたり謝罪広告を掲載することまで命じた裁判例（東京地判2015・5・27判例集未登載）もある。

2 プライバシー・肖像権侵害

2.1 伝統的な法理

(1) 表現行為によるプライバシー侵害

(a) **プライバシーの概念**　プライバシーの権利は，雑誌ジャーナリズムの発達した20世紀初頭，アメリカにおいて「ひとりで放っておいてもらう権利」(right to be let alone) として提唱され，不法行為法に関する判例の発展に従って，①氏名ないし肖像の盗用，②私生活への侵入，③私事の公開，④公衆に誤認させるような公表の4つの類型に整理されてきた。情報化社会の進展に伴い，プライバシー権を「自己に関する情報をコントロールする権利」として説く見解が有力化している。[17]

日本でも，「宴のあと」事件第1審（東京地判1964・9・28下民集15巻9号2317頁）が，「私生活をみだりに公開されないという法的保障ないし権利」としてのプライバシーを，今日のマスコミュケーションの発達した社会で個人

---

[17] 飲食店経営者がウェブサイト「食べログ」の運営者に対しての侵害を理由として店舗情報等の抹消を求めた事案で，店舗に関する店舗情報等を自由に取捨選択し，公開するものと公開しないものとを自らの意思で決定するという権利利益の意味での「情報コントロール権」は認められないとした裁判例（大阪地判2015・2・23裁判所ウェブサイト）がある。

の尊厳（憲法13条）を保ち幸福追求権を保障する上で必要不可欠なものであり，不法行為法上保護される人格的利益であることを認めており，「新しい人権」の一つとしてのプライバシー権の存在は，確立したものということができる（**CHAPTER 11** 参照）。

(b) **表現の自由とプライバシーの調整**　プライバシー侵害の態様は様々だが，私事の公開等，表現行為によるプライバシー侵害の法的責任を問う際には，表現の自由との関係で問題が生じる。もっともプライバシーを侵害する表現行為を処罰する規定はいまのところ存在しないため，不法行為法の枠組みの中で，表現の自由とプライバシー権の調整が図られることになる。

前掲「宴のあと」事件第1審は，公開された内容が①私生活上の事実またはそれらしく受け取られるおそれがある，②一般人の感受性を基準にして公開を欲しないものである，③一般の人々に知られていない事柄の公開によって現実に不快・不安を感じたとして，モデル小説によるプライバシーの侵害を認めた。近時も，この基準に従って，著名プロサッカー選手についてサッカー競技に直接関係しない出生時の状況や家族構成等の記述について，プライバシー権侵害を認めた裁判例がある（東京地判 2000・2・29 判時 1715 号 76 頁）。

これに対して最高裁は，実名による前科の報道に対して損害賠償が求められた事件で，次のように判示している（最判 1994・2・8 民集 48 巻 2 号 149 頁〈ノンフィクション「逆転」事件〉）。

「前科等にかかわる事実については，これを公表されない利益が法的保護に値する場合があると同時に，その公表が許されるべき場合もあるのであって，ある者の前科等にかかわる事実を実名を使用して著作物で公表したことが不法行為を構成するか否かは，その者のその後の生活状況のみならず，事件それ自体の歴史的又は社会的な意義，その当事者の重要性，その者の社会的活動及びその影響力について，その著作物の目的，性格等に照らした実名使用の意義及び必要性をも併せて判断すべきもので，その結果，前科等にかかわる事実を公表されない法的利益が優越するとされる場合には，その公表によって被った精神的苦痛の賠償を求めることができるものといわなければならない」。

後に判例は，「プライバシーの侵害については，その事実を公表されない法的利益とこれを公表する理由とを比較衡量し，前者が後者に優越する場合に不法行為が成立する」として，表現行為によるプライバシー侵害一般について個

別的比較較量の判断枠組みを用いることを明らかにしている。さらに同一の表現が名誉毀損と同時にプライバシー侵害にも該当する場合には,「被侵害利益ごとに違法性阻却事由の有無等を審理し,個別具体的に判断すべき」としている（最判 2003・3・14 民集 57 巻 3 号 229 頁〈長良川事件〉）[18]。

　個別的比較較量において判断すべき考慮要素について,①報道について,当該報道の意図・目的,意図・目的との関係で私生活上の事実や個人的情報を公表することの意義ないし必要性,情報入手手段の適法性・相当性,記事内容の正確性,当該私人の特定方法,表現方法の相当性等を,②プライバシー侵害について,公表される私生活上の事実や個人的情報の種類・内容,当該私人の社会的地位・影響力,その公表によって実際に受けた不利益の態様・程度等を挙げた裁判例がある（東京高判 2001・7・18 判時 1751 号 75 頁〈「あしながおじさん」公益法人常勤理事事件〉）。もっとも,このように多様な要素を考慮する個別的比較較量では,表現の自由に対する萎縮効果が強すぎるという問題も残る。

　(c) 社会の正当な関心事　裁判例においては,例えば大手消費者金融会長の入院の事実（東京地判 1990・5・22 判時 1357 号 93 頁）,テレビ番組にレギュラー出演していた弁護士がキャバクラに通っているという事実（東京地判 2004・2・19 裁判所ウェブサイト）のように,公人についての私生活上の行状等が「正当な公共の関心事」に当たるという観点から表現の自由をプライバシーに優越させたものがある。逆に,元著名企業代表者の夫婦間の私生活上の深刻なトラブルを報道した週刊誌の記事については,「原告はもはや公的な立場になく社会的影響力もないから,その私生活上の行状は,社会一般の正当な関心事とはいえ〔ない〕」として,プライバシー侵害を認めた例もある（東京地判 2001・10・5 判時 1790 号 131 頁）。

　さらに通り魔殺人事件を起こした少年（事件当時）の実名等を月刊誌が報道した事件で,「犯罪容疑者については,犯罪の内容・性質にもよるが,犯罪行為との関連においてそのプライバシーは社会の正当な関心事となり得る」とし

---

[18] この事件では,少年（事件当時）による殺人事件等に関する週刊誌の記事が問題であり,名誉毀損・プライバシー侵害の他に,本件報道が推知報道を禁止する少年法 61 条の規定に該当し,少年の成長発達権を侵害するのではないかも争われたが,最高裁は本件報道が推知報道に該当しないと判断した。少年法 61 条を違憲と説く見解も有力である。松井茂記『少年事件の実名報道は許されないのか』（日本評論社,2000）参照。

て，プライバシー権の侵害を否定した裁判例もある（大阪高判 2000・2・29 判時 1710 号 121 頁〈堺通り魔殺人事件〉）。

　これらの裁判例からすれば，自ら公衆の視線に曝されることを選んだ政治家に加え，公人・著名人については，その政治的・社会的活動の批判を確保するという観点から，一般私人にとっては私的な行状であるものが「社会の正当な関心事」に当たるとされて，表現の自由に対してプライバシーの保護が縮減される場合がある，と考えるべきであろう。

　(d) **モデル小説によるプライバシー侵害**　　「宴のあと」事件以来，仮名・匿名表現による名誉毀損の場合と同様，特定の個人をモデルに同定できる場合には，プライバシー侵害が生じると考えられる（東京高判 2001・2・15 判時 1741 号 68 頁〈「石に泳ぐ魚」事件第 2 審〉）。[19]ただし実在の人物を素材としていても，作者の芸術的想像力の生み出した創作で虚構と受け取らせるに至っているのであれば，プライバシー権の侵害に当たらないとする裁判例もある（東京地判 1995・5・19 判時 1550 号 49 頁）。

　(e) **氏名・住所等の要保護性**　　プライバシーに属する情報については，思想・信条等の個人の道徳的自律の存在に関わる情報（プライバシー固有情報，センシティブ情報）[20]とそれ以外の情報を区別し，両者の法的保護の程度には差があると解するのが一般的である。この点でいえば，氏名・住所等の単純な個人識別情報については必ずしもプライバシーとしての保護の必要性は高くなく，表現の自由が優越するということになるようにも思われる。ただし，タレント等の住所・電話番号を記載した書籍が私生活の平穏を享受するという人格的利益を侵害するものとして，出版差止めが認められた裁判例がある（神戸地尼崎支決 1997・2・12 判時 1604 号 127 頁，東京地判 1997・6・23 判時 1618 号 97 頁，東京地判

---

19) この点は名誉毀損についても同様である（大阪高判 1997・10・8 判時 1631 号 80 頁参照）。

20) なお 2015 年 9 月に成立した改正個人情報保護法は，本人の人種，信条，社会的身分，病歴，犯罪の経歴，犯罪により害を被った事実その他本人に対する不当な差別，偏見その他の不利益が生じないようにその取扱いに特に配慮を要するものとして政令で定める記述等が含まれる個人情報を「要配慮個人情報」と定義し（個人情報 2 条 3 項），本人同意のない取得を原則として禁止し，オプトアウトによる第三者提供を制限する（同 17 条 2 項・23 条 2 項）。ただし表現の自由に配慮して，報道機関が要配慮個人情報を公表している場合は，取得制限は除外される（同 17 条 2 項 5 号）。

1998・11・30判時1686号68頁)。

(f) 差止め　ひとたびプライバシーが侵害されるとその回復は困難であるため、表現行為によるプライバシー侵害に対する差止めは、名誉毀損の場合よりも広く認められるべきだと考えられるが、問題はその基準である。

「エロス＋虐殺」事件第1審(東京地決1970・3・14判時586号41頁)は、仮処分による差止めについて、表現の自由を保障し検閲を禁止する憲法21条の精神から、プライバシー権侵害の違法性が高度な場合にのみ差止請求を認めるべきものとした。これに対して第2審(東京高決1970・4・13判時587号31頁)は個別的比較較量によるべきものとしていた。

「石に泳ぐ魚」事件最高裁判決(前掲最判2002・9・24)は、本案訴訟における小説の出版差止めについて、プライバシーに加え名誉・名誉感情の侵害をも理由にして「本件小説の出版等により被上告人に重大で回復困難な損害を被らせるおそれがある」ということから、利益較量により差止めを認めた原審(前掲東京高判2001・2・15)の結論を是認するにとどめており、いかなる判断基準によるものか明らかにしていない。

政治家の長女の離婚に関する週刊誌の記事について、プライバシー侵害を理由に販売差止めの仮処分が申し立てられた事件で、東京高裁は①当該記事が公共の利害に関する事項に係るものでないこと、②当該記事が専ら公益を図る目的のものでないことが明白であること、③債権者が重大にして著しく回復困難な損害を被るおそれがあること、の3要件を示し、申立てを却下した(東京高決2004・3・31判時1865号12頁〈「週刊文春」事件〉)。この判断枠組みは、名誉毀損的表現の差止めに関する法理をプライバシーに転用したものであるが、個別的比較較量よりも予測可能性に優れているとして、好意的に評価する立場もある。

(2) 肖像権侵害

(a) 肖像権の概念　個人は私生活上の自由(憲法13条)の一つとして、承諾なくみだりに容貌等を撮影されない自由を有する(最大判1969・12・24刑集23巻12号1625頁〈京都府学連事件〉)。私法上はこの自由(肖像権)はプライバシー権ないし人格権の一部として保護され、本人の同意なくみだりに容貌等を撮影・録画し公表する行為には、不法行為が成立することになる。プライバシー

概念の発展に伴い，プライバシー権の名の下で肖像権の問題が議論されることも多い。

　(b) **表現の自由と肖像権の調整**　　最判 2005・11・10（民集 59 巻 9 号 2428 頁）は，写真週刊誌が公判廷での被告人の容貌等を撮影し公表した事件において，みだりに自己の容貌等を撮影されたりその写真を公表されない人格的利益が認められる半面，撮影が正当な取材行為として許容される場合もあるとした上で，次のように述べている。

　「ある者の容ぼう等をその承諾なく撮影することが不法行為法上違法となるかどうかは，被撮影者の社会的地位，撮影された被撮影者の活動内容，撮影の場所，撮影の目的，撮影の態様，撮影の必要性等を総合考慮して，被撮影者の上記人格的利益の侵害が社会生活上受忍の限度を超えるものといえるかどうかを判断して決すべきである」。

　この基準の下で撮影が違法と判断された写真・映像を公表する行為も，不法行為法上違法となる。他方，撮影行為が違法と認められない場合には原則として写真・映像の公表も違法ではないが，公表が撮影時の想定とは全く別個の行為であって許容限度を超え，新たに人格的利益の侵害が生じていると評価されるような場合には違法となり得る（東京地判 2007・8・27 判タ 1282 号 233 頁）。

　公道等の公共の場所での容貌の撮影・公表は一般的には許容限度内とされるが（岡山地判 1991・9・3 判時 1408 号 107 頁），芸能人に焦点を当てて撮影する等の態様によっては不法行為が成立する（東京地判 2004・7・14 判時 1879 号 71 頁）。他方，自宅・私室での容貌の隠し撮りは違法と評価されることが多い（東京地判 1989・6・23 判時 1319 号 132 頁等）。最近では，暴力団関係者との交際を理由に引退した元芸能人が滞在先の居室内で半裸でくつろいでいる姿を高倍率の望遠レンズで長期にわたり大量に撮影しその一部を公表した写真週刊誌の記事について，撮影・公表が社会の正当な関心に応えるものとはいえず撮影態様は悪質であるとした上で，判例の基準に従い受忍限度を超えるものとして，元芸能人に対し 330 万円の賠償を命じた裁判例がある（東京地判 2013・7・9 判例集未登載）。

　(c) **パブリシティ権**　　判例は肖像権を前提に，肖像等の有する商品の販売等を促進する顧客吸引力を排他的に利用する権利（パブリシティ権）が，人格権に由来する権利の一内容を構成する，としている。他方，肖像等に顧客吸引力を

有する者は社会の耳目を集める等して，肖像等の使用を正当な表現行為等として受忍すべき場合もあることから，次のように説示している（最判 2012・2・2 民集 66 巻 2 号 89 頁〈ピンク・レディー事件〉）。

「肖像等を無断で使用する行為は，①肖像等それ自体を独立して鑑賞の対象となる商品等として使用し，②商品等の差別化を図る目的で肖像等を商品等に付し，③肖像等を商品等の広告として使用するなど，専ら肖像等の有する顧客吸引力の利用を目的とするといえる場合に，パブリシティ権を侵害するものとして，不法行為法上違法となる」。

(d) **損害賠償額の算定**　表現行為によるプライバシー・肖像権侵害の損害賠償額の算定についても裁判官の裁量によるが，かつては名誉毀損の慰謝料額の目安が 100 万円であったのに対して，プライバシー侵害の慰謝料額は 50 万円を相場として，病歴等のセンシティブ情報については高く，個人識別情報についてはそれよりも低いというのが，これまでの裁判例の動向である。また肖像権侵害については写真週刊誌について比較的高額の慰謝料が認められるが，新聞・放送によるものは低額の賠償が命じられるにとどまるものが多いとされている[21]。

2.2　インターネット上のプライバシー・肖像権侵害

(1) 表現行為によるプライバシー侵害

(a) **一般論**　プライバシーに関する伝統的な法理は，インターネット上のプライバシーの公表行為にも妥当する。かつては報道機関のそれも政治家・公人等の私生活の公表が主として念頭に置かれていたが，インターネットでは一般ユーザーの表現行為による，友人をはじめとする一般私人のプライバシー侵害も多く問題になっていることは，名誉毀損と同様である。さらに，事件当事者のプライバシーを仮名で公表しても，ネット上で当事者が特定され二次的・三次的なプライバシー侵害を誘引する傾向があることに，注意が必要である。

裁判例には，パソコン通信上で氏名やハンドルネームを用いて行動していた

---

[21] 升田純『現代社会におけるプライバシーの判例と法理』（青林書院，2009）357 頁以下。

原告の職業が眼科医であることや，職業別電話帳に掲載されている原告の診療所の住所・電話番号は，「一般人の感受性を基準にして，原告の立場に立った場合，公開を欲しない事柄であり，かつ，一般人に未だ知られていない事柄に該当する」として，これらの情報をネットワーク上の掲示板で公表したことについて20万円の慰謝料の支払いを命じたもの（神戸地判1999・6・23判時1700号99頁），自らが管理するインターネット上の電子掲示板「悪徳商法？マニアックス」において原告の配偶者の氏名・住所，親族の経営する会社の名称・所在地・電話番号を書き込む行為について原告・配偶者それぞれに10万円の慰謝料の支払いを命じたもの（東京地判2009・1・21判時2039号20頁）がある。

　プライバシーを侵害するインターネット上の表現に対する差止めも，伝統的な法理に従って判断されている。例えば，大学教授の妻の父である作家がウェブサイト上に掲載した日記について，教授及び妻の名誉権，プライバシー権，名誉感情を侵害するとして，「石に泳ぐ魚」事件の最高裁が示した比較較量の基準で差止めを認めた例（東京地判2011・6・30判例集未登載）がある。

　(b) 検索サービスに対する削除請求　グーグル・ヤフー等が提供する検索サービスは，全世界で60兆を超えるといわれるホームページをクロールして，利用者のリクエストに応じて機械的・自動的に検索結果を表示するもので，インターネット上の表現の自由・知る権利を実効的なものにしていることは広く認められる。他方，EUデータ保護指令の解釈として「忘れられる権利」を認めたEU裁判所の先決決定との関連で，日本でも，自己の氏名を検索すると自己の人格権を侵害するサイトへのリンク等が表示されることについて，そのような検索結果の非表示を求める裁判が増えている（**CHAPTER 2**参照）。

　これまでの裁判例は，仮処分・本案訴訟とも検索結果の非表示を認めていなかった（東京地決2008・11・14判例集未登載，東京地判2010・2・18判例集未登載，東京地判2011・12・21判例集未登載等）。例えば京都地判2014・8・7（判時2264号79頁）は，氏名を検索すると約1年半前に迷惑防止条例違反で逮捕された事実が表示されるという事案で，一般的な利用者の通常の認識によれば検索結果が表示するのは原告に関するサイトの存在およびURL等にとどまる，仮に原告が逮捕されたという事実を検索事業者が自ら摘示するものだとしても真実性の証明により違法性が阻却される，プライバシー侵害についても摘示事実が社会の正当な関心事であり摘示の内容・方法が不当なものではないから違法性

が阻却される，としていた。

　これに対して東京地決2014・10・9（判例集未登載）は，申立人の氏名の検索結果のうちかつて不良グループに所属していた等の記事を仮に削除するよう，グーグル本社に命じた。この決定は，差止めにより得られる利益と失われる利益の比較較量によって，差止めの可否を決定するとした上で，ノンフィクション「逆転」事件判決を参考にしているが，この事件では前科は問題ではなく，公的な情報が時の経過によって私事に転化したために公開が許されなくなったわけでもない。この決定を安易に「忘れられる権利」を承認したものと捉えるべきではなかろう。

　前掲京都地裁判決の控訴審（大阪高判2015・2・18判例集未登載）は，検索結果の表示が当該逮捕の事実を摘示するものではないとしても，スニペット部分の逮捕事実の表示は名誉毀損に当たるとした上で原審同様に違法性阻却を認め，またノンフィクション「逆転」事件判決を参照しつつ逮捕から短期間しか経過していないこと等を理由にプライバシー侵害の違法性を否定している。

　検索エンジンは，その仕組みおよび一般の利用者の認識から見れば，自ら名誉毀損・プライバシー侵害をするというよりもURL等を表示しているにとどまり，せいぜいリンク先のサイトによる名誉毀損・プライバシー侵害に接近する補助的な手助けをしているという限度で人格権侵害の責任を負うことがあるにすぎないと捉えるのが妥当であろう。そして検索エンジンの有する表現の自由・知る権利に奉仕する機能に鑑みれば，裁判所が，とりわけ仮処分の手続で，リンク先サイトが削除されないにもかかわらず検索結果の削除を命じることには慎重であるべきであろう。[22]

(2) 肖像権侵害

(a) **一般論**　　肖像権に関する伝統的な法理は，新聞・放送および週刊誌が

---

[22] 宍戸常寿＝門口正人＝山口いつ子〔鼎談〕インターネットにおける表現の自由とプライバシー」ジュリスト1484号（2015）ii頁以下参照。ヤフー株式会社は2015年3月，「検索結果とプライバシーに関する有識者会議」の報告書を踏まえて，プライバシー侵害を理由とする申立てに対する自主的な削除のガイドラインを公表した（http://publicpolicy.yahoo.co.jp/2015/03/3016.html）。さらに前掲注1）の総務省研究会の報告書は，事業者による自主規制の促進を柱とする内容になっている。

取材・報道の一環として公人・著名人の容貌等を撮影・公表する場合を主として念頭に置いてきたものであるが，やはりインターネットにもそのまま妥当する。特に問題になるのはスマートフォンの普及により，一般私人の容貌が思わぬ場所・時間で友人や見知らぬ利用者によって精細な画像・動画で撮影され，SNS にアップロードされるという，新しいプライバシー侵害が起きている点である。ビッグデータの利活用が進む今日では，顔認識画像データが氏名等と同様に個人の識別子として用いられ得ることにも注意が必要である[23]。

　銀座界隈を歩いていた原告が無断で撮影され，容貌を含む全身像を大写しで東京の最先端のファッションを紹介するウェブサイトに掲載されたという事案で，このような撮影方法はたまたま写り込んだ場合や不特定多数の者を全体的に撮影した場合とは異なり強い心理的負担を覚えさせるから肖像権侵害が成立するとした上で，①撮影・掲載が公共の利害に関する事項と密接な関係があり，②専ら公益を図る目的で行われ，③撮影・掲載の方法が目的に照らし相当なものであれば違法性は阻却されるが，無承諾の撮影であること，容貌も含めて大写しにしたこと，ファッション紹介であるにもかかわらずあえて被掲載者の容貌であることが容易に判明する形で掲載したことから③の要件に当たらないとして，30 万円の慰謝料の賠償を命じた例がある（東京地判 2005・9・27 判時 1917 号 101 頁）。

　(b) **ニュース配信サイトと肖像権**　　東京地判 2011・6・15（判時 2123 号 47 頁）は，死者に対する敬愛追慕の情を侵害する内容の写真が新聞社により Yahoo! ニュースに配信（具体的には FTP サーバーへ入稿）され，自動的に同サイトに掲載されたことに対して，記事の配信を受け閲覧に供しているサイト運営者は「人格的利益を侵害するような写真が掲載されないよう注意し，掲載された場合には速やかにこれを削除すべき義務」を負うとして，サイト運営者と新聞社等に連帯して公表行為ごとに 30 万円を支払うよう命じた。しかし，報道機関ではないサイト運営者が配信された写真をチェックしたとしても，その実効性には疑問がある上，広汎な層の利用者に多様かつ多元的な各地の報道への迅速かつ簡便なアクセスを供給するというニュース配信サイト独特の機能を著しく

---

[23] 改正個人情報保護法は，顔認識データを個人識別符号とし，それを含む情報が個人情報に当たることを明確化している（2 条 2 項 1 号）。

損なうように思われる。知る権利及びサイト運営者・配信元双方に生じる萎縮効果に鑑みれば，信頼できる報道機関の報道の自由を尊重する方針でニュース配信サイトが運営されている場合には，被害者からの削除の申出等によって明らかな権利侵害を知ったときにはじめてサイト運営者は配信記事を削除する義務を負うと解すべきではなかろうか。

(c) **グーグルストリートビューとドローン** グーグルが地図検索の機能として提供しているストリートビューサービスは，選択した地点の様子をパノラマ画像で閲覧することができるが，世界各国でプライバシー侵害の問題が指摘されてきた。日本では，同サービスについて，公道上から目視できる範囲でのベランダの様子が写り込んでいるが，ベランダの画像の割合が小さく洗濯物が干されているとはわからない等の事情の下で，判例の採る受忍限度論に従って，プライバシー侵害を否定した裁判例がある（福岡高判2012・7・13判時2234号44頁）。

総務省の研究会報告書は，道路周辺映像サービスについて，事例毎の個別判断が必要であるとしつつ，その目的等からみてプライバシー・肖像権侵害との関係でサービスを一律に停止すべき重大な問題があるとはいえない，としている[24]。

また，無線で遠隔操作できる小型無人航空機であるドローンが世界的に普及しつつあるが，墜落による死傷の危険やテロのおそれ等のほか[25]，居室内の容貌を空から撮影することも可能になる等プライバシー・肖像権との関係での問題も懸念されている。総務省のガイドラインでは，グーグルストリートビューについての検討を踏まえて，①撮影態様への配慮，②ぼかし処理等の措置を執らなければプライバシー侵害のおそれがあること，公共の場を機械的に撮影した写真に人の容貌が写り込んだ場合には受忍限度内のものとして肖像権侵害は

---

[24]「利用者視点を踏まえたＩＣＴサービスに係る諸問題に関する研究会」の第一次提言（2009年8月）(http://www.soumu.go.jp/main_content/000035957.pdf)。

[25] 2015年9月に成立した改正航空法は，空港周辺や人・家屋密集地上空におけるドローンの飛行等について国土交通大臣の許可・承認を必要としている（132条以下）。さらに議員立法案として第189回国会に提出された「国会議事堂，内閣総理大臣官邸その他の国の重要な施設等及び外国公館等の周辺地域の上空における小型無人機の飛行の禁止に関する法律案」は衆議院で修正可決され，参議院で継続審議となっている。

否定されるが，公共の場以外の撮影はこの限りでないこと等を指摘している。[26]

(d) **リベンジポルノ**　昔の配偶者・恋人等が相手への腹いせ・仕返しに，相手の裸の写真等の性的な画像・動画をインターネット上の掲示板等に公表する行為をリベンジポルノといい，既にアメリカでは複数の州が反リベンジポルノ法を定めている。日本でも，三鷹市ストーカー殺人事件（2013年）を受けてリベンジポルノの規制論が高まり，2014年11月，リベンジポルノ被害防止法が成立した。[27]

本法の目的は，私事性的画像記録の提供等により私生活の平穏を侵害する行為を処罰するとともに，私事性的画像記録に係る情報の流通によって名誉又は私生活の平穏の侵害があった場合におけるプロバイダー責任制限法の特例等について定めることにより，個人の名誉及び私生活の平穏の侵害による被害の発生・拡大を防止することである（1条）。古典的なプライバシーの内容である私生活の平穏が掲げられていることに注意を要する。

「私事性的画像記録」とは，①性交又は性交類似行為に係る人の姿態，②他人が人の性器等を触る行為又は人が他人の性器等を触る行為に係る人の姿態であって性欲を興奮させ又は刺激するもの，③衣服の全部又は一部を着けない人の姿態であって，殊更に人の性的な部位が露出され又は強調されているものであり，かつ，性欲を興奮させ又は刺激するもの，のいずれかが撮影された画像に係る電磁的記録等その他の記録をいう。撮影対象者が，第三者が閲覧することを認識した上で任意に撮影を承諾し又は撮影をしたものは除く（2条）。したがって，アダルトビデオ・グラビア写真集等は私事性的画像記録に該当しないことになるが，性交類似行為の概念が不明確である点，性器等に男性の乳首を含む点が過度に広汎ではないかが指摘されている。

①第三者が撮影対象者を特定することができる方法で電気通信回線を通じて私事性的画像記録を不特定又は多数の者に提供する行為，②前項の方法で私事性的画像記録物を不特定若しくは多数の者に提供し又は公然と陳列する行為，

---

[26] 総務省「『ドローン』による撮影映像等のインターネット上での取扱いに係るガイドライン」（2015年9月）。

[27] 松井茂記「リベンジ・ポルノと表現の自由（1～2・完）」自治研究91巻3号52頁以下，4号44頁以下（2015）。

③前2項の行為をさせる目的で，電気通信回線を通じて私事性的画像記録を提供し又は私事性的画像記録物を提供する行為は処罰される（3条）。処罰対象がインターネット上の投稿に限られず，元配偶者等が腹いせを目的として投稿した画像等を第三者が拡散した場合も含まれる点に注意が必要である。

プロバイダー等が発信者の同意なく情報送信措置を執った場合に免責されるための発信者照会期間は原則7日であるが（CHAPTER 12参照），本法は私事性的画像記録侵害情報については2日に短縮する特例を定めている。被害者が死亡している場合の遺族による申出も定めている（4条）。

CONCLUSION おわりに

ラーメンチェーン店事件および読売新聞西部本社事件の最高裁判決は，名誉毀損に関する従来の法理がインターネットにも適用されることを，明らかにした。しかし，法理の適用のあり方については，インターネットの特性を踏まえて，サービスごとの具体的な検討が必要であろう。

他方，インターネットに起因するプライバシー・肖像権侵害は，従来よりも大きな法的問題を生んでいる。法理がまだ十分に成熟しておらず，今後，立法・判例による発展の可能性が大きい分野といえるかもしれない。

現在，インターネットという「場」を抜きにして，表現の自由も，名誉・プライバシーも，考えることはできない。そうであればこそ，表現の自由と名誉・プライバシーの調整のあり方は，技術・サービスの変化等も視野に入れながら，不断の検討が必要であろう。

＊本章の一部について，科研費（15K03102）の助成を受けている。

■ 考えてみよう

1 インターネット上で傷つけられた名誉を回復するための仕組みとして，法的な救済手段以外に，どのようなものが考えられるだろうか。

2 インターネット上のプライバシー侵害に刑事罰を科すとして，どのような規定の仕方が考えられるだろうか。

■ もっと詳しく知りたい方は　　　　　　　　　　　　　　　REFERENCE

上机美穂「インターネット上の発言による名誉毀損・プライバシー侵害の救済」札幌法学 24 巻 1 号（2012）31 頁以下

岡村久道編著『インターネットの法律問題』（新日本法規出版，2013）

奥田喜道編著『ネット社会と忘れられる権利』（現代人文社，2015）

鈴木秀美「『ネット告発』と名誉毀損」ジュリスト 1411 号（2010）22 頁以下

高橋和之「インターネット上の名誉毀損と表現の自由」高橋和之＝松井茂記＝鈴木秀美『インターネットと法〔第 4 版〕』（有斐閣，2010）64 頁以下

松井茂記『インターネットの憲法学〔新版〕』（岩波書店，2014）

松井茂記『表現の自由と名誉毀損』（有斐閣，2013）

宮下紘『プライバシー権の復権』（中央大学出版部，2015）

毛利透『表現の自由』（岩波書店，2008）

山口いつ子「ネット時代の名誉毀損・プライバシー侵害と『事前抑制』」論究ジュリスト 1 号（2012）50 頁以下

CHAPTER 4

インターネットにおける わいせつな表現・児童ポルノ

曽我部 真裕

PREFACE　はじめに

　性的な表現を規制する法令には各種のものがあるが，CHAPTER 5 で扱われる青少年保護関係のものを除けば，刑法によるわいせつ表現規制と児童ポルノ禁止法による児童ポルノ規制に関するものが代表的である。両者ともに広い意味での性表現である点で共通し，刑罰をもって規制されている点も同様である。しかし，規制の目的（保護法益）という点では両者に違いがあり，そのこととも関連して，今日では児童ポルノに対してはプロバイダーの自主規制としてのブロッキングが導入されるなど，対策にも違いが出てきている。
　また，両者は，自発的にアクセスを求める成人に対しても流通が禁止されるものである。この点で，同じ性表現に関するものであっても，青少年に対してのみアクセスが禁止される有害情報とは異なる。

1 わいせつ表現

1.1 刑法による規制の概要

(1) 規制の構造

2011 年刑法改正前の問題状況　ここでは，刑法による規制の構造をみる。まず，刑法 174 条（公然わいせつ罪）は，「公然とわいせつな行為をした者」を処罰している。典型的には路上での陰部の露出やストリップ・ショーなどが想定されるが，後述のように，インターネットにおいても問題となる場合がある。

次に，刑法 175 条（わいせつ物頒布等罪）は，2011 年に改正されたが，説明の便宜上，まずは改正前の規定内容から始めたい。そこでは次の 3 つの行為が処罰されている。

①わいせつ物頒布罪（わいせつ物〔文書，図画その他の物〕の頒布・販売行為）。「頒布」とは，不特定又は多数人に対して無償で交付することをいう（頒布の意義は 2011 年改正で変更されている）。

②わいせつ物公然陳列罪（わいせつ物を公然と陳列する行為）。「公然と陳列」とは，その物のわいせつな内容を不特定又は多数の者が認識できる状態に置くことをいう。

③わいせつ物販売目的所持罪（わいせつ物を販売目的で所持する行為）。

従来，これらの規定，特に①の頒布罪に基づいて，古くはわいせつだとされた小説，その後は写真集，ビデオテープ，DVD，マンガ等の取締りが行われてきたが，これらの犯罪はあくまでもわいせつ「物」すなわち有体物を前提とするものであって，インターネットを想定したものではなかったため，2011 年改正前には，ネットを利用したわいせつ画像（動画，静止画の両者を含む）への対応に関して複雑な解釈論が展開されていた。[1]

例えば，サーバーのハードディスク内にわいせつな画像を記録し，インター

---

1) 改正前刑法下での解釈問題については，高橋和之ほか編『インターネットと法〔第 4 版〕』（有斐閣，2010）87 頁以下〔山中敬一〕など参照。

ネットを通じて不特定多数の利用者に当該画像を閲覧させたというような事例についてどのような罪が成立するのかが問題とされた。そこでの問題は，例えば，わいせつ画像は情報（データ）であって有体物ではないから，改正前の刑法ではわいせつに関する罪は成立しないのではないかといったことである。この点最高裁は，有体物であるハードディスクがわいせつ物であり，利用者は容易な操作でわいせつ画像を再生閲覧できることから，わいせつ物公然陳列罪が成立するとした（最決2001・7・16刑集55巻5号317頁〈アルファネット事件〉）。

このように，ネット経由でわいせつ画像を閲覧させた場合には改正前の刑法でも対処可能だという見解が判例・通説であったが，わいせつ画像を電子メールに添付して送信したような場合には，わいせつ物であるハードディスクを陳列したという構成がとれないために公然陳列罪にはならず，また，添付画像は有体物ではなくデータであることから頒布罪も成立しないとされ，不可罰とならざるをえないと考えられていた。2011年の改正は，このような限界を克服するために行われたものである。

2011年刑法改正　2011年の刑法改正は，全体としては，サイバー犯罪条約の締結に伴う国内法整備として行われたものであって，コンピューター・ウィルスに関する罪の新設も行われているが，わいせつ規制との関係では，直接にはサイバー犯罪条約の締結のために必要不可欠なものではなかった。いずれにしても，改正後は以下のような行為が処罰されることとなった（改正後の175条）[2]。以下の太字部分が主な改正点である[3]。

①わいせつ物頒布罪（わいせつ物（文書，図画，**電磁的記録に係る記録媒体**その他の物）の頒布行為）。「電磁的記録」とは，「電子的方式，磁気的方式その他人の知覚によっては認識することができない方式で作られる記録であって，電子計算機による情報処理の用に供されるもの」を指す（刑法7条の2）。また，改正前は「頒布」と「販売」が区別されていたが，「頒布」に一本化され，「販売」

---

[2]　法改正全体の経緯と概要について，吉田雅之「法改正の経緯及び概要」ジュリスト1431号（2011）58頁以下参照。

[3]　詳細については，今井猛嘉「実体法の視点から」ジュリスト1431号（2011）66頁以下，渡邊卓也「サイバー関係をめぐる刑法の一部改正」刑事法ジャーナル30号（2011）27頁以下，加藤敏幸「改正刑法175条とサイバーポルノについて」情報研究（関西大学総合情報学部紀要）37号（2012）1頁以下参照。

は「頒布」に含まれることとなった。

　②わいせつ物公然陳列罪

　③**わいせつ電磁的記録頒布罪**（電気通信の送信によりわいせつな電磁的記録その他の記録を頒布する行為）

　④**わいせつ物等有償頒布目的所持罪**（有償頒布の目的で，わいせつ物を所持し又はわいせつ電磁的記録を保管する行為）

　この改正の主な狙いは，第一に，上記①の通り，「わいせつ物」の例示に「電磁的記録に係る記録媒体」を含めることで，わいせつ画像データを記録したハードディスクが「わいせつ物」に該当し，それをネット上で公開することがわいせつ物公然陳列罪に該当するとした最高裁判例（前掲最決2001・7・16）を追認することである。

　第二に，前述の通り，改正前は，不特定又は多数の者に対し，電子メールにわいせつ画像を添付して送信する行為は不可罰だとされていたため，これに対応することである。上記③のわいせつ電磁的記録頒布罪がそれであり，こうした行為は新たに犯罪であると定められた。

　第三に，③で電磁的記録（データ）の頒布が犯罪とされたことに伴い，販売目的（ただし，今回の改正では「有償頒布」という用語に変更）でのわいせつ物の所持が処罰されていたのと並んで，販売目的でのデータの保管も処罰されることとされた。

　以上により，ネット上のわいせつ表現に対しても概ね対処できることとなったが，より具体的には **2**.2 で検討する。

(2)　わいせつ表現の規制根拠と表現の自由

　さて，以上のように，刑法175条は，有体物であろうと電磁的記録であろうと，わいせつ表現の頒布や公然陳列を全面的に処罰しており，そのことは，たとえ成人が自発的にこうした表現へのアクセスを求めた場合であっても，あるいは，成人限定の映画館や年齢認証を要求するサイトでの頒布・公然陳列であっても同様である。このような全面的な規制の根拠はどのようなものなのだろうか。また，表現の自由との関係についてはどうか（わいせつの定義の曖昧さを理由とする憲法論議については(3)参照）。古くは，わいせつ表現はそもそも表現の自由の保障範囲外であり，その規制は憲法問題とはならないという考え方も

あったが，今日ではこうした考え方には修正が加えられている。

さて，わいせつ物頒布等罪の目的（保護法益）について判例は，性的秩序を守り，最少限度の性道徳を維持することであるとする（最大判 1957・3・13 刑集 11 巻 3 号 997 頁〈チャタレイ事件〉）。自発的にわいせつ表現に接しようとする成人に対する頒布であっても犯罪が成立するのは，そのためである。

これに対して，道徳秩序の保護というような目的で刑罰を設けることは，国が特定の道徳観を押し付けることであって，表現の自由の憲法的保障の観点からは問題であるとする批判も有力である。

次に，わいせつ表現規制を社会にもたらす害悪の観点から正当化する議論もある。これにも様々な見解があるが，古典的なものとしては，わいせつ表現は性犯罪の引き金になるという主張がある。しかし，これについては実証的な根拠がないという批判が有力である。これに対して，青少年への悪影響を理由とする規制については，同じく実証的な根拠がないという見方もあるが，これについてはなお慎重に考える必要があろう。ただ，青少年保護を目的とするわいせつ表現規制が可能だとしても，そこから正当化されるのは場所を限っての規制や青少年への頒布の禁止といった規制だけであって，現行のような広範囲の規制を正当化することはできないはずである。

最後に，わいせつ表現規制の害悪を強調する見解の 1 つとして，フェミニズムの立場からの「ポルノグラフィー」規制の主張に触れておく。それによれば，ポルノは女性を，虐待され，暴行され，支配されるもの，そしてそのことに喜びを感じるものとして描き，規定し，それによって女性を差別するものであり，男性の支配・女性の従属という形で構造化されている社会的関係を維持強化するのに核心的役割を果たしているがゆえに，規制されなければならないという。ポルノを一種の差別的表現ないしは行為として捉えるもので，1980 年代，こうした考えに基づく規制がアメリカのある市で条例として設けられたが，違憲判決を受けている[4]。

以上のように，現在のわいせつ表現規制の根拠は理論的には脆弱であり，見直される必要があろう。

---

[4] 高橋和之「ポルノグラフィーと性支配」『ジェンダーと法（岩波講座 現代の法 11）』（岩波書店，1997）221 頁以下。

(3) 「わいせつ」の意義

「わいせつ」とは，判例上，①徒らに性欲を興奮又は刺激させ，②普通人の正常な性的羞恥心を害し，③善良な性的道義観念に反するものというとされている（前掲最大判 1957・3・13〈チャタレイ事件〉）。これは一応定義らしい体裁をとっているが，実際にはかなり曖昧なものであり，具体的な判断方法にはかなりの幅が生じうる。

わいせつ該当性の判断方法に関する論点の1つは，当該表現物のもつ社会的価値（芸術的価値，学術的価値など）をどのように考慮するのかということである。この点，チャタレイ事件では，わいせつ性と芸術性とは別次元の概念であり，芸術性の高いものであってもわいせつ物に該当しうるとされた（絶対的わいせつ概念と呼ばれる）。しかし，その後の「悪徳の栄え」事件では，文書がもつ芸術性・思想性が，文書の内容である性的描写による性的刺激を減少・緩和させて，刑法が処罰の対象とする程度以下にわいせつ性を解消させる場合があることが認められ，相対的わいせつ概念に接近したように思われる（最大判 1969・10・15 刑集 23 巻 10 号 1239 頁）。

さらに，「四畳半襖の下張」事件では，わいせつの判断方法が以下のようにまとめられている。すなわち，「文書のわいせつ性の判断にあたっては，当該文書の性に関する露骨で詳細な描写叙述の程度とその手法，右描写叙述の文書全体に占める比重，文書に表現された思想等と右描写叙述との関連性，文書の構成や展開，さらには芸術性・思想性等による性的刺激の緩和の程度，これらの観点から該文書を全体としてみたときに，主として，読者の好色的興味にうったえるものと認められるか否かなどの諸点を検討することが必要であり，これらの事情を総合し，その時代の健全な社会通念に照らして，それが『徒らに性欲を興奮又は刺激せしめ，かつ，普通人の正常な性的羞恥心を害し，善良な性的道義観念に反するもの』（……）といえるか否かを決すべきである」（最判 1980・11・28 刑集 34 巻 6 号 433 頁）。

わいせつ物該当性の判断は，社会通念に照らした判断であるから，時代によって異なりうる。上で言及した3つの判決ではいずれも小説のわいせつ物該当性が問われたものであるが，今日では小説がわいせつ物に該当しうると考えるのは困難だろう。

最近の事例としては，写真家ロバート・メイプルソープの男性器を直接的・具体的に写した写真を含む写真集について，「四畳半襖の下張」事件での判断方法に基づき，その芸術性や読者対象，問題となる写真の全体にしめる比重などを考慮し，わいせつ物に該当しないとされたものがある（最判2008・2・19民集62巻2号445頁〈メイプルソープⅡ事件〉）。興味深いことに，最高裁はそのわずか9年前には，同一の写真を含むメイプルソープの展覧会カタログがわいせつ物に当たるとしていた（最判1999・2・23判時1670号3頁〈メイプルソープⅠ事件〉）。

　ところで，このような定義の曖昧さは，処罰を恐れて無難な表現をとるように自己検閲（萎縮効果）をもたらすため，表現の自由の観点からは問題である。実際，芸術的表現の自由との関係では時折この問題が表面化し，美術館などで過度の自主規制ではないかと批判されるような事例が見られる。

　また，定義の曖昧さに加え，わいせつ物の頒布等を一般的に処罰する現行法は，上述の通り理論的にも問題であるほか，社会の実態にもあっていない。その結果，警察に多大の裁量を認めることになっており，法治主義の観点からも問題がある。

　すなわち，社会に大量に流通しているアダルトコンテンツについては，モザイク処理により性器の直接描写を避ければ「わいせつ」には当たらないとして流通しているのが実態である。しかし，モザイク処理を施してあっても，通常のアダルトコンテンツが上述の定義を満たすことにはほとんど疑いがないだろう。モザイク処理をすればよいというのは，あくまでも警察の摘発のための事実上の基準にすぎず，警察が判断を変えればそれまでである。このように，現状は法律の規定とは乖離した警察の解釈が通用しており，警察に大きな裁量を与える結果となってしまっている点で問題があると思われる。

1.2　インターネットとわいせつ規制

(1)　ウェブ上でのわいせつ画像

　ここでは，インターネット上のわいせつ規制に関する個別的な論点を検討する。

　まず，ウェブ上でのわいせつ表現については，①画像（動画，静止画を含む）

をホームページやブログ，掲示板等で閲覧に供する行為，②画像をダウンロードできるようにして提供する行為，③動画をストリーミングで提供する行為といったものが主として問題となる。なお，性的な姿態の映像を業としてインターネット上で提供する場合には，「映像送信型性風俗特殊営業」として届出義務を始めとする風俗営業法（風俗営業等の規制及び業務の適正化等に関する法律）の規制を受けることになるが（同法31条の7以下），風俗営業法上の届出をしたからといって，本文で述べている刑法のわいせつ規制が免除されるわけではないことはもちろんである。

さて，**1**.1で述べたように，上記のうち①については，わいせつ物公然陳列罪（刑法175条1項前段）が成立し，②については，わいせつ物公然陳列罪（刑法175条1項前段）に加え，実際にダウンロードがなされた場合には，わいせつ電磁的記録頒布罪（同条項後段）が成立することになる。

問題は③である。ストリーミングについては，「頒布」に該当せず，同罪は成立しない場合があるとされている。すなわち，③のうち，通常のオンデマンド型のストリーミングの場合は①と同様であるが，これに対して，いわゆるライブチャットのように性的な姿態をライブで中継するライブストリーミングの場合には，たとえ映像そのものがわいせつの定義に該当したとしても，わいせつ電磁的記録頒布罪は成立しないとされている。なぜなら，電気通信の送信による「頒布」とは，「不特定又は多数の者の記録媒体上に電磁的記録その他の記録を存在するに至らしめること」[5]などとされるが，この点，ストリーミングの場合，情報は受信側の端末のキャッシュメモリーに一時的に保存されはするが瞬時に消滅してしまうため，受信・閲覧はあるものの，記録の蔵置・保存は生じていないことから「頒布」に該当しないとされている。この場合，罪の軽い公然わいせつ罪（174条）が成立することになる。

なお，以上については，有償で行われた場合でも無償で行われた場合でも取り扱いは同様である。

---

[5] 杉山徳明＝吉田雅之「『情報処理の高度化等に対処するための刑法等の一部を改正する法律』について（上）」法曹時報64巻4号（2012）94頁。

(2) ファイル共有ソフト (P2P) でのわいせつ画像の流通

ファイル共有ソフトを用いてわいせつ画像を不特定又は多数人に提供する行為は、ウェブの場合と同様、わいせつ物公然陳列罪（刑法175条1項前段）が成立しうる。

ただ、ファイル共有ソフトでは、本人が知らない間に拡散する場合もあるので、故意の存否が問題となる場合がありうる。

(3) 電子メールでのわいせつ画像の送信

不特定又は多数の者に対してわいせつ画像をメールに添付して送信して頒布する行為については、かつては犯罪が成立しないと考えられていたが、2011年刑法改正によって設けられたわいせつ電磁的記録頒布罪（刑法175条1項後段）は、電気通信の送信により電磁的記録を頒布する行為を処罰することとしたため、このような行為も処罰されることとなった。

(4) マスキング

わいせつ画像の局部等にマスキングやモザイクをかけ、わいせつには至らない程度のものに加工してウェブ上やP2P等で流通させた場合であっても、わいせつな写真のわいせつな部分に容易にはがせるシールを貼って販売するような場合と同様、このマスキング等が容易に除去できる場合には、犯罪が成立するとされている。

1990年代後半、「エフ・エル・マスク」と称するマスク付け外し機能を有する画像処理ソフトの使用を前提としたわいせつ画像のネット流通が問題となった（これに関する裁判例として、岡山地判1997・12・15判時1641号158頁、大阪地判1999・3・19判タ1034号283頁）。

問題は、どのような場合に「容易に除去できる」といえるかであるが、これについては「重要なのは、公然陳列されたわいせつ物が、マスクを外されることを予定した形態で陳列されているかどうかである」といった指摘がある[6]。

---

6) 高橋ほか編・前掲注1）105頁［山中敬一］。

(5) リンク，検索エンジン，掲示板管理者

例えば，無修正アダルトサイトにリンクを張る行為は，わいせつ物公然陳列罪に該当するのだろうか。

この点に直接答える判例は存在しないと思われるが，児童ポルノサイトのURLを掲載した行為について児童ポルノ公然陳列罪の成立を認めた最高裁決定が参考になる（最決2012・7・9判時2166号140頁）。この判断に従えば，リンクによるわいせつ物公然陳列罪の成立も認められることになりそうである。しかし，「わいせつ情報の情報の陳列〔リンク〕とわいせつ情報自体のそれとは質的に異なる」[7]などとしてリンクによる犯罪成立を否定する見解も有力であり，上記の最高裁決定にも反対意見が付されている。

なお，リンクがわいせつ物公然陳列罪の幇助になるかどうかも問題とされるが，リンク先のわいせつ画像については既にわいせつ物公然陳列罪が成立しており，リンクはその後に設定されるものであるから，犯罪自体を助長促進したとはいえず，幇助犯は成立しないとされる。

検索エンジンの検索結果に無修正アダルトサイトが表示される場合についても，上記のようなリンクの問題と類似する。考え方としては，意図的にリンクを張る場合とは異なり，検索エンジンの場合にはアルゴリズムに従い，機械的・自動的に検索結果を表示している点をどのように評価するかが1つのポイントになると思われる。

さらに，わいせつな画像が多数掲載されている電子掲示板等の管理者の刑事責任についても議論があるが，わいせつな画像のアップロードを積極的に呼びかけているような場合にはわいせつ物公然陳列罪が成立しうるとされる[8]。

(6) 海外サーバーからのわいせつ画像の配信

日本の刑罰法規には，国内で行われた場合のみ処罰されるとするものと，国外犯も処罰されるとするものがある（刑法1条～4条の2）。本章で問題にして

---

[7] 塩見淳「インターネットとわいせつ犯罪」現代刑事法1巻8号（1999）38頁。
[8] 佐伯仁志「プロバイダの刑事責任」堀部政男（監修）『プロバイダ責任法 実務と理論 施行10年の軌跡と展望』（商事法務，2012）161頁。

1 わいせつ表現　　99

いるわいせつ表現に関する罪については、国内犯のみ処罰される。問題は「国内犯」の意味合いであるが、犯罪行為あるいは犯罪の結果の一部が国内で行われ、あるいは生じたのであれば、残りが国外で行われたとしても国内犯と評価されると考えられている。

以上からすれば、国外サーバーからのわいせつ画像の配信に関しては、画像のアップロードが国内から行われた場合と、それ自体も海外で行われた場合とで区別され、前者については犯罪行為の重要な一部が国内でなされているから、国内犯として処罰対象となると考えるのが一般的であり、同旨の裁判例もある[9]。

他方、国外から国外サーバーにアップロードした場合には、犯罪行為自体は国外で行われている。しかし、国内から当該画像を閲覧することは容易であるから、犯罪結果は国内で生じているとも言いうるため、この場合も国内犯となりうるとする見解もある。これに対して、肯定説をとると国内から閲覧可能な世界中のわいせつ画像について全て国内犯となってしまい、サーバー所在地国の刑事裁判権との衝突可能性など深刻な問題が生じるおそれもあるとして、国内犯性を否定する説もあって学説も分かれている。

2 児童ポルノ

2.1 児童ポルノ規制をめぐる問題状況

(1) 児童ポルノとは

児童ポルノの法的定義は国によって幅があるが、端的に言えば児童ポルノとは「性的搾取・虐待の記録」であり、性的搾取あるいは性的虐待の一種であるといえる。したがって、児童ポルノの問題は本来、児童の性的搾取・性的虐待の防止一般の観点からより広い視野から論じられるべきであるが、本書の性質

---

[9] 初期のものとして、永井・後掲231頁以下によれば、山形地判1998・3・20判例集未登載、大阪地判1999・2・23判例集未登載、前掲大阪地判1999・3・19などがあるとされる。

上，児童ポルノ，それも映像の流通の規制の観点を中心として述べざるを得ない。

さて，児童ポルノ映像に記録された行為自体，性的虐待として許されないものであるが，記録されることにより，その後長期間にわたって当該児童に精神的な苦痛を与え，被害を半永久化させる。また，児童ポルノそれ自体，児童を性的な対象として位置づけ，その未熟さにつけ込むことで，児童のセクシュアリティを搾取するものともいえる。

したがって，児童ポルノの規制の目的ないし保護法益は，まずは被写体とされた児童の保護にある。児童ポルノ規制は，個人的法益の保護を第一の目的とする点で，社会的法益の保護を第一義とするとされるわいせつ表現規制とは異なる。

ただし，児童ポルノ規制の保護法益として，純然たる個人的法益にはとどまらず，例えば，児童を性的対象として扱う風潮の阻止，児童の健全育成などといった社会的法益も含まれるとする見解もある。特に，国際条約や外国法の中には，実在しない児童の性的姿態のアニメ等による描写も児童ポルノの定義に含める例もあるが，このような場合，社会的法益の保護も目的としていることが明瞭である。後述のように日本法ではこうした描写は児童ポルノの定義には含まれないものの，社会的法益も保護法益とするという理解は存在する。

さて，日本ではかつて，児童ポルノ規制の一部は刑法のわいせつ表現規制によってカバーされていた。性的に未成熟な女児の陰部をことさら露骨かつ鮮明に撮影した写真がわいせつ図画とされた事例として，東京高判 1981・12・17 高刑集 34 巻 4 号 444 頁があるが，そこでもわいせつ図画該当性が主な争点となっていた。

しかし，今述べたように保護法益が異なることのほか，定義上も幼い子供の性的姿態がわいせつの要件を充たすかどうかについて疑問があり（一般人を基準とすれば性欲を刺激するものではない），児童ポルノ規制としては不十分であった。そこで，1999 年に児童買春・児童ポルノ禁止法（児童買春，児童ポルノに係る行為等の規制及び処罰並びに児童の保護等に関する法律〔平成 11 年 5 月 26 日法律第 52 号〕。ただし，この名称は 2014 年の改正後のもの）が制定された。同法の制定やその後の改正には，国際的な児童ポルノ規制の動向が深く関わっているので，(2)ではこの点を概観する。

(2) 児童ポルノ規制をめぐる国際動向

法制定（1999年）まで　児童ポルノ規制をめぐる国際動向については，日本法に与えた影響を理解するという観点から，児童買春・児童ポルノ禁止法制定までとその後とに区分して概観する。

1970年代以降，欧米諸国では児童ポルノを含む児童の性的搾取・虐待の規制が行われるようになってきたが，他方で，欧米や日本などから東南アジア等への「買春ツアー」が盛んになり，児童買春やその際撮影された児童ポルノの被害が深刻な社会問題となった。

このような中，この問題に関する国際的な取組みがなされるようになった。その出発点は児童の権利条約（1989年〔日本は1994年に批准〕）であり，締約国は「あらゆる形態の性的搾取及び性的虐待から児童を保護することを約束」し，そのために様々な措置をとることが定められている（34条・35条）。

さらに，1996年，エクパットやユニセフ等のNGOの主催のもと，「児童の商業的性的搾取に反対する世界会議」という大規模な国際会議がストックホルムで開催された[10]。この会議には日本の国会議員や関係省庁職員なども参加し，この問題に真剣に取り組む意向を表明した。これが児童買春・児童ポルノ禁止法制定作業の直接のきっかけとなった。

法制定後　1999年に児童買春・児童ポルノ禁止法が制定された後，2000年代には国際的な取組みもさらに進展した。1999年には，国際労働機関（ILO）では，「最悪の形態の児童労働の禁止及び撤廃のための即時の行動に関する条約」（ILO182号条約）が定められた（日本の批准は2001年）ほか，2000年には児童の権利条約の選択議定書として，「児童の売買，児童買春及び児童ポルノに関する児童の権利に関する条約の選択議定書」[11]が国連総会で採択され（日本の

---

10) 後述の第2回，第3回会議に関するものも含め関係資料については，外務省ウェブサイト（http://www.mofa.go.jp/mofaj/gaiko/csec01/index.html），日本ユニセフ協会ウェブサイト（http://www.unicef.or.jp/about_unicef/advocacy/about_ad_act.html）などを参照。

11) 「法律・条約解説　条約　児童の売買，児童買春及び児童ポルノに関する児童の権利に関する条約の選択議定書──平成17年1月26日条約第2号」法令解説資料総覧282号（2005）59頁。

批准は 2005 年），児童ポルノに関する規定が明文化された。また，インターネットにおける児童ポルノの問題への対応として，2001 年に欧州評議会で採択されたサイバー犯罪条約（日本は同年に署名したが，関連国内法の整備が遅れ批准は 2012 年）に関連の規定がおかれた。

なお，日本とは直接関係がないが，EU では，2004 年に児童の性的搾取及び児童ポルノ対策に関する枠組決定指令（2004/68/JHA）が定められた後，2011 年には新たな指令（2011/92/EU）が採択・施行されて対策が強化されている[12]。

このほか，重要な国際会議として，上述の「児童の（商業的）性的搾取に反対する世界会議」の第 2 回が 2001 年に横浜で，第 3 回が 2008 年にリオデジャネイロで開催された。

2.2 児童買春・児童ポルノ禁止法

(1) 立法及び改正の経緯

立法の背景　児童買春・児童ポルノ禁止法は 1999 年に成立したが，その背景としては，国内的要因と国際的な要因とが考えられる[13]。

国内的要因としては，1990 年代，女子中高生を中心とする売春（いわゆる援助交際）の広がりが社会的な論議を呼んだことである。アジア等で見られる児童売春・買春が人身売買等の構造問題を背景としているのに対し，日本の援助交際は女子中高生が小遣い欲しさなどの理由から自発的に行っていたことなどの特殊性を持っていた。そのため，この現象は社会学的な関心も呼んだが，こうした風潮を危惧する声も多く，法制定の背景となった。

他方，国際的要因としては，上述（**2**.1 (2)）の通り，1990 年代になって諸外国で児童ポルノ規制が進む中で，規制の緩い日本発の児童ポルノ商品が国際的に流通している実態が，国際的な非難を呼んだということがある。1996 年の「児童の商業的性的搾取に反対する世界会議」でも日本はこうした非難を浴び，この問題に真剣に取り組む意向を表明した。それを受けて，議員立法として法

---

12) 2011 年の指令の概要については，植月献二「立法情報 EU 児童の性的搾取・児童ポルノ等の対策強化指令」外国の立法 250-1 号（2012）6 頁。
13) 以下，(1)での記述について詳しくは，森山＝野田編・後掲 4 頁以下。

案作成作業が行われ，紆余曲折の末，1999年5月18日に成立した。

立法過程での論点　立法過程での論点は多岐に及んだが，児童ポルノ規制に関連し，かつ，今日の議論にも関係する点としては，児童ポルノの定義の問題と単純所持の問題があった。前者については，現在の3号ポルノの定義（2条3項3号）には，「衣服の全部又は一部を着けない児童の姿態」という部分が含まれており，これは自民党案によるものだが，これに対して民主党案は「性器又は肛門を露出した子供の姿態」としていた。また，単純所持について自民党案は禁止としていた（罰則はなし）が，民主党案は単純所持について規定を置いていなかった。これについては民主党案に従い，規定見送りということになった。

2004年改正　児童買春・児童ポルノ禁止法はその附則により，制定後，施行後3年をめどに見直しが求められていたことや，児童買春についても児童ポルノについても検挙数は年々増加し問題の深刻さが明らかになったこと，さらには，上述（2.1(2)）のように国際的な取組みの進展があったことを踏まえて，法改正が議論された。その結果，2003年の通常国会に法案が提出され，翌年の通常国会で改正法が成立した（平成16年6月18日法律第106号）。

改正の主眼は，①法律の目的規定の修正，②法定刑の引上げ，③処罰範囲の拡大，である。これらは主として，上述（2.1(2)）の「児童の売買，児童買春及び児童ポルノに関する児童の権利に関する条約の選択議定書」やサイバー犯罪条約による義務に対応するためのものであった。

なお，2003年の通常国会に提出された法案では，法制定時にも議論された単純所持の禁止が盛り込まれていた（罰則はなし）が，国会審議の段階で野党の反対があり，削除された。また，創作物による実在しない児童の性的姿態の描写を児童ポルノに含めるかどうかについては，法案に規定はされなかったものの，その検討段階では論点となっていた[14]。

---

14)　2004年改正については，島戸純「『児童買春，児童ポルノに係る行為等の処罰及び児童の保護等に関する法律の一部を改正する法律』について」警察学論集57巻8号（2004）77頁，同「児童買春，児童ポルノに係る行為等の処罰及び児童の保護に関する法律の一部を改正する法律」ジュリスト1274号（2004）61頁，井川良「法令解説　児童買春，児童ポルノに対し，より厳格に対処――児童買春，児童ポルノに係る行為等の処罰及び児童の保護等に関する法律の一部を改正する法律」時の法令1734号（2005）37頁など参照。

2014年改正　2014年には再び改正が行われた。議論の中心は以前からその必要性が主張されていた単純所持の規制である。しかし，慎重論も根強く，単純所持一般の規制については罰則を設けず，「自己の性的好奇心を満たす目的」で，かつ，自己の意思で所持又は保管するに至った場合に限って処罰することとされた。また，児童ポルノの定義の一部が見直されたほか，児童ポルノの製造罪について，盗撮の場合も処罰することとされた。さらに，インターネットを利用した児童ポルノの流通が深刻化していることに関し，事業者の捜査機関への協力や削除などの努力義務が規定された。

他方，創作物（マンガ・アニメ等）による非実在児童の性的姿態表現の規制を主張する声もあったが反対論も強く，これについては附則も含め言及がなされなかった。

(2) 児童ポルノの定義

総　説　児童ポルノの定義は，児童買春・児童ポルノ禁止法2条3項に置かれている。それによれば，児童ポルノとは，写真，電磁的記録に係る記録媒体その他の物（有体物）であって，同項の各号のいずれかに掲げる児童の姿態を視覚により認識することができる方法により描写したものをいうとされている。なお，このような姿態を視覚により認識することができる方法により描写した情報を記録した電磁的記録（無体物）そのもの（以下，「児童ポルノ情報」という）の保管，提供等について同様の罰則が定められているが，以下では煩雑を避けるため，特に必要な場合を除き，個別には言及しない。

さて，2条3項1号から3号までに児童ポルノの類型が列挙されているが，それぞれ，「1号（児童）ポルノ」などと通称されることが多いため，本書でも以下では同様に呼ぶこととする。

1号ポルノは，「児童を相手方とする又は児童による性交又は性交類似行為に係る児童の姿態」を描写したものである。

2号ポルノは，「他人が児童の性器等を触る行為又は児童が他人の性器等を触る行為に係る児童の姿態であって性欲を興奮させ又は刺激するもの」を描写したものである。

3号ポルノは，「衣服の全部又は一部を着けない児童の姿態であって，殊更に児童の性的な部位（性器等若しくはその周辺部，臀部又は胸部をいう。）が

露出され又は強調されているものであり，かつ，性欲を興奮させ又は刺激するもの」を描写したものである。

2014年の改正では3号が一部変更された。「殊更に児童の性的な部位（性器等若しくはその周辺部，臀部又は胸部をいう。）が露出され又は強調されているもの」という文言は本改正で追加されたものである。

定義に含まれる用語のうち，1号にある「性交類似行為」とは，異性間の性交とその態様を同じくする状況下におけるあるいは性交を模して行われる手淫・口淫，同性愛行為等であるとされる[15]。また，2号の「性器等」とは，性器，肛門又は乳首を指す（2条2項）。なお，性交又は性交類似行為に係る姿態だと視覚により認識できれば，性器が直接写っていない（あるいはぼかしが入っている）場合でも1号ポルノに該当するし，同様に，性器等を触る行為に係る姿態だと認識できれば，性器等が直接写っていない（ぼかしが入っている）場合でも2号ポルノに該当する。

2号・3号ポルノには，それぞれ所定の児童の姿態に加えて「性欲を興奮させ又は刺激するもの」という要件が付加されているのに対し，1号ポルノにはこうした付加はないが，これは，性交又は性交類似行為は当然に性欲を興奮・刺激させると考えられるからだとされる。

他方，2号・3号に示される姿態には，かなり広い範囲のものが含まれるため，性欲の興奮・刺激という要件が付加されている。特に，2014年改正前の3号ポルノの定義に対しては，入浴や水浴びをしている幼児の自然な姿を保護者が撮影した画像などのようなものも含まれうる可能性があって，過度に広汎な規制ではないかという批判が絶えなかった。

そこで，上述のように，2014年の改正によって「殊更に児童の性的な部位（性器等若しくはその周辺部，臀部又は胸部をいう。）が露出され又は強調されているもの」という文言が追加されたが，「殊更に」という文言は，当該画像等の内容が，性欲の興奮又は刺激に向けられているものと評価されるものであることを要求する趣旨だとされる。そのため，水浴び写真などは通常，児童ポルノに該当しないとされる。

---

15) 森山＝野田編・後掲76頁。

創作物による描写について　2条3項各号所定の児童の性的姿態を写真，電磁的記録に係る記録媒体その他の物において視覚的に（つまり，文章や音声ではなく）描写されていれば児童ポルノに該当することになるが，ここでいう「その他の物」には，例えば絵画やCGで作成され紙などに出力されたものが含まれうるため，実在の児童をこれらの方法で描写した場合も，児童ポルノに該当しうることになる。

他方，児童とは18歳に満たない者をいい（2条1項），ここで「者」とは自然人を指すため，実在しない児童（非実在児童）の性的姿態を描写したマンガやアニメなどは，児童ポルノには該当しない。これに対して，諸外国の中には，非実在児童の描写も児童ポルノの定義に含めるところが主要国の間でも少なくない。ただし，その場合でも，実写に近いような「リアルな」ものに限られ，デフォルメの含まれるマンガやアニメは対象外とされる場合が多い。前述のように，日本でも創作物による描写を規制対象に含めるべきだとの主張が見られるが，こうした改正は児童ポルノ規制の軸足を社会的法益に移すことを意味し，児童ポルノ規制の性格が変容することと同時に，表現の自由との緊張関係が強まることに留意が必要だろう。

定義の過剰性　以上に概説したような児童ポルノの定義については，厳しい批判がある。指摘される問題点はいくつかあるが，もっとも重要なものは，3号ポルノの範囲が不明確で，したがって性的搾取・性的虐待とは無縁のものにまで及びかねない（過度に広汎である）というものである。前述のように，2014年改正前の3号ポルノの定義のうち，「衣服の全部又は一部を着けない児童の姿態」には，入浴や水浴びをしている乳幼児の自然な姿を撮影した家族写真のようなものも含まれる。そこで，性欲の興奮・刺激という要件が付加されているのであるが，この要件はほとんど限定になっていないという批判がある。

というのは，性欲の興奮・刺激の基準となる主体については，小児愛者等ではなく一般人を基準とするとされるが，一般人は乳幼児や小学校低学年の児童の裸体に性的な興奮・刺激を覚えることはないだろう。そうだとすれば，少なくとも乳幼児等の児童については3号ポルノに該当するものはほとんど想定できないということになるが，そうするとより手厚い保護を要するはずの乳幼児等の方が実際には保護が薄いということになってしまう。そこで，裁判例は，一般人基準とは言いながら，乳幼児等の入浴写真等についても児童ポルノ該当

性を認めている。これが，性欲の興奮・刺激要件が機能していないとされる理由である。その結果，3号ポルノの定義は非常に不明確になっていると言わざるをえない。しかし，最高裁は，「性欲を興奮させ又は刺激するもの」という文言は不明確ではないとしている（最判2002・6・17集刑281号577頁）。

定義の過少性　他方，現行法の3つの類型の定義に該当しないものの，それらと同等の性的搾取・性的虐待の記録というべきものがあるのではないかという批判もある。これは，先に指摘したものとは逆に，現行法の定義が狭いという逆方向での批判である。具体的には，頭部や顔面に精液をかけられた着衣の児童の写真などが挙げられる。

　以上のような問題点を回避するため，児童ポルノの定義の仕方を根本的に変更すべきであるという主張がされている。具体的には，性的虐待行為を明確に定義した上で，それを視覚により認識できる方法により描写したものを児童ポルノだと定義すべきだというのである。[16] こうした考え方は，大阪府青少年健全育成条例の性的虐待の記録の製造等に関する努力義務の規定に反映されている（同条例39条）。

(3) 規制対象行為

規制対象行為　次に，どのような行為が規制対象となるのかについて述べる。前述のように，2004年の改正により処罰範囲が拡大され，また，2014年の改正により「単純所持」（実際には「自己の性的好奇心を満たす目的」での所持）も処罰することとされた。これをまとめると，**FIGURE 4**-1のようになる。

　これらの犯罪類型を見ると，児童ポルノを拡散することによる被害が重視されていることが分かる。また，拡散の規模に応じて刑の重さが区別されている。他方，拡散又はその目的のない行為については例外的にのみ処罰されている（製造及び所持・保管の一部のみ）。

　これらの犯罪類型のうち，児童ポルノの「提供」とは，当該児童ポルノ又は電磁的記録その他の記録を相手方において利用しうべき状態に置く法律上・事実上の一切の行為をいうとされ，有償・無償を問わないし，不特定または多

---

[16] 以上について参照，園田寿「児童ポルノ禁止法の問題点」法学セミナー55巻11号 (2010) 34頁。

FIGURE 4-1　規制対象行為

	特定かつ少数者	不特定又は多数者		
提供・電子通信回線を通じた提供	3年以下の懲役 又は300万円以下の罰金	5年以下の懲役 又は500万円以下の罰金（併科も可能）「公然陳列」も同様		

	特定かつ少数者への提供目的	不特定又は多数者への提供目的	自己の性的好奇心を満たす目的	目的なし
製　造	3年以下の懲役 又は300万円以下の罰金	5年以下の懲役 又は500万円以下の罰金（併科も可能）		3年以下の懲役 又は300万円以下の罰金
所持・保管	同　上	同　上	1年以下の懲役 又は100万円以下の罰金 自己の意思に基づいて所持するに至ることが必要	
運輸，日本への輸入，日本からの輸出	同　上	同　上 日本人による外国への輸入・外国からの輸出も同様		

数人に対するものでなくてもよい。「公然と陳列」とは，不特定又は多数の者が観覧できる状態に置くことをいい，刑法175条の同文言と同じ意味である。ウェブサイトや掲示板に画像や映像をアップロードすることのほか，ウェブサイトに児童ポルノサイトのURLのごく一部を変更して掲載した行為（リンクを張るのではなく単純な文字列として記載した行為）についても，児童ポルノの公然陳列に当たるとされた（最決2012・7・9判時2166号140頁）。

　出会い系サイトやSNS等で知り合った大人の要求に応じて児童が自らヌード写真を撮影して送信するような行為（セクスティング）には，単純製造罪や提供罪が問題となる[17]。

　「所持」と「保管」とは，対象が児童ポルノ（写真や電磁的記録の記録媒体その

17）園田＝曽我部編・後掲34頁［園田］。

他有体物）か児童ポルノ情報であるかの違いである。「所持」は，有体物である児童ポルノを自己の事実上の支配下に置くことであり，「保管」は，児童ポルノ情報を自己の実力支配下に置いておくこと（典型的には自己のパソコンのハードディスクに保存することなど）をいう。

単純所持規制について　前述のように2014年改正により，何人もみだりに児童ポルノの所持又は児童ポルノ情報の保管をしてはならない（3条の2）とされ，また，「自己の性的好奇心を満たす目的で，児童ポルノを所持した者（自己の意思に基づいて所持するに至った者であり，かつ，当該者であることが明らかに認められる者に限る。）」は処罰されることとなった（7条1項）。

改正法の制定過程で「自己の性的好奇心を満たす目的で」という文言が入って目的犯とはなったが，従来も処罰されていた提供目的等の所持との対比で「単純所持罪」と呼ばれることが多い。単純所持あるいは取得の処罰は，これまで一部都道府県の条例に存在した（奈良県子どもを犯罪の被害から守る条例，京都府児童ポルノ規制条例，栃木県子どもを犯罪の被害から守る条例〔ただし，2014年改正後にそれぞれ関係規定の改正または条例全体の廃止がなされている〕）が，法律で規定されるに至ったことになる。

児童ポルノの単純所持罪については，これも前述のように，外国においてこれを処罰する例が多いことから日本でも導入が主張されてきた一方で，憲法あるいは刑法理論の観点，あるいは実務的な観点からの疑問も多く呈されてきた。主な批判としては以下のようなものがある。[18]

第1に，憲法の観点からは，基本的人権の制約であり，次に述べる規制根拠の不十分さをも考えると，制約を正当化することはできず違憲の疑いがあるというものである。もっとも，単純所持罪がどのような基本的人権との関係で問題とされるべきなのかという点については十分な検討がなされていない。[19] この点については，①所持ができなくなることによって直接制約される基本的人権，②所持規制に伴って間接的に制約される基本的人権に区分するとすれば，まず，①については，単純所持罪の導入によって既に所持している児童ポルノの廃棄

---

18) 詳細については，園田＝曽我部編・後掲第3章[大林啓吾]，第4章[高山佳奈子]，第5章[落合洋司]を参照。
19) この点について数少ない例外が，園田＝曽我部編・後掲43頁以下[大林]である。

を余儀なくされるという点で，財産権（29条）の制約となる。

また，②については，単純所持規制にともなって児童ポルノの閲覧ができなくなることにより表現の自由（21条）や一般的な行為の自由（13条）の，購入ができなくなることにより契約の自由（13条・22条1項）の制約が問題となる。また，「自己の性的好奇心を満たす目的で」という文言との関係では，有罪判決により性的嗜好が暴露される点でプライバシー権（13条）の制約が問題となる。なお，表現の自由をコミュニケーションの自由と捉えると，自宅で画像を閲覧する行為が表現の自由に含まれるかどうかといった論点も生じる。

第2に，処罰根拠（保護法益）については，単純所持規制は正当な保護法益を欠くとの批判がある。単純所持規制との関係で今見たような基本的人権論が十分成熟していないのは，そもそも処罰根拠がないという議論が先行していることとも関係すると思われる。児童ポルノの製造はそれ自体が児童の性的搾取であり，また，その公然陳列や提供は，児童の性的姿態を人の目に触れさせることが当該児童のプライバシー侵害にあたるだけでなく，当該児童に大きな精神的ダメージを与えてその健全育成を著しく阻害することが処罰根拠とされている。

また，旧京都府児童ポルノ規制条例7条1項・13条1項は，対償の供与又はその約束をして所定の児童ポルノの提供を受けた者を処罰していたが，これは有償取得を処罰することにより児童ポルノの流通市場を抑制しようとするものである。

これらに対し，例えば提供罪とは異なり，単純所持罪は児童の被害を拡大する危険性を有しないため，処罰根拠を欠くとの批判がなされている。もちろん，所持の前提には通常は取得行為があり，その時点では児童の被害の拡大を想定しうるが，この観点からは取得行為を処罰すべきだということになろう。

第3に，恣意的な処罰のおそれが指摘される。この点は立法過程でも問題となったもので，例えば児童ポルノが一方的にメールに添付されて送りつけられたり，誤ってダウンロードすることによって所持するに至った場合に処罰されるおそれについて議論された。7条1項の括弧書（自己の意思に基づいて所持するに至った者であり，かつ，当該者であることが明らかに認められる者に限る。）は，この点に配慮したものであるとされるが，実効的な限定になっているかどうかについては疑問が呈されている。

また，調査研究目的など正当な目的での所持が許容されることを示すための「自己の性的好奇心を満たす目的」についても，同様に実効的な限定となるかどうかについて批判がある。

2.3　自主規制による児童ポルノサイトのブロッキング

ブロッキングとは，一言で言えば，インターネット接続プロバイダーがウェブサイトを閲覧しようとするユーザーの閲覧先を機械的に検知して，ブロッキング対象リストに掲載された閲覧先である場合には，その閲覧のための通信を遮断することを言う。フィルタリングとは異なり，利用者（側）の同意なく行われている点が特徴である。

日本では 2011 年 4 月から，大手プロバイダーが国とも連携しつつ，自主的な措置として，児童ポルノサイトのブロッキングを開始した（なお，現在のところ，日本ではこれ以外のコンテンツに対するブロッキングは行われていない）。

児童ポルノサイトが存在するという情報は，違法有害情報に関する市民からの情報を受け付けるインターネット・ホットラインセンター（IHC）にまず寄せられる。そこで実際に児童ポルノに該当すると判断された場合，プロバイダー等が協力して設立した団体であるインターネットコンテンツセーフティ協会（ICSA）に情報が提供される。ICSA では，IHC から情報提供されたサイトがアドレスリスト対象の判定基準に合致するかどうかを確認するなどして，ブロッキング対象となるアドレス（主としてドメイン単位）のリストを作成し，ICSA の会員となったプロバイダー等はこのリストに基づいてブロッキングを実施する（**FIGURE 4**-2 参照）。

プロバイダーの自主的な措置としてブロッキングを実施するにあたっては様々な法的な問題がある。その最大のものは通信の秘密との関係である。通信の秘密は憲法 21 条 2 項後段で保障されているが，それを受けてプロバイダーを直接に規制する電気通信事業法 4 条でも通信の秘密の不可侵が定められ，その違反には罰則がある（同法 179 条）。ブロッキングは，ユーザーのアクセス先を「知得」し，アクセスを遮断する目的でその情報を「窃用」するものであるため，通信の秘密侵害罪の構成要件に該当する。その上で，上述のような現行の仕組みは，緊急避難（刑法 37 条 1 項）に該当するという前提で考えられている。

FIGURE 4-2　児童ポルノブロッキングのしくみ

　なお，児童ポルノはむしろウェブではなくP2Pで流通しているものと思われるが，それに対してブロッキングは無力である。なお，この点についてはブロッキングの仕組みとは別に，2014年4月から警察，プロバイダー，ICSA三者の協力により新しい取組みが始まっている（詳細はICSAウェブサイト「ファイル共有ソフトを悪用した児童ポルノ流通への対策について」http://www.netsafety.or.jp/p2p/index.html 参照）。

CONCLUSION　おわりに

　以上のように，わいせつや児童ポルノ規制については，表現の自由等との関係で保護法益や規制の範囲について疑問が提起されているほか，他方で，インターネット社会において規制の実効性を確保するために新たな対応を迫られている。そもそも，この種の表現は，不快であるという意見に応じて規制が拡大しがちである点に留意しなければならない。一定の規制が必要であるとしても，単なる不快感に基づく規制ではないのかという批判的な視点を持って考える必要がある。

考えてみよう

わいせつや児童ポルノ規制については，本文でも述べたように，定義や規制の範囲について様々な批判が行われている。また，インターネットによるわいせつ画像や児童ポルノの頒布が一般化する中で，国内法による規制にも限界がある。こうした状況を踏まえた上で，規制のあるべき姿を考えてみよう。

もっと詳しく知りたい方は   REFERENCE

三島聡『性表現の刑事規制——アメリカ合衆国における規制の歴史的考察』（有斐閣，2008）

加藤隆之『性表現規制の限界——「わいせつ」概念とその規制根拠』（ミネルヴァ書房，2008）

永井善之『サイバー・ポルノの刑事規制』（信山社，2003）

森山真弓＝野田聖子編『よくわかる改正児童買春・児童ポルノ禁止法』（ぎょうせい，2005）

園田寿＝曽我部真裕編『改正児童ポルノ禁止法を考える』（日本評論社，2014）

CHAPTER 5

インターネット上での青少年保護

鈴木 秀美

PREFACE　はじめに

　過激な性表現や暴力表現などいわゆる有害表現は，成人との関係では合法であっても，青少年との関係では，青少年の健全な育成を保護するために法的規制を受けることがある。有害表現からの青少年保護は，子どもをもつ親にとって共通の関心事であり，その目的自体に異論を唱える者はいないため，立法府にとっても有害表現規制は着手しやすい表現規制といえる。実際，アメリカやドイツのような先進国でさえ，選挙が近づくと有害表現規制のための法改正が提案され，それが選挙キャンペーンに利用される傾向がみられる。[1] これに対し日本では，戦前の言論統制への反省もあってこれまで有害表現規制のための法律は制定されず，テレビ放送については放送事業者の自主規制に委ねられてい

---

[1] アメリカの議論については，松井茂記『インターネットの憲法学〔新版〕』（岩波書店，2014）182頁以下，小倉一志『サイバースペースと表現の自由』（尚学社，2007）95頁以下が詳しい。ドイツについては，鈴木秀美「メディア融合時代の青少年保護」慶應義塾大学メディア・コミュニケーション研究所紀要61号（2011）21頁以下参照。

る。青少年にとって有害な図書（以下では，「有害図書」）については地方公共団体が青少年保護育成条例で規制しており，表現の自由の観点から同条例による有害図書規制の合憲性が議論されてきた。

　そうした中，インターネットの急速な普及に伴い，インターネットに起因する諸問題からの青少年保護対策が必要になった。[2] 1998 年には風俗営業法（正式には，「風俗営業等の規制及び業務の適正化等に関する法律」）が改正され，青少年に性的な映像を提供することに規制が設けられた。1999 年には児童買春・児童ポルノ禁止法（正式には，「児童買春，児童ポルノに係る行為等の規制及び処罰並びに児童の保護等に関する法律」）が，2003 年には出会い系サイト規制法（正式には，「インターネット異性紹介事業を利用して児童を誘引する行為の規制等に関する法律」）が制定された（**CHAPTER 4．9** 参照）。

　さらに，インターネット上の有害情報対策として，2008 年 6 月，青少年環境整備法（正式には，「青少年が安全に安心してインターネットを利用できる環境の整備等に関する法律」）[3] が制定され，2009 年 4 月 1 日に施行された。この法律は，大半の青少年が携帯電話を使ってインターネットに接続しているという実態を踏まえて，青少年が有害情報にアクセスできないよう，携帯電話事業者にフィルタリングの提供を義務づけた。なお，青少年保護育成条例による有害表現規制は，一般に有害図書を規制の対象としており，インターネット上の情報には適用されない。ただし，都道府県の中には，青少年保護育成条例により，イン

---

2) この問題を概観するものとして，新保史生「ネットワーク社会における青少年保護をめぐる政策と制度の現状」法とコンピュータ 29 号（2011）3 頁以下がある。有害情報対策については，松井・前掲注 1) 177 頁以下，小向太郎『情報法入門〔第 3 版〕』123 頁以下（NTT 出版，2015）参照。

3) 平成 20 年 6 月 18 日法律第 79 号。この法律について，曽我部真裕「共同規制——携帯電話におけるフィルタリングの事例」ドイツ憲法判例研究会編『憲法の規範力とメディア法』（信山社，2015）87 頁以下，中谷幸司「法令解説　青少年インターネット利用環境整備法の制定」時の法令 1822 号（2008）29 頁以下，岡村信悟「携帯電話フィルタリングをめぐる最近の動き」ジュリスト 1361 号（2008）32 頁以下，前田雅英「ユビキタス社会における犯罪の現状と青少年の保護」ジュリスト 1361 号（2008）42 頁以下，園田寿「ネットの匿名性と有害情報規制」Law & Technology 41 号（2008）42 頁以下，内閣府＝総務省＝経済産業省「青少年が安全に安心してインターネットを利用できる環境の整備等に関する法律関係法令条文解説（平成 21 年 3 月）」（http://www8.cao.go.jp/youth/youth-harm/law/pdf/kaisetsu.pdf）。

ターネット上での青少年保護のため、フィルタリングの利用促進についての規定を設けているところもある。

　このほか、インターネット上での青少年保護に関連してとくに社会問題となっているのがインターネット上のいじめである。2013年6月には、「いじめ防止対策推進法」[4]が制定された（同年6月28日公布・9月28日施行）。いじめ防止対策推進法は、学校に在籍する児童又は生徒によるいじめを禁止しているものの、これに違反していじめをした児童又は生徒に対する直接の制裁を定めてはいない。しかし、もし出生、宗教、性別、障がい、性的指向、その他の個人的特徴に基づく嫌がらせを内容とする表現を、いじめ対策としてインターネット上の表現も含めて禁止し、刑事責任を問うことになれば、有害図書規制と同様に、その合憲性が問われることになる。

　そこで本章では、有害情報から青少年を保護することがインターネットにおいて必要であるとしても、そのために法的規制を用いるべきか、また、法的規制を用いるとしてどのような規制を採用すべきなのかを憲法の観点から検討する。以下では、有害図書規制をめぐって議論されている憲法上の問題を確認した上で、青少年環境整備法によるインターネットにおける有害情報規制とインターネット上のいじめへの対策について検討を加える。

1　有害図書規制と表現の自由

(1)　条例による有害図書規制

　日本では、長野県を除くすべての都道府県において青少年（18歳未満の者）の健全な育成を図るための条例が制定され、それにより有害図書規制が設けられている（長野県でも市町村レベルで同様の条例を制定している場合がある）[5]。条例に

---

4)　この法律について、小林美津江「いじめ防止対策推進法の成立」立法と調査344号（2013）24頁以下。

5)　右崎正博「青少年保護条例の過去・現在・未来」法律時報76巻9号（2004）39頁以下参照。

よる有害図書規制は，PTAを中心とする「有害図書」追放運動によって導入された。有害図書といっても規制される媒体には，書籍・雑誌だけでなく，ビデオテープ・DVD等なども含まれる。有害図書規制は，刑法175条のわいせつ図書規制よりも広く性表現を規制するだけでなく，法律による規制を受けていない残虐表現や暴力表現等を規制する。そこで，青少年の健全育成を阻害するという理由によって有害図書を規制することが，表現の自由との関係でどこまで許されるかが問題となる。

(2) 岐阜県青少年保護育成条例事件

1989年，最高裁は，岐阜県青少年保護育成条例事件（以下，「本件」）において，従来から激しく議論されてきた有害図書規制の合憲性に関する初めての判断を示した。岐阜県青少年保護育成条例（以下，「本条例」）によれば，知事は，図書の内容が「著しく性的感情を刺激し，又は著しく残忍性を助長するため，青少年の健全な育成を阻害するおそれがある」と認めるとき，当該図書を，緊急を要する場合を除き，県青少年保護育成審議会（以下，「審議会」）の意見を聴いた上で（9条），個別に有害図書として指定することができる（6条1項）。また，有害図書として指定すべきもののうち，「特に卑わいな姿態若しくは性行為を被写体とした写真又はこれらの写真を掲載する紙面が編集紙面の過半を占めると認められる刊行物」については，個別指定に代えて，当該写真の内容をあらかじめ規則で定めて包括的に指定できる（6条2項）。これを受けて，岐阜県では，本条例施行規則が2条において，本条例6条2項の写真の内容について「一　全裸，半裸又はこれに近い状態での卑わいな姿態」，「二　性交又はこれに類する性行為」と定め，さらに，岐阜県告示がその具体的内容についてより詳細な指定を行っていた。そして，6条1項又は2項により指定された有害図書について，有害図書の販売又は貸付けを業とする者は，これを青少年に対して販売・配付・貸付けること，及び自動販売機（以下，「自販機」）業者が自販機に収納することを禁止され，違反行為は3万円以下の罰金又は科料に処すと定められていた。なお，自販機への収納禁止については，「法令の規定により青少年の立ち入りが制限されている場所」に自販機を設置している場合にはこの限りではないという但書が付されていた（6条の6）。

自販機による図書販売を業とする株式会社Xとその代表取締役は，1985年

4月から8月の間に5回にわたって，岐阜県内の2か所の自販機に，岐阜県知事が包括指定した有害図書に該当する雑誌を収納したことについて，本条例違反として起訴され，第1審（岐阜簡判1987・6・5）で罰金6万円の有罪判決を受けた。第2審（名古屋高判1987・11・25）もこれを支持して控訴を棄却したため，Xらは本条例の憲法違反を主張して上告した。しかし，最高裁は，上告を棄却した（最判1989・9・19刑集43巻8号785頁）[6]。なお，代表取締役は裁判中に死亡したため，判決はXについて下された。

(3) 最高裁の論理

本条例による有害図書規制において，出版後に個別指定された有害図書の場合，審議会の審議に1，2か月を要するうえ，業者は県からの有害図書指定通知を受けて当該雑誌の青少年に対する販売や自販機による販売を中止すれば条例違反に問われることはない。これに対し，包括指定方式では，県からの事前の行政指導，通知，撤去命令等がないまま，包括指定された内容を含む雑誌を自販機に収納しているだけで条例違反となる。本条例の包括指定方式は，有害図書規制としては最も厳しい規制である。

本件の被告側は，本条例による有害図書規制について，①有害とされる表現と青少年の健全育成の阻害との間に合理的な因果関係を認めることはできず，規制目的に合理性は認められないので憲法21条1項に違反し，②本条例は結果的に有害図書の販売を全面的に禁止することになるので検閲に該当し，憲法21条2項に違反すると主張した。また，③有害図書の定義が不明確であり憲法21条・31条に違反すること，④有害図書指定要件，罰則などについて都道府県間に格差があり，憲法14条に違反することも主張した。しかし，最高裁は，これら違憲の主張をすべて退けた。

---

[6] 判例評釈として，横田耕一「有害図書規制による青少年保護の合憲性——岐阜県青少年保護育成条例違憲訴訟最高裁判決をめぐって」ジュリスト947号（1989）89頁，高見勝利「『有害図書』指定と表現の自由」高橋和之ほか編『憲法判例百選Ⅰ〔第5版〕』別冊ジュリスト186号（2007）114頁，橋本基弘「自販機によるポルノ販売と有害図書指定」堀部政男ほか編『メディア判例百選』別冊ジュリスト179号（2005）128頁，松井茂記「『有害図書』指定と表現の自由」長谷部恭男ほか編『憲法判例百選Ⅰ〔第6版〕』別冊ジュリスト217号（2013）118頁。

このうち、①有害図書の自販機への収納禁止については、刑法175条のわいせつ文書頒布罪に関する2つの判決（最大判1957・3・13刑集11巻3号997頁〈チャタレイ事件〉、最大判1969・10・15刑集23巻10号1239頁〈「悪徳の栄え」事件〉）と、性行為の自由に関する福岡県青少年保護条例事件判決（最大判1985・10・23刑集39巻6号413頁）の趣旨に照らして憲法21条1項に違反しないことは明らかであるとされた。また、②有害図書の指定が検閲に当たらないことは、税関検査事件判決（最大判1984・12・12民集38巻12号1308頁）と北方ジャーナル事件判決（最大判1986・6・11民集40巻4号872頁）の趣旨に照らして明らかであるとされた。さらに、最高裁は、③有害図書の定義が不明確であるという主張について、本条例の定義が「不明確であるということはできない」とだけ述べた。

法廷意見は、以下のような理由付けを試みた。

「本条例の定めるような有害図書が一般に思慮分別の未熟な青少年の性に関する価値観に悪い影響を及ぼし、性的な逸脱行為や残虐な行為を容認する風潮の助長につながるものであって、青少年の健全な育成に有害であることは、既に社会共通の認識になっているといってよい。さらに、自動販売機による有害図書の販売は、売手と対面しないため心理的に購入が容易であること、昼夜を問わず購入ができること、収納された有害図書が街頭にさらされているため購入意欲を刺激し易いことなどの点において、書店等における販売よりもその弊害が一段と大きいといわざるをえない」。自販機業者の場合、審議会の意見聴取を経て有害図書としての指定がされるまでの間に有害図書の販売を済ませることが可能であり、このような脱法的行為に有効に対処するためには、本条例6条2項の包括指定方式も「必要性があり、かつ、合理的である」。したがって、有害図書の自販機への収納禁止は、「青少年に対する関係において、憲法21条1項に違反しないことはもとより、成人に対する関係においても、有害図書の流通を幾分制約することにはなるものの、青少年の健全な育成を阻害する有害環境を浄化するための規制に伴う必要やむをえない制約であるから、憲法21条1項に違反するものではない」。

このような理由付けは、学説からみて、有害図書規制の合憲性を認めるためにはとても十分とはいえないものであった（なお、この判決の中で示された学者出身の伊藤正己裁判官の補足意見には、個別論点の解説の中で言及する）。

⑷ 検閲・事前抑制と明確性の理論

　学説は，憲法21条によって保障された表現の自由も，公共の福祉（憲法12条，13条）のための制約に服すると考えている。ただし，その制約は正当化可能なものでなければならない。正当化可能性を検討するにあたって，学説は，表現規制の態様を次のように4つに区別している。それは，①検閲・事前抑制，②漠然不明確又は過度に広汎な規制，③表現内容規制，④表現内容中立規制である。[7]

　このうち，検閲・事前抑制について，最高裁は，税関検査事件判決において，検閲を「行政権が主体となって，思想内容等の表現物を対象とし，その全部又は一部の発表の禁止を目的として，対象とされる一定の表現物につき網羅的一般的に，発表前にその内容を審査した上，不適当と認めるものの発表を禁止すること」と定義した。学説には，21条2項が様々な事前抑制を広く原則として禁止していると理解する広義説と，21条2項は「検閲」を絶対的に禁止した規定であり，検閲に該当しない事前抑制は21条1項によって原則として禁止されていると解する狭義説がある。[8] 検閲を広義・狭義のどちらと解するかはさておき，学説では最高裁の定義について，「思想内容等の表現物」を「網羅的一般的に」審査する場合に限定しており，「狭きに失するとの批判が強い」。[9]

　次に検討すべきは，明確性の理論である。[10] 罪刑法定主義の下，刑罰法規の法文はいかなる行為が禁止されているかを国民に告知するため明確でなければならない（憲法31条）。さらに，刑罰法規が表現の自由を制約する場合，漠然不明確な規制は表現行為に萎縮的効果（本来は憲法上許される表現行為であるのに，表現主体に当該表現行為を控えさせてしまう効果）を及ぼすという問題を引き起こす。有害図書規制においても有害図書の定義の明確性が問題となる。

---

7) 芦部信喜（高橋和之補訂）『憲法〔第6版〕』（岩波書店，2015）195頁。
8) 松井茂記『マス・メディア法入門〔第5版〕』（日本評論社，2013）56頁以下参照。
9) 芦部・前掲注7) 202頁。
10) 芦部・前掲注7) 205頁以下。

⑸　表現内容規制・表現内容中立規制二分論

　日本の学説は，アメリカの判例法理に基づいて体系化された「二重の基準論」により，表現の自由に対する規制の合憲性は，経済的自由の規制よりも，とくに厳しい基準によって審査されなければならないと考えている[11]。その際，表現の自由の領域では，自由を規制する法律について合憲性の推定が排除され，むしろ違憲性の推定が働く。

　二重の基準論に基づく人権制約立法の合憲性審査では，「厳格な審査」，「厳格な合理性の審査」，「合理性の審査」という3種の審査基準が用いられる[12]。厳格な審査は，裁判所が人権を制約する根拠を厳しく問うことに特徴がある。これに対し，合理性の審査による場合には，人権制約立法について明らかな不合理性の存在が立証されない限り結論は合憲となる。厳しさの面で両者の中間に位置するのが厳格な合理性の審査（「中間審査」ともいう）である。

　前述した③と④の表現規制について，学説では，③表現内容規制（表現の内容に着目した規制）と，④表現内容中立規制（表現の内容ではなく，時・所・方法等に対する規制）で厳格さの異なる審査基準を用いるべきだと説かれている（表現内容規制・表現内容中立規制二分論）[13]。

　この二分論によれば，表現内容規制には，公権力が自己にとって都合の悪い表現を封殺するために規制を課しているのではないかという疑いの余地があるため，厳格な審査が適用される。規制の目的は真にやむをえない利益（compelling interest）であること，その目的を達成するための手段は必要最小限度であること，そしてその目的と手段が必要不可欠な関係にあることが要求される。これに対し表現内容中立規制には，厳格な合理性の審査が適用される。規制目的は，正当な利益（legitimate interest）では十分ではなく，重要な利益（important interest）でなければならない[14]。

---

11)　芦部・前掲注7) 103頁以下，193頁以下。
12)　渋谷秀樹『憲法〔第2版〕』（有斐閣，2013）712頁以下参照。
13)　芦部・前掲注7) 194頁以下，松井・前掲注8) 49頁以下。ただし，規制の態様によるこうした区別を認めず，ともに厳格な審査を適用すべきと説く有力な見解もある。市川正人『表現の自由の法理』（日本評論社，2003）参照。
14)　いわゆるLRA（less restrictive alternatives）の基準は，厳格な合理性の審査の中に位置づけられる。渋谷・前掲注12) 714頁。

なお，ひとくちに内容規制といっても様々なものがあるため，表現内容規制に一律に厳格な審査を適用すべきか否かを考えておく必要がある。学説では，表現内容と自己実現（表現の自由が個人の人格の発達にとって不可欠であること）・自己統治（言論活動によって国民が政治的意思決定に関与すること）という表現の自由の価値との関連性を手がかりに，自己統治と密接に関連している政治的言論に比べて，営利的言論は表現としての価値が低く，それゆえ営利的言論の規制には厳格な審査ではなく，中間審査が適用されると解する見解が有力である。[15]この他にも，違法な行為の煽動，わいせつ，名誉毀損，プライバシー侵害，差別的表現などは，表現内容がもたらす社会的害悪に着目して低価値表現といわれることがある。[16]

(6) 有害図書規制と表現の自由

　本条例によれば，有害図書として個別に指定を受けた図書および包括指定により指定を受けた内容を含む図書は，青少年に供覧，販売，貸付をすること，自販機に収納することができない。このような規制は，それを出版・販売しようとする業者の表現の自由を制約すると同時に，それを購入しようとする読者の知る自由（「知る権利」，「情報受領の自由」ともいう）を制約するものである。そして，本条例による規制は，読者にとって事前抑制的な性格をもっている。出版後とはいえ，ある図書が有害と指定されることにより，読者は当該図書の入手それ自体を制限されるからである。

　有害図書規制は，有害図書を青少年の目に触れさせないための規制であり，知る自由を制約されるのは主として青少年である。ただし，書店における対面販売と異なり，自販機による販売の場合，通常は，年齢とは無関係に，昼夜を問わず収納された図書が販売される。また，自販機が街頭に設置されると，書店よりも有害図書の購入意欲を刺激しやすいという問題もある。このため，本条例は，規制の目的を果たすため，有害図書の自販機への収納を原則として禁止しつつ，但書において法令の規定により青少年の立ち入りが制限されている

---

15) 芦部・前掲注7) 192頁以下。ただし，営利的言論の規制も厳格な審査に服すべきだとする見解もある。松井・前掲注8) 189頁以下。
16) 高橋和之『立憲主義と日本国憲法〔第3版〕』（有斐閣, 2013) 210頁以下参照。

場所に設置された自販機をその例外としている。このような規制によって，有害図書を，誰でも立ち入ることが可能な場所において自販機から購入することは成人にとっても不可能となり，青少年との関係だけでなく，成人の知る自由も制約されることになる。

(7) 青少年の知る自由

本件では，自販機による販売業者の刑事責任との関連で，有害図書規制の合憲性が争われた。最大の争点は，有害な表現が青少年の健全な育成を阻害するという立法事実があるか否かであった。

青少年も，成人と同様に憲法で保障された表現の自由の享有主体である。知る自由は表現の自由の保障に含まれている。ただし，成人と異なり，青少年は心身ともに発達の途上にあり，成人に比べて判断力も未熟であるため，その未熟さに由来する害悪から青少年を保護するため，青少年の知る自由は成人とは異なる一定の制約を受ける。青少年の保護について第一次的に責任を負うのはその親権者であるが，それだけでは足りないとき，青少年保護のための公権力の関与も許される。成人の場合，本人自身を保護するために公権力がその自由を制約することは原則として許されないが，青少年の場合，いわゆるパターナリズムに基づく制約として，本人自身を保護するための自由の制約も許されると考えられている。[17]

そこで，その制約の合憲性をどのような基準によって審査すべきかが問題となる。これについては，本件判決に付された伊藤正己裁判官の補足意見が，青少年の判断力が未熟であるということを理由に，「ある表現が受け手として青少年にむけられる場合には，成人に対する表現の規制の場合のように，その制約の憲法適合性について厳格な基準が適用されない」という立場を示した。これに対して学説は，有害図書規制が表現内容規制であることから，青少年との関係でも，その合憲性は厳格な基準によって審査されるべきだと考えている。ただし，青少年の特性から成人と差異があることを前提に，「青少年の特性を立法事実や目的・手段審査の際に考慮するアプローチをとるべき」だとして，

---

17) 松井茂記『マス・メディアの表現の自由』208頁以下（日本評論社，2005）参照。

一定の緩和の余地も認めている。[18]

(8) 有害図書規制の立法事実

とはいえ、基本的には厳格な審査基準が適用されるべきだとする学説と、伊藤補足意見の考える審査基準の厳格さには重要な違いがある。それが顕著に現れているのが、有害図書規制の目的を支える立法事実についての考え方である。

本条例は、青少年の健全な育成を図るために、これを阻害するおそれのある行為を防止することを目的としている（1条）。本条例の有害図書規制を支える立法事実について、通常、「それが青少年非行を誘発するおそれがあるとか青少年の精神的成熟を害するおそれのあること」と説明されている。しかし、学説は、それについては科学的証明がされていないと批判している。伊藤補足意見は、そのような論証がされているとはいえなくても、有害図書規制が合憲であるためには、「青少年非行などの害悪を生ずる相当の蓋然性」があれば足りるとした。なお、法廷意見は、有害図書と青少年非行との関連性にはまったく言及しておらず、有害図書が「青少年の性に関する価値観に悪い影響を及ぼし、性的な逸脱行為や残虐な行為を容認する風潮の助長につながる」ことを立法事実としてとらえた。この部分は、非行ではなく、問題を価値観とか風潮のレベルでとらえており、これまでの論点のすり替えだと批判されている。[19]

青少年による凶悪事件が発生する度に、コミック、テレビ、ゲーム等の影響が問題にされるが、学説には、有害図書規制においてその有害性を認定する際には、それが「社会的に好ましくない」という程度では不十分であり、有害図書が青少年を非行（性的な逸脱や残虐な行為）に走らせ、あるいはそうした行為を容認する風潮を助長するという作用をもつことが要求されると解すべきだとの指摘もある。[20]

(9) 成人の知る自由

学説は、有害図書規制の合憲性を認めるためには、成人の知る自由をできる

---

18) 横田・前掲注6) 94頁。
19) 横田・前掲注6) 93頁。
20) 芹沢斉「青少年有害図書の規制」岩間昭道ほか編『別冊法学セミナー 憲法II〔第3版〕』（日本評論社, 1994) 131頁。

限り制約せず，同時に，有害図書を青少年の目に触れさせないという目的を達成できる規制手段が用いられなければならないと考えている。この点で，有害図書規制が成人の知る自由を封殺する場合には違憲となるとする伊藤補足意見は，「法廷意見の『補足』の域を超え」ており，そこでは学説の立場が踏襲されているとみられている。[21]

なお，自販機で販売されるいわゆる成人向け雑誌の場合，出版社から取次店を経由して書店で販売される一般の図書とは異なり，出版業者と販売業者は一体化しており，自販機以外の販売ルートをもっていないのが通例である。このため，自販機への収納禁止によって，業者は，青少年の立ち入りが制限されたきわめて限られた場所以外では雑誌を販売することができなくなる。有害図書規制のために販売部数が減少し，業者にとって採算がとれなければ，自販機で販売される成人向け雑誌の出版・販売は衰退していく。したがって，有害図書の自販機収納禁止は，実質的には発表禁止の効果があり，包括指定であるため萎縮効果が大きいという点で業者の側の表現の自由との関係で問題が多い。そのうえ，青少年保護が目的であっても，有害図書の入手を制約される必要のない成人の知る自由を大幅に制限する。学説にはそれゆえ違憲とする見解もある。[22]

(10) 有害図書の定義の不明確さ

本条例の有害図書規制は刑罰をともなう表現規制であるから，前述した明確性の理論を満たさなければならない。とくに包括指定の場合，事前の通知等は法定されておらず，包括指定によって有害図書とされる雑誌の販売や自販機への収納は直ちに罰則が適用されることから，個別指定よりも法文の明確さが要求される。

伊藤補足意見は，本条例の「著しく性的感情を刺激し，又は著しく残忍性を助長する」という個別指定のための有害図書の定義（6条1項）について，本条例のみでは「必ずしも明確性をもつとはいえない面がある」というが，岐阜県青少年対策本部次長通達により審査基準が具体的に定められており不明確とはいえないとした。また，包括指定における「特に卑わいな姿態若しくは性行

---

21) 高見・前掲注6) 115頁。
22) 横田・前掲注6) 94頁，芹沢・前掲注20) 132頁。

為を被写体とした写真又はこれらの写真を掲載する紙面が編集紙面の過半を占めると認められる刊行物」(6条2項)という定義は、個別指定に比べて条例レベルで具体化されており、さらに写真の内容については施行規則と告示(昭和54年7月1日岐阜県告示第539号)を通じていっそう明確にされているとされた。伊藤補足意見によれば、本条例は、このように下位の諸規範とあいまって、本県条例に一つの限定解釈ともいえるものが示されているので、青少年保護という社会的利益を考え合わせるなら、明確性の要求も「多少ゆるめられる」ので、基準の不明確性を理由に法令違憲と判断することはできないという。学説には伊藤補足意見を支持する見解[23]もあるが、青少年の知る自由の制約において明確性の要求が緩和されるという考え方への批判があるほか、罪刑法定主義の趣旨から、下位の規範による具体化では十分ではなく、条例本体の定めに明確性が必要であるという指摘もある。[24] 少なくとも、本条例の包括指定については、包括指定の場合、業者に対する行政指導や撤去命令を経ずに、青少年への販売や自販機への収納が処罰に直結しているため、明確性の基準の緩和を認めず、違憲となる余地が大きいと指摘する見解もある。[25]

(11) その後の判例

学説はおおむね、表現の自由よりも青少年保護を重視した本件判決に批判的である。日本が1994年に批准した「児童の権利に関する条約」は、「こどもの自己決定能力の可能性を前提としたうえでそれを育成し増進させる方向」がとられるべきであるという考え方に立脚していることから、日本の青少年観にも変化がみられるとして、青少年の一般的未熟性を前提としている本件判決を再構成する必要性を指摘する見解もある。[26]

しかし、その後も最高裁は、本件判決に依拠している。フロッピーディスク

---

[23] 芦部信喜『憲法学Ⅲ〔増補版〕』(有斐閣、2000) 344頁。
[24] 芹沢・前掲注20) 132頁。
[25] 横田・前掲注6) 95頁。曽我部真裕「青少年健全育成条例による有害図書類規制についての覚書」法学論叢170巻4=5=6号(2012) 506頁以下は、標準的な青少年条例が採用している包括指定制度について、その萎縮効果に鑑みれば「廃止すべきではなかろうか」としている。
[26] 奥平康弘『ジャーナリズムと法』(新世社、1997) 307頁。

の有害図書の個別指定が争われた事件では，宮崎県青少年健全育成条例とそれに基づく個別指定の合憲性が認められた（最判 1999・12・14 裁判所時報 1258 号 1 頁）。また，福島県青少年健全育成条例についても，最高裁は，有害図書の自販機収納禁止を合憲としたうえ，年齢識別装置付き自販機は対面販売の実質を有していないとして，当該自販機への規制の適用の合憲性も認めた（最判 2009・3・9 刑集 63 巻 3 号 27 頁）。前述の通り，刑法が禁止する「わいせつ」表現よりも広い「有害図書」には範囲確定の曖昧さがつきまとうし，ある表現の受け手にとっての価値は一様ではないことなどから，学説には「18 歳未満を一括した，しかも事前規制を伴った青少年向けの有害図書の広汎な規制は，憲法 21 条との関係で正当化しえない」という指摘もある。[27]

2 インターネット上の有害情報規制

(1) フィルタリングによる有害情報対策

インターネットの普及に伴い，そこに掲載された犯罪を誘発するような情報，自殺を呼びかけるような情報，爆発物の製造方法を詳細に記した情報など，違法ではないものの，青少年の健全な成長を阻害するおそれのある，いわゆる有害情報の流通が問題となり，総務省や警察庁[28]などの行政機関，自由民主党や民主党，地方公共団体，インターネット接続業者（以下，「ISP」），携帯電話事業者など，各方面でその対策への取組が進められてきた。

青少年への携帯電話の普及に伴い，青少年，とりわけ高校生のインターネット利用は，パーソナルコンピュータ（以下，「パソコン」）よりも携帯電話やスマートフォンを通じて行われている。ところが，家庭や学校のパソコン利用に比べて，携帯電話やスマートフォンの利用は，保護者や教師の目が届きにくい。こ

---

[27] 只野正人「福島県青少年健全育成条例と憲法 21 条・22 条・31 条」平成 21 年度重要判例解説（有斐閣，2010）17 頁。
[28] 石橋昭良「少年の携帯電話利用における現状の問題点と対策」捜査研究 674 号（2008）69 頁以下，横江智敬「違法情報，有害情報への対策の推進について」捜査研究 685 号（2008）2 頁以下参照。

のような状況を背景として，青少年保護のための有害情報対策の関心が，フィルタリングに集まっている。

フィルタリングソフトとは，「インターネットのウェブページを一定の基準で評価判別し，違法・有害なウェブページ等を選択的に排除する機能」[29]のことである。パソコンの場合，利用者ごとにフィルタリングソフトをインストールすることが可能であるのに対し，携帯電話の場合には，携帯電話事業者のゲートウェイサーバーで一括してサイトへのアクセスが制限されているという特徴がある。[30]提供されるフィルタリングサービスも，携帯事業者提供リスト方式と特定分類アクセス制限方式の2種類しかなく，利用者の選択肢が限られているという問題もある。[31]

(2) 青少年環境整備法の制定

2008年6月，青少年環境整備法が成立した。同年春，自由民主党や民主党は，法律によって有害情報を「著しく残虐性を助長する情報」などと定義したうえ，内閣府に新設される委員会がサイトの有害性を審査すること，携帯電話事業者やネットカフェ業者などにフィルタリングを義務づけること，サイト管理者やISPに有害情報の削除を義務付けること，罰則を設けることなどを含む法案の準備に入っていた。これに対し，マイクロソフト，ヤフー，楽天などのインターネット事業者だけでなく，日本新聞協会，日本民間放送連盟，インターネット先進ユーザーの会（MIAU），高等学校PTA連合会など，各方面から，インターネット上の有害情報の判断や，フィルタリングの基準設定に国が関与することへの懸念が表明された。

もし法律で有害情報を定義したうえで，行政がインターネット上の情報の有害性を審査するとともに，携帯電話事業者やネットカフェ業者などにフィルタリングを義務付け，それらの事業者の義務違反について罰則を設けるとすれば，その法律は，前述した有害図書規制と同様の憲法上の問題を生じさせる。最高

---

[29] 総務省電気通信消費者情報コーナー「フィルタリングソフトを知っていますか？」(http://www.soumu.go.jp/main_sosiki/joho_tsusin/d_syohi/filtering.html#f01)
[30] 岡村・前掲注3) 34頁。
[31] 岡村・前掲注3) 35頁の図1「パソコンと携帯電話のフィルタリングの主な形態」参照。

裁が有害図書規制の合憲性を認めているとはいえ，インターネット上の有害情報規制の検討にあたって，有害図書規制に対する学説からの厳しい批判を無視すべきではない。

また，フィルタリングの場合，有害でない情報まで遮断されてしまうおそれがあるほか，フィルタリングによる情報規制が利用者にとって見えにくいなどといった問題もある。[32] そのうえ，携帯電話フィルタリングには，前述の通り，パソコンにおけるフィルタリングに比べて方式が 2 種類しかなく，利用者の選択肢が限られているという，携帯電話に固有の問題がある。こうしたことから，青少年環境整備法は，携帯電話事業者にフィルタリングの提供を義務付けたが，携帯電話事業者の義務違反について罰則を定めておらず，民間における自主的取組を尊重するという基本理念を採用している。しかし，「青少年の健全な成長を著しく阻害する」情報の例示規定を含んでいるなど，この法律の内容が，民間における取組に一定の方向性を与える可能性もあり，どのような運用がなされ，それが自主的取組にどのような影響を与えるか，注意していく必要がある。

青少年環境整備法案は，2008 年 6 月 6 日，衆議院の「青少年問題に関する特別委員会」において委員会提出の法律案とされ，同日本会議で可決された後，6 月 11 日に参議院で可決成立した。与野党において法整備のための検討が事前に行われていたとはいえ，この法案は，提出の日を含めてもわずか 6 日で成立に至った。このため，インターネット上の有害情報規制について国会において審議が尽くされなかったことに対する批判の声があがった。[33]

(3) 青少年有害情報の例示

青少年環境整備法（以下，「本法」）の目的は，「インターネットにおいて青少年有害情報が多く流通している状況にかんがみ，青少年のインターネットを適切に活用する能力の習得に必要な措置を講ずるとともに，青少年有害情報フィ

---

[32] フィルタリングソフトの特徴とその問題点については，小倉・前掲注1) 156 頁以下，紙谷雅子「ネットワークにおける青少年保護の法制度──『違法』ではないが『有害』とされている情報への対応」法とコンピュータ 29 号（2011）20 頁以下参照。

[33] 「静かに訪れたメディア規制」法学セミナー 647 号（2008）135 頁は，審議の不十分さを批判している。

ルタリングソフトウェアの性能の向上及び利用の普及その他の青少年がインターネットを利用して青少年有害情報を閲覧する機会をできるだけ少なくするための措置等を講ずることにより，青少年が安全に安心してインターネットを利用できるようにして，青少年の権利の擁護に資すること」である（1条）。

　本法の理念は，①本法に基づく施策を，青少年自らが，主体的に情報通信機器を使って，インターネットにおいて流通する情報を適切に取捨選択して利用するとともに，適切にインターネットによる情報発信を行う能力（以下，「インターネットを適切に活用する能力」という）を習得することを旨として行うこと，②青少年によるインターネット利用の環境整備に関する施策の推進は，青少年有害情報フィルタリングソフトウェアの性能の向上及び利用の普及，青少年のインターネットの利用に関係する事業を行う者による青少年が青少年有害情報の閲覧をすることを防止するための措置等により，青少年がインターネットを利用して青少年有害情報の閲覧をする機会をできるだけ少なくすることを旨として行うこと，③青少年によるインターネット利用の環境整備に関する施策の推進は，自由な表現活動の重要性及びインターネットの特性に配慮して，民間における自主的かつ主体的な取組が大きな役割を担い，国・地方公共団体はこれを尊重することを旨として行うことである。

　なお，本法において，「青少年有害情報フィルタリングソフトウェア」とは，「インターネットを利用して公衆の閲覧に供されている情報を一定の基準に基づき選別した上インターネットを利用する者の青少年有害情報の閲覧を制限するためのプログラム（電子計算機に対する指令であって，一の結果を得ることができるように組み合わされたものをいう。）をいう」（2条9項）。

　本法において，「青少年有害情報」とは，「インターネットを利用して公衆の閲覧（視聴を含む）に供されている情報であって青少年の健全な成長を著しく阻害するものをいう」（2条3項）。そして，その例として，①「犯罪若しくは刑罰法令に触れる行為を直接的かつ明示的に請け負い，仲介し，若しくは誘引し，又は自殺を直接的かつ明示的に誘引する情報」，②「人の性行為又は性器等のわいせつな描写その他の著しく性欲を興奮させ又は刺激する情報」，③「殺人，処刑，虐待等の場面の陰惨な描写その他の著しく残虐な内容の情報」が示されている（2条4項）。

　これらはあくまでも「例示」であって，具体的にどのような情報が青少年有

害情報にあたるかについての個別の判断や基準の策定は，関係事業者や保護者などに委ねられている。前述の通り，各党における法案準備の段階で，各方面から，有害情報についての判断や基準の策定に国家が関与することへの懸念が表明されたこともあり，本法では，規制対象となる青少年有害情報の範囲を確定する具体的基準ではなく，「民間の主体に基本的な指針を示」すためにこのような例示が置かれた。具体的基準は，民間の主体の自主的・自律的な取組によって策定されることが期待されている。[34]

(4) 子ども・若者育成支援推進本部

本法に基づき，内閣府に「インターネット青少年有害情報対策・環境整備推進会議」が設置された（旧8条1項）。この会議によって，「青少年が安全に安心してインターネットを利用できるようにするための施策に関する基本的な計画」（以下，「基本計画」という）が定められることになっていた。従来，有害情報対策について省庁間の横の連携が不十分であったとの認識から，政府一体となった効果的な対策を講じるためにこの会議が設置され，そこで基本計画を策定する仕組みが採用された。[35] なお，この会議は，2009年に制定された「子ども・若者育成支援推進法」（平成21年法律第71号）により本法が改正されたことに伴い，「子ども・若者育成支援推進本部」となった。これまでに，第1次（2009年）から第3次（2015年）の基本計画が策定されている。[36]

このほか，本法によれば，国・地方公共団体は，青少年がインターネットを適切に活用する能力を習得することができるよう，インターネットの適切な利用に関する教育の推進に必要な施策（13条1項），家庭における青少年有害情報フィルタリングソフトウェアの利用の普及を図るために必要な施策（14条），インターネットの適切な利用に関する事項についての啓発活動（15条）を行うものとされている。

---

34) 内閣府＝総務省＝経済産業省・前掲注3) 4頁。
35) 中谷・前掲注3) 35頁。
36) 本田昭浩「青少年インターネット環境整備法及び基本計画に基づく施策等について」法とコンピュータ29号（2011）55頁以下，山本和毅「青少年が安全に安心してインターネットを利用できる環境の整備に向けた取組について（上）（下）」警察学論集65巻10号（2012）54頁以下，11号（2012）99頁以下参照。

(5) 携帯電話事業者・ISP のフィルタリングサービス提供義務

　携帯電話インターネット接続役務提供事業者（携帯電話事業者）には，「携帯電話インターネット接続役務を提供する契約の相手方又は携帯電話端末若しくは PHS 端末の使用者が青少年である場合」，その青少年の保護者が，青少年有害情報フィルタリングサービスを利用しない旨の申出をしない限り，青少年有害情報フィルタリングサービスの利用を条件として，携帯電話インターネット接続役務を提供することが義務づけられた（17 条 1 項）。保護者にも，携帯電話端末・PHS 端末を青少年に使用させるために契約を締結する際には，それを申し出る義務が課された（同 2 項）。これに加えて，インターネット接続役務提供事業者にも，インターネット接続役務の提供を受ける者から求められた場合について，青少年有害情報フィルタリングソフトウェア又は青少年有害情報フィルタリングサービスを提供する義務が課された（18 条）。

　ここで，「青少年有害情報フィルタリングサービス」とは，「インターネットを利用して公衆の閲覧に供されている情報を一定の基準に基づき選別した上インターネットを利用する者の青少年有害情報の閲覧を制限するための役務又は青少年有害情報フィルタリングソフトウェアによって青少年有害情報の閲覧を制限するために必要な情報を当該青少年有害情報フィルタリングソフトウェアを作動させる者に対してインターネットにより継続的に提供する役務をいう」（2 条 10 項）。

　本法は，携帯電話会社に青少年有害情報フィルタリングサービスの提供義務を原則として課した（保護者から利用しないと申出があった場合は例外とされている）。これに対して，ISP は，利用者から「求められた」場合に限り，フィルタリングソフトウェア又はフィルタリングサービスを提供する義務が課される（18 条）。携帯電話会社と ISP に課されたフィルタリングサービス提供義務についてのこのような違いは，前述の通り，青少年はパソコンよりも携帯電話を通じて青少年有害情報に触れることが「特に多い現状にある」うえ，家庭のパソコンは家族で共用されていることが想定され，パソコンではフィルタリングソフトが利用可能になっているため，携帯電話事業者と同様の提供義務を ISP に課すことは「過度の規制となるおそれがある」と考えられたことに由来している[37]。ISP については，さらに過度の規制を防止するための方法として，本法

に「青少年による青少年有害情報の閲覧に及ぼす影響が軽微な場合として政令で定める場合」の例外が明記された（18条但書）。この規定を受けて、「青少年が安全に安心してインターネットを利用できる環境の整備等に関する法律施行令」（平成20年12月10日）は、ISPがインターネット接続サービスの提供契約を締結している者の数が「5万を超えない場合」を例外として定めている（施行令2条）。

(6) 事業者の義務

インターネットと接続する機能を有する機器であって青少年により使用されるもの（具体的には、パソコン、ゲーム機、セットトップボックス、ネット対応テレビ、携帯電話・PHS以外の携帯情報端末など）を製造する事業者には、青少年有害情報フィルタリングソフトウェアを組み込むことなどにより青少年有害情報フィルタリングソフトウェア又は青少年有害情報フィルタリングサービスの利用を容易にする措置を講じた上で、当該機器を販売する義務が課された（19条）[38]。

また、「青少年有害情報フィルタリングソフトウェアを開発する事業者及び青少年有害情報フィルタリングサービスを提供する事業者」には、その性能及び利便性を向上させること、青少年有害情報であって閲覧が制限されないものをできるだけ少なくすること、そして、以下の事項に配慮して青少年有害情報フィルタリングソフトウェアを開発し、又は青少年有害情報フィルタリングサービスを提供することについての努力義務が課された。配慮すべきとされたのは、①「閲覧の制限を行う情報を、青少年の発達段階及び利用者の選択に応じ、きめ細かく設定できるようにすること」、②「閲覧の制限を行う必要がない情報について閲覧の制限が行われることをできるだけ少なくすること」である（20条）。①において「きめ細かく」とは、小学生向け、中学生向け、高校生向けなど年代ごとの目安を設けることや、閲覧できるサイトを利用者側で個別に設定できるような仕組みとすることが想定されている[39]。

---

37) 内閣府＝総務省＝経済産業省・前掲注3) 23頁。
38) 詳細については、内閣府＝総務省＝経済産業省・前掲注3) 25頁以下参照。
39) 内閣府＝総務省＝経済産業省・前掲注3) 33頁。

(7) 青少年閲覧防止措置

　特定サーバー管理者には，その管理する特定サーバーを利用して他人により青少年有害情報の発信が行われたことを知ったとき又は自ら青少年有害情報の発信を行おうとするときは，当該青少年有害情報について，インターネットを利用して青少年による閲覧ができないようにするための措置（以下，「青少年閲覧防止措置」）をとる努力義務が課された（21条）。ここで，「特定サーバー管理者」とは，「特定サーバー」（インターネットを利用した公衆による情報の閲覧の用に供されるサーバー）を用いて，「他人の求めに応じ情報をインターネットを利用して公衆による閲覧ができる状態に置き，これに閲覧をさせる役務を提供する者」のことである（2条11項）。具体的には ISP，コンテンツ・プロバイダー，掲示板やホームページの管理者がこれにあたる。ここで特定サーバー管理者による青少年閲覧防止措置が努力義務とされたのは，インターネット上の表現の自由への配慮からである。また，この努力義務の履行が，他人の発信の場合，それを「知ったとき」に限定されているのは，この規定が特定サーバー管理者に青少年有害情報の発信の常時監視を求めるものではないということを明確にするためである。[40]

　青少年閲覧防止措置としては，青少年が閲覧できない会員制のサイトへ移行すること，フィルタリングソフトとの連動，管理権限に基づく青少年有害情報の削除等が想定されている。[41] なお，管理権限に基づいて成人を含む公衆が閲覧できないようにする措置（ブロッキング）も，青少年閲覧防止措置となるが，公衆の閲覧を遮断すると，規制する必要のない成人の閲覧まで制約することになる（現在，日本では児童ポルノ以外の情報に対するブロッキングは行われていない。CHAPTER 4 参照）。青少年保護のためにそこまでするか否かは特定サーバー管理者の判断に委ねられるが，成人の知る自由にも配慮する必要がある。[42] 特定サーバー管理者が，青少年閲覧防止措置をとった場合には，それについての記録の

---

40) 中谷・前掲注3) 37頁。
41) 中谷・前掲注3) 38頁。
42) 内閣府＝総務省＝経済産業省・前掲注3) 34頁は，青少年閲覧防止措置として公衆の閲覧を遮断する措置をあげているが，そこでは，成人の閲覧を規制する必要がないことまでは説明されていない。

作成・保存についての努力義務も定められた（23条）。特定サーバー管理者には，「その管理する特定サーバーを利用して発信が行われた青少年有害情報について，国民からの連絡を受け付けるための体制を整備する」努力義務も課せられている（22条）。

なお，サーバー管理者が，インターネットにより公衆の閲覧に供することが犯罪又は刑罰法令に触れる行為となる情報について公衆閲覧防止措置を講じた場合，その情報の発信者がサーバー管理者に損害賠償を請求する可能性がある。本法は，附則4条において，そのような場合の損害賠償制限のあり方については，本法施行後に速やかに検討を加え，その結果に基づいて必要な措置を講ずることを規定している。例えば，インターネット上の裸の写真について，サーバー管理者が刑法175条によって公然陳列が禁止されたわいせつ図画と判断して，公衆閲覧防止装置をとったとしても，わいせつ図画であるとしたサーバー管理者の判断が誤っている場合もありうる。

かりに，サーバー管理者が憲法上保護を受けるべき表現をインターネット上で公衆が閲覧できないようにした場合，その発信者との関係において損害賠償を負うべきかが問題となる。ただし，本法は青少年保護のための法律であるうえ，違法かどうかの判断は最終的には裁判所で行われるもので，行政庁の判断のみで削除を命じたり，命令違反に対する罰則を設けることは行き過ぎになる可能性があることから，本法には違法情報対策は盛り込まれなかった。[43]

(8) フィルタリング推進機関

本法によれば，①青少年有害情報フィルタリングソフトウェア及び青少年有害情報フィルタリングサービスに関する調査研究並びにその普及及び啓発，②青少年有害情報フィルタリングソフトウェアの技術開発の推進のいずれかの業務（以下，「フィルタリング推進業務」）を行う者は，総務大臣・経済産業大臣の登録を受けることができる（24条1項）。登録は，フィルタリング推進機関登録簿に，登録年月日・登録番号，登録を受けた者の氏名・住所，業務を行う事務所の所在地を記載することで行われる。この登録を受けた者を「フィルタリ

---

[43] 中谷・前掲注3）39頁。この問題について，丸橋透「『青少年有害情報』と民事責任」法とコンピュータ29号（2011）65頁以下参照。

ング推進機関」という。

　本法の法案作成段階で最後まで議論されたのが，フィルタリングのための情報のレイティングに国が関与するか，それとも民間の第三者機関に委ねるかであった。自民党では，有害情報か否かの判断を国が指定した「指定フィルタリング推進機関」が行うということも検討されていたため，表現の自由の観点から国の関与を一切排除すべきであるとの批判も出ていた。そのような議論を背景として，本法では「登録制」が採用された。

　この登録制度については，登録による普段からの国との意思疎通の促進のほか，予算措置の共同立案等の円滑化が期待されており，「青少年有害情報フィルタリングソフトウェアの性能指針の作成はフィルタリング推進業務に含まれず，ある情報が青少年有害情報に当たるか否かの判断もフィルタリング推進業務でないから，本登録制度により国がインターネット上の表現の自由に介入する事態は生じない」と説明されている。

　登録制は一見ソフトな手法にみえるかもしれないが，総務省・経済産業省が，フィルタリング推進業務の適正運営の確保に必要だと判断すれば，報告や資料提出を求めてフィルタリング推進機関の活動について情報を収集することが可能であるだけでなく，報告や資料提出の機会を通じて非公式にその意向をフィルタリング推進機関に伝えることもできる（27条）。報告や資料提出の求めに応じなかったり，虚偽の報告や資料提出をした場合，大臣は登録を取り消すこともできる（26条5号）。たとえ登録制度であっても，その運用次第で，公権力によってインターネット上の表現の自由がおびやかされかねない。本法の登録制がどのように運用されるか引き続き注視していく必要がある。[44]

(9) EMAによるコミュニティサイト運用管理体制の認定

　2008年4月8日，モバイルコンテンツ審査・運用監視機構（Content Evaluation and Monitoring Association: EMA）が携帯電話会社やモバイルサイト運営会社などを会員として設立された。[45] 同じような第三者機関としては，インターネッ

---

[44] 園田・前掲注3) 44頁も同旨。松井・前掲注1) 203頁は，民間によるフィルタリングに政府が積極的に関与した自主規制について，「本来の自主規制ではなく，政府による法的規制の肩代わりである危険性が強い」と批判している。

ト・コンテンツ審査監視機構（I-ROI）も設立された。

　EMAは，その設立趣意として，青少年の発達段階に応じた主体性を確保しつつ，違法・有害情報から保護し，モバイルコンテンツの健全な発展を促進するためフィルタリングやレイティングおよび啓発・教育プログラム等の施策を総合的に実行することを掲げている。EMAは，同年6月30日，携帯電話向けのコミュニティサイト（ブログ，ソーシャル・ネットワーキング・サービス（SNS），ウェブサイト作成サービス，掲示板等）の認定のための基準（コミュニティサイト運用管理体制認定基準）をまとめ公表した。この基準は，①基本方針，②監視体制，③ユーザー対応，④啓発・教育の4つの分類で構成されており，22の要求項目が設定されている。コミュニティサイト運用管理体制認定制度は，コミュニティサイトが，EMAの認定基準に適合したサイト運営管理を行うことで，青少年によるそのコミュニティサイトの健全な利用環境が整備・維持されることを意図している。EMAは，一般ユーザー等からの苦情や意見を受け付け，認定基準に反映させるとともに，認定サイトの運用管理体制の健全性を維持するため，そのコミュニティサイトを監視する。EMAの認定を受けたウェブサイトやアプリケーションは，本法の下で青少年に提供されるフィルタリングの制限から解除される。

　なお，2013年12月，日本の交流サイト「ミクシィ」がEMAの認定から2014年1月末をもって離脱することを発表し，本法の枠組みを揺るがせる動きのひとつとして注目を集めた。[46)]ミクシィでは，これまでの実績から，保護者によるコントロールを尊重するという方針を採用するに至ったという。

⑽　フィルタリングの現状と課題

　フィルタリングの利用者は，本法による義務づけもあって，2012年6月に

---

45) ＥＭＡは，青少年の発達段階に応じた主体性を確保しつつ，違法・有害情報から保護し，モバイルコンテンツの健全な発展を促進する施策を総合的に実行するために設立された第三者機関である。「設立の経緯」について，http://www.ema.or.jp/prospectus/process.html を参照。曽我部・前掲注3）97頁以下も参照。

46) 日本経済新聞2013年12月16日夕刊12頁〔田原和政〕。2014年2月以降，青少年は，フィルタリングを利用していても，保護者の同意を得てアクセス制限対象をカスタマイズすれば，ミクシィにアクセスできる。

は852万7600人にまで増加した（電気通信事業者協会）。ところが，その後，従来型携帯電話に代わって急速に普及したスマートフォンやタブレット端末，それを用いた国際的な交流サイトへの技術的な対応が遅れたことなどから，フィルタリングの利用者は減少に転じた。この頃から，青少年保護対策の前提が2008年の立法時とは変化しているとして，内閣府や自民党などから本法の改正について検討を行う意向が明らかにされるようになった。政府も，2015年7月30日に青少年インターネット環境整備基本計画（第3次）を決定し，携帯電話会社などにあらためてフィルタリングの利用促進を求めた。

都道府県の中には条例により，独自の取組をしているところもある。[47] 千葉県，愛知県をはじめ多くの都道府県では，条例によって販売店が青少年にスマートフォンを販売する場合，フィルタリングの効用を説明する義務が課されている。東京都，大分県，鳥取県などいくつかの県では，条例によって青少年がインターネットに接続可能な機器を使用する際の保護者の管理を義務付けている。この他，三重県では2015年に青少年健全育成条例を改正し，販売店に携帯電話回線だけでなく無線LAN回線にもフィルタリングを利用するよう保護者に説明すること，利用しない場合は，保護者が正当な理由を記した文書を販売店に提出すること，販売店でこの書面を保存することを義務づけた。

なお，フィルタリングを用いた青少年保護対策にも限界があることから，リテラシー教育にも力を入れるべきだとの指摘がある。総務省は，青少年のインターネット・リテラシーを数値化するためのテスト（試験時間35分）を開発した。総務省は，協力校において行われたテストの結果を集計・分析し，「青少年がインターネットを安全に安心して活用するための指標」を「アイラス」(ILAS: Internet Literacy Assessment indicator fot Students) として公表している。[48] 総務省では，アイラスを地域での周知啓発活動や，事業者による安心・安全サービスの提供・改善に役立てるとともに，国際的な指標づくりにインプットしていくことを目指している。

---

47) 小倉一志「条例によるインターネットの『有害』情報規制」札幌法学19巻2号（2008）35頁以下参照。

48) ILASについて，2012年9月10日の総務省報道資料（http://www.soumu.go.jp/menu_news/s-news/01kiban08_02000092.html）を参照。

⑾　共同規制の可能性

　インターネット上の有害情報対策として法的規制を課そうとすると，表現の自由との関係で，有害図書規制にみられるような様々な問題が出てくる。とくに，インターネット上で「青少年を保護するための規制は，成人に対する情報発信も実質的に制約してしまう可能性が高いことにも注意が必要である」[49]。そこで法的規制を断念し，問題の解決を自主規制に委ねると，公権力が表現の自由を制約するという問題をクリアーすることはできるものの，自主規制が実効性を発揮しないおそれもある。そこで，近年，有害表現規制の分野で注目を集めているのが，規制する側と規制を受ける側の協力に基づく規制という考え方である。共同規制（co-regulation），強行可能な自主規制（enforced self-regulation），規制された自主規制などと呼ばれている[50]。この考え方によれば，公権力は，自主規制を前提としつつ，自主規制を可能にする仕組みの創設に限定してこれに関与し，また，自主規制によって規制の目的が達成されない場合や，予期せぬ（副）作用が発生する場合には，その限りにおいて自主規制のプロセスに介入する。環境保護，個人情報保護，消費者保護などの法的規制のみでは規制目的の達成が難しい分野において，共同規制の重要性が認められている。本法も，このような考え方に基づいて構想されたものである。

　共同規制には，規制する側と規制を受ける側が癒着するという問題があるほか，自主規制を装って，公権力が表現の自由を過剰に制約するおそれもある。しかし，共同規制に内包された問題は，工夫次第で解決可能であると考えられており，ドイツの有害表現規制に採用されているほか，2007年12月のEU「視聴覚メディアサービス指令」も，指令を国内法化するにあたって，共同規制や自主規制の利用促進を求めている[51]。

49）小向・前掲注2）127頁。
50）曽我部真裕「メディア法制における共同規制（コレギュレーション）について」初宿正典先生還暦記念論文集『各国憲法の差異と接点』（成文堂，2010）637頁以下。インターネット政策と共同規制について，生貝直人『情報社会と共同規制』（勁草書房，2011）参照。
51）西土彰一郎「EUの『レイヤー型』通信・放送法体系」新聞研究682号（2008）43頁以下，市川芳治「欧州における通信・放送融合時代への取り組み」慶應法学10号（2008）273頁以下参照。

インターネット上の有害情報対策としてかりに法的規制を採用しても，問題を実効的に解決できるとは限らない。だとすれば，インターネット上の表現の自由を尊重しつつ，自主規制の活用，教育による利用者のリテラシーの向上といったソフトな対策が志向されるべきであり，かりに法的規制を課すとしても，自主規制の実効性確保という観点からの規制に限定する必要がある。

3 インターネット上のいじめへの対策

(1) いじめ防止対策推進法

インターネット上での青少年保護に関連してとくに社会問題になっているのがインターネット上のいじめである。2011年10月に滋賀県の中学生が自殺した事件が契機となって，2013年6月には，与野党の議員立法によって「いじめ防止対策推進法」が制定された（同年6月28日公布・9月28日施行）。この法律は，いじめの防止等のための対策を総合的かつ効果的に推進するため，いじめ防止対策について，基本理念を明記したうえで，①国及び地方公共団体等の責務を明らかにし，②いじめ防止対策に関する基本方針の策定について定めるとともに，③いじめ防止対策の基本となる事項を定めた。

同法に定められた「基本的施策」の中には「インターネットを通じて行われるいじめに対する対策の推進」に関する規定（19条）も含まれている。それによると，「学校の設置者及びその設置する学校は，当該学校に在籍する児童等及びその保護者が，発信された情報の高度の流通性，発信者の匿名性その他のインターネットを通じて送信される情報の特性を踏まえて，インターネットを通じて行われるいじめを防止し，及び効果的に対処することができるよう，これらの者に対し，必要な啓発活動を行う」ことを求められる（19条1項）。「国及び地方公共団体は，児童等がインターネットを通じて行われるいじめに巻き込まれていないかどうかを監視する関係機関又は関係団体の取組を支援するとともに，インターネットを通じて行われるいじめに関する事案に対処する体制の整備に努める」ことを求められる（同2項）。インターネットを通じていじめが行われた場合，当該いじめを受けた児童等又はその保護者が，当該いじめに

係る情報の削除を求め，又はプロバイダー責任制限法に基づいて発信者情報の開示を請求しようとするときは，「必要に応じ，法務局又は地方法務局の協力を求めることができる」（同3項）。

いじめ防止対策推進法は，学校に在籍する児童又は生徒によるいじめを禁止しているものの，これに違反していじめをした児童又は生徒に対する直接の制裁を定めてはいない。同法は，国や地方公共団体にインターネット上のいじめを防止するための啓発活動，監視のための取組の支援，いじめが発生した時にそれに対処するための体制整備に努めることを求めているにすぎない。いじめ防止対策推進法が制定されたとはいえ，インターネット上のいじめ防止対策としてもフィルタリングの利用が重要だと考えられている[52]。

(2) アメリカの動向

アメリカでは，教育は州の管轄事項とされている。インターネット上のいじめへの対策についてみると，多くの州でいじめ対策法を定めており，その中にはサイバーいじめ（cyberbullying）禁止を規定しているものもある。違反に対する措置として，カウンセリング，クラス変更，停学処分，退学処分などが設けられているが，州によっては，サイバーいじめを州刑法で犯罪としているところもあるという[53]。もし日本でも，出生，宗教，性別，障がい，性的指向，その他の個人的特徴に基づく嫌がらせを内容とする表現をいじめ対策としてインターネット上の表現も含めて禁止し，刑事責任を問うことになれば，前述した有害図書規制と同様に，その合憲性が問われることになる。

いじめについては加害者も被害者も青少年であることから，有害表現規制以上に家庭や学校におけるリテラシーの向上のための取組や，フィルタリングの活用などのソフトな対策が志向されるべきである。

---

52) 島田敦子「児童のインターネット上のいじめと解決に向けた取組」法律のひろば68巻3号（2015）38頁以下参照。
53) 田中佑佳「公立学校における生徒による他人を傷つける表現の規制をめぐる憲法問題」阪大法学64巻1号（2014）157頁以下参照。

CONCLUSION おわりに

　本章では，インターネット上の青少年有害情報を法律で規制する場合に生じる諸問題を明らかにするため，従来の有害図書規制をめぐる憲法上の議論を詳しく紹介し，そのうえで青少年環境整備法の仕組みを解説した。刑法のわいせつな表現規制についてさえ「わいせつ」の定義の曖昧さが問題になっているが，より広い表現規制である「青少年有害情報」については，わいせつ以上に定義が難しい。このため，もし法律で規制されると，本来は青少年の目に触れるべき情報が青少年に届かなくなってしまう危険がある。フィルタリングもすべての有害情報を遮断できるわけではなく，有害とはいえない情報を遮断してしまう可能性もあるが，表現の自由の観点からは，法律で有害情報を規制するより，フィルタリング利用の推奨と青少年のインターネット・リテラシーを向上させるための対策を講じていくべきであろう。

考えてみよう

　青少年環境整備法については，民間によるフィルタリングに政府が積極的に関与した自主規制として，憲法 21 条に照らして疑問だという批判もある。なぜなら，これは本来の自主規制とはいえず法的規制の肩代わりである危険性が強いとみられているからである。しかし，インターネット上の有害情報を法律で規制しても，その実効性を確保する有効な手段がないとしたら，自主規制が上手く作用するように法的規制を課すという共同規制の手法を活用することも考えられる。有害情報からの青少年保護は，保護者の監視や事業者の自主規制に委ねるべきか，それとも何らかの法的規制が必要か，必要だとしたらどのような規制を採用すべきか考えてみよう。

　なお，本章で触れなかった論点として，少年事件の推知報道禁止の問題がある。少年法は，家庭裁判所の審判を非公開とし，氏名，年齢，容貌など，罪を犯した少年の身元を推知できる情報の公表を禁止している（61 条）。少年時に罪を犯した少年の将来の社会復帰に配慮した規制であり，新聞やテレビはこの禁止を守っている。ところが，この禁止に違反しても少年法に処罰規定がないため，イン

ターネット上では，少年事件が起こると実名等を明らかにして犯人捜しが行われるということが繰り返されている。この問題を解決するためには，少年法に違反に対する処罰規定を設けるべきか，それとも学校教育等により利用者のインターネット・リテラシーの向上を目指すべきか，どのような対策をとればよいか考えてみよう。

もっと詳しく知りたい方は　REFERENCE

松井茂記『インターネットの憲法学〔新版〕』（岩波書店, 2014）177 頁以下
小倉一志『サイバースペースと表現の自由』（尚学社, 2007）95 頁以下
松井茂記『マス・メディアの表現の自由』（日本評論社, 2005）115 頁以下, 201 頁以下
松井茂記『少年事件の実名報道は許されないのか』（日本評論社, 2000）
松井茂記「青少年保護育成条例による『ポルノ・コミック』の法的規制について(1)〜(3・完)」自治研究 68 巻 7 号（1992）67 頁以下, 8 号（1992）90 頁以下, 9 号（1992）45 頁以下

インターネット上の差別的表現・ヘイトスピーチ

小倉 一志

PREFACE　はじめに

　インターネット(かつてのパソコン通信も含む)の掲示板における書込みのことを「便所の落書き」と呼ぶことが以前はよく見られた。インターネット上の表現の一定数は,信頼性に欠けるものであったり,個人的な感情を吐露したに過ぎないものであることから,価値の低い表現(あるいは,価値のない表現)と考えることもでき,書き込んだ人物が誰であるか分からないことが多い点も,「便所の落書き」に似ているとされたのである。

　本章で扱う(インターネット上の)差別的表現・ヘイトスピーチは,まさしく「便所の落書き」と呼ぶべきものであるように思われる。実際,被差別部落や在日韓国・朝鮮人に対する差別的表現は,はがきによる投書・電話によるもののほか,市民が利用する施設等において「落書き」として行われることが多く,インターネットに書き込まれている表現とも内容的に共通した特徴が見られるからである。ただし,インターネット上の表現特有の問題として,①匿名性の比較的高いメディアであることから,自分の身元を明かすことなく無責任な表現がより容易に行えてしまうこと,②インターネットにつながっていれば,場

所的な制限なしに，どこからでも送受信が可能なこと，③伝統的なメディアとは異なり，第三者のチェックを経ることなくストレートな形で表現がなされること，④そこでの内容は容易にコピーが可能なため，一旦削除することができたとしても，インターネットには残存しつづけること，などが指摘されてきた点には留意する必要がある。これらの問題は，従来からのパソコンのみならず，スマートフォン・タブレット型端末・家庭用ゲーム機などからも書込み・閲覧が容易な形で可能となったことにより，以前にも増して対処が困難となる傾向にあると言える。

　ところで，差別的表現・ヘイトスピーチの定義・両者の関係とその内容については，学説上，必ずしも見解が一致している訳ではないが，次のように説明できる。差別的表現とは，人種・性・性的指向等を異にする「少数者集団（minority）に対する侮辱・名誉毀損・憎悪・排斥・差別などを内容とする表現行為」のことを指し，アメリカにおけるヘイトスピーチ（hate speech）と同義に捉えられる[1]。他方，「ある集団の示している特性について人々がいだいている偏見（いわれのない評価）を誇張し助長する内容を不特定又は多数者に向けて表出すること」と差別的表現を広く捉えた上で，その中に「歴史的に差別されてきた人種又は民族的なマイノリティ・グループに対して，あからさまな憎悪や敵意を表明する」ヘイトスピーチが含まれるとする説もある[2]。わが国において，これまで議論の中心となってきたのは，部落差別的表現であり，在日韓国・朝鮮人に対する差別的表現が注目を集めるようになったのは比較的最近のことである（更に，アイヌ民族に対する表現なども見られるようになっている）。この点，人種差別撤廃条約は，「人種，皮膚の色，世系〔descent〕又は民族的若しくは種族的出身」（1条1項）に対する差別を対処すべき人種差別と定めており，ここでの「世系」に被差別部落などの身分制度に基づく被差別集団を含める立場と含めない立場（外務省の立場[3]）の対立がある[4]が，本章では，「我が国に存在する被差別部落問題やアイヌ問題，定住外国人問題など，あらゆる差別の撤廃に向けて一層の努力を払うこと」とした衆議院外務委員会（1995年11月21日）・参

---

1) 髙橋和之『立憲主義と日本国憲法〔第3版〕』（有斐閣，2013）219頁，渋谷秀樹『憲法〔第2版〕』（有斐閣，2013）381頁など。以下，わが国・諸外国いずれの場合も，「差別的表現」の方に表記を統一する。
2) 杉原泰雄編『〔新版〕体系憲法事典』（青林書院，2008）518頁〔阪本昌成執筆〕。

議院外務委員会（同年11月30日）の同条約承認にあたっての付帯決議の趣旨や差別的表現の歴史的経緯を踏まえて，部落差別的表現も含めて扱うことにする。

以下，インターネットを中心とした差別的表現について検討を行う。（本章の）構成としては，インターネットにおける差別的表現の具体例（**1**）を概観することから始めたい。その上で，差別的表現に対する諸外国の対応（**2**）・わが国の対応（**3**）について紹介する。ここでは，リアルスペース上の話が中心となるが，諸外国（の対応）の所では，インターネット上の法規制・判例などについても可能な限り触れる。そして最後に，わが国におけるインターネット上の差別的表現の規制の「これまで」と「これから」を考えてみたい。

1 インターネットにおける差別的表現の具体例

1.1 これまでの状況

当初の段階において，差別的表現が見られたのは主として被差別部落に関するものであった。パソコン通信を用いた例としては，1994年4月，ニフティサーブの掲示板で，石川県の被差別部落名を尋ねる書込みがなされたケース（1995年11月にも同様の書込みが繰り返された）や，1997年5月，福岡市職員になりすました人物が部落差別的表現を含む電子メールを送信し，受信者がその内容をニフティサーブの掲示板に転載したケースがある（それよりも先，アマチュア無線を用いたパケット通信によるものとしては，1989年2月〜8月にかけて大阪府・和歌山県の被差別部落名・主な職業のリストが部落差別的表現とともに送信されたケース，1991年1月には在日朝鮮人に対する差別的表現が送信されたケースがある[5]）。イ

---

3) 衆議院外務委員会（1995年11月21日）における朝海和夫政府委員の答弁（第134回国会衆議院外務委員会議録第6号2頁）参照。

4) 市川正人『ケースメソッド憲法〔第2版〕』（日本評論社，2009）132頁，師岡康子『ヘイト・スピーチとは何か』（岩波書店，2013）41-42頁，山田健太『法とジャーナリズム〔第3版〕』（学陽書房，2014）306頁，内野正幸『差別的表現』（有斐閣，1990）139-140頁。

ンターネットを用いた（初期の）例としては，1996年8月，大阪大学部落解放研究会が運営する電子掲示板に部落差別的な書込みが行われたケース，1997年5月と9月に（2度）開設された「大和民族を守る会」ホームページにおいて被差別部落出身者・在日韓国・朝鮮人・障がい者などに対する差別的表現が掲載されたケースがある。このように当初の段階においても，①被差別部落名・職業に関する書込み，②被差別部落出身者・在日韓国・朝鮮人は「人間ではない」「死ね」「抹殺せよ」とする表現が多くなされてきた。また，③特定の人物が被差別部落出身者・在日韓国・朝鮮人であるとする情報の流布も行われていたとされる[6]。

その後も，これら3つの類型の表現がインターネット上で行われていることに変わりはないが，大型掲示板での差別的表現が増加している点，差別を目的としたホームページが「マルチメディア化」し，動画投稿サイトも用いられるようになっている点を，量的・質的変化の特徴として挙げることができる。前者については，2000年5月に発生した「西鉄バスジャック事件」の犯行声明が2ちゃんねるに書き込まれたことをきっかけとして，2ちゃんねるへの社会的注目が集まり（更には，マスコミにより「何でも自由に書き込める」ことが喧伝されたことにより），これまで個別のホームページ・掲示板で行われていた差別的表現が2ちゃんねるに集まるようになったとの指摘がある。ただし，2ちゃんねるにおいても被差別部落名などにつき対応がなされるようになってからは，megabbs・Yahoo!といった規制の緩やかな掲示板などへの移動[7]（「一極集中から分散化」の傾向）が見られるという[8]。

後者については，多くの画像・動画データ，あるいはグーグルマップ・ストリートビューの2次利用などにより，より視覚に訴える形での差別的表現が

---

5) 友永健三「インターネットと部落差別」ヒューマンライツ117号（1997）17頁。
6) 小倉一志『サイバースペースと表現の自由』（尚学社，2007）191-192頁。
7) 2ちゃんねるでは，2006年6月に栃木県の被差別部落地名・出身者の名字が伏せ字・隠語を用いた形で書き込まれる事件があって以降，一定程度の対応が取られるようになったが，他の掲示板はそれ以上に対応が緩慢であると言われている。
8) 田畑重志「増加する差別事例と当面の課題」部落解放599号（2008）92頁。在日韓国・朝鮮人に対する差別的表現については，拉致問題がマスコミに取り上げられるようになって以降，質量ともに大きな変化が見られるという（田畑重志「民族差別にかかわるインターネット上の差別書き込みの現状と課題(2)」Sai 57号（2007）23頁）。

行われるようになったとの指摘がある。その代表例としては，2006年10月頃開設された「B地区にようこそin愛知県」ホームページにおいて，愛知県を中心とした未指定地域を含む被差別部落の詳細な地図・地区内の住宅や工場の写真・自転車から撮影したと思われる動画が差別的な説明文とともに掲載されたケース（その後，作成者は名誉毀損罪で懲役1年・執行猶予4年の有罪判決を受けた），2007年3月に開設されたジオシティーズ内のホームページにおいて，墨田区を中心とした地区内の住宅・工場の写真が差別的な説明文とともに掲載されたケース，「鳥取県内の同和地区（被差別部落）」という題名のマイマップを差別的な説明文とともにグーグルマップ上で閲覧できるようにしたケース，兵庫県・和歌山県の被差別部落の様子を動画で撮影したものが動画投稿サイトにアップロードされたケースが挙げられる[9]。

更に最近では，アイヌ民族に対する表現が問題となったケースも生じている。2014年8月，札幌市議会の金子快之議員（自民党・市民会議所属）が，「アイヌ民族なんて，いまはもういないんですよね。せいぜいアイヌ系日本人が良いところですが，利権を行使しまくっているこの不合理。納税者に説明できません」とツイッターに書き込み，自身のブログにおいても，アイヌ民族であることを強調するのは行政からの便益を獲得するためであり，その手続についても「自称」「推定」を認める客観性の乏しいものであると批判したため[10]，所属政党から除名処分を受け（9月9日），市議会本会議において辞職勧告決議案が可決されている（9月22日）。

1.2 最近の判例

最近では，インターネット上の差別的表現が裁判においても問題となるようになってきている。ただし，ここで扱う2つの事件は，インターネット単独で

---

9) 部落解放・人権政策確立要求中央実行委員会編『2008年度版 全国のあいつぐ差別事件』（解放出版社，2008）83-85頁・90頁（以下，『20XX年度版』と略記），『2011年度版』14-15頁・97頁，『2012年度版』13頁。
10) 「『アイヌ民族もういない』 金子札幌市議が書き込み」北海道新聞2014年8月17日朝刊，「『アイヌ』証明根拠 現行法にない 金子市議，ブログに」北海道新聞2014年8月18日朝刊。

差別的表現が行われたケースではなく，リアルスペース上で行われた街宣・示威活動の様子を動画で撮影し，それを動画投稿サイトにアップロードしたものである点に特徴がある。

(1) 奈良水平社博物館事件

2011年1月，「在日特権を許さない市民の会（在特会）」の当時の幹部が水平社博物館（奈良県御所市）前において，同博物館が実施していた「コリアと日本――『韓国併合』から100年」と題する特別展示における慰安婦問題に対する展示・解説内容に誤りがあるとして街宣を行った。その中には，（在日）朝鮮人・北朝鮮に対する誹謗中傷のほか，水平社博物館・被差別部落に対する差別的表現が多分に含まれており，その時の様子を撮影した動画が動画投稿サイト（YouTube）にアップロードされ，多くの人が閲覧できる状態になっていた。そのため，損害賠償を求めて，水平社博物館が提訴した。

奈良地裁は，街宣で用いられた「穢多」「非人」などの文言が「不当な差別用語であることは公知の事実であり，原告の設立目的及び活動状況，被告の言動の時期及び場所等に鑑みれば，被告の上記言動が原告に対する名誉毀損に当たると認めるのが相当で」あり，「被告の不法行為によって原告に生じた有形，無形の損害は相当大きなものである」とした（奈良地判2012・6・25判例集未登載：慰謝料150万円を認容）。この判決の特徴は，①差別的表現に対して民法上の不法行為を認めた点，②無形損害が問題となった同種の事案と比較して賠償額が高額である点にあるが，これらの特徴は次の判決にも引き継がれていく[11]。

(2) 京都朝鮮学校事件

2009年12月・2010年1月・3月の3度にわたって，在特会の構成員が，京都朝鮮第一初級学校（京都市南区）の周辺において，差別的表現を多分に含み，有形力の行使をも伴う非常に過激な示威活動を行い，それと同時に，示威活動の様子を撮影した動画を動画投稿サイト（YouTube・ニコニコ動画）にアップロードした（1回目の動画については，公開後1週間で10万件を超えるアクセスがあった

---

11) 古川雅朗「水平社博物館差別街宣事件」前田朗編『なぜ，いまヘイト・スピーチなのか――差別，暴力，脅迫，迫害』（三一書房，2013）66頁以下，『2013年度版』86-89頁。

とされる)。そのため,同学校を運営する学校法人京都朝鮮学園が,損害賠償・今後の示威活動の差止めを求めて提訴した。

京都地裁は,本件示威活動・映像公開行為が同学校における教育業務を妨害する不法行為・社会的評価たる名誉を著しく損なう不法行為に該当すると同時に,在日朝鮮人という民族的出身に基づく排除であり,在日朝鮮人の平等の立場での人権及び基本的自由の享有を妨げる目的を有するものであることから,人種差別撤廃条約1条1項所定の人種差別に該当する違法性も帯びるとした。その上で,締約国に対して人種差別を禁止し終了させる措置を求める同条約2条1項,裁判所を通じて人種差別に対する効果的な救済措置の確保を求める同条約6条から,国内の法律を同条約の定めに適合するように解釈する責務を裁判所は負うとした。より直截的には,刑事事件の量刑の場面では,犯罪の動機が人種差別にあったことは量刑を加重させる要因となり,本件のような民事事件で不法行為が同時に人種差別に該当する場合,不法行為が人種差別を動機としている場合には,同条約が民事法の解釈適用に直接的に影響し,無形損害の認定を加重させる要因となることを認めている(京都地判2013・10・7判時2208号74頁;賠償額として,有形損害〔16万3140円〕・無形損害〔1100万円〕などの合計1226万3140円を認容。更に,学校の半径200メートル以内での今後の示威活動を禁止)。また,大阪高裁判決は,京都地裁判決では触れられなかった「民族教育を行う利益」を認めた上で京都地裁判決を支持し(大阪高判2014・7・8判時2232号34頁),最高裁は在特会側の上告を退ける決定を下した(最決2014・12・9判例集未登載)。なお,民事事件に先立つ刑事事件でも,侮辱罪・威力業務妨害罪などの成立を認め,各被告人に対して,懲役1~2年(執行猶予4年)の有罪判決が下されている(京都地判2011・4・21判例集未登載,大阪高判2011・10・28判例集未登載,最決2012・2・23判例集未登載)。

京都朝鮮学校事件の諸判決の中でも,とりわけ2013年の京都地裁判決は,先の奈良地裁判決の2つの特徴を引き継ぎつつも,その内容を明確化したものと評せよう。すなわち,前記(1)の①の点に関しては,不特定多数の属する集団全体に対する差別的表現がなされ,それが人種差別撤廃条約1条1項所定の人種差別に該当するような場合であっても,個人に具体的な損害が生じていないのであれば,不法行為の成立を認めて賠償を命じることは(新たな立法がなされない限り)できないと判示している。これは,差別的表現によって不法行為が

成立する場合を現行の法制度の枠内で（のみ）認めるものであり，不法行為成立の限界を画するものである。また，②の点に関しては，人種差別撤廃条約1条1項所定の人種差別が，民事事件では無形損害の認定を加重させる要因・刑事事件では量刑を加重させる要因になると判示している。これは，賠償額が高額とならざるを得ない理由を明らかにするものである。[12]

2 差別的表現に対する諸外国の対応

　差別的表現への対応については，国際法レベルの対応・国内法レベルの対応の2つに分けることができ，国内法レベルの対応は，各国の対応の違いに応じて区別できる。ここでは，差別的表現の規制に肯定的な立場をとってきたドイツを中心とするヨーロッパ諸国などと，表現（言論）の自由を重要視し，差別的表現の規制に否定的な立場をとってきたアメリカの2つに分けて紹介する。

2.1　国際法レベル

　1950年代末，ヨーロッパを中心に顕在化した反ユダヤ主義（ネオナチズム）に対して，国連人権委員会における「人種的，民族的憎悪の諸表現」と題するナチズム非難決議の採択（1960年），国連総会における人種差別撤廃宣言・人種差別撤廃条約・国際人権規約B規約[13]の採択（1963年・1965年・1966年）などにより，国際社会は迅速に対応した。
　ただし，人種差別撤廃条約については，その核心的規定である4条(a)・(b)に

---

[12] 冨増四季「京都朝鮮学校襲撃事件」前田編・前掲注11) 32頁以下，小谷順子「日本国内における憎悪表現（ヘイトスピーチ）の規制についての一考察」法学研究87巻2号（2014）385頁以下，奈須祐治「大きな意義を持つ京都地裁判決　この国の法制度の限界も明らかに」ジャーナリズム2013年11月号110頁以下。

[13] 国際人権規約B規約（わが国は1979年に批准）には，「差別，敵意又は暴力の扇動となる国民的，人種的又は宗教的憎悪の唱道は，法律で禁止する」（20条2項）との規定がある（ただし，刑罰による禁止を明確な言葉で要求していない点に注意）。

おいて，①人種的優越に基づく思想のあらゆる流布，②人種的憎悪に基づく思想のあらゆる流布，③人種差別の煽動，④特定の人種等の集団に対する暴力行為の煽動，⑤人種差別を助長し煽動する団体の活動，⑥人種差別を助長し煽動する組織的及びその他の宣伝活動，⑦人種差別を助長し煽動する団体又は活動への参加など[14]について犯罪類型化を求めるものであったため，憲法が保障する表現（言論）の自由・結社の自由などとの関係から，わが国やアメリカは同条約への加入を長らく見送ってきた。

　その後，約30年の時を経て，アメリカ（1994年批准）に倣い，わが国も「4条(a)及び(b)の規定の適用に当たり」，「日本国憲法の下における集会，結社及び表現の自由その他の権利の保障と抵触しない限度において，これらの規定に基づく義務を履行する」との留保を行うことにより，条約に加入（1995年）しつつも，条約上の義務と憲法上の権利との抵触を避ける道を選んだ。しかし，人種差別撤廃委員会は，「本条約第4条の差別を禁止する規定を完全に実施するための法律の欠如を是正すること」「憎悪的及び人種差別的表明に対処する追加的な措置，とりわけ，それらを捜査し関係者を処罰する取組を促進することを含めて，関連する憲法，民法，刑法の規定を効果的に実施することを確保すること」「人種主義的思想の流布に対する注意・啓発キャンペーンを更に行い，インターネット上の憎悪発言や人種差別的プロパガンダを含む人種差別を動機とする違反を防ぐこと」（2010年）・「集会における憎悪および人種主義の表明並びに人種主義的暴力と憎悪の煽動に断固として取り組むこと」「インターネットを含むメディアにおけるヘイトスピーチと闘うための適切な手段を取ること」（2014年）などを勧告しており，これらの勧告に従わなければならない直接的な義務を日本政府は負っていないものの，「外圧」は非常に高まっている[15]（なお，インターネット上の差別的表現については，2003年に採択されたサイバー犯罪条約の追加議定書が，人種・皮膚の色・世系または国民的もしくは民族的出身・宗教に基づき，個人ないし集団に対して重大な犯罪を行うと脅迫したり，憎悪・侮蔑・嘲

---

14) その他，4条(a)は，人種もしくは皮膚の色または種族的出身の異なる人々の集団に対する暴力行為・人種主義的活動に対する財政援助を含むあらゆる援助の供与についても処罰を求めている。

15) 山田・前掲注4) 304-305頁，日本新聞協会研究会編『新・法と新聞』（日本新聞協会，1990）267-268頁［江橋崇執筆］，師岡・前掲注4) 74-78頁。

笑に晒すこと，ジェノサイドの否定・矮小化などを規制するための国内法整備を求めている。しかし，同議定書への批准はまだ少ない状況にある〔2013 年 1 月段階で 20 ヶ国〕）。

2.2　国内法レベル

(1)　規制に肯定的な国（ドイツなど）

　国内法レベルにおいて差別的表現の規制を肯定する国としては，ドイツ・フランスなどのヨーロッパ諸国のほか，カナダ・オーストラリアを挙げることができる。特にドイツは，ナチズム（及びナチズムが生じさせた結果）に対する深い反省から，差別的表現を厳しく規制してきた国（の 1 つ）である。

　ドイツは，1960 年に（従来からあった）刑法の階級煽動罪を改正し，公共の平穏を乱す態様で住民の一部に対する憎悪をかき立てるなどの他の人間の尊厳を攻撃する行為を処罰する民衆煽動罪とした。1973 年には，暴力を賛美する文書や人種的憎悪を煽動する文書の頒布・陳列・作成などの行為を処罰する人種憎悪煽動罪を新設した。また，ユダヤ人約 600 万人がアウシュビッツの強制収容所などにおいて計画的・組織的に殺戮されたとする事実を否定ないし疑問視する，いわゆる「アウシュビッツの嘘」は，1970 年代にフランスで現れ，その後，（西）ドイツでも見られるようになり，このような表現は民衆煽動罪・侮辱罪などにより対処されていたが，1994 年には，ホロコーストを公然とまたは集会において容認・事実の否定ないし無害化する行為を処罰するホロコースト否定罪を新設するなど，差別的表現の規制が着実に進められている。

　フランスでは，1972 年に包括的な人種差別禁止法が作られ，その中で，出自あるいはエスニック集団・民族・人種・宗教を理由とする，個人ないし集団に対する中傷・名誉毀損，差別・憎悪・暴力の煽動が禁止されるとともにホロコーストの否定・矮小化を禁止する，いわゆる「ゲソ法」が 1990 年に制定されている。

　ヨーロッパ以外における規制に肯定的な国としては，カナダ・オーストラリアが挙げられる。カナダは，人種差別撤廃条約を批准した後の 1970 年に連邦刑法を改正し，皮膚の色・人種・宗教・民族的出身（後に，性的指向も追加された）によって識別される集団に対するジェノサイド（近年，適用範囲が拡大された）を主張ないし助長する「ジェノサイド煽動」・公共の場での，平和の破壊

をもたらす可能性が高い状況において（同様の）集団への憎悪を煽動する「憎悪煽動」，私的な会話以外の場面での（同様の）集団に対する憎悪を意図的に促進する意見を伝達する「憎悪宣伝」の3つの類型を規制している（更に，1977年のカナダ人権法でも電話・通信システムを用いた差別的表現が規制の対象となっていた。1998年の改正で罰金刑が導入され，2001年の改正ではインターネット上の表現も規制対象とすることが明確化されたが，これらを定める規定は2014年に廃止された）。

　オーストラリアも人種差別撤廃条約加入への対応として，1975年に人種差別禁止法が制定され，差別行為の煽動・差別行為の広告が規制対象とされた。1995年には，人種的憎悪禁止法により，私的に行われたとは言えない場面での，(1)個人ないし集団の感情を害し，侮辱し，辱め，畏怖させる合理的蓋然性があり，(2)個人ないし集団の全部又は一部の人種・皮膚の色・民族的又は種族的出身を理由としてなされる表現行為に対する規制が人種差別禁止法に追加されている（なお，オーストラリアでは，テレコミュニケーション犯罪に関する改正法により，故意に脅迫・嫌がらせ・攻撃の目的でインターネットを利用することも犯罪化している）。[16]

　差別的表現を規制する各国の法律はリアルスペース上の表現のみならず，インターネット上の表現にも適用されるものと考えられている。また，ドイツでは，1997年のマルチメディア法により，インターネット・サービス・プロバイダー（ISP；以下，プロバイダーと表記）が自らの伝達する内容を知り，かつ，その伝達を防ぐことが技術的に可能である場合には伝達する内容に責任を負うことになっているが，これは差別的表現の場合にも適用になる。

　インターネット上の差別的表現が裁判で問題となった例としては，ズンデルサイト（Zundelsite）・アデレードインスティテュート（Adelaide Institute）のケースがある。前者は，インターネット上で差別的なホームページを開設していたErnst Zündel（カナダ在住のドイツ国籍保有者）がドイツに送還された後，人種憎悪煽動罪等で有罪（懲役5年）となったケースである（2007年）。後者は，アデ

---

[16] 師岡・前掲注4) 102-132頁，エリック・ブライシュ（明戸隆浩ほか訳）『ヘイトスピーチ――表現の自由はどこまで認められるか』（明石書店，2014) 40-41頁，藤井樹也「IT化時代における表現の自由と差別規制――オーストラリアにおけるサイバー・レイシズム問題を素材に」筑波ロー・ジャーナル1号（2007) 98-101頁。

レードインスティテュートという名称の団体を設立し，インターネットや印刷物においてホロコーストを否定し，それに抗議するユダヤ人は知性が低いなどと主張していたFredrick Töben（ドイツ生まれのオーストラリア国籍保有者）が，ドイツに入国した際に逮捕され，有罪判決（懲役10ヶ月）を受けたケースである（2000年）。その後，Töben の表現は，オーストラリアでも問題となり，連邦裁判所は人種差別禁止法に違反する表現と認定して，当該表現のホームページからの削除と同様の表現の公表の差止めを命じた（2002年）。しかし，Töben は裁判所の命令を無視しつづけたため，法廷侮辱罪で告発され，有罪判決（懲役3ヶ月）を受けている（2009年）。[17]

(2) 規制に否定的な国（アメリカ）

　差別的表現に対する規制を肯定するヨーロッパ諸国などとは対照的に，アメリカでは否定的な立場がとられている。特に，ドイツでは，「自由で民主的な基本秩序」を否定するような主張や政党の活動に自由は与えられるべきではないとする，いわゆる「闘う民主主義」の考え方がとられている一方で，アメリカでは（更に，わが国でも）このような考え方に否定的である。アメリカは，「国家からの自由」の観点から，「対抗言論」を基調とし，「思想の自由市場」を護ろうとする立場であるのに対して（「対抗言論」「思想の自由市場」については後述），ドイツは，「国家による自由」の観点から，差別的表現などに対しては国家による介入（法規制）を肯定するものとも言えよう。

　先に見たように，アメリカも「合衆国憲法および各種法令は，個人の言論，表現，結社の自由に広い保護を与えている。よって，これらの権利が保護されるべき範囲においては，立法およびその他の方法で権利を制約するような，同条約上のいかなる義務，特に第4, 7条によって定められる義務を負うことはない」との留保を付けた上で人種差別撤廃条約を批准した（1994年）が，その直前には連邦最高裁判所において差別規制立法に対する重要な判決が出され

---

[17] 中原美香「インターネット上の差別をめぐる国際的な動向」部落解放595号（2008）51-54頁，浜田純一「ネットワーク時代の表現の自由——アメリカの『通信品位法』違憲判決とドイツの『マルチメディア法』」部落解放431号（1998）26-27頁，師岡・前掲注4）130-132頁。

ていた。1992年のR.A.V.判決（R.A.V. v. City of St. Paul, 505 U.S. 377 (1992)）では，白人居住区に住むアフリカ系移民である黒人の家の庭先に燃える十字架（burning cross）を仕掛けた未成年者らが，人種・皮膚の色などに基づき，他人に対し，怒り・恐怖・憤慨を引き起こすことを知った上で，十字架焼却・スワスティカなどのシンボルの掲出を禁止する，セイントポール市の条例に違反したとして起訴され，その条例の憲法適合性が問題となった。連邦最高裁判所の法廷意見は，本件条例が，（言論の自由を規定する）第1修正の保障の対象外とされてきた喧嘩言葉（fighting words）を専ら規制対象とするものであるとしても，人種・皮膚の色等々といった観点ないし主題に基づく規制を課すことは，特定の表現内容を狙い打ちしたもの（表現内容規制）であり許されないとした（これに対して，同意意見も本件条例を違憲とする。ここでは，喧嘩言葉に対する規制は第1修正の問題を引き起こさないが，本件条例は喧嘩言葉に対象を限定できていないので，過度広汎性が問題となる，という構成がとられている）。更に，その翌年に出されたMitchell判決（Wisconsin v. Mitchell, 508 U.S. 476 (1993)）では，黒人青年が「白人に思い知らせる」よう友人たちに命令し，近くにいた白人の子どもを暴行したことに対して刑が加重されたため，ヘイトクライム法（人種・宗教などに起因する憎悪・偏見に基づく犯罪行為に対して，刑を加重する法律）の憲法適合性が問題となった。連邦最高裁判所は，規制対象が行為であることを強調し，被告人の人種的偏見は言論としてではなく，動機として用いられているに過ぎないことから，刑の量定にあたって考慮しても第1修正に違反することはないとした。

　これらの判決により，差別的表現に対する規制は，「表現」規制として原則違憲[18]と解する一方で，ヘイトクライムに対する規制は，「行為」規制として合憲と解されることになった（後者については，1990年のヘイトクライム統計法・1994年のヘイトクライム判決強化法・2009年のヘイトクライム予防法などにより，規制が更に進められている）。アメリカでは，リアルスペース・インターネットのいずれにおいても差別的表現について法規制を行うことは許されないと考えら

---

[18] 2003年のBlack判決（Virginia v. Black, 538 U.S. 343 (2003)）は，威嚇を目的とした十字架焼却は州法で規制しても第1修正に違反しない（ただし，十字架焼却の行為が「個人あるいは集団を威嚇する意図の自明の証拠になる」としていた部分は違憲）としており，一部例外を認めるようになっている。

れている。そのため，(規制の網をかいくぐるために)差別的なホームページの多くがアメリカのサーバーから発信されており，人種差別的思想の持ち主自らがサーバーの管理者・運営者となる場合もあるという。

なお，インターネット上のヘイトクライムが裁判で問題となった例としては，カリフォルニア大学アーバイン校のある学生が「アジア人嫌い (Asian Hater)」を名乗り，アジア系の同級生たちに「お前たち一人一人を見つけて殺してやる」とのメールを送ったことから有罪判決（懲役1年・罰金10万ドル）を受けた (1998年) ケース，それと同様にカリフォルニア州立大学・マサチューセッツ工科大学のヒスパニック系学生などに対して，人種差別的な表現とともに「お前の元に行って殺す」とのメールを送ったことから有罪判決（懲役2年）を受けたケースがある。[19]

3 差別的表現に対するわが国の対応

ここでは，差別的表現に関するわが国の憲法学説とともに，国・地方公共団体において試みられてきた，法律（案）・条例（案）による規制について紹介する。

3.1 憲法学説

わが国の憲法学説は，アメリカの判例理論に強い影響を受けていることもあり，特定の個人・団体に向けられたものではなく，ある属性を持った集団に向けられた差別的表現に対する法規制については，否定的あるいは慎重な立場をとるものが多い。先に見たような国際法レベルでの規制の動向・それに呼応した形でのヨーロッパ諸国などにおける規制の動向は，「参考に留まるものであって，『国際社会はこうだ』とか『バスに乗り遅れるな』といったムードは排撃されるべきである」[20]「世界的にみれば，アメリカにおける表現の自由

---

[19] 中原美香「インターネット上の差別をめぐる国際的な動き」ヒューマンライツ 205 号 (2005) 7-8 頁。

論が例外的であることは否定できないが，同時に，表現の自由の保障についての理想的な水準を提示する役割を果たしていることも，認識しておく必要がある」[21]との主張はまさしくこのような理解から出されたものである。

まず，規制否定説とも呼ぶべき学説は，差別的表現を①人種的少数者などに危害を加えることを煽動する表現，②人種的少数者などに対する差別を助長する表現，③人種的少数者などの名誉を毀損する表現，④人種的少数者などを侮辱する表現などに区別できるとした上で，①②にあっては，違法な行為の煽動であり，ブランデンバーグの基準（Brandenburg 判決（Brandenburg v. Ohio, 395 U.S. 444（1969））で示された，当該表現が「差し迫った非合法な行動を煽動すること若しくは惹き起こすことに向けられたもので，かつ，非合法な行動を煽動若しくは惹き起こす蓋然性がある場合にのみ規制できる」とする基準）を満たす限りで規制を認める[22]が，③④にあっては，憲法上規制を正当化できないとする。[23]この説は，真理に到達するための最善の方法は，人々が思っていることや考えていることを自由に表明できる「場」（「思想の自由市場」）を設定し，その「場」において言論を戦わせ（「対抗言論」），その善し悪しはその「場」にいる者が決めるものである（逆に言えば，国家は〔喧嘩言葉・プライバシーを侵害する表現などのように〕具体的・直接的な害悪が発生し，「対抗言論」に委ねておけないような例外的場合を除き，その「場」に介入することは許されない）とする「思想の自由市場」論に対する強い信頼に基礎を置くものである。

他方，限定的規制肯定説とも呼ぶべき学説は，差別的表現を(1)少数者集団への侮辱そのものを内容とする表現，(2)差別的取扱いを煽動する表現，(3)差別的取扱いを助長する表現の３つに分類する。この説の特徴的な所は(1)につき，差別的表現の規制を正当化する根拠は，少数者集団に属する個々人の名誉感情を保護する必要性にあるとし，「ことさらに侮辱する意図を持って行われる，き

---

20) 横田耕一「日本における人権と人権保障制度」松本健男ほか編『高野眞澄先生退職記念 これからの人権保障』（有信堂高文社，2007）34頁。
21) 浜田・前掲注 17) 28頁。
22) この点を強調するならば，規制否定説というよりも，「限定的規制肯定説よりも限定的な規制肯定説」とした方が意味的には正しいかも知れない。
23) 松井茂記「インターネット上の表現行為と表現の自由」高橋和之＝松井茂記＝鈴木秀美編『インターネットと法〔第４版〕』（有斐閣，2010）39頁。

わめて悪質なもの」に限って規制が合憲になるとする点である（その他，(2)については，ブランデンバーグの基準で判断されるとし，(3)に含まれる，〔後述の〕大阪府興信所条例で規制の対象となっているような表現は，プライバシー保護の観点から規制が許されるとする）[24]。この説は，表現の自由を支える2つの価値，すなわち，表現にかかわることによって個人が自己の実現を図るという個人的な価値（「自己実現」の価値），表現にかかわることによって（主権者である）個人がよりよい政治的意思決定を行えるという社会的な価値（「自己統治」の価値）に照らすと，「価値の低い表現」と見做され，このような表現に対してまで強い保障を及ぼす必要はないと主張するものである。

両説の結論が大きく異なる点は，④ないし(1)に含まれる「少数者集団をことさらに侮辱する意図を持って行われる，きわめて悪質な表現」の規制の可否であるが，この領域にあてはまる表現は例外的であり，規制の対象となりうる表現は比較的少ないと言えよう。そのため，限定的規制肯定説に対しては，差別的表現のごく一部を規制するために表現の自由全体に脅威となるような規制を認めることは合理的ではない，望ましい結論に合わせて保障の程度を緩めたりすると，憲法解釈論と政策論を混同する結果になり妥当ではないとの批判がなされている[25]。

なお，いずれの説にあっても，差別的表現がリアルスペース・インターネットのどちらで行われたものであろうとも，区別せずに扱うべきであるとする理解が一般的のようである。ただし，学説の一部には，インターネット上の差別的表現は，表現の容易さ・匿名性・流通する範囲の広さ・情報を入手できる容易さなどの特徴から従来型のメディア以上に深刻な被害をもたらす可能性が高く，（特に，被差別部落名・出身地リストのような類については）より広い規制が認められてよいとする主張[26]もなされている点には留意すべきである。

---

24) 内野正幸『人権のオモテとウラ』（明石書店，1992) 199-203頁，浜田純一「インターネットによる差別の扇動」部落解放研究126号（1999) 56-57頁。

25) 藤井樹也「ヘイト・スピーチの規制と表現の自由――アメリカ連邦最高裁のR.A.V. 判決とBlack 判決」国際公共政策研究9巻2号（2005) 14頁，小谷順子「アメリカにおけるヘイトスピーチ規制」駒村圭吾＝鈴木秀美編『表現の自由Ⅰ――状況へ』（尚学社，2011) 472-473頁。

26) 浜田・前掲24) 57-58頁。

3.2 法律（案）・条例（案）

　差別的表現に対する法規制について，憲法学説の多くが否定的あるいは消極的な立場をとることを確認したが，わが国の政府の立場も同様である。日本政府は，人種差別撤廃条約の加入にあたり，憲法21条1項（表現の自由，集会・結社の自由）・憲法31条（罪刑法定主義）などに抵触するおそれを指摘した上で，同条約4条(a)・(b)を留保するとともに，国際人権規約B規約20条2項（憎悪唱道の禁止）については，「憲法第14条において法の下の平等をうたっているほか，刑法，教育法，労働法等の各種の分野で差別，憎悪，暴力の排除に資する措置をとっている。今後このような現行法制でも規制し得ない行為により，具体的な弊害が生じるような場合には，表現の自由の要請を十分考慮して立法を検討する」とするだけで，当面の対応は不要としていたことからも明らかである。しかし，わが国においても，差別的表現に対処するための立法化の動きがなかったわけではない。

(1) 人権擁護法案・鳥取県条例

　その代表例として，人権擁護法案が挙げられる。この法案は，1996年12月に制定された人権擁護施策推進法に基づいて法務省に設置された人権擁護推進審議会の「人権救済制度の在り方について」と題する答申（2001年5月）を踏まえて作成されたものであるが，更に遡ると，人権擁護施策推進法は，地域改善対策協議会における「同和問題の早期解決に向けた今後の方策の基本的な在り方について（意見具申）」の提出（1996年5月），国内人権機関の設置を各国に求めることを内容とする「国内人権機関の地位に関する原則（パリ原則）」の国連総会での採択（1993年12月），人権擁護委員制度の問題点，警察や入管職員による虐待に対して申立てを行う独立した機関の不存在を指摘した国連人権委員会の最終見解（1998年11月）など，国内外の様々な要因を背景に制定されたものである。

　2002年3月，国会に提出された人権擁護法案は，人権委員会を法務省の外局に設置することにより，人権侵害がなされた場合には，任意の調査・助言・指導・調整などの一般救済手続により，更に①不当な差別的取扱い，②不当な差別的言動，③差別助長行為，④虐待などがなされた場合には，過料の制裁を

伴う形での出頭要請・文書の提出・立入検査などの調査を行った上で，調停・仲裁・勧告・訴訟援助などの特別救済手続により人権救済を図ることとされていた（(3)については，公表・差止め訴訟の提起なども可能となっていた）。しかし，同法案に対しては，(1)救済対象が曖昧不明確であること・過度に広汎であること，(2)公権力の人権侵害を法務省の外局で対処できるか疑問であること，(3)人権委員会の行う調査に過料のサンクションが課されていること，令状が不要とされていることなど，様々な問題点が指摘された結果，2003年10月の衆議院解散により廃案となった。[27]

同法案は，再提出の見込みもなく頓挫したままの状態であるが，地方レベルにおいて同様の制度の導入を目指した地方公共団体もあった。鳥取県では，同法案を参考にした[28]鳥取県人権侵害救済推進及び手続に関する条例が可決（2005年10月）され，2006年6月に施行となる予定であった。しかし，同法案と同様の問題点が指摘されたことから，同条例の施行を無期限に延期する条例を制定（2006年3月）した上で，人権救済条例見直し検討委員会による検討作業を行ったが，結果的に同条例は施行されることなく廃止された（2009年4月）。

(2) 人種差別撤廃法案・大阪市条例案

その後，民主党政権下における人権委員会設置法案の国会への提出（2012年11月；同月の衆議院解散により廃案）などを除いて，立法化に向けた目立った動きは見られなかったが，現在，その「第2波」が来ているところである。コリア・タウンを抱える新大久保（東京都新宿区）・鶴橋（大阪市生野区）などにおける排外主義デモ・街宣の過激化，インターネットにおける差別的表現の増加への対処を目的として，国会（参議院）には「人種等を理由とする差別の撤廃のための施策の推進に関する法律案（人種差別撤廃法案）」，大阪市議会には「大阪

---

[27] 田島泰彦＝梓澤和幸編『誰のための人権か――人権擁護法と市民的自由』（日本評論社，2003）2-12頁，松井茂記『マス・メディアの表現の自由』（日本評論社，2005）178-180頁・187-191頁。

[28] 両者で大きく異なるのは，特定の個人に関する人種等の差別を生じさせるような情報の収集・著しく粗野又は乱暴な言動を反復する行為なども鳥取県条例では規制対象に含んでいる点，調査を拒絶・妨害した場合の罰則は同条例では5万円と人権擁護法案の30万円より低く設定されている点，特別救済手続に調停・救済が同条例には含まれていない点などである。

市ヘイトスピーチへの対処に関する条例案（大阪市ヘイトスピーチ抑止条例案）」が提出されている（いずれも 2015 年 5 月 22 日提出）。

　前者の人種差別撤廃法案は，民主党・社民党などにより提出されたものである。同法案は，人種等を理由とする（特定の者に対する）不当な差別的行為・（人種等の共通の属性を有する不特定の者に対する）差別的言動を禁止する（ただし，違反した場合の罰則規定はない）とともに，差別防止に関する施策の策定・実施，民間団体などとの連携協力体制の整備を国・地方公共団体に求める内容となっている。特に，インターネットにおける差別的表現については，事業者の自主的な取組みを支援するために必要な措置を講ずるものとされている。後者の大阪市ヘイトスピーチ抑止条例案は，大阪市内外で行われたヘイトスピーチ（インターネットによる表現も含む）により大阪市民・団体などが被害を被った場合において，（広義の）市民の申出又は市長の職権によりヘイトスピーチの拡散防止措置，ヘイトスピーチを行った個人・団体名の公表を行うほか，民事責任を追及するための訴訟費用の貸付などを可能にするものである。また，同条例案は，ヘイトスピーチに該当するか否か・市長による措置・公表内容・訴訟費用の貸付などについて意見を述べる機関として，大阪市ヘイトスピーチ審査会を設置することとしている。

　これらの法案・条例案は表現の自由に一定の配慮をした内容となっているが，その影響の度合いについては，更なる精査が必要であるように思われる。

(3) **大阪府条例・岡山市条例**

　これに対して，条例によって差別的表現（の一部）の規制を行っている地方公共団体もある。大阪府興信所条例（大阪府部落差別事象に係る調査等の規制等に関する条例）（1985 年 10 月施行）は，興信所・探偵業者を対象とし，「特定の個人又はその親族の現在又は過去の居住地が，同和地区にあるかないかについて調査し，又は報告しないこと」「同和地区の所在地の一覧表等の提供及び特定の場所又は地域が同和地区にあることの教示をしないこと」などを求めており，これに対して興信所・探偵業者が違反した場合には，行政指導・営業停止の行政命令・3 ヶ月以下の懲役又は 10 万円以下の罰金を科すことができることになっている（更に，2011 年 10 月の改正により，土地調査等を行う者も規制対象に含まれることになった）。学説は，同条例のような興信所等に対する規制は，被差

別部落出身者のプライバシーの権利などを援用することによって正当化できると解している。また、岡山市電子掲示板に係る有害情報の記録行為禁止に関する条例（2002年5月施行）[29]は、同市が運営する掲示板において、不当な差別を助長するおそれがあると認められる情報を始めとする「有害情報」を書き込んではならないことを規定している。同条例が規制対象とする「有害情報」の中身が広汎であるだけではなく、削除される対象は「有害情報」以外のものも含むため、憲法上疑義がある。しかし、同市の掲示板は既に廃止されているため、同条例の規定は死文化していると言えよう。

CONCLUSION おわりに

● わが国におけるインターネット規制のこれまで・これから

　差別的表現が特定の個人・団体に向けられたものである場合には、名誉毀損罪（刑法230条）・侮辱罪（同231条）・脅迫罪（同222条）・威力業務妨害罪（同234条）などによる処罰が考えられるとともに、名誉毀損・業務妨害・人種差別行為などによる不法行為責任（民法709条）も認められうる。しかし、ある属性を持った集団に向けられたものとなると、現行法を用いた規制は難しく、（新たな立法を許容する立場に立ったとしても）表現の自由の観点から、その規制範囲は極めて限定されたものとならざるを得ないというのが憲法学における一般的な理解である。この点は、リアルスペース・インターネット、いずれの表現であっても同様であろう。

　一方、インターネット上の情報を媒介するプロバイダーにおいては、契約約款に基づく対応がなされてきている[30]（本章で紹介した具体的ケースの一部についても、削除・閲覧停止などの対応がなされてきている）。契約約款は各プロバイダーが作成するものではあるが、電気通信事業者協会・テレコムサービス協会・日

29）岡山市の掲示板に部落差別に係わる表現が書き込まれたのが条例制定のきっかけであったと言われている。

30）この点は、わが国に限らず、欧米でも同様である（中原・前掲注17）49頁）。

本インターネットプロバイダー協会・日本ケーブルテレビ連盟により「違法・有害情報への対応等に関する契約約款モデル条項」が策定（2006年11月，最近の改訂は2014年12月）されており，その中で，わいせつな表現・児童ポルノの送信行為，プライバシー・肖像権・知的財産権を侵害する行為などとともに「他者を不当に差別もしくは誹謗中傷・侮辱し，他者への不当な差別を助長し，またはその名誉もしくは信用を毀損する行為」「公序良俗に違反し，または他者の権利を侵害する（と当社が判断した）行為」が禁止事項とされている。この禁止事項に該当するとのクレームがなされ，プロバイダーがそのクレームを妥当と判断した場合には，契約者（表現者）に対して禁止事項に該当する行為の中止の要求・クレーム解消のための協議の要求・削除要求，プロバイダーによる削除・閲覧停止・利用停止・契約解除が行える仕組みになっており，各プロバイダーに対して，文字通り「モデル」として機能している[31]。また，法務省人権擁護機関（法務局・地方法務局）は，プロバイダーに対する削除要請を従前から行っているが，「プロバイダ責任制限法　名誉毀損・プライバシー関係ガイドライン」の改定（2004年10月）により，その手続方法・対応手順が明確化されている。このガイドラインに従ってプロバイダーに対して削除要請がなされた場合，「他人の権利が不当に侵害されていると信じるに足りる相当の理由」を否定する特段の理由がなく，プロバイダーが送信の防止に最小限度の措置を講じていれば，発信者（表現者）に対する損害賠償責任をプロバイダーは免れうると理解されている。

　しかし，前者の契約約款については，禁止事項（の規定）が不明確であること，禁止事項の該当性判断が難しいこと，クレーム処理手続が不透明であること，（違法ではないものは削除しなくても損害賠償責任が生じないため）削除に踏み込むインセンティブに欠けることなどから，プロバイダーによる対応が取られずに，差別的表現の多くがインターネット上に残存していることが指摘されている。後者の人権擁護機関の削除要請についても，プロバイダーが削除・閲覧停止の措置を取るまでの「タイムラグ」の存在が，被害の拡大を招いていると

31）松井修視「インターネット上の差別的表現をめぐる課題を考える——総務省のICT政策とプロバイダ責任制限法の枠組みによる解決を手がかりに」ヒューマンライツ302号（2013）8-9頁。

の指摘がなされている。

　思うに，差別的表現は，社会的弱者（少数派）を攻撃する表現であり，これまで規制の可否が判例・学説において問題となってきた表現が政府や社会的強者（多数派）を攻撃するものであったことと比較すると両者の径庭は大きいとも言える。しかし，差別的表現がいかに多くの人が忌み嫌う思想に基づく不快な表現であったとしても，「表現」にとどまるものである以上は「表現」として扱われる必要があり，「思想の自由市場」における「対抗言論」による対処が原則と考えざるを得ない。差別的表現は，平等に係わる表現として，政治的な性格を帯びることが往々にしてある点も見逃されるべきではないであろう。また，わが国の表現の自由に関する準拠法国と目されるアメリカでは，（1964年公民権法に代表される）人種差別禁止法・（先述の）ヘイトクライム法が制定されており，これらについては，わが国でも立法化が検討されるべきであろうが，表現内容規制を含むものではない点については十分な留意が必要である。

　法律による規制は，表現の自由の観点から正当化される領域に対するもの，差別そのものを解消していくためのものとして用いられるべきであり，差別解消のためには，教育・啓発活動・社会における運動などもブレンドした形で実施されるべきであろう。インターネットにおける差別的表現についても，法律による規制は最小限に留め，プロバイダーによる自主的な取組み（自主規制）の実効化をまずは追求してみる必要があるように思われる。

考えてみよう

　本章で紹介したインターネット上の差別的表現が問題となったケースをいくつか取り上げ，それに対抗しようとする側には，取りうる手段として具体的にどのようなものあるか考えてみましょう。

もっと詳しく知りたい方は　　　　　　　　　　　REFERENCE

　注に掲げた文献は，このテーマに関する主要な文献でもあります。ご関心のある方は，これらに直接あたられることをお勧めします。

電子商取引と契約

木村 真生子

PREFACE

はじめに

インターネットが普及し，今は自宅にいながらさまざまな物をネットから買うことができる。また，その場に人がいなくても，あらかじめコンピューターに指示さえ出しておけば，コンピューターが勝手に株を売買してくれるような時代になった。

わが国の民法では，売買契約は意思表示（一定の法律上の効果の発生を望んでその意思を外部に表す行為）のみで成立することとされており（民法 555 条），契約が成立するための要件として，書面を作成するなど，必ずしも一定の方式を用いることを要求されない。そうだとすると，インターネットを利用して行われる売買契約も一般の契約と同じように考えればよく，取り立てて問題にすることはないようにも思われる。しかし，コンピューターによる自動化が進めば進むほど，当事者が申込みと承諾の意思表示を交換し合って意思を形成するという伝統的な意味での「契約」のパラダイム事例からは離れていく。はたしてこれを従来どおりの「契約」と観念することができるのだろうか[1]。

そこで本章では，従来電子商取引と呼ばれてきたインターネット上での契

約に，どのような法律上の問題があるのかを明らかにしていく。以下ではまず，電子商取引の仕組みをみたあと，電子契約の特色を把握し，そのような特色から派生する私法上の問題について考える。また，インターネット取引では，ウェブ上の表示が消費者にとって重要な情報源になることから，ウェブサイトの表示に関し消費者を保護するために現在どのような取組みがなされているのかについてみる。そして最後に，電子契約の法的な課題を検討する。

1 電子商取引の仕組み

1.1 電子商取引の意義と沿革

法令上，電子商取引に対する定義はないが，電子商取引とはインターネットその他のコンピューター・ネットワークを利用して商品やサービスの売買をしたり，資金やデータを送信したりする経済行為をさす。

コンピューターが普及し始めた1960年代後半，効率的な取引を促進するために，電子商取引は特定の企業間を専用回線で結び，それまで利用されていた紙文書の契約書の情報を電子データに移し替え，これらを企業間で交換することによって始められた（EDI〔Electronic Data Interchange：電子データ交換〕）。このペーパーレス取引によって，取引の正確性と迅速性が高められ，流通面の問題が大幅に改善し企業の在庫費用が減少した。また，そればかりではなく，文書を電子化したことによって，事務コストや労務費の節減も図られた。

その後，電子的な手段を利用する取引が社会的な基盤として認知されるようになると，データの誤伝送や伝送の遅延など，コンピューターを利用した取引に特有の問題が次第に顕らかになってきた。そこで，紛争を未然に防止するために，企業間の取引（BtoB：Business to Business）ではあらかじめ当事者間で基本契約を結び，問題を解決するようになった。このように，当初電子商取引と

---

1) 内田貴「電子商取引と民法」『債権法改正の課題と方向』別冊ＮＢＬ51号(1998)274頁。

は，特定の取引相手と「基本契約に記載された情報をコンピューター間で交換する取引」をさしていた（狭義の電子商取引）。

ところが，EDI取引では専用回線を利用しなければならないため，[2] 一定の初期投資や運用コストが掛かる。このため，電子商取引を行うことができる企業は一定数に限られた。また，接続時間や交換できるデータ量にも限界があった。この点，公衆回線上で利用されるインターネットは低コストで優れた通信環境を提供することができる。そこで，企業間電子商取引でも，次第にインターネットが通信媒体として利用されるようになった（広義の電子商取引）。また，インターネットにエージェント技術が導入されるようになると，すべての事務作業が自動的にコンピューター・プログラムで処理されるようになった。

ところで，エージェント技術とは，人による情報処理を代行させるための技術のことをさす。より具体的にいえば，「人の指示を実行に移しながら，人から職務や権限を委任される」という概念を基底に持つソフトウェアを，ネット上で利用することをいう。こうしたソフトウェアは「ボット（bot）」などと呼ばれ，ボットはまさに目に見えないロボットとして，ネット上で行動する。たとえば，ボットは既定のプログラムに基づいて自らキーワード検索をしたり，商品の受発注のような意思決定機能を伴う処理を実行する。

エージェント技術が紙のカタログに代わる電子カタログ技術を生み出すと，人が介在せずに取引ができる仮想店舗（オンラインショップともいう）がネット上に開設され，消費者向け電子商取引（BtoC：Business to Consumer。「インターネット取引」とも呼ばれる）が始まった。仮想店舗では，売主がネット上に商品を表示し，顧客にコンピューター画面やモバイル端末上に設置したボタンをクリックさせることで商品を自動的に受注し，その後の決済や発送までがすべてコンピューター・プログラムによって処理される。複数のオンラインショップのウェブをまとめると，楽天やヤフーなどで知られる仮想商店街（サイバーモール，電子モール等ともいう）になる。こうしたビジネスモデル自体は，複数の小売店舗等が入居するショッピングセンターやショッピングモール等とあまり変わらない。現在，日本国内の消費者向け電子商取引の市場規模は12.8兆円（前

---

2) 通信媒体として付加価値通信網（VAN：Value Added Network）などが利用される。

年比 14.6％増）まで拡大した。[3]

1.2　通信販売としての電子商取引

　オンラインショップでの売買は「インターネット通販」として知られる。商品を実際に目で見て確かめることなく，表示された情報や広告だけを見て購入するかどうかを決めさせる販売方式は，通信販売の一種として位置づけることができる。

　インターネット通販の取引対象は物品に限られない。ソフトウェアなどの無形の工業製品からゲーム，音楽データ，動画の配信サービスなどのエンタテインメント関連商品まで対象は幅広い。このうち，ソフトウェアなどの販売はシュリンクラップ契約としての性質を有する。シュリンクラップ契約とは，商品の包装を開けた際に，商品提供者と利用者の間で使用許諾契約が成立する合意や契約をいい，通常，合意の内容は商品の包装材に目に見えるように表示される。この点，ソフトウェアをインターネット通販で購入する場合は，画面上に使用許諾内容が表示され，同意ボタンをクリックするとダウンロード供給されることから「クリックラップ契約」と呼ばれる。

　インターネット・オークションもまたインターネット通販の一類型である。他の類型と違って，取引方法が競争売買であること，双方の取引当事者が消費者である場合（CtoC：Consumer to Consumer）があるところに特徴がある。ただし，消費者間取引といっても，サイト運営者がネット上に取引の場を提供して，取引ルールを定めている場合が多く，消費者間の取引に仲介者として関与をしている。

1.3　電子商取引の未来

---

[3]　2014 年の日本国内の企業間電子商取引は，狭義の企業間電子商取引が 196 兆円（前年比 5.0％増）に，広義の企業間電子商取引が 280 兆円（前年比 4.0％増）に拡大している。（経済産業省「平成 26 年度我が国経済社会の情報化・サービス化に係る基盤整備（電子商取引に関する市場調査）」〔2015 年 5 月 29 日公表〕）。

FIGURE 7-1　未来の電子商取引

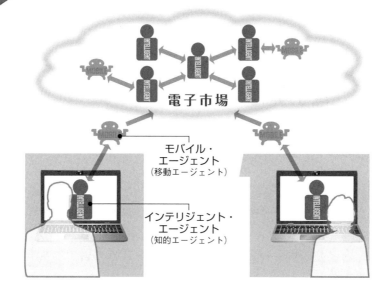

　ここまでみてきた電子商取引は，既定のプログラムに基づいて作動するエージェント技術を用いたものが大半である。しかし現在，インテリジェント・エージェントやモバイル・エージェントのような，高度なエージェント技術が電子商取引に利用され始めている。たとえば，インテリジェント・エージェントは人工知能研究の流れを汲んで発展し，自らの意思決定原理に基づいて作動するコンピューター・プログラムであり，モバイル・エージェントは分散コンピューティングの研究を基礎に発展し，ネットワーク上を自由に移動して必要な処理を行いながら発信元のホストコンピューターに戻り，ユーザーに処理結果を渡し，監視や遠隔操作を行うプログラムである（**FIGURE 7-1**参照）。

　自律的に作動をするこのようなコンピューター・プログラムは，すでに現在の電子商取引においても利用され始めている。[4] たとえば，証券市場で行われている株式のプログラム売買などは，高度なエージェント技術が利用された商取

---

4)　高度なエージェント技術は悪用されるとコンピューター・ウィルスになる。

引の典型である。人に代わり，自律的に判断を下しながら行動するコンピューター・プログラムは，現在及び将来の電子商取引で重要な役割を担う可能性がある。

2 電子契約の特色

2.1 問題の所在

契約の締結過程において，インターネットや専用回線などの通信回線を用いて情報交換をすることで合意の成立を図ることを，以下では「電子契約」と呼ぶ（狭義では，合意が成立したことの証拠として，電子署名[5]やタイムスタンプを付与した電子ファイルを利用する場合を「電子契約」と呼ぶことがあり，主にBtoB取引で利用されている）。

電子契約は，上記でみた電子商取引の発展過程からみると，契約の締結手段を単に自動化したり電子化したりする問題にすぎないようにみえる。しかし，電子契約は契約の締結方法に関する表層的な問題に止まるものではない。そこで，対面で行われる従来の紙文書を利用した契約との違いから，電子契約にはどのような特色があり，その特色からどのような問題が派生するのかを考えてみる。

2.2 契約締結の自動化と人の責任

第1に，電子契約は，本来，人によって行われる契約がコンピューターのような「自動装置」によって代替されていることが最大の特徴である。たとえば，オンライン取引をするとき，画面上で購入数や配送条件を入力するのは人であ

---

[5] 電子署名とは，電子文書の正当性を保証するために付けられる署名情報で，本人確認や，偽造・改ざんの防止のために用いられる。日本では2001年に電子署名法が施行され，電子署名が紙文書における署名や押印と同等に通用する法的な基盤が整備されている。

るが，インターフェース（人が機械と接する部分）を通じて，反応を返すのはコンピューターにほかならない。つまり，契約が人とコンピューターとの間で交わされているのである。それでは，小売店で用いられているPOSシステム（販売情報の管理システム）はどうだろうか。POSシステムは，商品が売れた分だけコンピューターが自動発注をし，相手方のコンピューターがこれを受け付ける。これは，コンピューター同士の取引とみることもできる。電子商取引とはこのように，コンピューターが主導的な役割を果たす取引であり，人に代わり，技術的な装置が契約締結過程に携わっている。つまり，契約締結過程の自動化現象が起きており，人がこれにいかに関わるかが問題になるのである。

　たとえば，画面の表示に従って申込ボタンをクリックする動作は，紙文書に署名捺印を要求される行為とよく似ている。しかしコンピューターの操作が意思表示の外形行為だと人に認識されないことがあるために，無意識にクリックを繰り返したり，表示画面の注意をよく見ずに誤ったボタンを押したりするなど，機械の誤操作が契約の成否に関わるトラブルを生じさせることがしばしば起こる。[6]

　他方で，業者側もコンピューター画面を作る際に，人に機械を操作させて拘束力のある契約を結ばせることになることを意識せずに，デザイン性を重視し，人の知覚・認知特性や動作・運動特性に配慮をせず，コンピューターの申込画面を作り込むこともある。これは，契約の相手方が人ではなく，コンピューターである場合も同じである。たとえば，試用段階で十分なテストをせずにコンピューターにエラーが起きる場合などは，コンピューターの作動の結果が契約の成否に影響するという認識を，コンピューターシステムの受注者や利用者が持ち合わせていないことから起きている可能性がある。しかしながら，電子商取引ではコンピューターの背後にいる人を常に意識しておくことが重要であり，いかなる場合に誰が契約責任を負担するのかを検討することが必要になる（帰責性の問題）。

---

[6] 記憶容量に優れ，単純動作が得意なコンピューターを人が操作して，共同で1つのタスクを完成する場合，人と機械の特性の違いからヒューマン・エラーが起こりやすくなる。錯誤によるエラー（慣れに伴う行動の無意識化），し忘れによるエラー（確認を怠るうっかりミス），ミステイクによるエラー（思い込みによるエラー），違反によるエラー（マナーや規則を順守しない手抜きや怠慢）などがある。

2.3　匿名性の功罪

　第2に，インターネットを利用する電子商取引は，匿名の参加者がネット上の市場に集うことに大きな意義がある一方で[7]，本人の同一性の確認が容易ではないため，取引の不透明性が高まるにつれて取引の安全に係るリスクを増加させることがある。
　たとえば，不正のクレジットカード使用や取引画面でのIDパスワードの無断使用のように他人を騙る「なりすまし」や，法定代理人の同意がない未成年者の無断取引は，当事者間の契約の有効性に疑義を生ずる（無権限取引の効果の帰属）。また，自己の行為であることを否定する「しらばくれ」や「雲隠れ」が，商品の不達や欠陥商品の販売とともに起こると，契約の不履行などの履行障害が起きる。

2.4　電子文書の脆弱性

　第3に，電子文書の利点が同時に欠点でもあるために，次のような問題を生じる可能性がある。
　たとえば，電子文書は遠隔地に瞬時に到達するという迅速性に利点がある。しかし申込みと承諾の間のタイムラグがなくなると，一連の取引の流れの中で，コンピューターのどのような操作が契約の成立と結びつけられるのかが必ずしも判然としなくなる。また，情報の拡散性（伝播性）や瞬時性のために，販売者が価格を誤って表示したことに気づかずにいる間に契約の申込みが殺到した場合，販売者が契約の申込みに応じなければならないかどうかが問題となりうる。
　さらに，電子文書は検索や保管はしやすいが，安全面には欠陥がある。インターネット通信の仕組み上，様々な関係者が情報の流通に関与することから，修正や改ざん，複製が起こりやすいのである。また，販売者が契約締結後に情報を変更する可能性が全くないとはいえず，購入者が契約締結の前提となる情

---

[7]　発信者のプライバシーを確保することが優先される取引もある。

報を確保していない場合には，契約を解除することができるかどうかが問題になる。

意図的な情報の改ざんがない場合でも，送信者の発信したデータと受信者の受領したデータは必ずしも一貫性が保証されていない。このために，インターネットバンキングによる資金移動など，取引の態様によっては一貫性を認証する仕組みが重要となる。

2.5　ICT提供者と利用者の情報格差の拡大

第4に，電子契約は高度で複雑な情報通信技術（ICT: Information and Communication Technology）を基礎に成り立っていることから，ICTの急速な進展が，ICTサービスの提供者と利用者の間の情報格差を拡大している。

たとえば，モールやオークションサイトを利用する出店者や消費者等は，モール等の運営者が一方的に提供する利用規約やシステムに依存して取引をせざるを得ない。したがって，システム障害が生じた際などに，サービス利用者の利益が一方的に害されるおそれが生じる。

また，ICTの発展によって様々なインターネット広告の手法が生み出されていることから，従来多数の利用者を対象にして行われてきた単なる情報提供としての「広告」が，「勧誘」の類似行為に該当する可能性が出てきている。たとえば，特定の対象に狙いを定めたターゲティング広告を，ネットリテラシー（情報ネットワークを正しく利用できる能力）の低い消費者が見た場合，消費者はモニター画面上のボタンをクリックしながら意図せずに契約を結んでしまう場合がありうる。

3　電子契約をめぐる私法的な問題

わが国には電子契約に関して包括的な権利義務を定めた単独の法律は存在していないが，[8] 経済産業省が「電子商取引及び情報財取引等に関する準則」（以下，「準則」という）を公表しており，これまで電子商取引をめぐる法解釈に重

要な指針を示してきた。そこで，以下では，準則と民法及び「電子消費者契約及び電子承諾通知に関する民法の特例に関する法律」(以下,「電子契約法」という) 等が，電子契約に関わる法的な問題にどのような規律を与えているのかをみることにしよう。

3.1 申込みと承諾

　契約は互いの意思を明らかにし，その一致が確かめられたときに成立する。民法ではこのような合意の形成を「意思表示の合致」と捉え，一方の意思表示を「申込み」とし，他方の意思表示を「承諾」とした上で，申込みと承諾の意思表示の合致によって契約は成立すると考えている。ただし，このとき契約を成立させる目的をもった意思が双方に存在することが重要である。

　たとえば，オンラインショップで商品を購入する場合，コンビニエンスストアなどで商品を買う場合と同じように，ある値段である物を購入する意思と売却する意思が合致すれば契約は成立する。しかし電子商取引では，固有の意思を形成することができないコンピューターが反応を返しているに過ぎないため，直接的に意思表示が行われたと評価することができない。それでは，人がコンピューターを介して契約を締結する場合，当事者はどのように合意をしていると考えることができるだろうか。

　オンラインショッピングやホテルの予約システムなどで，コンピューターによって自動的に表示が返される場合，その表示の基礎には，あらかじめどのような表示をコンピューター画面上で行うかについての人の決定が存在している。このとき事業者は，契約の成立を早めようとする意思を外部に向けて表しており，コンピューターに行わせた表示の結果を自らに帰属させようとしている。つまり，コンピューターは単に人の「道具」として機能しており，意思表

---

8) UNCITRAL (国際連合国際商取引法委員会) は，1996 年に電子商取引モデル法 (UNCITRAL MODEL LAW on Electronic Commerce) を公表し，EU (欧州連合) は 2000 年に電子商取引指令 (E-Commerce Directive) を出した。また，一定額以上の契約に書面の作成を義務づけるアメリカやシンガポールなどの英米法系諸国も，電子契約の有効性などについて定めた制定法をもつ。

示は人間と機械の分業によって生成されているとみることができる。あるいは，従来の契約では，人は契約を締結する最終段階で意思決定を行っていると考えられてきたが，電子商取引では，人の意思決定のタイミングが契約のプロセスの最初の段階に移されたと考えればよい。そうすると，コンピュータープログラムがあらかじめ定められた規則に従う限り，コンピューターを介した契約であっても，契約は意思表示の合致によって成立するということができるだろう。ただし，自ら意思決定を行うことができる自律的なエージェントは単なる「道具」の域を超えているため，従来の意思理論に基づいて契約の成立の根拠を考えることは必ずしも容易ではなく，更なる理論的な検討が必要になると思われる。

　それでは，このような考え方を基礎にして，「ワンクリック請求」について契約が成立しているとして業者から代金を請求された場合，被請求者はこれに応じる義務があるかどうかを考えてみよう。

　パソコンや携帯電話に届いたメールやウェブページなどに表示されたURLを一度クリックしただけで，有料サービスの登録がされ，代金を請求されるケースを「ワンクリック請求」という。たとえば，「動画が見放題。今すぐクリック！」などという単なる宣伝メールと見せかけて特定のURLを表示している場合や，有料サービスの解約・退会手続き案内メールを装って特定のURLを表示するようなケースなど，ワンクリック請求は架空請求詐欺に利用されることが多い。しかしこの場合，そもそもメールやコンピューター画面の表示は顧客の「申込み」を引き出す「申込みの誘引」にすぎない。したがって，契約は成立せず，代金請求の根拠がないため，クリックをした者が相手方の請求に応じる義務はない。さらに，それが申込者による誤操作であっても，ワンクリック請求業者が申込者の錯誤（いわゆる思い違い）を意図的に引き起こした場合は詐欺の要件を満たすことになる。そのような契約は有効とはいえないため，申込者は契約時に遡って契約をなかったことにすることができる可能性がある（意見表示の「取消し」）。

　民法95条によれば，契約の重要な部分について申込者に錯誤があり，かつ，申込者に著しい不注意（重過失）がない場合は，契約は成立時から効力がないこと（意思表示の「無効」）を主張できると定めている。また，前述したように，詐欺による意思表示の取消しは同法96条において認められている[9)10)]。さらに，

FIGURE 7-2 「確認措置」と認められると思われる例

電子契約法は，消費者が契約を申し込む意思がないのに誤って申込ボタンをクリックした場合，事業者が申込内容の確認措置を講じていた場合（**FIGURE 7-2**参照）を除き，申込者の重過失の有無にかかわらず，錯誤による契約の無効を主張できるとしている（電子契約法3条）。このように，無効や取消しによって契約の効力が失われると，原則として，契約によって相手方に渡した金銭や物などに返すように相手方に請求することができる（民法703条）[11]。

---

9) 東京地判2006・1・30判時1939号52頁は，画像をクリックしただけで自動会員登録がなされ，代金請求の表示がなされたという画面構成では，原告・被告間にはそもそも契約が成立していないと判じた。被告の原告に対する不当請求は不法行為にあたるとされ，被告に慰謝料の支払いが命じられた。

10) 意思表示の「無効」と「取消し」とでは契約時にその契約がそもそも有効だったか否かという点に違いが見られるが，一旦取消しがなされてしまえば，両者の効果に大きな差はなくなる（詳細については，大村敦志『基本民法Ⅰ〔第3版〕』（有斐閣，2007）のUNIT6〔75頁以降〕などを参照）。なお，「民法の一部を改正する法律案（2015年3月31日国会提出，施行日は未定）（以下，「民法改正法案」という）において，錯誤による意思表示の効果は取消しとされることが提案されている（民法95条）。

11) 民法改正法案では，現行法の規定に代わり，民法121条の2において，意思表示（法律行為）の無効・取消しの効果は原状回復が原則となる（相手方を元の状態に戻す義務。原物の返還ができない場合は価値補償を行う）ことが予定されている。

3.2 契約の成立時期

契約の成立時期が問題となるのは、契約の成立時を起点にして、契約当事者が契約内容による拘束を受けるからにほかならない。オンラインショップでの物の売買を例にとると、契約成立前であれば当事者は契約をやめることもできるが、契約成立後は、買主は代金支払義務を負い、売主は物を相手方に引き渡す義務を負うことになる。仮に買主に契約違反があれば、売主は違反者である買主に対して契約を強制的に実現する権利をもち、場合によっては損害賠償を請求することもできる。このように、どの時点から契約の拘束力が生じるかを明らかにすることは、契約当事者にとって重要な問題となる。

これについて、電子契約法4条は、電子契約の成立時期を承諾通知が到達した時点としている。到達時点とは、準則によれば、相手方が意思表示を了知し得べき客観的状態、つまり、意思表示が相手方の支配圏内（勢力範囲）に置かれたことをいう。[12] そこで、ウェブ画面によって承諾通知が表示される場合と、電子メールで承諾通知が送信される場合とに分けて、契約の成立時期を考えてみる。

(1) ウェブ画面の場合

インターネット通販では、モニター画面上で商品名、個数、申込者の住所・氏名などを定型フォーマットに入力して申込ボタンをクリックすると、モニター画面に申込みが承諾された旨が表示される。ここでは、ウェブ画面を通じて申込みがなされ、承諾通知もウェブ画面を通じて発信されたとみることができる。したがって、申込者のモニター画面上に承諾通知が表示された時点が契約の成立時点となる。

このとき、モニター画面が正しく表示されていれば足り、申込者が画面を確認していたかどうかは承諾通知の到達の効力には影響しない。なお、通信障害などのトラブルでモニター画面に承諾通知が表示されない場合は、原則として承諾通知は不到達と解される。

---

12) 最判1961・4・20民集15巻4号774頁、最判1968・12・17民集22巻13号2998頁。

FIGURE 7-3 承諾通知の到達時点（電子メールの場合）

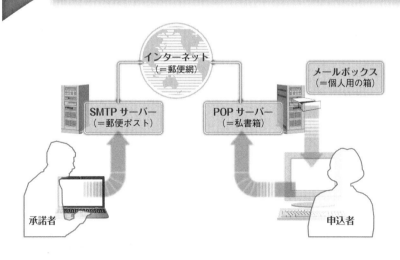

(2) 電子メールの場合

　電子メール等の電子的な方式による契約の承諾通知は原則として極めて短時間で相手に到達する。このため，遠隔地にいる相手方と契約をする場合において，承諾通知が電子メール等の電子的方式で行われる場合には，契約の成立時期について発信主義を前提としている民法526条1項及び527条が適用されず，契約は承諾通知が到達したときに成立する（電子契約法4条，民法97条1項）。[13] より正確には，承諾通知の受信者である申込者が指定したメールサーバー（「私書箱」に相当），又は通常使用するメールサーバー内のメールボックス（「個人用の箱」に相当）に，承諾通知が読み取り可能な状態で記録された時点となる（**FIGURE 7-3**参照）。

　文字化けにより解読できなかった場合や，申込者が有していないアプリケーションソフトによって承諾通知が作成されたために，暗号化やデータ圧縮などをして元のデータに復元することができない場合などは，「読み取り可能な状

---

13) なお，民法改正法案では，民法97条1項を改正し，遠隔地であるか否かにかかわらず，すべての意思表示に到達主義の考え方を採用することが予定されている。

態」ということはできない。逆に，承諾通知が一旦メールボックスに記録された後であれば，システム障害によって承諾通知を消失した場合でも契約は成立する。

　ただし，ネット通販においては，契約の相手方ではないサイバーモールの運営者から，「本メールはお客様のご注文情報が当社のサーバーに到達した時点で送信される，自動配信メールです。ご注文内容を確認後，担当者からの連絡をもって売買契約成立となります」と書かれた電子メールが，コンピューター・プログラムによって自動発信されることがある。この場合，契約の相手方は人の目で申込データを確認した後に，あらためて申込者に電子メールを発信し，承諾の意思表示を行うことを意図していると考えることができる。つまり，このような自動発信メールは承諾通知ではなく，申込みを受け付けたことの事実を通知する「観念の通知」でしかないことには注意が必要である。したがって，サイバーモールのように第三者を介さない相対取引において，ウェブ上や自動配信メールに承諾通知が後送されることが明示されていなければ，コンピューターが自動発信するメールであっても，それは承諾通知の意味を有することになる。

(3) インターネット・オークションの場合

　競売での「入札」が申込みの意思表示であるとすれば，出品者の承諾によって契約は成立する。そうすると，契約が成立するのは申込者が「落札」をした時点といえそうである。しかし，オークションサイトの利用者はサイト運営者の提供するシステムを利用して取引を行っており，その利用にあたっては，サイト運営者の利用規約に同意しなければならない。つまり，サイト利用者の契約は必然的に利用規約の内容に影響を受ける。

　そこで利用規約をみると，[14] 成約や商品等の送付，受領の手配などの協議はすべて利用者間で行い，利用者自身が責任をもって契約を履行するものとされている。他方で，運営者は，インターネット・オークションを利用することによって最も高い価格で取引を希望する利用者らに対し，契約を締結するきっか

---

14) Yahoo！JAPAN利用規約第8章の「ヤフオク！ガイドライン」を参照。

けを与えているにすぎない。したがって，インターネット・オークションにおいては，契約は落札時点では確定的に成立していないことになる。

ただし，このことは出品者が落札後に出品物の説明を変えたり，落札者が価格の再交渉ができることは意味していない。落札という行為によって，落札者は落札価格による優先交渉権を得たにすぎないと考えられる。したがって，インターネット・オークションにおいては，出品者と落札者が，商品の引渡し方法や代金の支払い方法のような契約の交渉の余地のある事柄について合意をした時点をもって契約が成立する。

3.3 価格誤表示と売主の責任

A社の開設するショッピングサイトにおいて，Y社が売り出していたパソコン1台の価格が2,787円と表示されていた。Xは，Y社に対し，このパソコンを3台注文する旨を送信した。同日，XはA社から受注確認メールを受信した。しかし，翌日，XはY社から，価格表示を誤っていたため注文に応じかねるとのメールを受信した。そこで，Xは，A社からの受注確認メールを受信した時点で売買契約が成立しているなどと主張して，Y社に売買契約の履行を求めている。Y社は誤表示価格でXにパソコンを販売しなければならないだろうか（東京地判2005・9・2判時1922号105号を参照）。

通常，売主が価格を誤って表示した場合，売主が誤表示価格で販売義務を負わない場合は2つある。第1に，商品の販売契約がまだ成立していなかった場合，第2に，契約は成立しているが，価格の誤表示が錯誤による意思表示にあたり，売買契約が無効となる場合である。もっとも，売主に著しい不注意（重過失）がある場合は錯誤無効の主張は認められない。[15] しかし，購入希望者がその価格が誤表示であることを認識していた場合，またそうでなくとも，サイトの利用者の大半がこれを誤表示だと考えるような状況にあった場合には，売主

---

15) 東京地判2011・12・1判時2146号69頁は，ウェブサイト上の旅行代金の誤表示について旅行業者に重過失があると判断し，誤表示価格での契約の成立を認めた。これに対して，東京高判2014・1・30金判1440号10頁は，外国為替証拠金取引でシステム障害により誤レートが表示された事件において，誤表示を行ったネット銀行に重過失はないとし，誤表示価格での契約の成立を認めていない。

側に重過失があっても錯誤無効の主張が許されると解されている。相手方が意思表示をした者に錯誤があることを知っていた場合は，相手方を保護する必要性がないからである。

なお，上記の事例では，少なくとも購入希望者の大半は表示価格に誤記があることに気づいていたと考えられるばかりでなく，Xが契約の成立の根拠としたのは売主の承諾通知にはあたらないモール運営者（A社）の自動配信メールにすぎなかった。これらの点から，Xの主張に対してY社が応じる義務はなかったということができるだろう。

3.4 なりすまし

本人の同一性を確認することが困難な電子商取引では，盗取したIDやパスワードを使って，本人になりすましてオンラインショップから商品を購入したり，クレジットカード決済をしたりする「無権限取引」が行われやすい。

もっとも，通常，このような取引では，なりすまされた本人だけではなく，サイバーモールの開設者やモールの出店者，クレジットカード会社や銀行，商品の搬送を担う宅配業者など，様々な者が取引に関与している。なりすまされた者に損失が生じた場合，誰がどのような場合に，またいかなる範囲で責任を負担することが適切であろうか。

(1) 民法のルールと「なりすまし」

無権限者による取引は，本人がその者に取引権限を与えていたのでなければ，その取引に伴う法的な責任を本人が負うことはない。ただし，無権限者があたかも本人のごとく行動するような原因を本人自身が作っていたならば，本人に責任を負わせることが妥当である。そこで，相手方の信頼や取引の安全を保護するために，民法は一定の要件の下で[16]取引の効果を本人に帰属させる制度を設けている（民法109条・110条。これを表見代理制度という）。

判例もまた，代理人が本人の名で権限外の行為を行い，その相手方が，これ

---

[16] 相手方の善意無過失（知らなかったことに落ち度がない），本人の帰責事由，外観の存在という要件を満たすことが必要である。

を本人の行為であると信じたことに正当な理由があるときは、無権限取引による責任を本人が負うものとしてきた。[17] 電子商取引におけるなりすましによる取引の責任を考える場合も同様に、このような民法のルールに基づいて検討を行うことができる。[18]

(2) 本人確認の方式に合意がある取引

オンライン取引では、事業者（販売者）が本人確認をするために、事業者が顧客に対して特定のIDやパスワードを設定させることがある。これは、事業者と顧客が本人確認の方式についてあらかじめ合意をし、継続的な取引に入ることを意味する。したがって、事前に合意された本人確認の方式に基づいて取引がなされれば、本人の不注意によってIDとパスワードが盗取された場合でも、その「なりすまし取引」の効果は本人に帰属し、事業者と顧客本人の間で契約は成立する。

ただし、事業者側の過失によってID・パスワードが漏えいすることもある。このため、いかなる場合でも事業者の責任を全部免責するような利用規約がある場合は、当該利用規約の有効性が消費者契約法10条との関係で問題になる。消費者契約法10条は、約款等の契約条項のうち、消費者に一方的に不利な条項は無効となるとしている。したがって、なりすまされた本人の利益が信義則に反して一方的に害される場合、当該約款による事前合意は無効となる可能性がある。

なお、特定のIDやパスワードを使用することのない1回限りの取引では、顧客と事業者との間に事前の合意はない。したがって、民法の原則上、事業者と顧客本人の間で契約は成立せず、なりすまし取引について本人が責めを負うことはない。

---

[17] 最判1969・12・19民集23巻12号2539頁は、署名代理の場合に、権限外の行為の表見代理に定める民法110条の規定を類推適用した。
[18] 民法のルール以外にも、「なりすまし」行為によってアクセス制御機能のあるサイトにアクセスする場合は、不正アクセス行為の禁止等に関する法律（同法3条・8条）の対象となり処罰される。また、クレジットカード等の不正利用はもちろん、電磁的データを不正作出しただけでも刑法上の処罰対象となる（刑法161条の2第1項・163条の2など）。

⑶ クレジットカード決済の場合

　オンライン取引では，クレジットカードで代金決済が行われる場合が多い。その際，取引の申込者であるカード会員は申込画面でカード番号や有効期限等のクレジットカード情報を入力する。しかし，カード会員以外の第三者がなりすましてクレジットカード決済をする場合がある（**FIGURE 7-4**参照）。

　この点について，カード会員規約では，通常本人に帰責性があると認められる次の場合を除き，支払義務を負わないことが定められている。第1に，カード会員が善良なる管理者の注意義務をもってクレジットカード及びカード情報を管理する義務に違反したとき，第2に，クレジットカードの盗難・紛失に遭った後，速やかに届け出るなどの措置を講じなかった場合である。

　したがって，たとえば，家族がクレジットカードを使用した場合や，他人にそのカードを貸与したり，カード情報を教えた後でそのクレジットカードを利用された場合，カード会員本人がなりすまされた取引について責任を負う可能性が高い。一方で，クレジットカード加盟店からカード情報が漏えいし使用された場合などは，本人には帰責性がないことから，カード会員は支払義務を負わない。

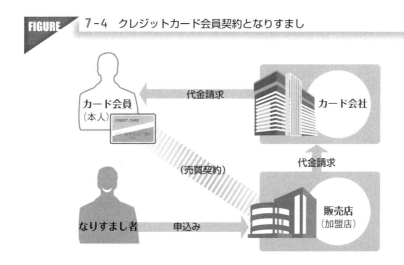

FIGURE 7-4　クレジットカード会員契約となりすまし

3.5 未成年者による意思表示

　法定代理人（親権者または後見人）の同意を得ずに行った未成年者の契約の申込みは，それが電子契約の場合であったとしても，原則として未成年者本人またはその法定代理人により取り消すことができる（民法5条・120条1項）[19]。それでは，ウェブサイトで14歳の中学生が「成年ですか」という質問に「はい」のボタンをクリックして親の許諾を得ずにオンラインゲームを購入した場合，子の親権者はこの取引を取り消すことができるだろうか。

　民法21条によれば，未成年者のような制限行為能力者が自らを偽り，行為能力者であると相手方を信じさせるために詐術を用いた場合，その行為は取り消すことができないとされている[20]。上記の場合，事業者は申込みを受け付ける際，一応の年齢確認措置を講じているにもかかわらず，未成年者が故意に嘘の年齢を通知している。したがって，事業者は相手方を成年者であると判断したと解することができ，親権者は契約を取り消すことができないことになる。

　ただし，この場合は，事業者がどのような年齢確認措置を講じていたかも問題になりうる。準則によれば，事業者は未成年者の取引によるトラブルを未然に防ぐために，合理的な範囲で一定の注意義務を果たすことを求めている。すなわち，事業者としては，未成年者による申込みが取引の性質上どの程度予想されるのか，申込みが取り消された場合のリスクの高さ，未成年者取消しを防止するためのシステム構築に要するコストとのバランス等を考慮して，申込者の年齢や未成年者である場合の法定代理人の同意を確認するシステムを構築する必要がある。

　そうすると，「成年かどうか」に「はい」のボタンを単純にクリックさせるような申込画面の場合は，未成年者が偽って入力をした場合でも，詐術ではないと解されてしまう可能性がある。事業者は申込画面上で「未成年者の場合は親権者の同意が必要である」旨を明確に表示し，警告をした上で，申込者に年

---

[19] 幼年者等の意思無能力者（自己の行為の結果を判断することができる能力がない者）が申込みを行った場合，契約は無効となる。一般的に，7～10歳程度の能力があれば足りるとされるが，あくまでも個別具体的に判断される。

[20] 未成年者が詐術を用いたといえるかどうかについては，年齢や商品等の性質，商品の対象者等の具体的な事情を考慮した上で実質的に判断される。

齢や生年月日の入力を求めるようなシステムを構築しておかなければならないだろう。

3.6 契約の不履行

電子商取引に限らず，商品やサービスの売主による契約違反によって，契約で予定されていた利益を買主が得られなくなることはしばしば起きる。商品が届かないなど，契約の履行がない場合や，商品が届いても契約とは異なる物が送られてきた場合のように，それが契約の趣旨に適合しない場合，買主は原則として売主に契約どおりの履行を請求することができる。また，履行期が到来しても売主からの履行がない場合には（履行遅滞），買主は原則として，売主に対して相当な期間を定めて催告した上で，契約の解除，つまり契約をなかったことにすることができる（民法541条）。[21]

しかしたとえば，インターネット・オークションで正規品として出品されていた中古品の時計を購入した後，それが偽物だったと判明した場合でも，買主は売主に対して正規品の引渡しを請求することはできない。現行法上，中古品のような「特定物」の品質や性能が契約と異なる場合，買主は売主に対して契約の趣旨に適合する物の引渡しを請求することができないからである。ただし，買主がその事実を知った時から1年以内であれば，契約を解除して代金の返還請求をするか（民法570条），[22] 解除せずに損害賠償を請求することもできる（民法415条）。

また，そもそも，売主の広告や表示に不正があったために，買主が誤解して契約を締結した場合は，上記の方法のほかにも，錯誤や詐欺に基づいて契約がなされたことを主張することで，買主は契約関係から離脱することができる。

---

[21] 民法改正法案では，民法541条の解除の要件に，その期間経過時に債務不履行が軽微でないことという要件が加重されている。

[22] インターネット・オークションで売買された中古車アルファロメオについて，ガソリンタンクにガソリン漏れが発見された事案（東京地判2004・4・15判時1909号55頁）や，車両の走行距離がそのメーターに表示されたものと大幅に異なっていた事案（大阪地判2008・6・10判タ1290号176頁）において，民法570条に基づく売主の責任が認められた。なお，民法改正法案では，民法570条に関して，売主は代金減額など，契約不適合の内容に応じて後日に完全な履行をする義務（売主の追完義務）が加えられている。

さらに，説明義務違反を理由に，売主に対して不法行為に基づく損害賠償を請求することもできる（民法709条）。BtoC取引であれば，消費者契約法4条の規定に基づいて，不実告知（重要事項について客観的事実と異なる説明をすること）に基づく取消しや不利益事実の告知に基づく取消しを主張することも可能である（特定商取引に関する法律に基づく契約の解除については，後述 **4**.3 を参照）。

3.7　モール及びオークションサイト運営者の責任

モールやオークションサイトでの取引は，主として取引の「場」を提供する運営者と，出店者（出品者）及び消費者（落札者）の三者で構成されている。取引の「場」を通じて利用者間で取引が行われ，そこで何らかのトラブルが生じた場合，契約当事者ではない運営者が一定の義務や責任を負う必要があるかどうかについては議論がある。

(1) 当事者間トラブルへの対処

モール等の運営者は，利用規約において，出店者と消費者による当事者間の取引に関して一切の責任を負わないと明示することがある。しかしたとえば，購入した商品が届かず，出店者に連絡をしても連絡が取れない場合や，欠陥のある商品がモール等で販売されている事実を認識しながら運営者がこれを漫然と放置し，消費者に被害が生じているような場合，運営者が何らの責任も負わないとするのは妥当ではない。

準則は，このような場合，運営者が不法行為責任又はモールの利用者に対する注意義務違反（出店者管理義務違反）に基づく責任を問われる可能性があるとしている。同様の考え方はオークションサイトでの取引にも当てはまるだろう。

そこで，モール運営者の中には，金額や申請回数に一定の制限を課してはいるが，消費者に対して補償制度を実施し始めた事業者もある。ただし，このような補償規定には多くの例外事項があるようである。このため，消費者契約法10条に照らし，当該補償規定が消費者に一方的に不利益な条項にあたるかどうかには注意を払わなければならない。[23]

(2) システム障害

運営者の利用規約は，モールやオークションサイトのシステムが正常に作動しないことについて，運営者が免責される旨を定めていることがある。たしかに，コンピューターシステムの性質上，システムにバグやエラーなどの一定の不具合が生じることは避けられない。しかし，オークションサイトをめぐる名古屋地判 2008・3・28 判時 2029 号 89 頁では，運営者に欠陥のないシステムを構築してサービスを提供すべき義務があることを認めた。[24]

もっとも，運営者が通常期待される注意義務を尽くしているかぎり，運営者はシステムの管理・運営上の責任を負うにとどまり，利用契約上の債務不履行に基づく損害賠償責任を負うことはない。[25] ただし，いかなる場合に注意義務が尽くされたといえるかどうかについてはさらに具体的な検討が必要である。

(3) モール運営者の名板貸責任

モールの出店者がモール運営者と誤認されるような外観を有するかたちで営業している場合，出店者と取引をした購入者が，取引相手をモール運営者と間違える可能性があるかもしれない。購入者が出店者との取引によって損害を被った場合，モール運営者を契約相手と信じた購入者は，この運営者に対して損害賠償責任を追及することができるだろうか。

この問題を解決する際には，テナントに出店を認めていたスーパーマーケットに対して，名板貸の責任を類推適用した事例（最判 1995・11・30 民集 49 巻 9 号 2972 頁）が参考になる。名板貸とは，他人に自己の会社の名称（商号）等を使用して営業（又は事業）をすることを許諾することをいう（**FIGURE 7-5** 参照）。商法 14 条及び会社法 9 条は，その他人を名板貸人として誤認した第三者に対して，名板貸人がその他人と連帯して，相手方（第三者）に債務を弁済する責任を負うと定めている。ただし，名板貸人が責任を負うためには，名板貸人が

---

23) オークションサイトの補償規定の有効性に関して，広島地判 2005・5・31 判例集未登載 などがある。
24) ジェイコム株誤発注事件では，取引所に利用契約上のシステム提供義務が認められた（東京高判 2013・7・24 判タ 1394 号 93 頁）。
25) 前掲注15)東京高判 2014・1・30，東京地判 2012・10・31 金判 1440 号 22 頁。

FIGURE 7-5　名板貸人の責任の類推適用

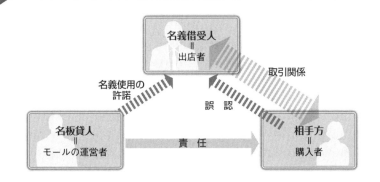

営業主であるという外観が存在していること，名義の使用を許諾したこと，相手方が名板貸人を営業主と誤認したという3つの要件が満たされていることが前提になる。

　これをモール運営者についてみると，外観の作出に関しては，契約上の支払手段のほか，商号や商標などの利用関係，ウェブページの画面構成や広告の利用方法などが総合的に考慮されることになるだろう。もっとも，購入者が通常の注意を払えば，モール運営者と出店者を区別することができたような場合は名板貸の責任の射程から外れることになる。

　ところで，取引の「場」を提供するモールやサイトの運営者の義務を考えるにあたっては，市場を運営する取引所の義務について想起してみるとよい。たとえば，金融商品取引所は，市場の公正性や信頼を担保するために，監督者の下で上場金融商品の品質や運用システムの管理の徹底を図るよう，自主規制業務を適切に遂行する義務を負っている（金融商品取引法84条）。電子商取引市場は，これを包括的に管理する者がいないだけに，モールやサイトの運営者は，自治の精神に基づき，安全・安心な市場を提供することに配慮する努力義務を負っていると考えられる。

4 ウェブサイトの表示に関する消費者保護の仕組み

インターネット取引では，ウェブサイトの表示が商品やサービスの内容，取引条件等についての唯一の情報源になる。これらの情報は事業者から一方的に提供されるため，事業者と消費者の間に情報力の格差が生じやすい。しかも，ウェブページの画面上の制約により，消費者の視覚に収めることができる情報には限りがあり，情報格差を増幅する。他方で，電子契約は個人の単独の機械操作によって完結することが通常であることから，誤操作や判断ミスが誘発されやすい。

インターネット取引のこのような特質を踏まえて，ウェブ上でなされる表示に関連する行政による規制と業界独自の取組みにはどのようなものがあるのかをみることにする。

4.1 広告規制

広告は，直ちに確定的に契約を成立させる意図をもって行われるものではない。しかし，「申込みの誘引」としての広告表示は契約が成立する過程で重要な役割を担う。

(1) 不当景品類及び不当表示防止法（景品表示法）による規制

景品表示法は，事業者が商品やサービスの品質・内容・価格等を偽って表示することがないように厳格なルールを定めている。インターネット取引における表示もまた不特定多数の者に向けられた広告と位置づけることができ，景品表示法の規制に服する。すなわち，事業者は商品やサービスの品質・規格等の内容を実際よりも著しく優良に見せかけたり（優良誤認表示），価格その他の取引条件を有利であると誤認させる表示（有利誤認表示）を行うことを禁止される（景品表示法5条）。優良誤認表示行為と有利誤認表示行為は課徴金の対象となることが予定されている（2016年春頃施行の見込み）。

また，消費者庁は(1)「消費者向け電子商取引における表示についての景品表示法上の問題点と留意事項」及び(2)「インターネット消費者取引に係る広告表示に関する景品表示法上の問題点及び留意事項」（以下，「インターネット広告ガイドライン」という）を公表し，ハイパーリンク（文字列などをクリックすると他の場所にジャンプする仕組み）の手法を利用する際などの，インターネット取引特有の広告表示に関する留意点を明らかにしている。とりわけ，(2)では，フリーミアム（基本的なサービスを無料で提供し，付加的なサービスを有料で提供するビジネスモデル。ゲームをプレイできるサービスや動画の配信サービスなどで利用されている）やフラッシュマーケティング（商品やサービスの価格を割り引くなどの特典付きのクーポンを，期間を限定して一定数量販売するビジネスモデル）などの新しいビジネスモデルを利用した広告表示について，景品表示法違反となりうる具体例を示し，消費者に誤認を与える表示が行われないよう，事業者の注意を喚起している。

(2) 特定商取引に関する法律（特定商取引法）による規制

　特定商取引法は，通信販売業者（営利の意思を持って反復継続して販売を行う場合は，法人・個人を問わず事業者に該当する）[26]に対して広告規制を布いている。

　まず，特定商取引法は，代金の支払時期や方法，事業者の氏名（名称）・住所・電話番号のような一定の事項の表示を義務づけることで，隔地者間取引から生じる取引上のトラブルや，事業者の「雲隠れ」現象を未然に防いでいる（法11条，施行規則8～10条）。また，商品等に関する誇大・不実の広告を禁止しており（法12条），本条に違反するおそれがある広告をした事業者は，期間を定めて，その広告に表示された内容の裏付けとなる合理的な根拠を示す資料の提出を求められる（法12条の2）。

　また，電子メール広告の受信の承諾をしていない者に対して，電子メール広告を送信することが原則として禁止されている（オプトイン規制。法12条の3）。[27]

---

[26] インターネット・オークションでは，個人が多数の不要品や趣味の収集物等を販売していることも多い。しかし，特別の事情がないかぎり，販売業者に該当する場合がある（消費者庁「インターネット・オークションにおける『販売業者』に係るガイドライン」を参照）。

[27] 契約の成立や商品の発送のような，契約内容や履行に関する事項等を通知する電子メールに付随して，広告を行う場合等は例外として認められている（法12条の3第1項1号）。

このため，電子メール広告の送信を拒否する意思を消費者が表示することができるように，事業者は必要な情報（URLやメールアドレス等）を表示しておかなければならない。さらに，不適正な申込画面の仕組みや表示方法を用いることで，顧客の意に反して契約の申込みをさせようとする行為が禁止される（法14条1項2号，施行規則16条）。

以上の規定に違反した場合，主務大臣等・都道府県知事は，販売業者等に対して報告若しくは帳簿，書類その他の物件の提出を命じ，又は販売業者等の店舗や事業所の立入検査をすることがある（法66条1項・68条）[28]。また，違反は業務改善指示や業務停止命令の対象となるばかりでなく（法14条・15条），誇大広告の禁止違反，オプトイン規制違反，業務改善指示及び業務停止命令に違反した場合，懲役又は罰金に処せられることがある（法70条以下）。さらに，販売業者等が，著しい虚偽・誇大広告を現に行い又は行うおそれがあるときは，適格消費団体（法58条の19）から，それらの行為の差止め又は予防に必要な措置を取るように求められる。

4.2 ステルスマーケティング

「ステルスマーケティング（stealth marketing）」とは，商品・サービスの広告宣伝を依頼する事業主（以下，「広告主」という）が消費者に悟られないように宣伝を行う販売促進活動をいう。一般には「ステマ」という略称で知られ，その広告手法は，敵のレーダーに戦闘機を探知されないようにする技術と似たものがある。

たとえば，口コミ情報の交換サービスを提供する「口コミサイト」や，ブログのように，個人が情報提供を行うウェブサイトなどでは，ある商品やサービスに関して個人の感想や意見，評価などが述べられることがある。しかし記事執筆者が広告主から報酬を得るなど，執筆者と広告主に関係があることが伏されていれば，消費者は記事が公正さに欠けていることを容易に見抜くことがで

---

[28] なお，各官公庁は定期的にインターネットを介して電子商取引サイトの法令遵守の状況を点検している（「インターネット・サーフ・デイ」と呼ばれる）。違反の事実があればメールで警告や啓発を行い，一定期間経過後に再調査を行っている。

きない。わが国でも，2012年1月，グルメサイトに関連して，好意的な口コミ記事のねつ造を請け負う事業者が飲食店と共同してステマを行っていたことが報道された。これを契機にして，消費者を欺く「ステマ」が社会問題化した。

ところが，外国為替相場等を予想して売買を行う「バイナリーオプション」などの金融取引を紹介するブログにおいて，アフィリエイター（自身のウェブサイトやメールマガジンに広告を掲載し，掲載した広告を通じて商品やサービスが購入されるなどの成果があると，広告主から報酬を受け取る者）が無登録金融業者等のバナー広告を貼り，閲覧した消費者を違法な取引に誘導するようなステマもなお後を絶たない。また，事業者自らが口コミサイトに投稿し，競争事業者の商品やサービスの評判を貶める「逆ステマ」が行われることもある。

たしかに，このような広告宣伝手法は，並び屋が店の前で行列を作る「サクラ」や，医学的な根拠もなく健康食品の効能を謳う「やらせ」のように，これまでも事業者によって利用されてきた。消費者を欺くという点では，「サクラ」も「ステマ」も問題の本質においては変わらない。しかし，「ステマ」がより深刻な問題を生じさせるおそれがあるのは，インターネットの匿名性・拡散性・瞬時性が相まって，消費者を欺く不当な情報が瞬時に大規模に拡がることにある。また，一旦拡散した誤情報が修正されることはまれである。しかも，消費者の行動は感情に左右されやすいという特質がある。情報不足や自己判断に不安があると，人は同調行動を起こしやすいため，口コミ情報は消費者にとって相当な影響力をもつ。行動経済学や社会心理学の研究成果が徐々に明らかにしているこのような消費者行動の本質を前提にすれば，ステマは厳格に規制されなければならないものといえる。

このため，消費者庁の「インターネット広告ガイドライン」（**4**.1 (1)参照）では，事業者が顧客を誘引する手段として口コミサイトに情報を自ら又は第三者に依頼して口コミ情報を掲載した場合，当該事業者の商品・サービスの内容や取引条件について，実際のもの又は競争事業者よりも著しく優良又は有利であると一般消費者に誤認されるものである場合は，景品表示法上の不当表示として問題になるとしている。

もっとも，アメリカの連邦取引委員会の定めた「広告における推奨及び証言の使用に関する手引き（Guides Concerning the Use of Endorsements and Testimonials in Advertising）」とは異なり，現行法上，わが国は広告主との重要な関係を開示

させる等の[29]行為義務を，広告を依頼されたブロガーなどの第三者に対して課していない。しかし少なくとも，広告主は第三者が行う広告の適正性について監視を行い，法令違反がないかをチェックする信義則上の義務を負っていると考える余地がある。

4.3 特定商取引法上の返品権

インターネット通販をはじめとする通信販売は，訪問販売等と違い，消費者が販売業者等から不当な圧力や影響を受けることが少ないと考えられている[30]。このため，消費者から無条件で，つまり送料負担なく申込みの撤回と契約の解除を行うことができる「クーリングオフ制度」が用意されていない。

しかし，事業者が広告中に返品の可否や条件，返送料の負担の有無（いわゆる「返品特約」）を広告に表示していない場合は，商品到着後8日以内であれば，送料消費者負担で返品をすることができる（法11条4号・15条の2）。「返品特約」は，消費者保護という規定の趣旨から，その法的性質は解除権留保型の契約と解されており，購入者が売買契約の解除を望む場合は，書面によることなく，受領した商品を事業者に返品することによって契約を解除できるとされている。

したがって，事業者がこのような不利益を被らないためには，あらかじめ「返品不可」という表示を行うか，返品期間等の返品条件を広告画面に明示しなければならない（経済産業省「通信販売における返品特約の表示についてのガイドライン」を参照）。しかも，その表示は購入者にとって，容易に認識できる方法でなされなければならず（施行規則9条3号），特に「最終申込画面」で返品特約を表示しない場合は，返品特約が無効になる場合がある（施行規則16条の2）。

---

[29] インターネット広告業界では，自社が運営するブログにおいて，宣伝記事にPRマークを掲載することを義務づける取組みなどが始まっている。
[30] インターネット通販業者のウェブサイト上の表示が「勧誘」に該当するかどうかについては議論がある。

4.4　事業者団体による自主規制

　インターネット関連の技術は日々進歩しており，それに伴い様々なサービスが生まれている。しかし新しいサービスは消費者にとって必ずしも有益なものばかりではない。消費者の安心・安全を脅かすようなインターネット取引に迅速に対応するためには，その業務を熟知する者による，実際的で妥当なルール作りが欠かせない。自主規制は，同業者間の商業倫理であるために，法令によるよりも高いレベルの規制を実施することができる点で意義が大きい。

　消費者保護の分野で国際的な取組みを行っているOECD（経済協力開発機構）は，「電子商取引に関する消費者保護ガイドライン」を公表している。わが国でも，公益社団法人日本通信販売協会等が「通信販売業における電子商取引のガイドライン」を作成し，特定商取引法及びその他の関係法令に基づき，事業者が遵守すべき基本的な方針を定めている。

　また，日本通信販売協会は消費者がインターネット通販を利用する際に，適正な販売業者であるかどうかを判断するための目安として利用できるように，オンラインマーク制度を運用している。同制度の目的は，インターネット通販の促進と消費者保護を両立させることにある。

　オンラインマークの申請は，日本国内に事業拠点があり，インターネット通販について1年程度の活動歴があれば，法人・個人にかかわらず行うことができる（ただし，申請の日前3年以内にオンラインマーク付与の認定の取消しを受けた事業者等，一定の欠格事由に該当する場合を除く）。また，申請は事業者の申請に基づいて行われており，所定の審査を経て，適正と認められた場合にオンラインマークが付与される。オンラインマークがウェブサイトの画面上に表示されることで，消費者は，通信販売事業者が実在すること（商業登記簿謄本等による確認）や事業者が特定商取引法の広告表示義務を遵守していることなどについて信頼をおくことができる。

CONCLUSION
おわりに
●電子契約の法的課題

　電子契約の自動性，つまり，契約の締結過程に人が介在しないという特性からくる問題と，匿名性・瞬時性・拡散性・安全性の低さからくる問題を克服するためには，技術的な面からの解決を図るか，あるいは，事前に当事者間で独自のルールを定めることによって対処することができるかもしれない。その際，道具としてコンピューターを利用する人の，その使用について一定の慎重さ（注意義務）を求めておくことが特に重要になる。

　しかし，実在するかどうかもわからない相手と空間を越えて取引をする場合は，その注意水準にも自ずと限界が生じる。しかも注意水準に対する考え方は一様ではない。加えて，当事者同士では電子契約の不確実性から生じる問題を事前に把握し尽くすことができないという問題もある。このような不確実性に可能な限り対処し，当事者の利害のバランスを保つためには，普遍性や合理性のあるルールがあらかじめ存在していることが望ましい。

　たしかに，わが国では電子商取引に関連して，上記でみたような包括的な民事ルールと具体的な行政による規制が協働し，業界団体のソフトローがこれを補完している。しかし，電子商取引と契約に関する法の体系は複雑であり，決して分かりやすいものとはいえない。今後，電子契約に固有の問題に対処する法的枠組みの一体性をどのように確保していくかが課題となろう。

考えてみよう

1　意思のないコンピューター・プログラム同士によって行われる契約が成立する根拠はどこに求められるだろうか。それが自律的なコンピューター・プログラムによって行われた場合は，どのように考えたらよいだろうか。

2　契約締結過程でシステム障害が生じうる危険に備えて，取引でコンピューターシステムを利用している事業者は過失を問われないために，事前にどのようなことを検討しておかなければならないだろうか。

3　ステマはなぜ規制さなければならないのだろう。本文で述べた理由以外にも理由がないか考えてみよう。

もっと詳しく知りたい方は　REFERENCE

松本恒雄 = 齋藤雅弘 = 町村泰貴編『電子商取引法』（勁草書房，2013）

日本弁護士連合会編『消費者法講義〔第 4 版〕』（日本評論社，2013）

齋藤雅弘 = 池本誠司 = 石戸谷豊『特定商取引法ハンドブック〔第 5 版〕』（日本評論社，2014）

内田貴「IT 時代の取引と民事法制」法学協会雑誌 118 巻 4 号（2001）481-519 頁

沖野眞已「インターネット取引——消費者が行うインターネットによる商品の購入契約」加藤雅信ほか編『野村豊弘先生還暦記念論文集　二十一世紀判例契約法の最前線』（判例タイムズ社，2006）

磯村保「インターネット・オークション取引をめぐる契約法上の諸問題」民商法雑誌 133 巻 4 = 5 号（2006）684-702 頁

河野俊行「インターネットオークションの法的分析(1)(2・完)」NBL730 号 13 頁，同 733 号（2002）70 頁

村田厚生『ヒューマン・エラーの科学』（日刊工業新聞社，2008）

森田宏樹「『電子消費者契約』における消費者の意図しない意思表示について」ダニエル・フット = 長谷部恭男編『融ける境 超える法 4　メディアと制度』（東京大学出版会，2005）

宇賀克也 = 長谷部恭男編『情報法』（有斐閣，2012）第 9 章・10 章〔山本豊〕

電子商取引の支払いと決済，電子マネー

森田 果

1 電子商取引の支払いと決済の仕組み

1.1 現金以外の支払手段の必要性

　電子商取引における支払い・決済のあり方は，通常の（商）取引における支払い・決済と似ている部分と似ていない部分とがある。（商）取引と一口に言っても，BtoC（消費者・業者間取引）・BtoB（業者間取引）・CtoC（消費者間取引）とに大別できる。これらのうち，BtoBについては，電子取引であっても通常の（オフラインの）取引であっても，大差はない。個別の取引毎に支払い・決済がなされるのは稀であり，1ヶ月分などの単位で取引をまとめて，翌月などに一括して支払い・決済を行うのが通常であろう。この場合の支払い・決済は，銀行振込によって行われるのが一般的である（場合によっては手形・小切手・電子記録債権も使われる）。かかる銀行振込をめぐる法的問題は，電子商取引であろうと通常の商取引であろうと違いはない。

　これに対し，BtoCやCtoCの電子商取引の場合には，通常の（商）取引とは異なった形で支払い・決済がなされることが多くなる。[1] BtoCやCtoCのオフラ

インの(商)取引においては，現金で支払い・決済が行われる場合が多い。もちろん，最近では，電子マネーやクレジットカードによる支払い・決済が行われる場面も増えてきたけれど（現金のハンドリングコストの削減・ポイント獲得目的などさまざまな動機がある），現金が利用されるケースが未だに多数を占めている。

しかし，電子商取引において，現金による支払い・決済をすることは非効率的である。たとえば，インターネット上のオンラインストアで書籍を購入したとしよう。この場合にもし現金による支払い・決済をしなければならないとしたら，購入者は原則として売主たる債権者の住所地にまで出向いて現金による弁済の提供をしなければならない（民法484条）。しかし，これではせっかくインターネットを使って自宅に居ながらにして物品を購入したメリットが大幅に減殺されてしまう——現金書留で現金を郵送するという手がないではないけれども。電子商取引のように隔地者間での取引が前提とされている場合に，現金による支払い・決済を行うことは，禁止的に高コストなのである。そこで，電子商取引において売買代金の支払い・決済を行うためには，現金以外の支払手段を利用することが合理的な選択となるのが一般的である。

1.2 銀行振込

現金以外の支払手段としてまず考えられるのは，銀行振込であろう。購入者は，売主の指定した銀行口座に対して，ATM・銀行窓口・オンラインバンキングから売買代金を振り込むことで，支払い・決済を行う。銀行振込が，取引の目的物の発送（あるいは引渡し）前に要求されている場合（前払い）もあれば，取引の目的物の受領後に要求されている場合（後払い）もある。いずれの場合であっても，目的物の引渡しの代金の支払いとが同時履行の関係に立たないため，前払いのケースであれば購入者が目的物の引渡しを受けられないリスクを負担するし，後払いのケースであれば売主が代金不払いのリスクを負担することになる。

---

1) そもそも，CtoCの商取引は，売主と買主とのマッチングにコストがかかるため，電子商取引以外では行われることが稀である。

1.3 収納代行

　後払いによる銀行振込とよく似た支払手段が，コンビニエンスストアなどによる収納代行である。収納代行が利用される場合，売主は電子商取引の目的物とともに払込票を購入者に送付し，購入者は，目的物の受領後に当該払込票をコンビニエンスストアに持参し，売買代金を支払う。売買代金を受け取ったコンビニエンスストアは，そこから手数料を差し引いた上で売主の銀行口座に後日入金する。

1.4 クレジットカード

　銀行振込のほかに頻繁に利用される支払手段としては，クレジットカードもある。クレジットカードを利用する場合，購入者は売主に対して，クレジットカードに関する情報（カード番号・名義人・有効期限・セキュリティコードなど）を伝える。売主は，カード会社に照会して当該取引について承認が受けられれば，購入者に対して目的物を発送する。後日，カード会社から売主に対して手数料を差し引いた金額が払い込まれ（法律構成としては債権譲渡と第三者弁済とがある），カード会社はその月の取引を合算してから翌月にカード保有者（購入者と一致することが多い）に対してカード利用代金として請求する。カード保有者は，カード利用代金を一括して支払ってもいいし，分割払い（リボルビング払いも含む）で支払ってもよい。このように，クレジットカードを利用して支払い・決済を行った場合，売主は売り上げ後にカード会社から入金を受けるのに対し，購入者はそれよりも1ヶ月程度後にカード会社に売買代金相当額を支払うことになるから，購入者はカード会社から信用供与（借金）を受けていることになる。

1.5 電子マネー

　もっとも，クレジットカードに関する情報をオンラインでやりとりすることに懸念を抱く者——このような情報は暗号化されてやりとりされるのが通常だが，SSLなどの暗号化技術に脆弱性が発見されることもある——は一定数存在しており，それらの者はクレジットカードの電子商取引での利用を差し控える

だろう。このような者が電子商取引の利便性を享受したい場合には，前述した銀行振込を利用する手があるが，電子マネーを利用するという手もある。電子マネーには，ICカードや携帯電話などのデバイスが利用されるタイプのものと，オンライン上で利用されるタイプのものとがある。後者のタイプの電子マネーは，サーバー型電子マネーと呼ばれることがある（WebMoney・BitCashなど）。これに対し，前者のデバイスが利用されるものには，プリペイド式電子マネー（Suica・WAON・nanaco・Edyなど）とポストペイ式電子マネー（QUICPayなど）の2種類のものがある。ポストペイ式電子マネーは基本的にクレジットカードと同じもの──少額取引を主要なターゲットとしたクレジットカードと考えればよい──であるが，プリペイド式電子マネーについては性質が異なる。

(1) プリペイド式電子マネー

プリペイド式電子マネーにおいては，購入者（電子マネー保有者）が電子マネーの発行体に対して事前に資金を移動することによって，一定の金額に相当する電子マネー上のデータを取得する（チャージと呼ばれることが多い）。電子商取引においてこの電子マネーを支払い・決済に利用するためには，売主に対して，目的物の売買代金の代わりに電子マネー上のデータを移転する。このデータの移転によって，購入者の電子マネーの残額はその分減少する。売主は，後日，受け取ったデータに相当する金額（手数料差引き後）の銀行口座への振込みを電子マネーの発行主体から受けることを前提に，このような電子マネーによる支払い・決済を受け入れることになる。プリペイド式電子マネーにおいては，クレジットカードと異なり，事前にチャージした金額までしか利用できないので，電子マネーを盗難された場合に無制限に（ただし利用限度額まで）他者に自己資金を利用される危険性は低い。

(2) サーバー型電子マネー

これに対し，サーバー型電子マネーは，コンビニ・ゲームショップなどの店頭やオンライン取引でパスワード（複数桁の番号）を購入し，それを入力して購入金額の範囲内で支払いに利用するという仕組みであり，オンラインゲームや音楽等のコンテンツダウンロードに多く利用されている。サーバー型電子マネーの場合は，電子データが利用者から加盟店に直接移転されるわけではない

から，IC カードなどのデバイスが利用される場合と同じような意味での「電子マネー」であるわけではない。発行されるパスワードやカード上の情報を本人確認の手段として，加盟店に対する資金移動（銀行振込）の指図が実行される仕組みであり，決済手段は電子データというよりも預金債権である[2]。

1.6 代引き（代金引換）

　以上に見てきた銀行振込・クレジットカード・電子マネーは，いずれも支払い・決済のタイミングが電子商取引の目的物の引渡しのタイミングとずれていた。しかし，電子商取引においては，購入者が目的物を現実に受領するまで，目的物が期待通りのものかどうかの確信を持てるとは限らないし，売主も，購入者が代金債務の支払いを履行してくれる信頼に足りる人物かどうかの確信を持てるとは限らない。このため，目的物の引渡しと代金の支払いの同時履行を達成したいというニーズが，通常の(商)取引よりも高くなることが考えられる。そのようなニーズに応える支払い・決済手法が，宅配業者による代引きである。代引きにおいては，電子商取引の目的物を宅配業者が購入者の指定した場所まで運び，そこで目的物の受領と引替えに購入者が宅配業者に売買代金（と手数料）を支払い，宅配業者は後日売買代金を売主に入金する。したがって，代引きにおいては，目的物の給付と代金支払いの同時履行が，購入者の指定場所で発生することになる。

---

[2]　もっとも，IC カードなどのデバイスを利用した電子マネーにおいても，必ずしも電子データが純粋な決済手段であるというわけではない。たとえば，Suica の場合，確かに IC カード上に，残額（と過去の取引履歴）に関する電子データが記録されているけれども，それが Suica の真正な記録なのではない。各 IC カードに関する真正な残額は，Suica のサーバー上に記録されているのであり，Suica の利用者が端末に IC カードをかざすたびにサーバー上の記録との整合性がチェックされた上で，IC カード上の記録が書き換えられている。何らかの事情により IC カード上の記録に不整合が発生した場合には，サーバー上にある真正な記録を使って IC カード上の記録は修正される。この意味で，本文で述べた区別は相対的なものにすぎない。

2 支払い・決済をめぐる法的問題

2.1 リスクの分配

　売買のような商取引が行われた場合に，現金によって支払い・決済を行うと，それによって直ちに，買主は確定的に資金を失い，他方で，売主は確定的に資金を獲得する。買主から売主への資金移動は即座に確定的に完了し，これによって買主が売主に対して負っていた対価支払債務は消滅する。このように，債務を消滅させるような確定的な資金移動が実現した状態は，決済完了性（finality）と呼ばれる。これに対し，**1**で見てきたような現金以外の支払手段は，いずれも現金の完全な代替物ではない。それらが現金の不完全な代替物にすぎない以上，現金による支払い・決済には存在しなかったさまざまなリスクが介在してくることになる。

　現金以外の支払手段について，現金のような「確定的な資金移動を実現させて決済プロセスを完了させる」という効果を直ちに導いてよいかどうかは自明ではない。たとえば，クレジットカードや電子マネーが盗難に遭い，第三者が勝手にそのカードを使ってしまった場合，そのような支払いの効果はどうなるのだろうか。売主から提供された商品やサービスに欠陥があって，売買契約等を解除したかったり瑕疵担保責任（売買の目的物に瑕疵〔当該物が取引上通常有すべき品質を欠いていること〕があり，当該瑕疵が取引上要求される通常の注意をもってしても発見することができないものである場合に，買主が契約の解除をすることができ，解除できない場合には損害賠償の請求ができる制度）を追及したかったりした場合，そのことをもって支払プロセスを停止できるのだろうか。このように現金以外の支払手段を活用する際に発生する多様なリスクを，誰に，どのように配分するのかを決めるのが，法ルールや約款（事業者が不特定多数の利用者との間の契約を定型的に処理するためにあらかじめ作成した契約条項）の重要な役割である。

　たとえば，代金を支払う買主側から見ると，「間違った相手に支払ってしまった場合，その支払いの効力はどうなるのか？」「他人が自分のふりをして自分の資金を支払ってしまった場合，その支払いの効力はどうなるのか？」「デー

タの入力を間違った場合，その支払いの効力はどうなるのか？」「支払い・決済のプロセスの途中でデータが消滅したり改変したりしてしまったら，その支払いの効力はどうなるのか？」「売買契約を取り消したり解除したりした場合，その支払いの効力はどうなるのか？」などのリスクが存在する。代金を受け取る売主側から見ても，「支払い・決済のプロセスの途中でデータが消滅したり改変したりしてしまった場合，その支払いの効力はどうなるのか？」「最終的に資金を受け取る前に支払人あるいは決済機関が倒産してしまった場合，資金移動を受けられるのか？」「支払人から後で『先ほどの支払いは間違いだった』と言われた場合，その支払いの効力はどうなるのか？」といったリスクがあるだろう。

2.2　デフォルトルールの設定

これらのリスクをどのように配分するのかについては，当該支払手段を利用する当事者同士で交渉して，その最適なあり方を決められるのであれば，それに越したことはない。しかし，契約の当事者になっていない者同士が交渉することには禁止的なコストがかかるし，社会の中で無数に行われる取引についていちいち交渉で合意内容を決定していくことには，コストの重複が多く発生して無駄である。さらに，支払手段が多くの当事者によって反復継続して利用されることが想定される存在である以上，その内容はある程度標準化していることが望ましい。そこで，法ルールあるいは約款は，「もしも当事者が交渉したのであれば，たいていの場合は合意によって自発的に選択されるであろう」と思われるようなリスク配分を採用すること（いわゆる多数派デフォルトルール）が，一般的には望ましい。そうすることによって，望ましいリスク配分を実現できるし，当事者による交渉コストも節約できるからである。

2.3　ルール設定の視点

最適なリスク配分の実現を考える際に重要なのが，1 で取り上げた支払手段の構造的ないくつかの特徴である。まず，1 で取り上げた支払手段はいずれも，ユニバーサル（普遍的）なシステムではなく，ネットワーク型のシステ

ムである。ネットワーク型のシステムにおいては，そのネットワークに参加している者しか，その支払手段を利用できない。たとえば，クレジットカードは，カード会社に申し込んでカードの交付を受けたカード利用者と，カード会社と契約を結んでいる加盟店（VISA や MasterCard など国際的なクレジットカードブランドのステッカーが貼ってある店）との間でしか使えない。これに対し，現金のほか，小切手や手形などの有価証券は，特定のネットワークに加盟していなくとも，誰に対する支払いについても，法ルール上は，利用可能である（実際に小切手や手形による支払いを受け入れてくれるかはまた別である）。ユニバーサル型システムに比べると，ネットワーク型システムは，事前に利用者のチェックができたり，履歴を残しやすかったりという点で安全性が高いというメリットがある。

次に，**1** で取り上げた支払手段はいずれも，オープン・ループ型の支払手段ではなく，クローズド・ループ型の支払手段である。クローズド・ループ型の支払手段においては，証券・電子マネーなどの決済手段を，いったん発行機関に対して戻さないと決済を行うことができない。これに対し，オープン・ループ型の支払手段においては，決済手段をいったん発行機関に戻す必要がなく，当事者間で何度でも支払いに利用することができる。オープン・ループ型の支払手段の典型例が現金である。オープン・ループ型の支払手段においては，不可避的に決済手段の偽造変造などのリスクが増えたり，決済完了性が付与される時期が遅くなったりしてしまうという不都合性がある。クローズド・ループ型の支払手段は，発行機関での事務処理量が増えるというデメリットがあるけれども，電子化が進むことによってそのコストが小さいので，オープン・ループ型の持つ欠点を克服できるメリットの方が大きくなっているのである[3]。

それでは，さまざまな支払手段に，どのような法的問題があるのかを見ていこう。

---

3) もっとも，後述するビットコインのように，オープン・ループ型でありながら，そのデメリットを小さくするような仕組みを採用する——部分的にクローズド・ループ型の仕組みを取り込む——ことによって，実用性を達成している支払手段もある。

3 電子マネーをめぐる法的問題

3.1 電子マネーの仕組み

　電子マネーのうちで，最も多く利用されているプリペイド式電子マネー（サーバー型電子マネーの多くも基本的に同じ）では，利用者は，一定の金額を事前に支払うことで電子マネーというデータを「購入」する（入金・チャージ）。実際には，ICカードなどデバイスを利用者に発行するイシュア（カード発行会社）が自ら電子マネーを発行するのではなく，背後の運営会社に発行業務を委託していて，運営会社から利用者に対してデータが発行されるのが通常である。

　利用者が，電子商取引などで加盟店に対して電子マネーで支払いを行い，購入代金の代わりに電子データが利用者から加盟店に移転すると，加盟店契約上，運営会社が加盟店から当該データを買い取る義務が発生する。電子マネーカードの利用規約（運営会社と利用者の間で締結される約款）には，「加盟店に対しては電子マネーによる代金の支払いができる」と規定されていることが多い。その法律構成まで明らかにされていることはあまりないが，データの移動による代物弁済（債務者が，債権者の承諾を得て，その負担した給付に代えて他の給付をした場合，当該給付が本旨弁済と同一の効力を有する制度。民法482条）を，加盟店が包括的に承諾するという法律構成を採用しているのではないかと推測される。

3.2 原因関係と支払関係

　さて，現金ではなく，電子マネーなど現金以外の支払手段を（電子商取引において）利用した場合には，2つの法律関係が（少なくとも観念的に）存在すると考えるのが便利である（論理必然ではない）。すなわち，売買契約などの支払い・決済を引き起こす原因となる「原因関係」と，当該支払手段を使った「支払関係」とである。前者の原因関係には，間違った商品を購入した（錯誤），購入してみたけれど欠陥商品・サービスだったので債務不履行を理由に解除したい，売買代金と異なる金額のデータ移動がなされた，などといった瑕疵が発

生することがある。このように原因関係に瑕疵があった場合に、電子マネーによる支払いの効力に影響があるのだろうか。

　この場合、論理的には、支払関係は原因関係の瑕疵の影響を受けず、原因関係に瑕疵があっても支払関係の効力には何ら問題は発生しないという無因構成と、支払関係が原因関係の瑕疵の影響を受けるという有因構成とがありうる。多くの電子マネーの約款では、原因関係の瑕疵は支払関係に影響しないという無因構成を採用している。つまり、仮に売買契約に無効取消しなどの瑕疵があったとしても、買主は電子マネーの運営主体に対して支払いの無効を理由にデータあるいは代金の返還を求めることはできない。買主は、原因関係たる電子商取引の売主に対し、原因関係に基づいて不当利得返還請求などを行っていくしかない。

　このような無因構成は、一見、消費者たる買主の保護に欠けるように見えるかもしれない。しかし、錯誤や債務不履行解除の認定は、非常に複雑な事実確認作業が必要となる。原因関係に直接携わる決済の当事者ではなく、その背後にいて支払手段に関する資金の移動（決済）を担当する決済機関は、決済の当事者とは違って、原因関係についての知識を十分に有しておらず、そこに異常があるかどうかを容易に確認することはできない。特に、決済機関は大量の決済事務を迅速に処理する必要があるから、個別の原因関係についてまで配慮しなければならないのでは、膨大なコストが発生してしまう。有因構成を採用するのであれば、決済機関は、原因関係に瑕疵がないことが確定するまで、確定的な資金移動を行わないという対応をとることが想定され、むしろ利用者に大きな不便が発生する。このように、原因関係に由来するリスクは、決済機関に負担させるのではなく、決済の当事者に負担させることが、最も効率的であり、売主も買主も運営会社も望むリスク分配アレンジメントだと言えよう。

3.3　無権限取引

　電子マネーにはこのほか、カードやデータを紛失して他者に利用される（無権限利用）というリスクもある。このリスクについても、多くの電子マネー利用約款においては、利用者が負担することとなっており、運営会社が損失を負担することはないように規定されている。ただし、無記名の電子マネーではな

く，記名式の電子マネーの場合には，運営会社に通知すれば，それ以降は紛失したカードやデータが無効となり，他者に無権限で利用されることがなくなるので，未使用額が補填される扱いになっていることが多い。

　このようなリスク分配がなされているのは，カードやデータの紛失を最も効果的に予防できるのは，運営会社ではなく利用者であるため，利用者にリスクを負担させることによって，紛失防止対策を採るインセンティヴを設定することが効率的だからである。さらに言えば，電子マネーの上限は，通常少額に設定されており，紛失時の損失額にも限度がある。もっとも，カードのセキュリティやパスワードの設定の脆弱性などによって紛失が発生した場合には，運営会社に防止対策を採るインセンティヴを与えることが効率的になることから，運営会社にリスクを負担させるべきである（ただし，そのような約款はほとんど存在しない）。

　これに対し，カードが壊れたりデータ異常が発生したりした場合には，他人による無権限利用の恐れはなく，「リスク」が発生しているわけではない。そこで，この場合には，運営会社から利用者に対し，残額が返還されたり，新たな電子マネーの再発行がされたりするという規定ぶりになっていることが多い。

　電子マネーにおいては，データが偽造された場合に，その偽造されたデータによってなされた支払いが有効に成立するか，という問題もある。現実には，利用者が加盟店に対して支払いを行う段階では問題にならず（もし偽造データであると判明すれば，その場で支払いと認めない扱いになるため），利用者から支払いを受けてしまった加盟店が，運営会社に対して該当金額の支払いを求めることができるかどうか，という問題に帰着する。この問題の処理は，運営会社と加盟店との間で締結されている加盟店規約によって決せられるが，おそらく多くの加盟店規約においては，運営会社に買取義務が設定されているのではないかと推測される。なぜなら，データの偽造をより実効的に防止できるのは，システムを開発・運営している運営会社であるから，加盟店が偽造や改竄に加担している場合でない限り，運営会社にリスクを負担させることによって，偽造データの発生を抑止できるようなシステムを構築するインセンティヴを設定することができるからである。[4]

3.4 運営会社の倒産リスク

以上に述べてきたような取引をめぐるリスクの他，電子マネーには，運営会社が十分な資金を持っていないことによって，加盟店が，利用者から受け取ったデータに相当する金額の払戻しを受けられないというリスクも存在する。また，利用者も，いったん入金した電子マネーの払戻しを受けたいという場合がありうるが，[5] そのような場合には，運営会社の信用リスクを利用者が引き受けることになる。この点については，資金決済に関する法律（2010年施行）によって手当てがなされている。プリペイド式電子マネー（デバイス利用型・サーバー型を問わず）は，前払式支払手段（同法3条1項）として，その発行主体（イシュア）は内閣総理大臣の登録を受けることが必要である上（同法7条），未使用残高の2分の1以上の発行保証金の供託が要求され（同法14条），利用者はこの発行保証金について先取特権を有する（同法31条1項）。

銀行振込をめぐる法的問題

4.1 銀行振込の仕組み

銀行振込によって支払いをする場合には，振込依頼人は，仕向銀行（金融機関を利用して送金する場合に，顧客から送金・振込みの依頼を受けた金融機関）に資金を委託した上で，受取人が被仕向銀行（金融機関を利用して送金する場合に，顧客から依頼された送金・振込みを他の金融機関から受ける金融機関）に持つ口座への入金を依頼する。仕向銀行が被仕向銀行に当該資金を移動し，被仕向銀行が受取

---

4) たとえば，オープン・ループ型のように見えても，譲渡の度に運営会社のサーバーに問い合わせるような形で実質的にクローズド・ループ型の運用をしていれば，偽造リスクは大幅に低減できる。

5) ただし，自由な払戻しを認めると，出資法2条の禁止する「預り金」に該当する可能性が出てくるので，事業中止の場合に限定して払戻しができるようになっている（資金決済に関する法律20条）。

人の口座に入金することで，資金移動が実現する。

電子商取引の支払い・決済を銀行振込という支払手段を用いて行った場合には，大別して2種類のリスクが発生する。一つは，預金債権という決済手段を利用することによるリスクであり，無権限者による取引（預金口座の名義人でない者が取引をした場合の効力，制限行為能力者が取引をした場合の効力など）がこれにあたる。もう一つは，原因関係とは別の支払関係が存在していることによるリスクであり，原因関係に詐欺・錯誤などの意思表示上の瑕疵があったり，原因関係に債務不履行解除があったりした場合の支払関係の効力の問題である。

4.2　原因関係と支払関係

後者のリスクについては，銀行振込は，基本的に電子マネーと同様のリスク分担をしている。原因関係に何らかの瑕疵があったり，誤った受取人の口座に振り込んでしまったりしても，それによって銀行振込の効力が影響を受けることは基本的にない。[6]そのような場合であっても，振込依頼人は，組戻し（振込手続完了後に，振込依頼人の都合に基づいて，当該依頼を撤回する手続き）の手順を踏むことが必要であり，受取人の同意を得ないと振り込んだ資金を回復することはできない。

このような仕組みは，一見振込依頼人の保護に欠けるようにも思われるが，むしろ逆であり，合理的な仕組みである。一方的な組戻しを認めると，被仕向銀行は受取人に対して損害賠償責任を負う可能性があるから，いつまでたっても入金記帳しないインセンティヴを持つ。それよりも，早くファイナリティを付与することによって迅速な支払い・決済を実現することの方が，振込依頼人にとっても便宜である。また，原因関係の瑕疵の有無は，決済機関たる銀行には情報を得にくいから，決済の当事者たる振込依頼人にリスク負担させる方が効率的である。[7]

---

[6]　「基本的に」というのは，いわゆる誤振込のケースにおいて，被仕向銀行が決済機関というよりは決済の当事者としての立場に立つ例外的な場合には，銀行振込の効力が実質的に否定されるケースがあるからである（名古屋高判2005・3・17金判1214号19頁，東京地判2005・9・26判時1934号61頁など）。

4.3　無権限取引

　他方，無権限の他者が銀行振込によって勝手に資金移動をしてしまうという前者のリスクについては，ID・パスワード（ネットバンキングの場合）やキャッシュカード・暗証番号（ATMでの振込みの場合）を無権限の他者に奪われてしまうことによって発現する。そこで，このようなリスクを被害者と仕向銀行とのいずれに負担させることが効率的か，ということが問題になってくる。この場合のリスク負担の基準としては，リスクをより安価・実効的にコントロールできる者にリスクを負担させることが基本的に望ましい[8]。なぜなら，リスクをコントロールできない者にリスク負担させても，リスクの実現を低下させることはできない。他方で，リスクをコントロールできる者にリスク負担させれば，リスク実現を避けるために，リスクの実現を回避しようと努力するインセンティヴが生じるからである。

　そうすると，基本的にはこれらのリスクは預金者の側がコントロールできるリスクであり，預金者に負担させるべきものとなる。他方で，預金者にもさまざまなタイプの者がおり，また，人間の能力（パスワードや暗証番号の記憶など）にも限界があるから，それを見越して銀行の側も，一定の注意喚起を行ったり，より安全なシステムを開発するなどして，リスクをコントロールすることができるから，それを怠った銀行は，リスク負担すべきことになる（最判1993・7・19判時1489号111頁，最判2003・4・8民集57巻4号337頁など）。この理は，預金者保護法（と，それに基づいて作られたカード規定試案）においても，採用されている。

4.4　ネットバンキングの場合

---

7)　もっとも，銀行が，原因関係に関するリスクを全くコントロールできないわけではなく，一定の範囲で銀行に義務を負わせることにも意味はある（UNCITRAL 国際振込モデル法10条参照）。
8)　この他に，銀行と預金者のいずれがより保険を購入しやすいかという付保可能性や，リスク選好の違い（リスク回避的かリスク中立的かリスク受付的か）を考慮に入れてもよいだろう。

以上のような窓口取引・ATM取引において採用されてきたリスク分配のあり方に関する考え方は，ネットバンキングにおける無権限者による利用の場合についても当てはまる。ネットバンキングにおいて問題となるリスクは，IDとパスワードを盗まれて他者に不正利用されるというリスクと，いったんそれらが盗まれてしまった後に損失が拡大していくというリスクとである。前者のリスクについては，基本的には利用者の側が，自分の管理するコンピューターがウィルス等に感染しないよう，セキュリティソフトをインストールしたり，怪しいサイトへのアクセスを控えたりすることによって，コントロールできるだろう。さらに，IDやパスワードは，銀行側のデータベースからの顧客情報の流出やログイン過程における盗取の形でも発生することがあり，そのような形でのリスクの実現については，銀行側がシステムのセキュリティを高めることによってコントロールできる。また，利用者に対する啓蒙活動を展開する（場合によってはセキュリティソフトを配布することも考えられる）ことによっても，銀行は前者のリスクを低めることができるだろう。

　他方，後者のリスクについては，自らのアカウントが不正利用されている前述した預金者保護法における盗難カードと同様の仕組みを使って，当事者に対するインセンティヴの設定を行うことが望ましいだろう（預金者保護法における盗難カードの扱い〔5条〕を参照）。自らのアカウントが不正利用されていることに気づいた利用者が，迅速に銀行に連絡しない限り（そうすれば，銀行はログイン情報を変更することによって，それ以後の損失の拡大を防止できる），利用者に損失を負担させることによって，利用者に，迅速に銀行に申出を行うインセンティヴを与えるのである。

　もっとも，利用者がどんなに注意しても，セキュリティ被害が一定の確率で不可避的に発生しうる事故であるならば，その損失を不運な個別の利用者に負担させるよりは，利用者全員による保険という形で負担することが，リスク選好の観点から望ましい可能性もある。その場合には，銀行に損失の一定部分を負担させることを通じて，利用者全員に薄く広く損失負担させるべきことになろう。

5 代引き・収納代行をめぐる法的問題

5.1 リスクの分配

　電子商取引でしばしば利用される支払手段である，宅配業者による代引きサービスにおいては，売主から宅配業者に対して代金債権の受領権限が授与される。すなわち，代引きサービス利用者たる売主が，宅配業者に対し，商品の運送とその商品代金集金業務を委託し，運送会社がこれを受託する契約が締結される。[9]買主から代金を受領した宅配業者は，後日，売主に対して銀行振込で送金する。決済にもはや撤回できないという意味でのファイナリティが付与されるのは，買主が宅配業者に代金を交付した時点なので（宅配業者に受領権限があるため），商品の引渡しと代金の支払いの同時履行が達成されるし，代金交付後に宅配業者が倒産するリスクは，売主が負担することになる。

　収納代行も，これに類似した法律構成が採用されている。売主が買主に対して電子商取引を通じて商品代金債権を取得した後，売主はコンビニエンスストアに代金債権の受領権限を授与する。買主が，コンビニエンスストアに現金を交付すると，後日，コンビニエンスストアは売主に対して銀行振込によって送金する（ただし，支払いデータ自体は，現金交付後短時間のうちに売主に対して通知される）。収納代行においても，コンビニエンスストアに代金債権の受領権限があり，コンビニエンスストアによる受領は債権者本人による受領と同視されるので，買主がコンビニエンスストアに現金を交付した時点でファイナリティが付与され，その後，決済日までにコンビニエンスストアが倒産するリスクは，売主が負担することになる。[10]

　以上のように，代引きにおいても，収納代行においても，代金債権の受領権限を宅配業者やコンビニエンスストアに付与するという法律構成が採られており，原因関係から独立して支払関係が観念されているわけではない。このため，

---

[9] ちなみに，携帯電話会社がコンテンツ利用代金をコンテンツサービス提供会社に代わって利用者から徴収するサービスも，代引きに類似した性格を有する。

原因関係（正確には独立してはいないが）に債務不履行解除などの瑕疵が発生しても，支払関係が独立して巻き戻されるなどといったことは発生しない。買主が，受領した物品・サービスに瑕疵があることを後で発見しても，宅配業者やコンビニエンスストアに対して売買契約の解除に基づく代金の返還を求めることができるわけではなく，原因関係上の請求権（不当利得返還請求権など）を売主に対して行使していくしかない。

5.2 公法的規制との関係

代引き・収納代行については，公法的規制との関係も考慮する必要がある。支払手段として，決済機関の関与する手段を利用する際には，①決済機関の不正行為のリスクと，②決済機関の倒産リスクとがある。銀行振込の場合には，①②ともに銀行法によってカバーされている。電子マネー（前払式支払手段）の場合には，銀行法よりは緩和された形（登録制・発行保証金）で，いずれのリスクも資金決済に関する法律によってカバーされている。これに対し，代引き・収納代行については，いずれもこれらのリスクをカバーする業法規制は存在しない。

論理的には，代引きも収納代行も，隔地者間の資金移動である「為替取引（顧客から，隔地者間で直接現金を輸送せずに資金を移動する仕組みを利用して資金を移動することを内容とする依頼を受けて，これを引き受けること，又はこれを引き受けて遂行すること）」（銀行法2条2項2号）に該当し，銀行業の免許を受けずにこれを営むことは，銀行法違反になりかねない。実際，銀行業の免許を受けずに海外送金を行ういわゆる「地下銀行」は，これまでに何度か摘発され，有罪判決も出ている（最決2001・3・12刑集55巻2号97頁，横浜地判2003・12・25判タ1177号348頁など）。

---

10) さらに，収納代行をもう一歩進めた業態として，売主のみならず買主をも代行するサービスがある。米国のPayPalやApple Payがそうであるが，買主から委託された資金（委託の方法はクレジットカードからの引き落としや銀行振込）を相手方に送金し，指定された銀行口座に入金するというサービスである。原因取引の相手方に対して，クレジットカード番号や銀行口座等を直接開示する必要がないという理由から，電子商取引で好まれている。ただ，無権限取引のリスクがゼロになるわけではなく，そのリスク負担については銀行振込と同様の問題が考えられる。

形式的には（法律構成），代引きも収納代行も，宅配業者やコンビニエンスストアが売主の代理人であることが考えられるが，これは決定的な要素ではない。実質的には，代引きにおいても収納代行においても，前述の①②のリスクを事業者たる売主が負担し，消費者たる買主が負担することがないこと，および，国境を越える取引には利用されていないためにマネーロンダリング（資金洗浄）規制（犯罪収益移転防止法など）の適用の潜脱の恐れがないこと，が規制を受けない根拠ではないかと推測される。[11]

　資金決済に関する法律に基づいて，「資金移動業」（同法2条2項）として内閣総理大臣の登録を受ければ（同法37条），適法にこのようなサービスを提供できるようになる。しかし，代引きも収納代行も資金移動業の登録をしていない業者がほとんどである。

6 クレジットカードをめぐる法的問題

6.1　クレジットカードの仕組み

　クレジットカードも，電子商取引において支払い・決済に利用されることの多い支払手段の一つである。クレジットカードは，登場する当事者の多い支払手段でもある。まず，買主たる利用者は，イシュアと呼ばれるカード会社との間でクレジットカード利用契約を締結してクレジットカードを交付される。他方，アクワイヤラと呼ばれるカード会社が，売主たる加盟店との間で，当該加盟店でクレジットカードが使えるように加盟店契約を締結する。さらに，このイシュアとアクワイヤラを結びつけて決済システムを提供する，国際ブランド（VISA・MasterCard・JCBなど）が存在する。クレジットカードは，これまでに見てきた支払手段と異なり，事業者に対する資金移動がなされた後に，利用者から利用代金が徴収されるので，カード会社から利用者に対して貸付がなされて

---

[11]　逆に，小規模・多数の事業者に広範な被害が発生したり，資金洗浄取引に使われたりすることがあれば，代引き・収納代行にも銀行法の規制がかかってくる可能性は将来的にある。

いる形になり，カード会社は利用者の信用リスクを負担する。このほか，後述するさまざまな原因により，アクワイヤラは加盟店から，3.25-3.5%程度の加盟店手数料を徴収（天引き）するし，イシュアは利用者から利息や年会費を徴収することが多い。

　さらに，場合によっては，決済代行業者と呼ばれる存在が介在する場合もある。決済代行業者にもさまざまなタイプがあるが，その中でも包括加盟店は，アクワイヤラと加盟店の間に入って，アクワイヤラと包括加盟店契約を締結し，自らがアクワイヤラでもあるかのように複数の孫加盟店と利用契約（孫加盟店契約）を締結する。[12] 加盟店がアクワイヤラにクレジットカードの加盟申請をすると，アクワイヤラは，当該加盟店の審査を行う。後述するように，クレジットカードを利用した支払い・決済は，部分的に有因構成を採用しているので，加盟店の販売する商品・サービスが適切なものか，加盟店が反社会的勢力に関連していないか，などといったことをアクワイヤラが審査する。これには相当の時間がかかるので，迅速な事業の立ち上げを企図している電子商取引業者の中には，短時間で審査を行ってくれる決済代行業者との契約を希望するケースが多い。インターネットモールの中には，かかる決済代行サービスを同時に提供しているものもある。

　また，出会い系サイトやアダルトサイトなどについては，日本国内のアクワイヤラは，審査の上で加盟店契約の締結を拒否するのが通常である。これに対し，日本国外のアクワイヤラの中には，加盟店審査の基準が緩やかなケースがあるので，そのようなアクワイヤラと包括加盟店契約を締結した上で，日本国内の出会い系サイトやアダルトサイトに対してクレジットカードによる決済サービスを提供する[13] 決済代行業者が存在する。そこで，出会い系サイトやアダルトサイトの運営者は，そのような決済代行業者を経由してクレジットカードの加盟店となる。このような決済代行業者をめぐって消費者被害の報告が相次いだので，2011年7月から消費者庁が，健全な決済代行業者の登録制度の

---

12) 決済代行業者には，この他，アクワイヤラに対して孫加盟店の代理権を持つもの，単に加盟店契約のあっせんをするだけのものなど，さまざまなタイプがある。

13) 国際ブランドはアクワイヤラに対して地域分割をしているので，国境を越えてアクワイヤラがサービスを提供することは，国際ブランドの設定したルールに違反しているが，実際には行われている。

運用を開始していたが,その効果のほどは疑わしく,2015年6月30日をもってサイトは閉鎖された。[14]

6.2 原因関係と支払関係

さて，以上のような構造を持つ支払手段であるクレジットカードにおいては，他の支払手段において発生するようなさまざまなリスク分配は，どのように処理されているのであろうか。まず，購入した商品・サービスに瑕疵があったために売買契約を債務不履行解除したなどといったように，原因関係に瑕疵があった場合に，クレジットカードによる支払関係に影響が発生するだろうか。クレジットカードにおいては，他の支払手段と異なり，一定の条件下で，原因関係の瑕疵が支払関係の効力に影響を与えるという有因構成が採られている。

クレジットカードの利用代金の支払いを，一括払いではなく分割払いにしていると，[15] 包括信用購入あっせんとして割賦販売法の適用があり（同法2条3項），利用者はいわゆる抗弁の接続（同法30条の4・30条の5）を援用できる。すなわち，原因関係に詐欺や錯誤による取消し・無効があったり，加盟店の倒産による役務提供の債務不履行などがあったりした場合に，利用者は，それらの原因関係上の抗弁をカード会社に対しても対抗することができる。ただし，利用者が可能なのは，抗弁が主張できるだけであって，既に支払ってしまった分割払い金の返還を求めることはできないし，原因取引が，商品・役務であるか，または，政令に指定された権利であることが必要である。[16]

では，なぜ，クレジットカードにおいては，これまでに見てきた支払手段と

---

[14] http://www.caa.go.jp/kessaidaikou-close/

[15] もっとも，日本におけるクレジットカードの利用は，一括払いが大半であり，分割払い（リボルビング払いを含む）の利用はごく少数である。

[16] 割賦販売法の適用には一定の条件が必要なので，たとえば一括払いのように割賦販売法の適用がない場合にも抗弁の接続が認められるかは解釈問題となる。この点について，最判1990・2・20判時1354号76頁は，割賦販売法30条の4は創設的規定なので規定の適用がない場合は特段の事情がない限り抗弁の接続はできないとし，特段の事情が認められる場合として，利用者とあっせん業者の間で特別の合意がある場合や，あっせん業者が，加盟店の債務不履行に至る事情を知り，または，知り得べきでありながら，立替払を実行したなど，債務不履行の結果をあっせん業者に帰せしめることが信義則上相当な場合を挙げている。

は異なり，部分的にせよ有因構成が採用されているのだろうか。ここで問題になっているリスクは，消費者被害を発生させるような悪質な加盟店が望ましくない取引を行ってしまうことであり，これをコントロールする方法としては，①アクワイヤラが加盟店を調査し，悪質な加盟店を排除すること，②利用者が悪質な加盟店とは取引しないように注意すること，の2つがある。割賦販売法は，このうち①の方がより実効的なリスクコントロール手段であり，また，個別の利用者がリスクを引き受ける（保険を購入する）よりも，カード会社が利用者全員のために保険を購入する方が安価である，という価値判断を採用していることになる。

　有因構成を採用すると，決済機関による原因関係の調査コスト（ここでは加盟店の加盟審査コスト）が発生することは確かであるが，クレジットカードの1回あたりの利用金額は他の支払手段に比べて大きいので，悪質な加盟店が存在した場合の被害額が甚大となり，消費者保護の必要性が高い。他方で，消費者は「自分は悪質な加盟店に引っかからない」という楽観主義バイアスを持ちがちで自ら保険を購入しない蓋然性が高いので，カード会社を通じた保険購入の強制が合理的になってくるのだろう。

6.3　無権限取引

　次に，クレジットカード保有者以外の他人が（たとえば番号等の情報を入手して）無権限でクレジットカードを利用する，という無権限利用によるリスクについて，どのような配分がなされているかを見てみよう。この場合，不正利用を行った者を捕捉できないのが通常なので，結局，誰が利用金額を負担するのか，という問題となる。多くのクレジットカード会員規約においては，この場合，不正利用による利用金額をカード保有者の負担とした上で，紛失届・盗難届を遅滞なく警察に提出し，かつ，イシュアに紛失・盗難を通知した場合には，不正利用分の金額を免責する，という仕組みが採られている。その上で，カード会社は，カード保有者を被保険者とするクレジットカード盗難保険を購入し（保険金額を超える部分はカード会社の自己負担となる），保険料はカード保有者に対する年会費や加盟店手数料などに転嫁され，全ての利用者が広く薄く負担することになっている。

ただし，カード保有者が免責されない場合として，不正利用がカード利用者の故意重過失による場合，他人に利用させた場合，不正利用が家族・同居人などによる場合，イシュアへの連絡より61日以前に発生した損害である場合，が定められていることが多い。これらのうち前者3つは，カード保有者によるリスクの実効的なコントロールが可能な場合であるから，カード保有者に損失負担させることが合理的となる。また，60日分の不正利用しか免責しないというルールがあることによって，カード保有者は日頃から利用明細をチェックし，不正利用を発見したらできるだけ早くイシュアに通知・報告するというインセンティヴを持つことになるから，不正利用による損失の拡大を防ぐことができる。

　これらの免責事由に該当しない限り，不正利用によるリスクはカード会社が負担する仕組みになっている。カードの盗難・紛失や，番号等の情報の流出を防止することは，カード保有者の側でもかなりコントロールできるはずであるが，前述のようにクレジットカードの利用金額は多額になる蓋然性が高いこと，オンラインサイトの安全性を高める取組みをカード会社が直接・間接に実施できること（PCI-DSSやPA-DSSなど），不正利用のパターンを発見しクレジットカードの利用の承認を拒絶するようなシステムをカード会社が構築・導入可能なことから，カード会社にリスク負担させ，不正利用の抑止のインセンティヴを設定しているものと考えられる。

7 仮想通貨をめぐる法的問題

●ビットコインを中心に

7.1　ビットコインの仕組み

　一口に仮想通貨と言ってもさまざまなものがあるが，本章では2015年1月現在で最も流通していると思われるビットコイン（インターネット上の暗号通貨の一種）を前提にして，説明を行う。これまでに登場してきた支払手段と比較したビットコインの特徴は，いくつかあるが，第一の特徴は，現金に類似した

匿名性である。

　ビットコインには，発行者は存在せず，コンピューターを使って「採掘」することによってシステムから発行される。一定の暗号システムによって，各保有者がどれだけのビットコインを譲り受け，どれだけを譲渡したかが一意的に記録されることを通じて，取引がなされる。実在する通貨との交換などの取引は，私設の取引所を通じて行われるのが大半である。ビットコインの価値は市場メカニズムによって決まり，大きく変動しうる。

　電子マネー・銀行振込・代引き・収納代行・クレジットカードのいずれも，誰がどこでどのような取引を行ったのかの記録が残される。[17] これに対し，現金には「名前をつけることができない」（封金のような特殊な場合を除いて）から，そのような記録が残らない。したがって，たとえば，インターネット上で匿名の寄付を行いたい場合，浮気デートの際のレストラン代金・ホテル代金を支払う場合，脱税や資産隠しをしたい場合には，匿名性のない支払手段は不便であり，現金または現金に類似した匿名性のある支払手段を使いたいというニーズが出てくる。ビットコインは，まさにこのような意味での匿名性があり，誰がどこでどのような取引でビットコインを使用したのかの記録が残らない。

　この点は，マネーロンダリング規制上は，規制の抜け穴を生み出しかねないという問題点をはらむ。そこで，組織犯罪処罰法10条1項や犯罪収益移転防止法4条1項は，ビットコインについても適用されると解されている。[18]

　ビットコインのもう一つの特徴は，特定の決済通貨を持たず，特定の金額を表章するものではない，という点である。本章でこれまでに見てきた支払手段はいずれも，最終的には預金債権を決済通貨としており，一定の金額の法貨とリンクしている。たとえば，プリペイド式電子マネーであれば，事前にチャージした金額の範囲内で取引ができるし，クレジットカードも利用した金額（外国通貨であればそれを為替換算した後の金額）を基準に請求額が決まる。これに対し，ビットコインにおいては，特定の決済通貨はなく，[19] ビットコイン自体の

---

17) たとえば，電子マネーの Suica の場合であれば，IC カード内に過去の取引記録が残されており，カードリーダーがあればその取引記録を読み取ることができる。
18) ただし，仮想通貨の取引所は，犯罪収益移転防止法2条2項の特定事業者に該当しないので，現行法下では，仮想通貨の取引所に本人特定事項等の確認義務は課されないことになる。

価値も相場に応じて変動する。この意味で，ビットコインは，実質的には為替レートの変動する外貨に類似した存在であるといえる。外為取引が自由化されていない国では，ビットコインの利用が規制されていることが多いのも，この観察を裏付ける。

7.2 公法的規制

以上のような特徴を持つビットコインについては，公法的規制・私法的規整の双方が問題となりうる。まず，公法的規制については，通貨の単位及び貨幣の発行等に関する法律7条の「法貨」にも，紙幣類似証券取締法1条1項の「一様ノ形式ヲ具ヘ箇々ノ取引ニ基カシテ金額ヲ定メ多数ニ発行シタル証券ニシテ紙幣類似ノ作用ヲ為スモノ」にも，出資法2条の「預り金」にも，銀行法2条2項2号，資金決済に関する法律2条2項の「為替取引」にも，金融商品取引法2条24項3号4号の「通貨」類似の金融商品にも，該当しないと解されている。根拠としては，ビットコインには，通貨類似の強制通用力がないし，その価値が取引所の相場によって形成され大きく変動しうるものであることが挙げられている。このため，課税関係においても，ビットコインは，通貨ではなく，他の「モノ」と同様に課税される形になっている。

このように，ビットコインは，通貨としての各種の公法的規制を受けない自由な「カネ」であることにメリットが見いだされている。しかし，マネーロンダリング規制や消費者保護のためのセーフティネットについては，ビットコインについても及ぼしていくことが望ましいとの考え方が広まりつつある。

7.3 私法的規整

他方，私法的側面については，他の支払手段と同様のさまざまな論点が問題となりうる。まず，決済のファイナリティが付されるタイミング，および，原因関係が支払関係に与える影響については，他のネットワーク型支払手段と異

---

19) 取引所でビットコインが取引される場合においては，現金や預金債権が決済通貨となりうる。

なって，この点について定めた規約が存在するわけではない．このため，この2つの問題については，基本的には決済の当事者の明示又は黙示の合意によって決せざるを得ない．他のネットワーク型支払手段とは違って，決済機関としての発行主体が存在しないため，決済の当事者間の合意に依拠せざるを得ないのである．[20]

明示の合意がなされていない場合に黙示の合意をどのように解するかが問題であるが，多くの場合は，ビットコインの記録の移転が発生した時点でファイナリティを付するという合意があると解してよいと考える．原因関係と支払関係との関係については，決済機関が存在しない以上，あまりこの点について論じる実益はないが，原因関係上に瑕疵があった場合であっても，移転したビットコインを特定することはできないから（匿名性），支払関係に影響を与えず，原因関係上の不当利得返還請求権を行使できるにとどまる，とするのが多くの当事者の合理的意思であろう．[21]

また，盗難などの無権限取引については，ビットコインには現金同様の匿名性があるため，盗難されたビットコインを特定して返還を求めることはできない．転得者が出現した段階でも，ビットコインに匿名性がある以上，即時取得（民法192条．取引行為によって，平穏に，かつ公然と動産の占有を始めた者が，善意であり，かつ過失がないときは，即時にその動産について行使する権利を取得する制度）の適用上，転得者が悪意有過失になっていることは考えがたいし，追及効も認められない結果になると考えられる．このように，ビットコインは，民法上の「金銭」ではないものの，その匿名性という性格から，実質的には金銭に近い私法的処理がなされることになる．なお，偽造については，ビットコインの制度上のルールがあり，参加者の頭数（CPUの数）の多数決でいずれのビットコインが決するというルールになっている．

---

20) ただし，取引所を通じた取引については，取引所が決済機関として関与している場合がありうる．その場合には，取引所の規約という明示の合意に基づいてさまざまな法的問題の処理が図られることになる．
21) ただし，倒産法上の効果（取戻権のような倒産隔離効）を当事者の意思のみに基づいてよいかは問題が残されている．

CONCLUSION
おわりに

　以上に見てきたように，電子商取引の支払い・決済や電子マネーをめぐる法律問題についても，どのようなアレンジメントが効率的かを考えるべきことが重要である点では，通常の支払い・決済と何ら変わることはない。

考えてみよう

1　現行法においては，クレジットカードで支払いを行うと，分割払いをしない限り抗弁の接続の適用がないが，この適用を一括払いにも拡張すべきだという主張がある。このような主張によって，誰にどのようなメリット・デメリットが発生するか，また，全体としてこのような主張に妥当性があるか，検討してみなさい。

2　通貨が有すべき基本的な属性の一つに「希少性」がある。希少性があることによって，価値の維持や偽造の抑止が可能になる。ビットコインのような仮想通貨では，どのようにして希少性が担保されることになるのか，通常の通貨と比較しつつ，考えてみなさい。

3　ビットコインのような仮想通貨には，マネーロンダリングに使われる危険性のほか，その匿名性故に違法取引に活用されるリスクもある。そのようなリスクは，どのようにしてコントロールすべきか，あるいはそもそもコントロールすべきではないのか，考えてみなさい。

もっと詳しく知りたい方は　REFERENCE

片岡義広「ビットコイン等のいわゆる仮想通貨に関する法的諸問題についての試論」金法 1998 号（2014）37 頁

小塚荘一郎＝森田果『支払決済法──手形小切手から電子マネーまで〔第 2 版〕』（商事法務，2014）

スティーヴン・シャベル（田中亘・飯田高訳）『法と経済学』（日本経済新聞出版社，

2010)

福田政之「ビットコインなど仮想通貨の米国における法規制の動向と日本法への示唆」NBL1027号（2014）58頁

渡邉雅之「ビットコインの規制のあり方」NBL1021号（2014）7頁

Rainer Böhme, Nicolas Christin, Benjamin Edelman, and Tyler Moore, 'Bitcoin: Economics, Technology, and Governance', Journal of Economic Perspectives Volume 29, Number 2 pp.213-238 (2015)

＊本稿の執筆にあたっては，得津晶東北大学准教授から有益なコメントをいただいた。深く感謝申し上げる。

インターネットと刑法

渡邊 卓也

1 インターネットと刑法

1.1 科学技術の発展と刑法

　科学技術の発展の歴史は，その悪用の歴史でもある。技術が発展すれば，それを利用して自己の利益を図ろうとする者が現れるのは当然であり，その際に，社会秩序に反し，他者の利益を害する行為が行われることとなる。インターネットも，その例外ではない。刑法とは，犯罪と刑罰に関する法の総称であるが，「犯罪」という概念が，社会秩序に反し，法によって保護すべき利益（法益）を害する行為を意味するとすれば，技術を悪用する行為についても，刑法によって対処すべきと考えるのが自然であろう。もっとも，科学技術の発展に対して，刑法は，往々にして無力である。
　なぜならば，刑法の世界には，罪刑法定主義という大原則が存在するからである。すなわち，いかなる行為に対していかなる刑罰を科すのかは，予め法律に規定しておかなければならず，法律に規定されていない行為を「犯罪」と呼び，刑罰を科すことが禁じられている。その理由は，一般に，いかなる行為が

処罰されるかを国民の代表たる国会議員が法定することで，裁判所による刑罰権の恣意的行使を抑制し（民主主義的要請），また，いかなる行為が処罰されるかを国民に事前に示しておくことで，行為時の予測可能性を保障するため（自由主義的要請）とされる。

　技術を悪用する行為が既存の刑罰法規に当てはまる場合には，これを処罰することに問題はない。しかし，科学技術の発展に伴う新たな行為は，往々にして刑罰法規の予定する範囲を超える。その場合，刑法は，技術を悪用する行為に屈服せざるを得ない。これに対処する方法としては，いかなる行為でも包摂し得るように，できる限り柔軟な解釈を行うことや，できる限り曖昧な刑罰法規を用意しておくことが考えられる。しかし，いずれも，罪刑法定主義の実効性を失わせるという理由で，理論的には否定されている（類推解釈の禁止及び明確性の原則）。そこで，残された方法としては，新たな行為が問題となる度に，それを包摂し得る刑罰法規を創設するしかない。

　このように，技術を悪用する行為に対して，刑法は，後追いの立法により対処せざるを得ない。すなわち，まず解釈論的に，既存の刑罰法規の適用限界を見定め，当該行為が刑罰法規の予定する範囲を超えた場合は，次に立法論的に，それを包摂し得る刑罰法規を考案することとなる。もっとも，刑法は刑罰という峻厳な制裁を伴うことから，できる限り慎重に運用すべきとされ（刑法の謙抑性），従来，我が国は，立法論的解決に消極的であった。しかし，このことが，むしろ，裁判所に対して柔軟な解釈を行うことで問題に対処する誘因を与えてきたともいえる。このような中で，近時は，刑法の世界においても立法の活性化が指摘される。その是非について，ここで詳論する余裕はないが，まさにインターネットを利用した犯罪こそが，この立法の活性化の代表といえよう。

1.2　インターネットを利用した犯罪

　ひとくちにインターネットを利用した犯罪といっても，様々なものがある[1]。これを，立法の必要性という観点から分類するならば，以下のようになろう。すなわち，まず，①既存の刑罰法規に包摂可能であり，何ら新たな論点を生じない行為がある。この場合は，解釈上の困難も立法の必要性も生じない。次に，②既存の刑罰法規に包摂可能かが争われ，新たな論点を生じる行為がある。こ

の場合に，解釈論的な解決が困難であれば，立法論的に解決せざるを得ない。さらに，③既存の刑罰法規にはおよそ包摂可能ではない行為がある。この場合は，初めから立法論的に解決せざるを得ない。

　例えば，①殺人の依頼がインターネット上の電子掲示板を介して行われた場合，それが世間の耳目を集める事件として煽情的に報道されることはあっても，殺人教唆（刑法61条1項・199条）の方法には制限がないから，解釈論上は，新たな論点を生じない。いわゆるテロ（Terrorism）の実行を呼びかける行為も，各種犯罪の教唆と解し得るから，新たな論点を生じない。[2] 判例においては，電子掲示板上で（虚偽の）殺人予告を行う行為について，警察官の出動を余儀なくさせるとの理由から，偽計業務妨害（刑法233条後段）にあたるとされたが（東京高判2009・3・12高刑集62巻1号21頁），後述のように，「偽計」の方法には必ずしも制限がないから，新たな論点が生じたわけではない。[3] また，詐欺（刑法246条）の手段としてウェブサイト上の広告が用いられた場合も，被害者の数や被害額が大きいとして社会問題になることはあっても，その広告を閲覧した「人を欺い」たといえる以上，新たな論点を生じない。

　これに対して，②ウェブサイト上に他人を批判する記事を掲載した場合，それが名誉毀損（刑法230条1項）にあたるとしても，当該記事の内容が真実であると信じたことにつき「相当の理由」がある場合には免責の余地があり得るところ，その判断につき，インターネットの特性がいかなる影響を与えるかが

---

1)　かつて「コンピュータ及び電気通信技術を悪用した犯罪」を示す「ハイテク犯罪」という呼称が用いられたが，現在では，これに代えて，「サイバー犯罪」という呼称が用いられるのが一般である。なお，欧州評議会（Council of Europe）のサイバー犯罪条約（Convention on Cybercrime）は，本章で紹介する行為を含む多様な行為の犯罪化を要請しており，我が国も，2012年にこれを批准した。もっとも，締約国の判断により犯罪化を留保可能な場合も多い。

2)　ただし，当該行為が破壊活動防止法の「せん動」（38条以下）にあたり得るかについては，同法が，「せん動」を「文書若しくは図画又は言動により」犯罪を実行する決意に「勢のある刺激を与えること」と定義している（4条2項）ことから，「文書」等の解釈を巡って新たな論点を生じる余地はある。

3)　東京高裁は，公務員の「職務」の「業務」該当性の論点について，「強制力」の有無を基準とする判例（最決1987・3・12刑集41巻2号140頁）の立場を前提としつつ，その強制力は「虚偽通報による妨害行為に対して行使し得る段階にはな」いとした上で，「虚偽通報さえなければ遂行されたはずの」業務が妨害されたとした。

論点となり得る。また，ウェブサイト上にわいせつ画像を掲載した場合には，それがわいせつ「物」の「陳列」（刑法175条）にあたるかが論点となり得る。

さらに，③インターネットを介してライバル企業のコンピューターに無断でアクセスし，そこに記録された機密情報を閲覧した場合，アクセスや閲覧自体を取り締まる適切な刑罰法規が存在しなかった。また，コンピューターウィルスを作成し，他人のコンピューターに感染させた場合，当該ウィルスにより実害が生じたならば，例えば，電子計算機損壊等業務妨害（刑法234条の2）にあたり得るとしても，ウィルスを感染させたこと自体を取り締まる適切な刑罰法規が存在しなかった。

従来，刑法学においては，②の場合について，解釈論的に既存の刑罰法規の適用限界が論じられ，新たな行為の包摂を認め得る論理が追求される傾向が強かった。これは，我が国が，立法論的解決に消極的であったことに由来する。しかし，立法が活性化している時代にあっては，必ずしも，既存の刑罰法規を前提に包摂可能性を追求する必要はない。むしろ，理論的な観点から刑罰の適用限界を明らかにしつつ，立法者が提示する改正案の是非を分析するなど，立法論的解決に寄与することが求められている。このことは，③の場合にも当然に妥当する。そこで以下では，②及び③に属する行為が問題となる場合における，解釈論的ないし立法論的解決の状況を概観することとする。

2 インターネット上の表現の規制

2.1 名誉毀損表現

名誉毀損罪（刑法230条1項）は，「公然」と他人の名誉を毀損する「事実を摘示」した場合に成立する。インターネット上の表現である以上，公然といえる場合がほとんどであろう。そして，事実の摘示の方法に制限はないから，例えば，ウェブサイト上に他人を批判する記事を掲載した場合，当該記事が批判された者の社会的評価を低下させる可能性があると認められる限度で，同罪にあたることとなる。しかし，そうすると，綿密な取材に基づいて記事を掲載し

た場合であっても，一律に処罰の対象となりかねない。そこで，名誉の保護と表現の自由との調和を図って導入された，公共の利害に関する特例（刑法230条の2）の適用の可否が問題となる。

　もっとも，同特例は，事実が「真実であることの証明があったときは，これを罰しない」とするから，たとえ綿密な取材によって真実と信じていたとしても，真実性が証明できない限り（真実性の誤信），処罰を免れないこととなる。これに対しては，真実性は犯罪の成否を決する重要な要素だから，その誤信は故意を阻却し，犯罪の成立が否定されるとの見解もある。しかし，そうすると，逆に，軽率な誤信でも処罰を免れることになりかねない。そこで，誤信に「確実な資料，根拠に照らし相当な理由」があるときに限り免責すべきとの考え方（最大判1969・6・25刑集23巻7号975頁）が，支配的となった。その理論的妥当性について，ここで詳論する余裕はないが，それが新聞報道に係る事案において示された基準であったことが問題となる。すなわち，インターネット上の表現の特質に鑑みて，新たな基準を定立する可能性は残されている。

　フランチャイズ事業を展開する企業を批判する記事をウェブサイト上に掲載した事案において，この点が争われた。第1審は，事実の真実性の証明がないとした上で，インターネット上ではⓐ事実を摘示された者が容易に「反論することができ」，ⓑ発信された「情報の信頼性は一般的に低いものと受けとめられている」として，真実性を誤信した場合の新たな免責基準を定立した。すなわち，「摘示した事実が真実でないことを知りながら発信したか，あるいは，インターネットの個人利用者に対して要求される水準を満たす調査を行わず真実かどうか確かめないで発信した」場合に，初めて同罪に問うのが相当というのである。これに対して第2審は，情報の存在を知らない場合等における反論の可能性及び相手方の閲覧可能性を含めた反論の有効性，並びにインターネット上の情報の信頼性の低さに疑問を呈した上で，情報拡散により被害が深刻化する可能性にも言及し，新たな基準の定立を否定した。最高裁もこれを正当とし，従来の基準を維持した（最決2010・3・15刑集64巻2号1頁）。

　審級間で結論を異にしたのは，反論の可能性や情報の信頼性の低さの判断が異なったためであるが，問題は，これらを考慮すべき理論的根拠である。このうち，ⓐ反論の可能性は，従来から，対抗言論（more speech）の法理として議論されてきた（**CHAPTER 3** 参照）[4]。しかし，名誉「毀損」とは，一般に名誉低下の

抽象的危険で足りると解されているから，名誉回復の前提たる名誉低下を待たずに，事実を摘示した段階で犯罪の成否が決するはずである。反論という犯罪後の事情が，犯罪の成否に直接に影響するかは疑問である。そこで，例えば，「被害者」が自らの意思で論争の場に踏み込み，名誉低下の「危険を引き受け」たことを，名誉毀損表現の違法性を阻却する事情として考慮する見解もある。他方で，ⓑ情報の信頼性の低さは，それ自体が名誉低下を妨げ得るから，犯罪の成否に直接に影響するといえる。しかし，そもそも，「毀損」が名誉低下の抽象的危険で足りるとすれば，信頼性の低さが犯罪の成否を決する場面は想定困難である。このように，従来の基準を維持すべきとの立場は，理論的にも説明可能である。

なお，技術の発展に伴い，例えば，デジタルカメラで密かに裸体を撮影した盗撮画像をウェブサイト上に掲載したり，あるいは，誰かの顔と他の者の裸体との合成画像を作成して掲載することが容易となった。このように，被写体とされた者の承諾なしに画像を掲載した場合にも，名誉毀損罪や侮辱罪（刑法231条）の成否が論じられることがある。しかし，その法益とされる「名誉」とは，人の人格的価値に対する社会的評価（外部的名誉）ないし自己評価（主観的名誉）とされている。盗撮画像や合成画像の掲載により被写体とされた者が羞恥心や不快感を抱くことはあっても，その者の評価を低下させることはない。評価が低下するとすれば，例えば，いわゆる「盗撮もの」であり，その者が「自ら進んで裸体をさらしている」との事実が摘示されたといえる場合（東京地判2002・3・14裁判所ウェブサイト参照）に限られる。すなわち，ここでの被害は，プライヴァシー侵害と構成すべき被害ではあっても，名誉毀損にはあたらないように思われる。これを処罰すべきとすれば，立法論的解決が必要であろう。

以上のように，インターネット上の名誉毀損表現については，真実性を誤信した場合の免責基準について新たな論点が生じたが，現時点では，解釈の変更を要する状況にあるとは考えられていない。しかし，今後の状況次第で，例えば，反論の可能性ないし有効性が確保されることを前提に，新たな基準が受け

---

4) この法理は，主に憲法学において議論されており，いわゆるパソコン通信フォーラム上の論争に係る民事判例で採用されたことがある（東京地判2001・8・27判時1778号90頁）。

容れられる余地がある。その場合，従来の基準と同様に，この問題を特例の解釈として論じることも考えられるが，罪刑法定主義の観点からすれば，立法論的解決を模索すべきであろう。

2.2 わいせつ表現

わいせつ物頒布等罪（刑法175条）は，表現の自由との関係でその処罰根拠自体に争いがあるところ，インターネットを利用した犯罪に係る多様な論点を提供する犯罪として注目され，例えば，ウェブサイト上にわいせつ画像を掲載した場合の解釈を巡って，活発な議論が交わされてきた（**CHAPTER 4** 参照）。それは，当該画像のデータが記録されたサーバーを運営するプロバイダーの刑事責任（**CHAPTER 12** 参照）や，他国のウェブサイト上にデータが記録された場合の刑法の適用可能性といった，他罪とも共通する総論的論点にも及ぶ。しかし，少なくとも，同罪固有の各論的論点については，判例の集積により，おおよその見解の一致が認められてきたように思われる。

同罪は，わいせつな「物」を「頒布」した場合や「公然と陳列」した場合，そして「有償で頒布する目的」で「所持」した場合に成立するところ，何が客体たる「物」にあたり，規制対象行為たる「頒布」や「陳列」にあたるかが論点となる。この点，画像情報自体を客体と認める見解（情報説）もあるが（岡山地判1997・12・15判時1641号158頁），「物」とは有体物（物理的に空間の一部を占める固体・液体・気体）であるとし，情報記録媒体たるハードディスク等を客体と捉える見解（媒体説）が有力である。その場合，客体の移動がないことから，客体の引渡しを意味する「頒布」ではなく，「陳列」を問題とせざるを得ない。そこで，「陳列」とは，その物のわいせつな内容を「認識できる状態に置くこと」をいい，「特段の行為を要することなく直ちに認識できる状態にするまでのことは必ずしも要しない」との理解から，ハードディスクに記録された情報内容の認識可能性の設定をもって，「陳列」該当性を広く認める考え方が示された（最決2001・7・16刑集55巻5号317頁）。

しかし，例えば，電子メールにわいせつ画像情報を添付して送信した場合には，むしろ，情報説を前提に，当該情報の「頒布」を問題とする方が自然である。このような中で，2011年刑法改正が行われた。まず，媒体説の解釈を後付け，

わいせつ「物」の例示に「電磁的記録に係る記録媒体」が加えられた。また，情報説の主張を採り入れ，「電磁的記録その他の記録」が「物」とは別に規定された上で，これを客体とする「電気通信の送信によ」る「頒布」が導入された。有償頒布目的での「物」の「所持」に対応する概念として，「電磁的記録」の「保管」も導入された。

なお，わいせつに至らない表現でも，青少年に有害との理由で規制の対象とされる（**CHAPTER 5** 参照）。例えば，風俗営業法は，「善良の風俗と清浄な風俗環境を保持」することに加え，「少年の健全な育成に障害を及ぼす行為を防止する」ことを目的に掲げ（1条），罰則を伴う営業規制を行っている。1998年改正により導入された「映像送信型性風俗特殊営業」の規制（31条の7・52条4号等）は，当該営業を「専ら，性的好奇心をそそるため性的な行為を表す場面又は衣服を脱いだ人の姿態の映像を見せる営業で，電気通信設備を用いてその客に当該映像を伝達する」ものと定義した上で（2条8項），「十八歳未満の者を客としてはならない」とする（31条の8第2項）。[5]

以上のように，インターネット上のわいせつ表現については，わいせつ「物」該当性及び「陳列」該当性について新たな論点が生じたが，当初は，立法を要する状況にあるとは考えられていなかった。しかし，解釈論的解決が期待できない場合もあるとの認識から，立法論的解決に至ったのである。もっとも，その具体的内容については，例えば，「陳列」や「頒布」の包摂範囲を巡って，[6] なお検討の余地がある。

---

[5] なお，同法は，「映像伝達用設備」としての「自動公衆送信装置の設置者」，すなわちプロバイダーに対して，「映像の送信を防止する」措置を講ずる努力義務を規定している（31条の8第5項）。

[6] 例えば，いわゆるマスク処理画像等，わいせつ性が潜在している場合も「陳列」を認める見解が有力であり（前掲岡山地判1997・12・15参照），「陳列」概念は限定機能を失っている。他方で，「情報の送信によ」る「頒布」に閲覧者側のデータのダウンロードをも含むとすれば（東京高判2013・2・22判時2194号144頁），ウェブサイト上にわいせつ画像を掲載した場合も「頒布」に包摂し得ることとなり，「陳列」の独自の存在意義が失われかねない。

2.3 児童ポルノ表現

　上述の情報の受け手としての青少年の健全な育成を目的とする規制に対して，情報の送り手に利用され性的搾取及び性的虐待の被害を受ける児童の保護を目的とすると解されるのが，児度ポルノ表現の規制である。1999年に立法された児童買春・児童ポルノ禁止法は，「児童に対する性的搾取及び性的虐待」から「児童の権利を擁護すること」を目的に掲げ（1条），「児童を相手方とする」性交等に係る「児童の姿態」を「描写」した「児童ポルノ」（2条3項）の製造に関する規制と拡散に関する規制とを併置する（**CHAPTER 4** 参照）。

　すなわち，「児童ポルノ」を「製造」した場合（7条4項）のみならず，これを「提供」した場合や「公然と陳列」した場合（同条2項・6項），そして，これらの行為の「目的」で「所持」した場合（同条3項・7項）等が処罰される。このうち，拡散に関する規制は，わいせつ物頒布等罪と類似した構造を有している。そのため，同罪の解釈が援用できる場合が多い。そこで，刑法改正に先駆けて，2004年改正において，客体たる「児童ポルノ」の例示に「電磁的記録に係る記録媒体」が加えられた。また，「電磁的記録その他の記録」を客体とする「電気通信回線を通じて」の「提供」が導入され，提供等目的での「電磁的記録」の「保管」も導入された。

　さらに，2014年改正では，「所持」ないし「保管」一般が禁止された上で（3条の2），「自己の性的好奇心を満たす目的」があり，「自己の意思に基づいて」所持等に至った場合に限り，処罰の対象とされた（7条1項）。これらは，例えば，児童ポルノを「嫌がらせなどによりメールで送り付けられた」場合とか「ネットサーフィンによる意図しないアクセス」の場合を除外する趣旨とされるが，その理論的根拠に加え，「目的」等の認定との関係で，除外の実効性についても問題とする余地があろう。この他，児童ポルノを「ひそかに」製造した場合を処罰対象とする規定（7条5項）が新設されたが，その処罰根拠は，必ずしも明らかではない。

　なお，同法は，「対償を供与」して「児童に対し，性交等をすること」等（児童買春）も処罰の対象とする（4条）。これに関連して，2003年に立法された出会い系サイト規制法は，「児童買春その他の犯罪から児童を保護し，もって児童の健全な育成に資すること」を目的に掲げ（1条），罰則を伴う営業規制を

行っている（7条・32条1項等）。また、「性交等の相手方となる」ことを含めて、当該事業を利用して児童ないし成人を児童との「異性交際の相手方となるように誘引」すること等を禁止し（6条）、一部を処罰の対象としている（33条）。ここでは、児童買春等の予備的行為が処罰の対象となるが、保護対象たるべき児童自身からの「誘引」をも処罰し得ると批判されている。

　以上のように、児童ポルノ表現については、数次に亘る立法論的解決が行われている。わいせつ表現と比較して、迅速な解決が図られたことについては、妥当ともいえよう。もっとも、その具体的内容については、処罰根拠や実効性につき、なお検討の余地が残されている。

2.4　サイバーストーキング

　ストーキング（Stalking）とは、恋愛感情等により一方的に関心を抱いた相手に、しつこくつきまとうことをいう。例えば、インターネットの電子掲示板上でのやり取りをきっかけに、検索エンジンを利用するなどして相手の個人情報を割り出し、ストーキングに及ぶ場合もある。このような場合も含めて、インターネットを利用したストーキングは、サイバーストーキングと呼ばれることがある。ストーキングをすることで感情が昂ぶり、重大犯罪に発展する場合もあるところ、実際に殺人に至った事件の発生を受け、早期の法的介入を可能にするための立法論的解決が求められていた。

　このような中で、2000年に立法されたストーカー規制法は、「個人の身体、自由及び名誉に対する危害の発生を防止し、あわせて国民の生活の安全と平穏に資すること」を目的に掲げ（1条）、「特定の者に対する恋愛感情その他の好意の感情又はそれが満たされなかったことに対する怨恨の感情を充足する目的」での「つきまとい等」（2条1項柱書）により、相手に「身体の安全、住居等の平穏若しくは名誉が害され、又は行動の自由が著しく害される不安を覚えさせ」る行為を禁止した上で（3条）、その違反に対して「警告」（4条）や「禁止命令」（5条）を発し得ることを規定する。そして、当該行為の反復を「ストーカー行為」（2条2項）等として処罰の対象とする（13条以下）。

　「つきまとい等」には、現実に相手の下に赴いて行う「つきまとい」や「待ち伏せ」（2条1項1号）以外にも、例えば、「その名誉を害する事項を告げ、又

はその知り得る状態に置くこと」（同条同項7号）や「その性的羞恥心を害する事項を告げ若しくはその知り得る状態に置」くこと（同条同項8号）が含まれる。そこで，これらの事項を含む文書や画像を相手に対してメールで送信したりウェブサイト上で公開する行為も，当該事項を「告げ」ることや「知り得る状態に置くこと」になり得るから，禁止の対象とされる可能性がある。さらに，2013年改正では，相手から「拒まれたにもかかわらず，連続して」連絡を取ろうとする行為について，「電話」や「ファクシミリ」を手段とする場合に加えて，「電子メールを送信すること」が規定された（同条同項5号）。

　ところで，例えば，連続して「電子メールを送信すること」自体は，他の犯罪を構成しない。これに対して，「名誉を害する事項」をウェブサイト上で公開する行為は，名誉毀損罪（刑法230条1項）にもあたり得るが，例えば，それを相手に対してメールで送信した場合には，「公然」性がないという理由で，同罪の成立要件を充たさない場合もある。同法は，このような場合も含めて，既存の刑罰法規に包摂し得ない行為を広く処罰可能とする点に，立法論的な意義がある。もっとも，その処罰根拠は，必ずしも明らかではない。

　この点，同法は，まず，「身体，自由及び名誉」といった様々な法益に対する危害の防止を目的とする。ここでは，ストーキングそのものというよりも，むしろ，それを反復することで重大犯罪に発展する危険が問題とされており，法益を特定しないかたちで包括的な処罰の早期化が行われたといえる。しかし，刑法の謙抑性の観点からすれば，このような包括的かつ抽象的な危険は処罰根拠となり得ないともいえる。また，同法は，「国民の生活の安全と平穏に資すること」も目的とする。しかし，「安全と平穏」という概念は漠然不明確であり，[7] その侵害を論ずるだけでは処罰を基礎付け得ないともいえる。行為の反復等の要件が，これらを補い得るかを慎重に検討すべきであろう。

　なお，ストーキングに際して，行為者が，例えば，別れた恋人の裸体を撮影した画像をインターネット上で拡散させることもある。このようなリベンジポルノ（Revenge Porn）は，名誉毀損罪やわいせつ物頒布等罪にあたり得るほ

---

[7] 「つきまとい等」により，様々な法益が害される「不安を覚えさせ」る行為が禁じられることからすれば，「安全」ではなく，安全感の侵害が問題とされているともいえる（東京高判2003・3・5東高刑時報54巻1〜12号8頁参照）。

か,「児童ポルノ」の拡散行為や「ストーカー行為」として処罰の対象となり得る。しかし,拡散した画像がインターネット上に存在し続けることによる被害の重大性が指摘され,さらなる立法論的解決が求められていた。このような中で,2014年に立法されたリベンジポルノ被害防止法は,「個人の名誉及び私生活の平穏の侵害」の防止を目的に掲げ(1条),「性交」等に係る「人の姿態が撮影された画像」(2条)の[8]被写体とされた者の承諾を得ない「提供」等を処罰の対象としている(3条)。既存の刑罰法規とは別個の処罰を基礎付ける根拠は,必ずしも明らかではないが,上述の盗撮画像等の事例と同様に,その根拠を,プライヴァシー侵害の観点から説明することも可能であろう。

以上のように,ストーキング対策として,様々な立法論的解決が行われている。重大犯罪を未然に防止するために,迅速な解決が図られたことについては,妥当ともいえよう。もっとも,その具体的内容については,既存の刑罰法規との関係や処罰根拠につき,なお検討の余地が残されている。

3 インターネットと財産保護

3.1 情報の刑法的保護

コンピューターが社会に普及することにより,財産的価値のある重要な情報が,コンピューターの記録媒体に,データとして記録されるようになった。そこで,管理者に無断で当該情報にアクセスし,これを読み出す行為の可罰性が問題となる。このような行為は,現在では,無断で情報にアクセスした過程を捉えて,後述の不正アクセス禁止法違反の罪に問われる可能性もあるが,これとは別に,読み出された情報自体の財産的価値に着目し,人の財産を法益とする財産犯と呼ばれる犯罪への包摂可能性が問われる。

刑法において,他人のものを無断で持ち出す行為は,窃盗罪(235条)で処

---

[8] なお,当該「画像」における性描写の内容は,児童ポルノ表現の規制客体たる「児童ポルノ」における性描写の内容を踏襲している。

罰されるが，上述のような，いわゆる情報窃盗はこれに包摂されないとの理解が一般的である。すなわち，「『物』とは，有体物をいう」とする民法の規定（85条）を援用するなどして，同罪の客体たる「財物」についても有体物でなければならないとする見解（有体性説）からすれば，情報は「財物」とはならない。また，電気のように蓄電池に収容することで「可動性」と「管理可能性」を有するものであれば（大判1903・5・21刑録9輯874頁），「財物」に含み得るとする見解（管理可能性説）も，財産上の「利益」を客体とする犯罪（236条2項等）との区別の必要性等から，例えば，債権等の権利は，「事務的に管理可能」としても「財物」に含まれないとする。それゆえ，情報についても，それ自体は「財物」とは認められないことになる。

　判例においても，例えば，企業の秘密資料を無断で持ち出す行為について，当該資料に記録された情報ではなく，当該情報を記録（印刷）した紙を客体として，窃盗罪の成立が認められている（東京地判1984・6・28判時1126号6頁等）。このような解釈は，「財物」ないし「物」を客体とする全ての財産犯に共通するのと同時に，上述のように，わいせつ「物」の解釈にも影響を及ぼしている。例えば，器物損壊等罪（刑法261条）について，ハードディスクに記録されているファイルを魚介類の画像ファイルで上書きしてしまう，いわゆる「イカタコウィルス」を実行させた事例につき，この点が争われた。上書きされたデータ（電磁的記録）はともかく，初期化すれば元通り使用可能であるハードディスクは何ら「損壊」されていないとの主張に対して，記録されたデータを随時読み出せるという機能や新たにデータを何度でも書き込めるという機能が失われることから，ハードディスクの効用が害されたことは明白として，同罪の成立が認められたのである（東京高判2012・3・26東高刑時報63巻1〜12号42頁）。

　このような事例については，現在では，ウィルスを実行させたこと自体が後述の不正指令電磁的記録に関する罪に問われ得るほか，上書きされたファイルが「公務所の用に供する」記録や「権利又は義務に関する」記録であった場合には，1987年刑法改正により客体に「電磁的記録」が追加された公用文書等毀棄罪ないし私用文書等毀棄罪（刑法258条・259条）が成立する余地がある。また，上書きにより当該コンピューターを用いた「業務」を妨害した場合には，「電磁的記録」の「損壊」による電子計算機損壊等業務妨害罪（刑法234条の2）が成立する余地がある。このうち，公用・私用文書等毀棄罪以外は法益が異な

るから，器物損壊等罪とは別罪として成立し得ることとなろう。

　ところで，電子計算機損壊等業務妨害罪は，1987年刑法改正により，対人的加害行為を予定する「偽計」や「威力」を手段とした業務妨害罪（刑法233条後段・234条）を補完する趣旨で導入された。しかし，例えば，「マジックホン」と称する特殊な電子機器を電話回線に取り付け，電話機の課金装置の作動を不能にした行為も偽計業務妨害罪にあたる（最決1984・4・27刑集38巻6号2584頁）とされるなど，判例において，対物的加害行為も従来の業務妨害罪で捕捉されてきたことからすれば，立法論的解決を図る意義に乏しかったともいえよう。もっとも，業務妨害罪よりも法定刑が加重されたことにより，重大結果を生じた事案を適切に処罰するという限度では意義がある。

　なお，情報窃盗一般は処罰の対象とならないとしても，特別法においては，情報の範囲を限定した上で，一定の条件の下で，その取得を処罰する規定がある。例えば，不正競争防止法は，「事業者間の公正な競争及びこれに関する国際約束の的確な実施を確保する」ことを目的に掲げ（1条），「不正の手段により営業秘密を取得する行為」等を「不正競争」として規制しているところ（2条），「不正の利益を得る目的」または「保有者に損害を加える目的」で，不正アクセス行為を含む「管理侵害行為」等により「営業秘密」を「取得」した場合を処罰の対象としている（21条）。それゆえ，情報窃盗の不可罰性は，必ずしも絶対的なものと考えられているわけではない。

　以上のように，従来の「財物」の解釈からすれば，財産的価値のある情報の刑法的保護には限界がある。これは，情報の外延が不明確であることから，これを客体とする立法が躊躇されてきたことに由来する。もっとも，財産犯たる公用・私用文書等毀棄罪はもとより，電子計算機損壊等業務妨害罪のような財産犯に隣接する犯罪においては，「電磁的記録」を客体とする立法論的解決が行われている。このことからすれば，窃盗罪や器物損壊等罪の客体のみが有体物に限られるべきかは疑問であって，これらの罪についても，立法論的解決の余地があるように思われる。

3.2 電子商取引と財産犯

電子商取引（Electronic Commerce）とは，電子的手段を用いて契約申込みから履行に至る過程の全部又は一部が行われる取引のことをいう。特徴として，迅速かつ大量の情報処理が可能となり企業間取引の効率性が向上するとか，消費者の購買行動データを用いた販売予測による在庫・生産制御が容易となるといった点が挙げられる。また，物流形態の変革により企業消費者間ないし消費者同士の直接的取引が可能となり，例えば，ネットオークションのシステムが確立された。しかし，電子商取引が対面取引ではないことから，他人になりすますことが容易となるなどの問題もある。そこで，電子署名認証制度などの制度的な手当てが講じられつつある（**CHAPTER 7** 参照）。刑法による対処としては，まずもって財産犯への包摂可能性が問われることとなろう。

取引の過程で財産的被害が生じていることから，まず，詐欺罪（刑法246条）が問題となる。もっとも，上述のように，「人を欺い」たといえる場合には，新たな論点を生じない。例えば，インターネットオークションの落札者に対して，実際には商品を送るつもりがないのに，代金を支払えば商品を送る旨の虚偽のメールを送信し，代金を騙し取った場合には，詐欺罪が成立することとなる。問題は，コンピューターの自動処理により財産が移転した場合である。例えば，不正取得した他人のキャッシュカードを使用して同人の口座から自らの口座に振込送金した場合，人の判断が介在しないため，詐欺罪は成立しない。また，財物の占有移転も生じていないため，窃盗罪も成立しない。そこで，このような行為に対処するため，1987年刑法改正により，電子計算機使用詐欺罪（刑法246条の2）が立法された。

同罪の客体は，財産上の「利益」に限られている（利得罪）。ここでの「利益」とは，例えば，一定の預金残高があるものとしてその引出し・振替えを行うことができる地位を得るなど，事実上財産を自由に処分できるようになること（積極利得型）や，課金ファイルの記録を改変して料金の請求を免れるなど，債権者の追及が事実上不可能に近い状態を現出して債務を免れること（債務免脱型）を含む，広い概念と解されている。判例においても，例えば，預金残高記録の改変や（東京高判1993・6・29高刑集46巻2号189頁等），いわゆる電子マネーの取得が（最決2006・2・14刑集60巻2号165頁），これにあたるとされた。

このような解釈は，コンピューターによる事務処理における財産移転の確実性に伴うとされるが，財産というよりも，いわば財産を得る権利をもって「利益」と捉え，「利益」概念を抽象化することの当否については議論の余地があろう。

取得した「利益」は，情報やサービスの形をとることもあるが，その場合には，「情報の非移転性」や「素材の同一性」の観点から，同罪の成否が議論されている。すなわち，情報は取得された後も相手方に残存するし，サービスが取得されても代金請求権が失われるに過ぎないから，客体の移転がないというのである。この点，近時は，情報等の利用料金の免脱や情報等を「取得する権利」の取得を問題とすることにより，同罪の成立を認め得るとする見解が有力である。しかし，前者の見解に対しては，料金は情報等の対価であるから，まずもって情報等を利用する利益を問題にすべきといえる。他方で，後者の見解に対しては，当該「権利」によって移転すべき財産（情報等）の客体としての適格性を検討することなく，利益概念を抽象化することで問題を隠蔽するものといえる。情報等の客体性は，利得罪における移転性や同一性の要否に遡って，正面から議論すべきであろう。

同罪の規制対象行為は，コンピューターに「虚偽の情報若しくは不正な指令」を与えて，「不実の電磁的記録」を作出する行為（作出類型）及び「虚偽の電磁的記録」を供用する行為である（供用類型）。情報の「虚偽」性ないし指令の「不正」性，それに伴う記録の「不実」性は，一般に，与えられた情報自体（数字や記号等）の精確性ではなく，「電子計算機を使用する当該事務処理システムにおいて予定されている事務処理の目的に照らし」て判断すべきとされる（前掲東京高判 1993・6・29）。例えば，窃取したクレジットカードの番号等を入力送信して購入を申し込み電子マネーを取得した事例では，名義人本人に電子マネー購入の意思がなく本人が購入を申し込んだという実体を伴わないことが問題とされた（前掲最決 2006・2・14）。このように，「事務処理の目的」は，何らかの者の具体的な「意思」と一致する場合も多いと思われるが，利益移転の原因行為としての許容性という観点からすれば，むしろ，当該情報処理「システムにおいて」予定されている客観的な制度趣旨に照らして判断すべきである。

ところで，同罪においては，財産権の得喪・変更の事務が不実（虚偽）の「電磁的記録」に基づいて処理される場面に処罰が限定されている。しかし，コンピューターを使用した財産取得一般に当罰性があるとすれば，「電磁的記録」

の介在といった特殊な要件は不可欠ではないともいえる。この点，例えば，不正信号の送出により国際電話サービスを利用した事例においては，不実の「電磁的記録」である課金ファイルはサービス取得の結果として作出されたのであり，財産取得における「電磁的記録」の介在が認められないともいえる。しかし，結局のところ，サービス取得ではなく，利用料金の免脱を捉えて同罪の成立が認められており（東京地判 1995・2・13 判時 1529 号 158 頁），当該要件が限定要素として機能しているかには疑問の余地がある。

　なお，虚偽の情報を入力送信して電子マネーを取得した場合，偽造の罪の成否も問題となり得る。すなわち，電子マネーとは，コンピューター上の決済を通じて「財物」等の財産を獲得する権利を数値化した（CHAPTER 8 参照），いわば財産的価値を有する情報であり，「人の財産上の事務処理の用に供する電磁的記録」といえるから，1987 年刑法改正により導入された電磁的記録不正作出罪（刑法 161 条の 2）ないし 2001 年刑法改正により導入された支払用カード電磁的記録不正作出罪（刑法 163 条の 2）が成立する余地がある。もっとも，前者は，その法定刑に照らして，電子マネーが財産的価値を有する情報であることを適切に評価し得るとはいえない。他方で，後者は，当該情報の記録媒体が「カード」に限定されているから，例えば，「クレジットカード」に記録された電子マネーは規制し得るが，携帯電話に記録された電子マネーは規制が困難である。そもそも，媒体が「カード」であることに，このような区別を認めるだけの実質的な意義があるかは疑問である。

　以上のように，電子商取引の過程で財産的被害が生じた場合には，詐欺罪に加えて，電子計算機使用詐欺罪の成否が問題となり得る。個別の成立要件について，その要否も含めて，改めて検討する必要があろう。また，電磁的記録不正作出罪ないし支払用カード電磁的記録不正作出罪の成立の余地もあるが，事例の特質を適切に評価し得るとはいえない。それゆえ，例えば，「カード」としての形状に囚われずに財産的価値を有する情報の不正作出等を適切に評価すべく，立法論的解決を検討すべきである[9]。

4　ネットワークセキュリティの保護

4.1 ハッキング

　ハッキング（Hacking）とは，一般に，ネットワーク経由で他人のコンピューターに無断でアクセスし，情報を閲覧したりデータを改竄することをいうが，本来，ハッキングという言葉自体に否定的な意味はなく，このような害意を伴うハッキングのことを，特にクラッキング（Cracking）と呼ぶ場合もある。1999年に立法された不正アクセス禁止法は，「不正アクセス行為」及び当該行為を「助長する行為」を禁止した上で，処罰の対象としているが（不正アクセス罪及び不正アクセス助長罪），2012年改正により，これらの罪の法定刑が引き上げられるとともに，新たな罪を創設して処罰範囲の拡張が行われた（識別符号取得罪，識別符号保管罪及び識別符号入力要求罪）。

　同法制定に際しては，コンピューターを利用した犯罪の増加が指摘されていた。すなわち，ここでは，不正アクセス行為そのものというよりも，むしろ，その後に行われる犯罪による実害が問題とされていたともいえる。不正アクセス罪を，この実害との関係で，不正アクセス行為の段階まで処罰が早期化された，いわば予備的行為を処罰する罪と構成することも可能である（予備罪的構成）。本法の目的規定（1条）においても，まずもって「電気通信回線を通じて行われる電子計算機に係る犯罪の防止」が掲げられている。しかし，例えば，データの不正入手（情報窃盗）や，コンピューターの無権限利用といった実害については，それを捕捉する罪が存在していないにもかかわらず，その予備的行為を処罰することの当否が問題となる。

　この点，立案担当者は，不正アクセス罪の法益を，利用権者等の識別が正しく行われているという「アクセス制御機能に対する社会的信頼」とした上で，「不正アクセス行為が横行すれば，アクセス制御機能により実現される電気通信に関する秩序が乱され，利用者の中に安心してネットワークが利用できない

---

9) なお，これらの罪は，例えば，取得した電子マネーを利用して別途財産を取得した場合も含めて，同時に成立する電子計算機使用詐欺罪等の財産犯との罪数処理の結果として，一罪として処断され得る。これは，電子マネーの取得から，それを利用した財産取得までの間に，一罪とすべき実体があることの反映と解し得る。それゆえ，立法論的解決にあたっては，偽造の罪と財産犯との間の妥当な棲み分けを模索すべきである。

との不信感を生み、ネットワーク相互の接続が抑制されるおそれが生じる」と述べている。このような理解からは、同罪は、「公共の信用」を法益とする偽造の罪（刑法148条以下）に類似する、社会的法益に対する危険犯と構成されることとなる（信頼保護構成）。すなわち、偽造の罪が、「文書」等により実現される取引システムの維持を目的とした規定と把握され得るのと同様に、不正アクセス罪も、アクセス制御機能により実現されるネットワークで相互に接続されたコンピューター・システムの維持を目的とした規定と把握され得る。

具体的な規制内容として、同法は、不正アクセス罪（11条）における不正アクセス行為（3条）を、アクセス制御機能（2条3項）を有する「電子計算機」に電気通信回線を通じて当該機能に係る他人の「識別符号」(ID及びパスワード)を入力して作動させ、当該機能により制限されている「利用」をし得る状態にさせる行為（2条4項1号）及び制限を免れ得る「情報」又は「指令」の入力による同様の行為（2号・3号）と定義している。すなわち、ネットワーク経由のハッキングが規制される。

このように、不正アクセス行為の方法は、あくまでも、ネットワークに接続されているコンピューターに設定されたアクセス制御機能の回避でなければならない。そこで、まず、当該機能の有無について、いかなる基準により判断すべきかが、さらに、当該機能が設定されていることを前提に、当該機能による利用の「制限」の有無について、いかなる基準により判断すべきかが議論されている。前者は、例えば、電子計算機の利用の一部のみが制限されている場合に問題となるところ、むしろ、電子計算機ではなく情報自体へのアクセス制御を問題とすべきとの立場もある。また、後者は、例えば、識別符号を入力する以外の方法によってもこれを入力したときと同じ利用ができたと認められる場合が問題となるところ、現行法上、明確な客観的基準を見出す契機は無いといわざるを得ない（東京地判2005・3・25判時1899号155頁参照）。しかし、2012年改正において、これらの点についての立法論的解決はなされなかった。

ところで、識別符号を入手することができれば、誰もが簡単に不正アクセス行為を行うことが可能となる。そこで、不正アクセス行為禁止の実効性を担保するため、他人の識別符号の利用権者以外の者への「提供」が、当該行為を助長する行為として禁止された上で（5条）、処罰の対象とされた（12条2号・13条）。この不正アクセス助長罪は、想定し得る様々な準備行為のうち、いわば

不正アクセス行為の道具ともいえる識別符号の提供に着目し，不正アクセス罪の幇助的行為の一部を犯罪化した規定と位置付け得る（独立共犯）。同罪については，2012年改正により，「業務その他正当な理由による場合」の除外が規定された[10]。しかし，刑法には，既に「正当な業務による行為」の不処罰を定めた総則規定（35条）がある以上，同様の文言を重ねて規定することに意味はない。処罰範囲の明確性の観点からは，あくまでも各論的に，正当化すべき行為を可能な限り類型化する努力をすべきといえる。

　さらに，2012年改正では，同じく禁止の実効性を担保する趣旨で，不正アクセス行為の「用に供する目的」での識別符号の「取得」や「保管」についても，新たに禁止された上で（4条・6条），処罰の対象とされた（12条1号・3号）。この識別符号取得罪及び識別符号保管罪は，識別符号の不正流出，不正流通を防止するために，不正アクセスに至る一連の行為を禁止するという観点から，不正アクセス行為の準備行為の一部を犯罪化した規定と位置付け得る。また，いわゆるフィッシング（phishing）による識別符号の取得に対処するために，「なりすまし」等によりアクセス管理者であると「誤認させて」，利用権者に対して「識別符号を特定電子計算機に入力することを求める旨の情報」をウェブサイトに掲載すること及び電子メールにより送信することも，新たに禁止された上で（7条），処罰の対象とされた（12条4号）。この識別符号入力要求罪は，識別符号取得罪との関係で，処罰の早期化を図る規定と位置付け得る。

　以上のように，不正アクセス罪は，信頼保護構成によって説明されるが，このような構成は，システムの維持という，およそ全体像を把握し難い抽象的な目的を設定することで処罰の正当化を図り，また，法益の抽象化によって事実上の処罰の早期化を図るものであって，同罪の予備罪的な実質を隠蔽したに過ぎないといえる。同罪の幇助的行為や準備行為をも犯罪化している現行規定に対しては，過度の処罰の拡張との批判が向けられる余地もあるところ，むしろ，同罪の罪質を予備罪的構成から理解した上で，処罰範囲の限定を図るという選

---

[10] 制定当初は，「当該アクセス管理者がする場合又は当該アクセス管理者若しくは当該利用権者の承諾を得てする場合」が除外されていた（旧4条但書）。現在も，同様の場合が不正アクセス行為から除外され，また，「アクセス管理者の承諾を得てする場合」が識別符号入力要求罪から除外されているところ，その意義が問題となろう。

択肢もあったように思われる。その際には，捕捉する罪が存在しない実害についても，犯罪化の是非を検討する必要があろう。

4.2 コンピューターウィルス

　コンピューターウィルス（Computer Virus）とは，一般に，コンピューターに被害をもたらすプログラムのことをいうが，本来は，プログラムファイルからプログラムファイルへと感染するものを意味し，あくまでも，コンピューターに被害をもたらすプログラム（いわゆるマルウェア）の一種に過ぎない。ウィルスを感染させる行為については，不正指令電磁的記録に関する罪（刑法第 19 章の 2）が規制している。同章は，コンピューターを使用者の意図のとおりに動作させない「不正な指令」を与える「電磁的記録」，すなわち，ウィルスによる被害の多発を理由に，2011 年刑法改正により新設された。

　実際に被害が生じた場合は，電子計算機損壊等業務妨害罪（刑法 234 条の 2）等による対処も可能である。そこで，不正指令電磁的記録に関する罪を，この実害との関係で処罰が早期化された，予備的行為を処罰する罪と構成することも可能である（予備罪的構成）。しかし，業務妨害罪一般について，実害の発生ではなく，その危険をもって既遂が認められる傾向にある（最判 1953・1・30 刑集 7 巻 1 号 128 頁参照）ばかりか，2011 年刑法改正により電子計算機損壊等業務妨害未遂罪（同条 2 項）が新設された。それゆえ，これらの罪と不正指令電磁的記録に関する罪との適用範囲の重複は否定できない。確かに，例えば，個人のコンピューターからメールを勝手に送信するとか外部にデータを漏洩するといった，捕捉する罪が存在しない実害も問題とし得るが，その場合，その予備的行為を処罰することの当否が問題となろう。

　この点，立案担当者は，コンピューターを使用者の意図のとおりに動作させない不正な指令を与えるものでないという，「電子計算機のプログラムに対する社会の信頼」が，不正指令電磁的記録に関する罪の法益であるとする。上述の実害についても，この「信頼」との関係で，それを失わせる一つの契機として考慮されているに過ぎない。すなわち，そのような被害を放置すれば，人は，プログラムを信頼して情報処理を行うことができなくなり，ひいてはコンピューターによる情報処理の円滑な機能が阻害されるというのである。このよ

うな理解からは，同罪は，偽造の罪に類似する，社会的法益に対する危険犯と構成されることとなる（信頼保護構成）。すなわち，コンピューター・プログラムの利用により実現される情報処理システムの維持を目的とした規定と把握し得る。

具体的な規制内容として，まず，ウィルスの「作成」，「提供」及び供用（「実行の用に供した」）が処罰される（刑法168条の2）。また，それらの前段階の行為として，ウィルスの「取得」及び「保管」（刑法168条の3）が処罰される。供用については，未遂も罰せられる（刑法168条の2第3項）。例えば，送信したウィルスが相手方のメールボックスに留まっている場合がこれにあたるとされるが，実行の着手時期の判断如何では，供用との区別や保管との区別が問題となろう。

いずれの罪も，「電子計算機」の使用の際に「不正な指令」を与える「電磁的記録」が客体となる。与えられた指令が「不正」か否かは，コンピューターを使用する者の「意図」に依存することとなるが，その判断においては，個別具体的な使用者の実際の認識ではなく，法益との関係で規範的に理解された意図が基準となるとされ，当該プログラムの機能の内容や，機能に関する説明内容，想定される利用方法等を総合的に考慮すべきとされる。それゆえ，例えば，プログラム作成段階での不可避的なバグが生じた場合や，使用者の諒解なくプログラム作成者が修正プログラムをインストールした場合，それらが社会的に許容される限度で，当該プログラムは，そもそも不正な指令を与えるものとならず，その作成等は構成要件に該当しないとされる。もっとも，「不正」という概念が多義的であり，その判断基準が規範的に理解された意図に依存していることからすれば，これらの要件によって，具体的な基準が明示されたとはいえないであろう。

また，作成，提供，取得及び保管については，「人の電子計算機における実行の用に供する目的」が必要である。当該要件との関係では，例えば，研究者やアンチウィルスソフト製造者等が研究や実験のためにウィルスの作成等を行った場合のように，実質的に正当化すべき行為が議論されている。立案担当者によれば，供用とは，ウィルスであるとの情を知らない第三者のコンピューターで実行され得る状態に置くことをいうとされ，それゆえ，当該行為は構成要件に該当しないとされた。とはいえ，このような解釈は，明確性の観点から

問題がある。そこで，改正法に至った法案が提出された段階において，「正当な理由がないのに，」という文言が追加され，行為の正当性を直接に基準とし得ることとなった。しかし，処罰範囲の明確性の観点からは，あくまでも各論的に，正当化すべき行為を可能な限り類型化する努力をすべきである。

以上のように，不正指令電磁的記録に関する罪における法益は，信頼保護構成によって説明されるが，このような構成は，不正アクセス罪と同様に問題がある。さらに，適用範囲の重複の問題も，理論上はともかく，実際上は解決されたとはいえない。むしろ，不正指令電磁的記録に関する罪の罪質を予備罪的構成から把握した上で，処罰範囲の限定を図るという選択肢もあったように思われる。

考えてみよう

科学技術を悪用する行為に対処するための立法を批判することは，迅速な解決を妨げることになりかねないともいえる。また，インターネットの秩序を維持し確実な処罰を行うという観点からは，法益の抽象化や処罰の早期化による処罰範囲の拡張は当然ともいえる。これらの考え方に問題はないであろうか。

もっと詳しく知りたい方は　　REFERENCE

佐久間修『最先端法領域の刑事規制』（現代法律出版，2003）
永井善之『サイバー・ポルノの刑事規制』（信山社，2003）
岡田好史『サイバー犯罪とその刑事法的規制』（専修大学出版局，2004）
渡邊卓也『電脳空間における刑事的規制』（成文堂，2006）
園田寿『情報社会と刑法』（成文堂，2011）

CHAPTER 10

インターネットと知的財産法

駒田 泰土

PREFACE　はじめに

　本章では，知的財産法がインターネットとどのような関わりを持つかについて，できるだけわかりやすく説明してみたい。同法は，インターネットと切っても切れない関係にあるので，ある程度の知的財産法の知識なしに，インターネットを安全に楽しんだり，事業に利用したりすることはできないといってよい。

　ところで，はじめに断っておくと，「知的財産法」という名前の法律は存在しない。知的財産を保護する法律群の上位概念として，講学上，知的財産法という言葉が用いられているにすぎない。本書のタイトルにあるように，インターネットに関係する法規範を（それがどの法律に属していようと）まとめて「インターネット法」というのと同様である。

　そしてここには，大まかにいうと，テクノロジーを保護する特許法や，アートを保護する著作権法，マークを保護する商標法や不正競争防止法が属している。以下では，それぞれの法律ごとに，その概要と，そこで生じているインターネット関連の問題を解説していくことにしよう。

1 インターネットと特許法

1.1 特許法の概要

　テクノロジーを保護する法律の代表は，特許法である[1]。より正確にいうと，特許法は「発明」を保護対象としている。特許法上，発明とは，「自然法則を利用した技術的思想の創作のうち高度のものをいう」と定義されている（2条1項）。

　発明には，大別して物の発明と方法の発明（物を生産するための方法の発明を含む）がある。液体水素を燃料とするロータリーエンジンは，物の発明の例である。また，染料を用いずにたんぱく質（食肉等）をピンクに染色する方法は，方法の発明の例である。

　発明が特許を受けることができるためには，産業経営に役立つようなものでなければならないし，未だ公然と知られていないような新しいものでなければならない（産業上の利用可能性及び新規性の要件。29条1項）。また，単に新しいというだけでは十分ではなく，その技術の属する分野において通常の知識を有する者が容易に創作できないようなレベルに達している必要がある（進歩性の要件。29条2項）。

　特許出願を行って特許を受けることができるのは，原則として発明者である（29条1項）。特許を受ける権利を譲り受ければ，他の者も出願できる（33条1項）。いわゆる職務発明に関しては，発明がされる都度，従業員発明者から当該権利を譲り受けるのは会社にとって煩雑であるので，予め（発明前に）その

---

[1] ほかにテクノロジーを保護する法律として実用新案法がある。ただ，同法によって保護される考案は「物品の形状，構造又は組合せに係るもの」に限定されており（3条1項），方法に係る技術は保護しない。
　特許法と同様に登録によって権利を成立せしめる制度ではあるが，登録に先立つ審査は基礎的なものにとどまり，新規性の有無などの実体面の審査は行われず，早期に権利を成立させる仕組みになっている。ただし，実用新案権者は，特許庁審査官が作成する実用新案技術評価書を提示して警告した後でなければ，侵害者に対して権利を行使することができない（29条の2）。

旨を契約・勤務規則等に定めておくことができるとされている（35条2項の反対解釈）。あるいは、はじめから当該権利が会社に帰属する旨を定めておくこともできる（同条3項。二重譲渡のリスク等に対応するため、2015年改正により、このような規律が設けられた）。いずれの場合であっても、従業員発明者は、見返りとして相当の金銭その他の経済上の利益を受けることができる（同条4項）。発明を詐取して出願するなど、特許を受ける権利を有しない者がする出願は違法であり、拒絶される（49条7号）。

　重複開発が行われた場合、同一の発明について複数の者が特許を受ける権利を有することになるが、このうち特許権を取得できるのは、最先の出願をした者である（39条1項・29条の2）。発明時期の先後は重要ではない。これを先願主義という。

　特許権を取得すると、特許された発明の業としての利用（「実施」という。2条3項）について、特許権者は独占権を取得することになる（68条）。当該発明を適法に実施することを望む第三者は、原則として、特許権者から特許権を譲り受けるか、実施権を取得する契約（ライセンス契約）を結ばなければならない（77条・78条）。無断で実施すると、特許権の侵害となる。特許権者は、侵害の予防・停止を求めることができる（差止請求。100条）。また、特許権の侵害は、通常、不法行為を成立させる（民法709条）。よって特許権者は、侵害者に対して損害賠償を請求することができる（特許発明は公報を通して一般に公開されるため、侵害者の過失を推定する明文規定がある。103条）。

1.2　発明としてのプログラム

　上に述べたように、特許法上の発明とは、自然法則を利用したものをいう。したがって、自然法則を利用していない単なる思考の産物は、いかに有用で発明らしくみえても、特許法上の発明ではない。暗号作成方法[2]、語呂合わせなどの記憶方法、ゲームのルール、商品の陳列方法などは発明ではない。

　この観点から、かつて発明性が問題とされたのがプログラムである。プログ

---

[2]　旧法（大正10年法）下の事例であるが、東京高判1950・2・28民集7巻4号474頁〈欧文字単一電報隠語作成方法事件〉、最判1953・4・30民集7巻4号461頁〈同上告審〉。

ラムは，コンピューターに対して特定の処理を命じる計算方法を記録したものであるから，それは人為的な取決めにすぎず，自然法則を利用したものとはいえないとも考えられる。ただ，コンピューターなどのハードウェア資源は，電力等自然力を利用したものであることに疑いの余地はない。そしてプログラムは，ハードウェア資源とともに技術的有用性を発揮するものである。そうしたことから，今日ではプログラムにも発明性が認められている。すなわち，プログラムは「物の発明」の一類型とされ，インターネットを介したその送信行為も，物の発明に係る特許権の効力が及ぶ「譲渡」行為と評価される（2条3項1号括弧書）。

このように今日ではプログラムも発明たりうるが，自然法則利用の要件が無意味とならないように，特許法上，発明として扱ってもらえるプログラムは，その目的とする作用効果がハードウェア資源との具体的な協働によって得られるものでなければならないと解されている。

1.3　ビジネス方法特許

優れたアイデアに基づく商売の方法は，わが国では古くからナントカ商法と呼び習わされてきた。たとえば，薬を各家庭に預けて使用後に使用分に応じた代金を回収しにいくという売り方は，「先用後利の商法」といわれ，主に富山地方の行商人が用いて有名になった（富山の薬売り）。この商法では，客は，将来使用するかどうかが不確定な薬という商品をとりあえず手元に置くことができ，後に使用分に応じて代金を支払えばよいので，払いすぎるということはない。

現代でも，もちろんナントカ商法ということもあるが，もっとスマートに「ビジネスモデル（ビジネス方法）」という言い方がされることもある。線路をただ引くのではなく，周辺に遊園地や野球場，住宅地，デパートを作って鉄道を走らせ，相乗的な収益効果を狙う私鉄の経営方法は，かつて優れたビジネスモデルの一つとして，しばしばビジネス書で紹介された。

以上に示した先用後利の商法や私鉄の経営方法は，それ自体，発明性を有してはいない。それらは思考の産物でしかなく，自然法則を利用しているとはいえないからである。しかし今日では，ソフトウェア関連技術が高度に発達したおかげで，コンピューターやネットワーク機器と巧みに組み合わせることに

よって，複雑なビジネス方法を実現することが可能となってきた。こうしてハードウェア資源を用いて行う情報処理方法のうちのあるものは，同時にビジネス方法とみることができるものもある——そうであれば，これも特許保護の対象としてもよいだろう。このような考え方の下で，1990年代後半以降に確立されてきたのが，いわゆるビジネス方法特許である。ビジネス方法特許は，プログラムについて確立されてきた考え方の延長線上にあるといえる。

　ビジネス方法特許が世界的に普及する契機となったのが，1998年7月23日のアメリカ合衆国連邦控訴裁判所判決であった。同判決は，ビジネス方法は特許保護の対象にならないという従来の判例法を覆す内容のものであった。この事件で無効確認等が求められた発明は，ハブアンドスポークといわれる投資信託の時価を計算するデータ処理システムである（米国特許第5193056号）。複数の投資信託の資金（ファンド）を中央のポートフォリオに貯めて管理し，資金を有効活用するためのシステムであり，その概念図が車輪のハブとスポークを想起させることから，このように呼ばれることになった。わが国でも，旧住友銀行が2000年2月に金融取引に関するビジネス方法特許を取得し，本格的にビジネス方法について特許を取得しようという気運が生じることとなった。ビジネス方法特許は，このように金融ビジネスに関するもののほか，電子商取引の仲介・決済の方法のものが多い。

　ビジネス方法も，プログラムのところで述べたように，ハードウェア資源を用いることに技術的意義を有するもののみが，発明性を肯定してもらえる。たとえば，「郵便のダイレクトメールによる通信販売」の「郵便」を「電子メール」に置き換えても，それによって発明性が肯定されるわけではない（郵便を使うものも電子メールを使うものも，その本質は，人間の思考の産物又は取決めにすぎないといえる）。また，従来技術と比較した場合の創作困難性（進歩性）の要件もクリアしなければ，特許してもらえない。一時期，ブームに乗ってビジネス方法の出願が相次いだが，特許取得の難しさが徐々に理解されるようになり，特許庁によると，出願件数は2000年をピークに減少しつづけ，近年ようやく下げ止まりの傾向にあるという[3]。また，他分野と比較して，特許取得の件数自体も

---

3)　特許庁ホームページ「ビジネス関連発明の最近の動向について」(https://www.jpo.go.jp/seido/bijinesu/biz_pat.htm)。

多くはない。

1.4 インターネットを介した発明の部分実施

　特許発明が，特許請求の範囲に示された構成の一部のみを担当する複数の者の行為の総合によって，再現されているとしよう。例えば，ある方法の発明が，A工程からD工程までの4工程から成るものであるとき，各工程を甲，乙，丙，丁の4者が行っているような場合である。あるいは，A工程からC工程までを甲が行い，最終のD工程のみを乙が行うというような場合も考えられよう。いずれの場合でも，当該発明を全体として再現している者は誰もいないことになるが，それゆえに侵害者もいないと常に結論づけてしまうと，当該発明の保護に欠けることになろう。では，どの工程であっても，それを行った者全員が侵害者であると結論づけてよいだろうか。それも妥当でない場合があろう。ほかにどのような工程があって，その全体像がどうなっているのかについて何ら事情を知らない者（ある方法の実施に加担している，という認識がない者）にとっては，不意打ちになる可能性があるからである。

　こうした問題は，インターネットとは関係のないところでも生じうるが，インターネットの使用を不可欠の要素とする発明であれば，より頻繁に生じる可能性がある。遠隔地にある複数の者が，インターネットを通じて，ある特許発明の再現に簡単に関与できるようになるからである。

　そして，インターネットを用いた発明は，システムの発明，すなわち物の発明としても表現されうるので，上記の問題は，方法の発明だけでなく物の発明に関しても生じうる。例えば，当該システムが，複数のコンピューターが互いにインターネットを介して通信を行うことで成立するものであるとして，それらコンピューターごとに情報処理を行う者が存在するような場合である。そうした「物」（システム）の発明は，一体誰がこれを「生産」し「使用」していることになるのだろうか。

　これまでのところ裁判例は，当該特許発明の再現につき，誰か特定の者が主導的な地位にあるといえれば，たとえ発明の構成の一部を他の者が行っていたとしても，当該主導的地位にある者がその発明を実施していると評価する傾向にある。

たとえば，(インターネットに関係するケースではないが)，時計文字盤用電着画像の形成方法の発明に関して，この方法の中途段階で製造される電着画像を他の者に譲渡して，その者に最終工程である時計文字盤への貼付けを行わせていても，当該電着画像の実質的な用途がその最終工程しかなく，当該電着画像の製造業者はそのことを認識していることを理由に，同製造業者は最終工程担当者をいわば「道具として」当該発明を全体として実施している（侵害している）と評価した裁判例がある（東京地判2001・9・20判時1764号112頁〈電着画像形成方法事件〉)。インターネット関係では，眼鏡レンズ発注者が自身のコンピューターからレンズ製造者のコンピューターに情報通信をして，眼鏡レンズを簡易に供給するシステムの発明に関して，「当該システムを支配管理」する立場にある製造者を侵害者と判断した裁判例がある（東京地判2007・12・14裁判所ウェブサイト〈HOYA事件〉)。また，簡易な方法でPCユーザーが目的のウェブサイトにアクセスできるようにする方法の発明に関して，その実施主体はユーザーではなく，当該発明に係るサービスを提供していた会社（Y）であるとした裁判例がある（知財高判2010・3・24判タ1358号184頁〈JAddressサービス事件〉)。本件発明は，ユーザーがウェブ・ブラウザーのアドレス・バーに電話番号や会社名，製品名等を入力するだけで，目標とするURLのウェブサイトにアクセスすることができるというものであったが，知財高裁は，本件発明は「アクセス」の発明ではなく「アクセスを提供する方法」の発明であって，ユーザーの行為は問題とならないとした。特許請求の範囲の記載を形式的にみれば，本件発明は，その構成の一部にユーザーの行為を含んでいるといわざるをえないものであったが，Yはその再現に当たって主導的地位にあり，ユーザーは受動的な役割を果たしているにすぎない，という点が重視されたものであろう。

2 インターネットと著作権法

2.1 著作権法の概要

アートを保護しているのは著作権法である。より正確にいうと，著作権法は

「著作物」を保護対象としている。著作物の代表的なものは，小説や絵画，音楽，映画等であるが，人間の知的・文化的活動の所産といえば著作物といえる。だから，アートを保護する法律といっても，そのカバーする範囲は非常に広い。実際には，プログラムのようにアートとは言い難いものも，著作権法上，著作物の一類型とされている[4]（10条1項9号）。

ただ，著作物は「創作的に表現したもの」でなければならない（2条1項1号）。これは，当該表現から創作者の個性が感じとれるもの，という意味である。プログラムが著作物たりうるのは，コンピューターに特定の動作を行わせるための指令の組み合わせが，常に決まり切ったものになるわけではなく，そこにプログラマーの個性が表現される余地があるからである。また，他人の詩を集めた詩集であっても，収録する詩の選択や配列の仕方によって編集者の個性が表れているといえれば，収録された詩とは別に詩集について著作物が成立する（「編集著作物」という。12条1項）。収録された個々の情報とは別にデータベースが著作物となりうるのも，同様の理由からである（12条の2第1項）[5]。

著作物を創作した者（著作者）は，著作者の権利を取得する（17条1項）。特許権を取得する場合のように，登録を得る必要はない（同条2項）。複数の者によって同一・類似の著作物が偶然創作された場合（偶然暗合）には，各人が著作者となり，著作者の権利を取得する。そして互いに権利を行使してその利用を妨げることができない[6]。そうした場合には，各人が自己の著作物を利用しているにすぎないからである。もっとも，著作物は著作者の個性の発露であるので，発明とは異なり，偶然暗合の創作という事態は滅多に生じない。

著作者の権利には，著作者の著作物に対する思い入れ（精神的な利益）を保護する著作者人格権と，著作物の利用から生ずる経済的な利益を保護する著作権の2種類の権利がある（17条1項）。いずれも排他的な権利であり，著作者

---

[4] このように著作権法がカバーする範囲は広いが，椅子や電灯のデザインのような実用品のデザインは，これを別に保護する意匠法のような法律があるので，裁判所はなるべく著作権法で保護しないような解釈を採用する傾向がある（「美術」の範囲の厳格な解釈）。

[5] ただし，データベースの場合には，情報の配列ではなく体系的構成による創作性の有無が問われる。

[6] 旧法（明治32年法）下の事例であるが，最判1978・9・7民集32巻6号1145頁〈ワン・レイニー・ナイト・イン・トーキョー事件〉。

は，その侵害行為の予防・停止を求めることができる（差止請求。112条）。また，著作者の権利の侵害は，通常，不法行為を成立させる（民法709条）。よって著作者は，侵害者に対して損害賠償を請求できる（著作者人格権の侵害の場合には，精神的損害の賠償請求〔慰謝料請求〕）。

　著作者人格権には，次のような権利が含まれている。著作物を世に公開する時期や方法を決定する権利（公表権），著作物を公衆に提供・提示するに際し自己（著作者）の氏名を表示し，又は表示しない権利（氏名表示権），（著作者の）意に反する著作物の改変を受けない権利（同一性保持権）である（18条1項・19条1項・20条1項）。これらはいずれも人格権であるため，著作者の一身に専属し，譲渡することができない（59条）。もっとも，著作物の公表や改変を行おうとする者は，著作者からその同意を得ることによって侵害責任を免れることができる。

　著作権には，著作物の利用態様に応じてたくさんの権利が含まれている（21条〜28条）。インターネットとの関係でとくに問題となるのは，著作物を複製する権利（21条）と公衆送信する権利（23条1項）である。著作物をアップロードすれば，サーバーと呼ばれるコンピューターの中に当該著作物が複製されるから，これは複製権の対象となる行為である。他方，「公衆送信」とは，公衆によって直接受信されることを目的として行う無線又は有線の電気通信による送信のことをいう（2条1項7号の2）。インターネット送信を物理的にみた場合，サーバーが，ユーザーからのリクエストを受けて，その都度自動的に情報を送り出しているわけであるが，法的にみた場合には，アップロードをした者が当該送信を行う者と評価される。なお，このような送信形態はとくに「自動公衆送信」と呼ばれ，アップロードそのものは「送信可能化」と呼ばれている（2条1項9号の4・同項9号の5）。そして公衆送信権は，自動公衆送信のみならず，その一段階前の行為である送信可能化をも対象としている（23条1項括弧書）。ゆえに著作者は，アップロードに対しては，複製権と公衆送信権の双方を行使できることになる。

　著作権は財産権であるから，他人に譲渡することができる（61条）。また著作者は，著作物の適法な利用を望む者に対して利用を許諾することもできる（63条）。

2.2 違法ダウンロード

公衆に送信するために行われるアップロードとは異なり，ダウンロードは，往々にして個人的使用のための複製行為であり，それは複製権が制限される私的複製（30条1項）に当たるから，著作権侵害とはならない。

もっとも，ユーザーが，著作権を侵害する自動公衆送信と知りながら行う録音又は録画のダウンロードは，権利制限の適用を受けない（30条1項3号）。この規整は，2009年著作権法改正によって導入され，当該ダウンロードをした者は，著作権者に対して損害賠償責任を負うことになった。さらに2012年改正によって，当該ダウンロードは，民事上の責任を惹起するにとどまらず，著作権侵害罪を構成しうることになった（119条3項）。[7] 背景にはもちろん，違法ダウンロード等によって甚大な経済的不利益が生じているというレコード会社や映画会社の主張に説得力があると思われたということがある。ただ，この規整の実効性は未知数である。主としてユーザーに自制を促すための規整であるといえる。

なお，動画サイトにアクセスして単に動画を視聴する場合でも，ユーザーの端末にはキャッシュと呼ばれる情報の一時的な蓄積が生じる。これは，通常のダウンロードとは異なり，視聴の過程で自動的に生じるものである。この種の複製は，仮に私的複製に該当しないとしても，47条の8の規定によって複製権が制限されるから，違法なダウンロードには該当しない。

また，既述のように侵害となるダウンロードは録音・録画のそれであるから，静止画やテキスト情報，プログラムのダウンロードは侵害とならない（ただし，ゲームは映画の著作物でもあるため，ゲーム・プログラムのダウンロードは侵害となりうる）。これらの著作物に関しては，未だダウンロード規制の必要性はないと考えられたことによる。

2.3 ファイル交換／共有システム

---

[7] 保護される著作物は，現に有償で提供されているものが対象になっている。2年以下の懲役もしくは200万円以下の罰金又は併科。

インターネット送信は，特定のサーバーに当該情報を蓄積し，ユーザーがそこにアクセスして送信してもらうという形態が一般的である。これをサーバー－クライアント・モデルという。サーバー－クライアント・モデルでは，アクセスが集中すると，トラフィックに負荷がかかり，当該サーバーがダウンしたり，送信のスピードが低下する可能性がある。

そこで，当該情報を特定のサーバーに蓄積させずに，ユーザー間で広く共有し，ユーザーの端末間で当該情報を直接やりとりするというシステムが開発された。このような送信形態をピアツーピアモデルの送信という（ピアとは「仲間」という意味）。省略してP2Pと書くこともある。

(1) ユーザーによる著作権侵害

P2Pネットワークを利用するためのプログラムをインストールすると，当該ユーザーの端末は，他の不特定多数のユーザーのために自動公衆送信を行うサーバーの役割を果たすようになる。同プログラムのインストールによって作成される共有フォルダに著作物のファイルが複製されると，それがそのまま，当該著作物が送信可能とされた状態と評価できる。よって，P2Pネットワークを利用して音楽ファイルなどを交換・共有することは，著作権を侵害する行為に当たる。

(2) P2Pサービス・プロバイダーによる著作権侵害

もっとも，著作権者にとっては，P2Pネットワークを利用して著作権侵害を行うたくさんのユーザーを探知し，個別に権利行使するのは，費用対効果の面であまり好ましい戦術ではない。

そこで，目的とする著作物のファイルを保有するユーザーの情報をインデックス化するサーバー[8]を運営するP2Pサービスの事業者に対して，日本音楽著作権協会（JASRAC）が著作権侵害を理由に訴訟を提起するということが行われた。当該サービスの名称は「ファイルローグ」といい，このサービスを運営する日本MMOは，ファイル名やフォルダ名を基準に検索をすることで，ユー

---

[8] 中央サーバーを必要とするP2Pモデルを，ハイブリッドP2Pという。

ザー間で送受信されるファイルを個別に把握することが可能であり，その送受信を制限する措置をとることが物理的に可能であった。

　東京高裁は，ファイルローグが著作権侵害を惹起する具体的かつ現実的な蓋然性のあるサービスであること，日本MMOはそのことを予想しつつサービスを提供して侵害を誘発していたこと，また，上記の意味でユーザー間の送受信を管理し，広告料収入を得ていたことを認定して，日本MMOも（ユーザーと並んで）公衆送信権侵害者であると結論づけている[9]（東京高判2005・3・31 裁判所ウェブサイト〈ファイルローグⅡ事件〉）。

　この判決は，著作権法にいう公衆送信の概念を柔軟に解釈することで，P2Pサービス・プロバイダーにも著作権侵害責任を認めた事例として有名である。

(3) P2Pプログラム開発者・頒布者の責任

　P2Pモデルには，ファイル所在情報をインデックス化する中央サーバーを必要としないものもある（ピュアP2P）。そのようなネットワークにおいては，個々のユーザーによるファイルのリクエストが，バケツ・リレー式に他のユーザーの端末から端末へ伝達され，その保有者を突きとめることができる仕組みになっている。

　この場合，ユーザー間の個別の送受信を把握してストップをかけることができる者がいないので，その者に対して権利を行使するということができない。

　そこで，当該P2Pソフトを開発し，提供した者に共同不法行為責任や著作権侵害幇助罪の責任を問えないかが問題になる。P2Pソフト自体は，既述のようにネットワーク負荷を低減しうる有用な技術であり，著作権の侵害にも用いられるというものにすぎない（このような技術を価値中立の技術という）。その他の事情次第では，上記の責任が成立する可能性はあるが，P2Pソフトを開発し，提供したというだけで，常に当該責任を負うということにはならない。

　ピュアP2P型のプログラムである「Winny」を開発し，これを頒布した金子勇氏に対して，公訴が提起されたことがある。1審の京都地裁は侵害幇助犯の成立を認めたものの，2審の大阪高裁は無罪判決を言い渡した（京都地判

　9）　複数のレコード会社が原告となった事件でも，東京高裁は同様の判断を下している。東京高判2005・3・31 裁判所ウェブサイト〈ファイルローグⅠ事件〉。

2006・12・13 刑集 65 巻 9 号 1609 頁〈Winny 事件 1 審〉，大阪高判 2009・10・8 刑集 65 巻 9 号 1635 頁〈Winny 事件 2 審〉）。

　最高裁は上告を棄却しつつ，職権によって次のように判断している。価値中立的な「ソフトの提供行為について，幇助犯が成立するためには，一般的可能性を超える具体的な侵害利用状況が必要であり，また，そのことを提供者においても認識，認容していることを要するというべきである。すなわち，ソフトの提供者において，当該ソフトを利用して現に行われようとしている具体的な著作権侵害を認識，認容しながら，その公開，提供を行い，実際に当該著作権侵害が行われた場合や，当該ソフトの性質，その客観的利用状況，提供方法などに照らし，同ソフトを入手する者のうち例外的とはいえない範囲の者が同ソフトを著作権侵害に利用する蓋然性が高いと認められる場合で，提供者もそのことを認識，認容しながら同ソフトの公開，提供を行い，実際にそれを用いて著作権侵害（正犯行為）が行われたときに限り，当該ソフトの公開，提供行為がそれらの著作権侵害の幇助行為に当たると解するのが相当である」。

　そして，被告人は，現に行われようとしている具体的な著作権侵害を認識・認容しながら Winny を提供しておらず，また例外的とはいえない範囲の者が侵害に利用する蓋然性が高い状況下で同ソフトが提供されたといえるものの，被告人は，提供の際にそうなる可能性を認識・認容していたとまではいえないとして，幇助犯の成立を否定した（最決 2011・12・19 刑集 65 巻 9 号 1380 頁〈Winny 事件上告審〉）。

2.4　クラウド・コンピューティングと著作権法

　今日，インターネットを利用したサービスには様々なものがあるが，いわゆるコンテンツ・プロバイダーを除くインターネット・サービス・プロバイダーは，多くの場合，ユーザーによる複製や公衆送信を仲介・支援しているにすぎず，複製や公衆送信の主体であるとはいえない。しかし，サービスの内容やその活動態様の如何によっては，著作権法の規律の観点から，当該プロバイダーもそれらの行為の主体と評価されることがある。

　そうした場合とは，ユーザーが行う複製や公衆送信に積極的に関与し，あるいは積極的にこれらを誘発せしめるような場合である。既述のファイルローグ

事件における日本 MMO は，そうした評価を受けて侵害主体と判断された事例といえる。また，侵害の事実あるいはその可能性を知らされながら，特段の対処をせずに放置したといえるような場合にも，プロバイダーが侵害者と認定されることがある。電子掲示板に著作権を侵害する書き込みがされ，権利者から通知を受けたにもかかわらず，これを放置していたという事案で，当該掲示板の管理人について著作権侵害責任を肯定した事例は，そのようなケースであるといえる（東京高判 2005・3・3 判時 1893 号 126 頁〈「罪に濡れたふたり」事件〉）。

　これらの裁判例は，著作権の実効的な保護のために，公衆送信等の主体を拡張する規範的な解釈を行ったものといえる。もっとも，世にクラウド・サービスといわれるものは，ユーザーが自己の端末にデータ等を保有するのではなく，インターネット上の様々な場所に保管して，必要に応じて遠隔の自分宛に呼び出して使えるようにすることを特徴とする。もし，それらの複製や送信の主体が事業者であるとされれば，その瞬間，著作権が働かないはずの私的複製や自分宛の送信から，著作権の効力が及ぶ事業者の複製及び公衆送信に転化してしまうことになるから，解釈の仕方によっては，クラウド・サービス自体の発展に悪影響を及ぼすことになりかねない。

　これまでのところ，遠隔操作可能な通信機器を用い，各ユーザーが自分専用の親機を事業者に保管させ，そこで受信させた遠隔地の放送番組を自分専用の子機に転送させることを可能とするサービスに関して，たとえ親機に録画の指示を出すのがユーザーであっても，その複製の主体は事業者であるとした最高裁の判決がある（最判 2011・1・20 民集 65 巻 1 号 399 頁〈ロクラク II 事件〉）。また，類似のサービスに関して，事業者がテレビ・アンテナに親機を接続して放送を入力している以上，たとえ送信の指示を出すのがユーザーであっても，親機から子機への送信の主体は事業者であり，当該送信は公衆送信といえるとした最高裁の判決がある（最判 2011・1・18 民集 65 巻 1 号 121 頁〈まねき TV 事件〉）。

　これらの判決の下で，クラウド・サービスの適法性・違法性をどのように画していくべきかが，近年，ホットなテーマとなっている。

3 インターネットと商標法，不正競争防止法

3.1 商標法，不正競争防止法の概要

読者の皆さんもよくご存じのように，商品やサービスには，通常，マークが使用されている（「Panasonic」や「クロネコヤマト」など）。それは，企業が，自己の商品やサービスであって他人のそれでないことを示すために，使用しているものである。継続的に良い商品やサービスを需要者に提供することができれば，当該企業は需要者から信用を勝ち取ることができる。需要者は，そのマークを頼りに当該企業の商品やサービスを識別するので，第三者が自由にそのマークを使用することが認められるべきではない。もし，そのようなことが認められるとしたら，当該企業が形成した信用に第三者がただ乗りすることができてしまうし，当該企業の商品やサービスと誤認した需要者が粗悪なものをつかまされるという危険が生じる。

したがって，自己の商品やサービスを他者のそれから区別するマークを保護する法律が必要になる。そのような役割を担っているのが商標法及び不正競争防止法である。

(1) 商標法

商標法上，マークは「標章」と呼ばれている。そして，それが商品やサービスについて使用されたもの（トレードマーク）は「商標」と呼ばれている（2条1項）。従来，標章は，文字，図形，立体物のように，視覚的で静止したものに限定されていたが，2014年改正により，音や動画なども標章として認められることとなった（これにより，いわゆるサウンド・ロゴや映画のオープニング動画なども，商標法上保護されうるようになった）。

商標権を取得するためには，商標登録の出願をしなければならない（5条）。特許庁の審査官は，出願内容を審査し，問題がなければ登録査定をする（16条）。ここでも，特許同様に先願主義が妥当する（8条）。

商標権を取得すると，出願のさいに指定した商品やサービスについて登録商標を使用する独占権を取得することになる（25条）。当該商標を適法に使用することを望む第三者は，原則として，商標権者から商標権を譲り受けるか，使用権を取得する契約（ライセンス契約）を結ばなければならない（30条・31条）。無断で使用すると，商標権の侵害となる。登録商標の指定商品・役務についての使用でなくても，誰かが類似商標を指定商品・役務又はそれと類似する商品・役務について使用すると，消費者は商標権者がその出所であると誤認し，商標権者の信用が害される結果が生じかねないので，この場合にも商標権の侵害が成立するものとみなされる（37条）。

　商標権者は，侵害の予防・停止を求めることができる（差止請求。36条）。また，商標権の侵害は，通常，不法行為を成立させる（民法709条）。よって商標権者は，侵害者に対して損害賠償を請求することができる（登録商標は公報を通して一般に公開されるため，侵害者の過失を推定する明文規定がある。39条によって準用される特許法103条）。

(2) 不正競争防止法

　既述のように，商標権は，出願をして登録されないと取得することができない。しかし，未登録の商標であっても，現に使用されて識別力を備えるに至ったものは，すでに蓄積された信用がそこに化体しているといえる。このような既成の信用は，それを形成した事業者の努力によるものであり，法律上の保護に値するから，たとえ未登録の商標であっても，第三者による無断使用を一定の範囲で規制しなければならない。そのための法律が，不正競争防止法（以下，「不競法」とも表記する）である。

　不競法は，周知である他人のマーク（又はそれと類似するマーク）を自己の商品やサービスに使用し，その出所の混同を招く行為を，不正競争としている（2条1項1号）。ここでいうマークの概念は，広く出所を表示する機能を営むものを含むので，商標法上の標章の概念よりも広い（特徴的な営業方法なども含まれるとされることがある）。不競法上は「表示」といい，商品について用いられるものは商品表示，営業について用いられるものは営業表示という。また，両者を合わせて「商品等表示」という（同号括弧書）。また「混同」は，その商品やサービスの出所が当該他人であると需要者に誤認させる場合（狭義の混同）だ

けでなく,もっと広く,当該他人と組織的かつ経済的に密接な関係を有する者が出所であると誤認する場合(広義の混同)も含むというように一般に解釈されている。たとえば,出所として当該企業自体がイメージされることはなくても,その子会社や系列会社が出所なのではないかと需要者に誤認させる場合をいう。

　商品等表示の中には,事業者の努力によって,単に周知であるというレベルを超えた知名度を獲得し,ブランドとしての名声を得たものがある。このような著名なマークは,その使用が出所の混同を惹起しない場合であっても,一定の範囲で保護されるべきである。当該マークは,そこに化体した絶大な信用によって,それ自体が顧客吸引力を有しているが,無関係の者がそこにただ乗りすること(フリーライド)を認めるべきではないし,また当該マークの連想対象が広く分散してしまうと,そのイメージが不鮮明化し(ダイリューション),ブランド力が低下するという事態につながるからである。さらに,連想対象に異質なものが加わった場合(ポリューション)には,当該マークのもつブランド力を積極的に損なう事態さえ生じてしまう(著名な商品表示である「シャネル」を,ラブホテルの名称にするケースなど)。

　そこで不競法は,他人の著名な商品等表示(又はそれと類似する表示)を自己の商品等表示として使用することを,不正競争としている(2条1項2号)。

　不正競争によって営業上の利益を侵害され,又は侵害されるおそれがある者は,その行為の停止・予防を求めることができる(差止請求。3条)。また,故意・過失によって上記の侵害を行った者は損害賠償責任を負う(4条)。

(3) 両法律の規整の異同

　不競法の場合,上記のいずれの不正競争の場合であっても,保護されるのは,使用によってすでに信用を獲得した表示である。他方,商標法では,登録がなければ保護されないが,いったん登録されれば未使用の商標も保護される。未だ商品やサービスについて使用されていなくても,その商標を選定するために行った消費者の嗜好調査や事前の宣伝広告などに莫大な資本が投下されることがあり,独占権で保護することで,その回収を容易にする必要があるからである。

　また,不競法の保護を求める場合には,自己の商品等表示として使用してい

ることや，表示の周知性・著名性を自ら立証しなければならない。他方，商標権者は登録によって公示され，当該商標の周知性や著名性などの立証責任を負うことはない。

3.2 メタタグ

　商標権とは，登録商標を使用する権利であり（商標法25条），何が「使用」に当たるかは2条3項に規定されている。「使用」の典型例としては，商品・包装にマークを付する行為や（同項1号），サービスの提供に当たり客が利用する物（喫茶店のナプキン，カップ，スプーン等）にマークを付する行為（同項3号），その物を用いてサービスを提供する行為などがあげられる（同項4号）。

(1) 商標的使用

　ただし，形式的には商標の使用に当たる行為であっても，実質的には商標の使用とはいえない場合がある。商標とは，商品やサービスの出所を識別せしめ，その品質を保証するものであるから，そのような機能を発揮していない，あるいは発揮できない形で付されていても，それは実質的にみて商標の使用とはいえないのである。商標の上記機能を発揮するような形での使用を「商標的使用」といい，そのような使用がない場合には，商標法の法益に対する侵害もないから，商標権侵害は成立しないものとされる。

　たとえば，包装用容器を指定商品として「巨峰」等のマークが商標登録されていた場合であっても，ブドウを梱包するための段ボールに「巨峰」「KYOHO」と記載することは，当該商標権の侵害とはならない（福岡地飯塚支判1971・9・17無体例集3巻2号317頁〈巨峰事件〉）。そのようなマークは，通常，包装の内容物（巨峰品種のブドウ）を示すものと受け取られ，段ボール製品の出所を表示するものとしては認識されないからである。

　また，娯楽用具等を指定商品として「テレビマンガ」というマークが商標登録されていた場合であっても，アニメ番組「一休さん」を題材としたカルタの隅に「テレビまんが」と記載したものを製作・販売する行為は，当該商標権の侵害とはならない（東京地判1980・7・11無体例集12巻2号304頁〈テレビまんが事件〉，東京高判1981・3・25無体例集13巻1号333頁〈同2審〉）。そのようなマー

クは,「一休さん」が単にアニメ番組であることを示すものと受け取られ,カルタの出所を表示するものとしては認識されないからである。

(2) メタタグは商標的使用か

もし,ウェブサイトの画面上にあるマークを表示して,デジタル・コンテンツをダウンロード販売するなどしていたら,そのようなマークの使用は,通常,商標的使用に当たるといえるだろう (2条3項7号)。商標権者から許諾を得ずにそのようなサービスをしていたら,商標権の侵害である。

では,他人の登録商標をメタタグ (meta-tag) として使用することは,当該商標権を侵害するだろうか。

メタタグとは,ウェブ上の記述言語である HTML のタグの一つであり,当該ウェブサイトについての情報を記入するために使用されるものである。メタタグ自体はサイト上で表示されるわけではないが,ロボット型のサーチエンジン[10]はこの内容をもとに検索を行うので,サイトの運営者は,一般に,適切な「紹介文 (description)」や「キーワード (keywords)」をメタタグとして記述することを望む。

このメタタグのキーワードに他人の登録商標を使用すれば,その商標をもとに検索を行うユーザーを,自己のウェブサイトに幾分かは引き付けやすいといえるかもしれない。だが,今日では,メタタグにそのような効果がどれほどあるかは未知数である(検索結果の上位に押し上げる効果は,ほとんどないといわれている)。また,既述のように,メタタグ自体は(ソース情報を呼び出さない限り)サイト上で認識できるわけではない。たとえそこに形式的な意味での商標の使用があるといえても,単に他人の商標の知名度を利用して自己のサイトへの訪問者を増やすというだけでは,商標的使用とはいえない。

とはいえ,メタタグとして設定された紹介文のほうは,サーチエンジン上で,当該ウェブサイトへのリンクとともに表示される。[11]ここに一応の視認性があるといえる。また,ユーザーが,その紹介文に他人の商標が表示されているの

---

10) サーチエンジンの一種で,専用のアプリケーション・ソフトがインターネット上のウェブサイトを自動的に巡回してデータを収集するタイプのもの。データを収集するソフトウェアをロボットと呼ぶ。

を見れば，当該商標を，そのサイトで提供されているサービスの出所と関連づけることもあるだろう。そして，そのような場合には，商標的使用があるといえそうである。

　参考になる裁判例を一つ紹介しよう。この事件の原告は，「中古車の110番」なる商標について登録を得ていた。これに対し，被告は，自己のウェブサイトのメタタグにおいて，「クルマの110番。輸入，排ガス，登録，車検，部品・アクセサリー販売等，クルマに関する何でも弊社にご相談下さい」なる紹介文を記載していた。しかし，同サイトのどこにも「クルマの110番」なる文字列は表示されていなかった（一時期「自動車の119番」という文字列がトップページに表示されていたことはあった）。大阪地裁は，検索結果として表示されるサイト紹介文の冒頭に「クルマの110番」というマークが見えるから，同マークは被告のサービスを表すもの又はその広告として使用されているといえるとして，商標権侵害を肯定している（大阪地判2005・12・8判時1934号109頁〈クルマの110番事件〉）。

(3) 不正競争防止法による規制

　このように，メタタグの紹介文に含まれる特定のマークが，そのウェブサイトで提供されるサービス等の出所を表すものとして需要者に認識されうるのであれば，当該マークは商品等表示として使用されているといえる。そして，そのマークが周知性のある他人のマークと同一又は類似のものであって，サイト上のサービス等も当該他人が出所であると需要者が誤認混同するおそれが生じ

11）　筆者が勤務している上智大学のホームページにアクセスし，そのソース情報のウィンドウを開くと，HTML言語で記述された当該ページ情報を読むことができる。メタタグの部分は，次のように記載されている。
　　　<meta name="Description" content="上智大学公式サイト。大学の概要や教育プログラム，学部・大学院案内，研究情報，図書館情報，学生生活についてなど，上智大学に関する情報をご覧いただけます。" />
　　　<meta name="Keywords" content="上智大学,上智,上智学院,ソフィア,Sophia, Sophia University,教育,研究,国際交流,グランド・レイアウト,図書館" />
　　　グーグル（Google）上で「上智大学」のキーワードで検索を行うと，検索結果のトップに同大学のホームページへのリンクが表示されるが，同時にDescriptionとして記載されたページの紹介文も表示されることが確認されよう。

ているのであれば，そのようなメタタグの設定は，不競法2条1項1号にいう不正競争に当たるといえるだろう。

また，著名な他人のマークに関しては，たとえサイト上のサービス等の出所が当該他人であると需要者に認識されないとしても（同一・類似のマークを使用してはいるが，当該他人でない者がそのサービス等を提供していると需要者に認識される場合でも），不競法2条1項2号にいう不正競争と評価されることがありうるだろう（東京地判2015・1・29判時2249号86頁〈IKEA事件〉）。

3.3　ドメイン名

インターネットに接続するコンピューターには，すべてインターネット上の住所ともいうべきIPアドレス（Internet Protocol Address）という数字番号が割り当てられている。コンピューター同士が通信する際にはIPアドレスによって通信相手を特定することになるが，単なる数字の羅列では人間にとっては親しみにくい。そこで，IPアドレスに文字を対応させるドメイン名システムが考案された。

筆者が勤務する上智大学の場合，そのドメイン名は「sophia.ac.jp」である。このうち「.jp」は日本という地域を，「.ac」は学校法人という組織の属性を表している。これら自動的に決定される部分を除けば，ドメイン名は自由に選定可能であり，先着順で登録される。ゆえにドメイン名の多くは，登録者の名称や商標等を意味する文字列とされており，自身の電子メールやウェブサイトのアドレスとして使用されることが一般的である。

(1)　ドメイン名が惹起する問題

ところで，ドメイン名の登録機関は民間組織であり，登録の際に，既存のマークに係る権利との抵触の有無について審査するということは基本的に行われない。このような制度の下では，他人のマークを権利者よりも先回りしてドメイン名化し，ウェブサイトを開設して，そこで当該他人と同様のサービス等を提供するということが物理的に可能である。

こうした行為を商標法や不競法2条1項1号・2号によって排斥するには，当該ドメイン名の使用が，既述の商標的使用ないし商品等表示としての使用と

いえなければならない。すなわち，使用されたドメイン名が，そのサイト上で提供されるサービス等の出所を表示するものとして受け止められる必要がある。実際に，ドメイン名について商品等表示としての使用を肯定した裁判例も存在するが（東京地判 2001・4・24 判時 1755 号 43 頁〈J-PHONE 事件〉，東京高判 2001・10・25 裁判所ウェブサイト〈同 2 審〉等），需要者は，通常，ドメイン名それ自体よりもサイトの中身に多大な注意を払うから，単なるドメイン名としての使用が，常に商標的使用ないし商品等表示としての使用に当たるといえる保障はない。

また，他人のマークをドメイン名化しても，これを使用せずに，登録者が権利者に高額で買い取ることを求めるといった類型の紛争もある。このような場合には，もはや商標法や不競法 2 条 1 項 1 号・2 号によって対処することはできない。

(2) 不正競争防止法 2 条 1 項 13 号による規律

そこで，2001 年に不競法の一部改正が行われ，2 条 1 項 12 号（現行の 13 号）が新設された。同号は，「不正の利益を得る目的で，又は他人に損害を加える目的で，他人の特定商品等表示……と同一若しくは類似のドメイン名を使用する権利を取得し，若しくは保有し，又はそのドメイン名を使用する行為」を不正競争の一類型として規定している。条文上，他人の商品等表示に「特定」の語が付されているのは，2 条 1 項 1 号・2 号では，商品の容器や包装のような物の形状も表示の概念に含まれうるが，それらがドメイン名に転用されることはありえないからである。[12] ともあれ，これにより，ドメイン名の使用以外に，その取得・保有行為も規制の対象とされることになった。なお，本号で保護される特定商品等表示は，周知・著名のものでなくてもよい。[13]

他方で，第三者が，害意なく他人の特定商品等表示と同一・類似のマークを

---

[12] なお，1 号・2 号の商品等表示は商品又は営業を表示するものであるが，13 号の特定商品等表示は商品又は「役務」を表示するものと規定されている。これはドメイン名紛争に関する国際的なルールとの整合性を図ったものと説明されている。経済産業省知的財産政策室編『逐条解説不正競争防止法　平成 23・24 年改正版』（有斐閣，2012）94 頁。
[13] これから当該マークに信用が蓄積されていくのを，無関係の者がドメイン名化することによって阻むことができないようにしている。

ドメイン名化することもありうる。このような場合まで規制すべきでないことは当然であり，そのために本号は，「不正の利益を得る目的」（図利目的）か「他人に損害を加える目的」（加害目的）のいずれかの立証を当該他人に要求している。

　この点に関する裁判例を一つ紹介しよう。この事件では，「mp3.co.jp」のドメイン名を取得した者（X）と，「mp3.com」の営業表示を用いて mp3 方式の音楽配信サービスを提供していた者（Y）との間で紛争が生じ，XはYに対し，不競法に基づく当該ドメイン名使用の差止請求権を有しないことの確認を求めた。裁判所は，2条1項12号（現13号）にいう図利加害目的に該当する例として，①自己の保有するドメイン名を不当に高額な値段で転売する目的，②他人の顧客吸引力を不正に利用して事業を行う目的，③当該ドメイン名のウェブサイトに中傷記事や猥褻な情報等を掲載して当該ドメイン名と関連性を推測される企業に損害を加える目的を挙げ，Xが①～③のいずれかの目的を有していると認めることはできないとして，Xの請求を認容した（東京地判 2002・7・15 判時 1796 号 145 頁〈mp3 事件〉）。

(3) ＡＤＲ

　ドメイン名の管理等をする民間組織は，紛争が生じた場合に備えて，裁判外の紛争処理手続（Alternative Dispute Resolution）を用意している（たとえば，「.jp」のドメイン名に関して，日本ネットワークインフォメーションセンター（JPNIC）が紛争処理方針[14]を策定している。裁定機関は日本知的財産仲裁センター）。そのようなADRは，ドメイン名の登録者が従うべきとされる規則の中に予め組み込まれているため，商標権者等にとっては利用の敷居が低いといえる。しかし，当該手続の係属前・係属中・裁定後のいずれの時点であっても，当事者が裁判所に提訴して法律による解決を求めることができるとされているため，裁定機関は終局的な紛争解決を行う地位にはない。

---

[14] JPNIC のウェブサイトにて閲覧可能（https://www.nic.ad.jp/doc/jpnic-01124.html）。

CONCLUSION　おわりに

　本章を読まれて，知的財産法がインターネットと切っても切れない関係にあることについての実感をお持ちになっただろうか。だがそもそも，どうして両者はそのような関係にあるのだろう？　それはたぶん，知的財産法が，知的財産という価値ある情報を（誰かの利益のために）保護する法である一方で，インターネットは，（万人のために）情報の自由な流通を促進するものであるので，両者の間に緊張関係が生じやすいからであろう。

　そのようにインターネットと密接な関係にある知的財産法は，頻繁に改正される法律である（毎年のように改正される）。理由の一つは，インターネットを含む先端技術の急速な進歩に対応するためであるが，制度の作り方をひとつ間違うと，インターネットがもつ自由という長所が大幅に失われる可能性もある。

　だから，本書を読まれた方は，ぜひ，常にアンテナを張りめぐらせて，知的財産法の世界が今後どのように変わっていくのかを，注意深く見守ってほしい。

考えてみよう

1　Yは，インターネットによる音楽配信サービスを提供しようとしている。同サービス（以下，「Yサービス」）においては，ユーザーが音楽を購入すると，当該音楽のmp3ファイルがユーザーの端末宛に送信され，同端末内に自動的にフォルダが作成され，同フォルダ内に当該ファイルが蔵置される一方，Yが管理しているサーバー内にも当該ユーザーのための個人ライブラリが作成され，同一のファイルが蓄積される仕組みになっている。これにより，各々のユーザーは，Yが無料で提供している特別なブラウザーを使用することで，様々な端末上で，時間と場所を選ぶことなく，自己が購入した音楽を（上記サーバー内の個人ライブラリから呼び出して）再生することができる。

　Yは，Yサービスを適法に実施するにあたって，個人ライブラリの作成の際に生じるサーバー内での複製や，ユーザーが当該ライブラリから音楽を呼び出す際に行われる送信について，著作権者から許諾を得る必要があるだろうか。

2 第三者が，検索サイト運営者から，特定のキーワードを"購入"する行為を「キーワード・バイ」という。これにより，一般のネット・ユーザーが当該キーワードで検索をした場合に，当該第三者にとって有利な効果をもたらす何らかの表示が検索サイト上で生じることになる。たとえば，当該第三者の広告バナーが検索結果を表示するページ上に表示されたり，検索結果リストの上位に，当該第三者のウェブサイトへのリンクがリストアップされるなどの効果である。よって，他人の著名商標と同一のキーワードを購入すれば，当該商標を使って消費者を自己のサイトに誘引することができるだろう。

このような行為は，わが国の知的財産法上，違法な行為となるであろうか。

  もっと詳しく知りたい方は　　　　　　　　　　　　　REFERENCE

中山信弘＝小泉直樹編『新・注解特許法』（上巻，青林書院，2011）13 頁以下，とくに 17-24 頁，39-42 頁［平嶋竜太］

奥邨弘司「クラウド・コンピューティングとは何か」小泉直樹ほか『クラウド時代の著作権法』（勁草書房，2013）1-23 頁

小泉直樹「日本におけるクラウド・コンピューティングと著作権」小泉直樹ほか『クラウド時代の著作権法』（勁草書房，2013）25-41 頁

文化審議会著作権分科会 著作物等の適切な保護と利用・流通に関する小委員会『クラウドサービス等と著作権に関する報告書』（http://www.bunka.go.jp/seisaku/bunkashingikai/chosakuken/hogoriyo/h26_10/pdf/shiryo_1.pdf）（2015）

外川英明「サイバー空間における商標の使用——検索連動型広告問題とディスクレーマに焦点を合わせて」パテント 62 巻 4 号（別冊 1 号）（2009）197-214 頁

インターネット上の個人情報保護

山本 龍彦

PREFACE はじめに

(1) 民間事業者による情報の収集・利用等について

インターネットは,「条件付きの『匿名』」世界[1]であるといわれる。我々は,ウェブサイトを閲覧する際に,いちいち名前を名乗らないけれども,自分が何者であるかを推測させうる情報を常に振りまいているからである。端末 ID (CC:08:E0:B8:XX:XX), IP アドレス (10.0.0.2), クッキー ID (261975709.1032778367.1433895797.1433895797.1433895797.1) などである。これらは直ちに個人を特定するものではないが,これらを入手し,保存している者(インターネット・サービス・プロバイダーなど。以下,「ISP」と呼ぶ)などからすれば,少なくともある端末 ID をもつ者を,他の端末 ID をもつ者から区別し,識別しうる情報ということになる。もちろん,このような識別非特定情報は,携帯電話番号などと同様,個人を特定する可能性をもった情報,いいかえれば,個人特定のリスクがある

---

1) 小向太郎『情報法入門〔第 3 版〕』(NTT出版, 2015) 25 頁。

情報でもある。我々は，インターネット空間を移動するとき，常に，この識別非特定情報を，ISP や訪問先ウェブサイトに提供しているのである。

　個人情報保護法制は，このような仮想世界の特徴を受けて，そのあり方を大きく変容させつつある。その背景には，異なる２つのベクトルがある。

　１つは，情報の利活用に向けたベクトルである。これは，主に経済界から要求されているものである。経済界では，インターネット上に無数に分散しているデータを，いわゆる「ビッグデータ」として利活用し，新たな産業の創出に活かしたいと考えている。「ビッグデータ」については未だ確立した定義がないが，「量，速度，種類がいずれも圧倒的な情報資源で，高度な洞察と意思決定のために効率的で革新的な情報処理技術を必要とする」データ[2]などと説明されることがある。企業としては，このようなビッグデータから，人の行動やパターンに関する新たな知識を掘り当て，(「データから・知識を・掘り当てる (knowledge mining from data)」ために「データマイニング」などと呼ばれる)，この知識を適用して個々の消費者をプロファイリングすることで，当該消費者の趣味嗜好に見合った広告 (当該消費者を狙った広告ということで，「ターゲティング広告」[3]と呼ばれる) を送ることができる。このようなインターネット上の情報の積極的な利活用の理論的根拠となるのが，端末 ID 等のオンライン識別子のもつ識別非特定性，すなわち，その多くが，ある利用者を他の利用者から識別・区別する力をもつが，その利用者が誰であるかを直ちに特定する力はもたない――したがって，個人特定性を重視する伝統的な「個人情報」には当たらない――という性質である。

　ベクトルのもう１つは，情報保護に向けたベクトルである。先述のように，我々はインターネット空間を IP アドレスや端末 ID をまき散らして移動しているのであり，これらの情報によって，たとえば我々がどのウェブサイト・ウェ

---

[2] *IT Glossary: Big Data*, Gartner, http://www.gartner.com/it-glossary/big-data/ (last visited Dec. 1, 2014).

[3] 　一般社団法人日本インタラクティブ広告協会 (JIAA) による「行動ターゲティング広告ガイドライン」(2009 年 3 月制定，2015 年 5 月改定) は，行動ターゲティング広告を，「行動履歴情報から利用者の興味・嗜好を分析して利用者を小集団 (クラスター) に分類し，クラスターごとにインターネット広告を出し分けるサービスで，行動履歴情報の蓄積を伴うもの」と定義されている (ガイドライン 3 条 2 号)。

ブページを，どのくらいの時間閲覧したのか，スマートフォンを保有している場合には，現実にどの場所に行ったのかを把握することができる。それらを集積・結合してプロファイリングすれば，我々の思想傾向，性的嗜好，健康状態といったセンシティブな情報が明らかになることもあるだろう。消費者団体等は，こうした情報が直ちに特定の個人と結び付かないとしても，ネットワークやデータベースを通して結び付く"リスク"があることを懸念し，オンライン・プライバシーを保護するための実効的な法制度を求めているのである。

　現実世界においては，この2つのベクトルを踏まえて，様々な制度改革が進められている。たとえば，2013年には，日本の個人情報保護法の基礎になったOECDプライバシーガイドライン（1980年採択）が改正された[4]。また，EUは，1995年のデータ保護指令[5]を，より拘束力の強い「規則」に格上げし，その内容を大幅に修正しようとしている。2012年には欧州委員会が，「個人データの取扱いに係る個人の保護および当該データの自由な移動に関する欧州議会および理事会の規則提案」（以下，「規則提案」と呼ぶ）[6]を作成し，2014年3月には欧州議会が，これを修正した案（以下，「修正案」と呼ぶ）を可決し，現在も継続的に検討が進められている[7]。さらに，個人情報保護に関する統一的な法律をもたず，その保護レベルもEUに比べて低いと指摘されてきたアメリカでも，2012年にオバマ政権が「消費者プライバシー権利章典（A Consumer Privacy Bill of Rights)」[8]を公表し，連邦取引委員会（FTC）が，「急変する時代の消費者プライバシー保護」[9]と題する重要な報告書（以下，「プライバシーレポート」と呼ぶ）を発表するなど，消費者保護という観点からではあるが，インターネット空間

---

4) 堀部政男＝新保史生＝野村至編『OECDプライバシーガイドライン——30年の進化と未来』（JIPDEC，2014）。

5) Directive 95/46/EC of the European Parliament and of the Council of 24 October 1995 on the Protection of Individuals with Regard to the Processing of Personal Data and on the Free Movement of Such Data, 1995 O. J. (L 281) 31-50[hereinafter Data Protection Directive].

6) Proposal for a Regulation of the European Parliament and of the Council on the Protection of Individuals with Regard to the Processing of Personal Data and on the Free Movement of Such Data (General Data Protection Regulation), COM (2012) 11 final (Jan. 25, 2012) [hereinafter Proposed Regulation].

7) EUの最近の動きについて，新保史生「EUの個人情報保護制度」ジュリスト1464号（2014）38頁以下参照。

における個人情報保護の問題に本腰を入れて取り組む姿勢を見せ始めている。[10]

　このような制度改革の傾向を要約することは容易ではないが、それらは、第1のベクトルから、ビッグデータの利活用を認めつつ、第2のベクトルから、個人特定のリスクを低減する仕組みや、利用者のオンライン活動の追跡を利用者本人が知覚し、拒否できる仕組み（Do Not Track）の導入などを要求している。また、いま述べたような仕組みやアーキテクチャの構築は高度に専門技術的な知識を要するので、この構築やデザインを、国家や法が事細かに規律することは困難であり、妥当でもない。この点で、近年の制度改革は、オンライン・プライバシーを保護するための公私協働のあり方、いいかえれば、法律・ガイドライン・自主規制等の役割分担のあり方に対しても強い関心が向けられている。日本でも、このような一般的な傾向を受けて、2014年6月に、内閣官房IT総合戦略室により『パーソナルデータの利活用に関する制度改正大綱』（以下、「改正大綱」と呼ぶ）[11]が公表され、2015年9月3日には、2003年制定の個人情報保護法（以下、「旧法」と呼ぶ）を大幅に改正する「個人情報の保護に関する法律及び行政手続における特定の個人を識別するための番号の利用等に関する法律の一部を改正する法律」（以下、「改正法」ないし「法」と呼ぶ）[12]が成立した。**1**

---

8) WHITE HOUSE, CONSUMER DATA PRIVACY IN A NETWORKED WORLD: A FRAMEWORK FOR PROTECTING PRIVACY AND PROMOTING INNOVATION IN THE GLOBAL DIGITAL ECONOMY (Feb. 23, 2012), *available at* https://www.whitehouse.gov/sites/default/files/privacy-final.pdf.

9) FED. TRADE COMM'N, PROTECTING CONSUMER PRIVACY IN AN ERA OF RAPID CHANGE: RECOMMENDATIONS FOR BUSINESSES AND POLICYMAKERS (2012), *available at* https://www.ftc.gov/sites/default/files/documents/reports/federal-trade-commission-report-protecting-consumer-privacy-era-rapid-change-recommendations/120326privacyreport.pdf[hereinafter Privacy Report].

10) このような国際的な動向について、石井夏生利『個人情報保護法の現在と未来』（勁草書房、2014）、同「アメリカにおけるビッグデータの利用と規制」ジュリスト1464号（2014）32頁以下、消費者庁『個人情報保護における国際的枠組みの改正動向調査報告書』（2014）等参照。

11) 高度情報通信ネットワーク社会推進戦略本部『パーソナルデータの利活用に関する制度改正大綱』（2014年6月24日）。検討会のメンバーが、改正大綱の内容について議論したものとして、宇賀克也＝宍戸常寿＝森亮二「鼎談　パーソナルデータの保護と利活用へ向けて」ジュリスト1472号（2014年）ii頁以下参照。

12) 宍戸常寿「個人情報保護法制——保護と利活用のバランス」論究ジュリスト13号（2015）37頁以下、曽我部真裕『情報法』（弘文堂、近日公刊）参照。

では，法の内容を中心に，こうした取組みの一端をできる限りわかりやすく説明することにしたい。

(2) 国家による情報の収集・利用等について

これまでは，主に民間事業者によるインターネット上の情報の収集等について言及してきたが，オンライン・プライバシーの侵害者は，民間事業者に限らない。政府機関が，犯罪捜査やテロリズムの防止等を目的に，インターネット上で，個人に関する情報を収集することもある。こうした政府機関によるプライバシー侵害は，しかし，基本的に間接的で二次的なものである。インターネットは民間事業者によって構築された民間インフラであるうえ，通信の秘密（憲法21条2項，電気通信事業法4条）によって保護された閉鎖性の高いネットワーク空間でもあるから，政府機関が個人に関する情報を収集する場合，このインフラを構築・管理するISP等の協力を得る必要があるからである。通信履歴に含まれるオンライン識別子（X）と特定の個人（＝山本龍彦）とを結び付ける情報ないしデータベースを保有しているのは，通常，こうした民間事業者であり，それらが国家の情報収集の直接の名宛人（被処分者）となる。こうみると，個々の利用者のプライバシー保護は，国家との関係においては，直接の名宛人であるISP等の民間事業者の対応に強く依存していることになる。**2**では，国家に対するオンライン・プライバシー保護の現状をみるために，主に，国家と民間事業者との関係性や距離，具体的には，国家が民間事業者に対し利用者情報の開示・提供を求める場合の手続などを紹介することにしたい。

1 民間事業者による情報の収集・利用等

1.1 オンライン識別子と「個人情報」

(1) 文脈依存性

先述したように，インターネット上で収集される情報の多くは，端末ID，IPアドレス，クッキーIDや，それらと紐付けられた識別非特定情報である。

しかし，一口に「識別非特定情報」といっても，実に様々なものがある。たとえば，クッキー情報にもファーストパーティークッキーによって収集等される情報と，サードパーティークッキーによって収集等される情報がある。前者は，利用者が訪問したウェブサイトの設置管理者が，利用者の端末にIDを振り，このクッキーIDをもって利用者が当該ウェブサイトを再訪した際に，その同一性を認識して，この利用者の閲覧記録（閲覧したウェブページや閲覧時間等）を収集するものである。これは，もともとは再訪する利用者のセッションを維持・管理するために用いられたもので，収集できる情報も，基本的には当該ウェブサイト内での行動に限定される。また，利用者が当該ウェブサイトで商品を購入するなどし，氏名等の個人情報を提供しない限りは，クッキーにより収集された情報は，それ自体，個人特定性を有する情報ではないといえる（ウェブサイト側から見て，その訪問者は，あくまで利用者"X"である）。他方，この利用者が氏名等を提供し，ウェブサイト側がクッキー情報を特定個人と紐付けられるならば，その情報は，識別性に加え，個人特定性を有する「個人情報」ということになる。

　後者は，主にインターネット広告会社が，広告を掲示したウェブサイト（A）を訪問した利用者Xの端末にIDを振り，このクッキーIDをもって利用者Xが，同会社が広告を掲示した他のウェブサイト（B，C，D……）を訪問した際に，その同一性を識別して，Xのサイト横断的な閲覧記録を収集するものである。Xからみたとき，クッキーは訪問先のウェブサイト（ファーストパーティー）ではなく，その背後にいる不可視的な「第三者」（サードパーティー）によって書き込まれるため，「サードパーティー」クッキーと呼ばれる。これは，ファーストパーティークッキーと異なり，セッションの維持・管理ではなく，もともとマーケティングを目的になされるものである。また，複数のウェブサイトをまたぐXの広範なオンライン活動を「追跡（track）」し，その記録からXの人物像を詳細にプロファイリングすることが可能となる（そのプロファイリング結果は，ターゲティング広告に活かされる）。ファーストパーティークッキーと同様，それ自体個人を特定するものではないが，その情報量の大きさや，そこから導かれるXの属性等から，個人が特定されるリスクは，ファーストパーティークッキーの場合よりも格段に高いといえよう。

　また，端末IDやIPアドレスも，それらが誰に，どのように保有されている

かによって，その性質を大きく異にする。これらの情報は，一般に識別非特定性をもつとしても，たとえば，加入者情報を保有し，オンライン識別子と氏名等とを結び付けることのできるISPにとっては，識別特定性をもつ「個人情報」ということになろう。

　以上のように，端末ID，IPアドレス，クッキーIDのようなオンライン識別子と，それらに紐付けられる利用者Xの属性情報の性質は，誰に，どのように保有されるかといった「文脈」に大きく依存するものといえる。

(2) 法改正のポイント

　個人情報保護法制は，基本的に「個人情報」を保護するものである。「個人情報」といいうる情報について，その利用が予め設定された目的に拘束され，第三者提供が制限され，情報主体に一定のコントロール権（開示請求権等）が与えられる。[13] したがって，オンライン・プライバシーを考えるうえで，(1)で述べたようなオンライン識別子が，法律上の「個人情報」に含まれるかが問題となる。旧法は，「個人情報」を「生存する個人に関する情報であって，当該情報に含まれる氏名，生年月日その他の記述等により特定の個人を識別することができるもの（他の情報と容易に照合することができ，それにより特定の個人を識別することができることとなるものを含む。）」（法2条1項）と定義していた。ここでは，「個人に関する情報」（下線部）というだけでは「個人情報」に当たらず（個人に関する情報≠個人情報。近年では，前者をとくに「パーソナルデータ」と呼ぶことが多い），その該当性を肯定するには，「特定の個人を識別することができるもの」でなければならないとされた（波線部。個人情報＝識別特定情報）。括弧内の「容易に」要件をどう理解するかは解釈に委ねられてきたが，「他の事業者に通常の業務では行っていない特別な照会をし，当該他の事業者において，相当な調査をしてはじめて回答が可能になるような場合，内部組織間でもシステムの差異のため技術的に照合が困難な場合，照合のため特別のソフトを購入してインストールする必要がある場合」には，「容易に」要件を満たさず，「個人情報」該当性が否定されるものと解されていた。[14]

---

13)　第三者提供の制限などは「個人データ」に課される（法23条）。ここでいう個人データは，個人情報データベース等を構成する「個人情報」と定義される（法2条4項）。

改正法は，いま述べた旧法の定義に加えて，「個人識別符号が含まれるもの」を「個人情報」とした（法2条1項2号）。一見，先述したようなオンライン識別子も，「個人識別符号」として，すべて「個人情報」に含める趣旨のようにも思える。しかし，改正法は，ここでいう「個人識別符号」とは，①対象者ごとに異なるものとなるように役務の利用，商品の購入または書類に付される符号で，「特定の利用者若しくは購入者又は発行を受ける者を識別することができるもの」のうち，②「政令で定めるものをいう」（法2条2項）と規定し，オンライン識別子を，カテゴリカルに，または一般的に「個人情報」に含める考えを採用しなかった。最終的には，②の政令がどのように「定める」かによるが，①が，わざわざ「特定の利用者」等（下線部。傍点筆者）と規定していることからすると，その該当性判断において，結局は，旧法と同様，個人特定性が重視されるように思われる。法案段階における政府側の説明では，①の例として，旅券番号や免許証番号が挙げられ，端末IDやIPアドレスは挙げられなかった。そうすると，オンライン識別子の「個人情報」該当性は，法改正後も，個人特定性ないし容易照合性によって具体的に判断されることになるであろう。実際には，(1)で述べたように，オンライン識別子の「個人情報」該当性は，誰に，どのように保有されているかといった「文脈」によって判断されることになると思われる（もちろん，文脈的判断の積み重ねにより，特定の類型が②の政令によって「個人情報」として括り出されることはある）。

　近年，この文脈的判断を方向づけるアプローチとして，インセンティブ・アプローチが提唱されている。[16] これは，事業者が，個人特定リスクを低減させるための積極的措置を講じている場合に，その保有情報の「個人情報」該当性を否定する一方で，このような措置を講じていない場合にはその保有情報の「個人情報」該当性を肯定することにより，プライバシー保護のために具体的な努力をなすインセンティブを事業者に付与しようというアプローチで

---

14) 宇賀克也『個人情報保護法の逐条解説〔第4版〕』（有斐閣，2013）29頁。
15) 法2条2項2号。①以外に，特定個人の身体の一部の特徴を電子計算機のために変換した符号で，当該特定個人を識別できるもの（指紋データ，顔認識データ等）も含まれる（法2条2項1号）。
16) Paul M. Schwartz and Daniel J. Solove, *Reconciling Personal Information in the United States and European Union*, 102 CALIF. L. REV. 877, 914-915 (2014).

ある(事業者は,個人特定リスクを極限まで抑える制度的措置を講じることにコストかけるか,個人特定性を温存し,「個人情報」保有者として情報主体のコントロール権等への応対にコストをかけるかを選択できる)。たとえば,経済産業省「『個人情報の保護に関する法律についての経済産業分野を対象とするガイドライン』等に関するQ&A」[17]は,事業者が仮に氏名等を含む情報を保存するデータベースと,オンライン識別子Xに関する履歴情報等を保存するデータベースを分離して保有していたとしても,一定の立場の者が「双方のデータベースにアクセス可能なときには,当該事業者にとって『容易に照合することができ』る状態にある」としている。そうすると,この両データベースを突合することで,Xの情報主体を特定しうるならば,実際にこの突合を行うかは別として,Xに関する情報は「個人情報」とみなされることになる。しかしながら,同じガイドライン(Q&A)は,「経営者,データベースのシステム担当者などを含め社内の誰もが規程上・運用上,双方のデータベースへのアクセスを厳格に禁止されている状態であれば,『容易に照合することができ』るとはいえない」(傍点筆者)と述べている。これは,照合ないし個人特定のリスクを極限まで減じる厳格な仕組みを事業者自身が採用していれば,事業者がXの情報主体を特定しうる情報を別途保有していたとしても,識別子Xに関する情報は「個人情報」とは扱われないということを意味している。

　また,改正法は,事業者が,改正法が新たに設置した個人情報保護委員会の定めた基準に従い,個人情報を匿名加工し,このことを公表した場合は,その保有情報の「個人情報」該当性は明確に否定されるものとし,その(本人同意のない)第三者提供等を認めることとした(法36条。匿名加工情報を第三者に提供する場合には,個人情報保護委員会規則で定めるところにより,一定事項を公表等しなければならない)。事業者が「匿名加工」という措置を講ずることを担保に「個人情報」該当性を否定し,ビッグデータの自由な利活用を許すという点で,これもインセンティブ・アプローチの考えに適した方策といえる。

---

17) 経済産業省「『個人情報の保護に関する法律についての経済産業分野を対象とするガイドライン』等に関するQ&A」(No.14) 2頁 (http://www.meti.go.jp/policy/it_policy/privacy/downloadfiles/1212qa.pdf)。

(3) ガイドライン

個人関連情報　法律上「個人情報」に当たるかどうかという議論とは別に，現在，事業分野ごとに定められたガイドラインや業界団体による自主規制が，各分野で取り扱われる情報の性質に見合った保護のあり方を規定している。たとえば，インターネット広告ビジネス等にかかわる企業が集まって組織された一般社団法人日本インタラクティブ広告協会（JIAA）の「プライバシーポリシー作成のためのガイドライン」は，法律上の「個人情報」以外に，①「インフォマティブデータ」（これはさらに，(a)「クッキー情報，IP アドレス，契約者・端末固有 ID などの識別子情報および位置情報，閲覧履歴，購買履歴などのインターネットの利用にかかるログ情報など，個人を特定することができないものの，プライバシー上の懸念が生じうる情報」と，(b)「これらの情報が集積化，統計化された情報であって，特定の個人と結びつきえない形で使用される情報」〔統計情報等〕に分類される），②「個人関連情報」（個人情報および上記①(a)）という独自のカテゴリーを設け，いま述べた②について，プライバシーポリシー上で利用目的を「可能な限り明確に特定して」明示することや，第三者に提供する場合には，原則としてあらかじめ消費者本人の同意を得ること（ただし，オプトアウト方式も認める）[18]を求めるなど，「個人情報」と同様の扱いを要請している。また，JIAA の「行動ターゲティング広告ガイドライン」は，先述したサードパーティークッキー等による利用者の行動履歴情報の取得につき，関連事業者が利用者に対しわかりやすく告知することを求めている（透明性の確保）。とくに広告提供事業者については「利用者に対し，広告提供事業者が行動履歴情報を取得することの可否または広告提供事業者が行動履歴情報を利用することの可否を容易に選択できる手段（オプトアウト）を，自らの告知事項を記載したサイト内のページから簡単にア

---

[18]　法も，以下の場合にオプトアウトによる第三者提供を認める（法 23 条 2 項）。①第三者提供が利用目的に含まれることや，第三者提供される個人データの項目等について「本人が容易に知り得る状態」に置くことにより公表等し，②オプトアウトの権利の存在およびその行使の具体的方法についても①と同様の方法で本人に告知し，③これらの事項について個人情報保護委員会に届け出た場合である。JIAA ガイドラインは，「本人が容易に知り得る状態」の具体例として，「ウェブ画面中のトップページから 1 回程度の操作で到達できる場所へ継続的に掲載する」ことを挙げている。

クセスできる領域で提供する」こと，ターゲティング広告を配信する配信事業社には，「〔JIAAの〕指定するアイコンを行動ターゲティング広告内または行動ターゲティング広告が設置された領域の周辺に表示し，これより告知事項を記載した配信事業社サイト内のページへのリンクを設置する取り組みに協力する」ことを求めている。これらは，アメリカのFTCなどが推奨する"Do Not Track"の考え方を業界が自主的に採用したものといえよう。

　もちろん，JIAAによるガイドラインは，あくまで業界の自主規制であり，その実効性が問題となる。この点，改正法は，「民間の自主的な取組の活用」（改正大綱）を1つの柱としており，個人情報保護委員会（以下，「委員会」と呼ぶ）が一定の要件の下で認定した「認定個人情報保護団体」に「個人情報保護指針」（以下，「指針」と呼ぶ）を作成する権限を認めるとともに，同団体に対して，対象事業者に指針を遵守させるために必要な措置をとることを義務づけた（法53条4項）。したがって，JIAAのような団体が，委員会により「認定個人情報保護団体」として認定された場合，対象事業者は，同団体の監督の下，法律の定める基準とは異なる（ある意味で「上乗せ」的な）指針を遵守することを求められる。なお，改正法は，国の機関である委員会が，指針を作成する団体を認定し，指針作成のプロセス等を監督するものとしている（法53条1項。このプロセスとして，国，事業者，消費者，有識者等の関係者が参画するオープンなプロセス，いわゆるマルチステークホルダープロセスが要求されている）。このように，国の機関が指針の作成プロセス等に関与することで，技術革新への対応可能性や柔軟性といった自主規制のメリットを活かしつつ，実効性や正統性の欠如といった自主規制のデメリットを補完するような規制を，「共同規制」[19]と呼ぶことがある。オンライン・プライバシーをめぐる法状況を理解するには，法律を参照するだけでは不十分で，いま述べた公私協働的な「共同規制」の実態を正確に把握する必要がある。

　通信履歴と位置情報　旧法は，いわゆる通信履歴（利用者が電気通信を利用した日時，当該通信の相手方その他の利用者の通信に係る情報で，通信内容以外のもの）について具体的な規定を設けていなかった。この状況は改正法においても変わら

---

[19] 生貝直人『情報社会と共同規制』（勁草書房，2011）参照。

ない。他方,総務省の「電気通信事業における個人情報保護に関するガイドライン」は,通信履歴も通信の構成要素であり,実質的にこれを知られることで通信の意味内容が推知されうることから,「通信の秘密」として保護されるとの考えの下,ISP を含む通信事業者は,「課金,料金請求,苦情対応,不正利用の防止その他の業務の遂行上必要な場合に限り,記録することができる」（ガイドライン 23 条 1 項）とし,その記録ないし保存を例外的なものと位置づけ,他者への提供についても,「利用者の同意がある場合,裁判官の発付した令状に従う場合,正当防衛又は緊急避難に該当する場合その他の違法性阻却事由がある場合を除いては」認められないとしている（同条 2 項）。

　また,移動体端末を所持する者の位置を示す情報,いわゆる位置情報についても,法には具体的な定めがないが,同ガイドラインの解説は,①基地局単位の位置情報である「基地局に係る位置情報」（これはさらに,(a)移動端末が着信等の前提として基地局に送る位置登録情報と,(b)個々の通信の際に利用される基地局情報とに分類される）,②個々の通信を成立させるために必要ないが,より精度の高い位置情報である「GPS 位置情報」に分類したうえで,[20]①は通信の秘密に関連して（(b)は通信の前提となるものであるから,通信の秘密に準じて）,②は通信の秘密にはかかわらないものの「高いプライバシー性を有する」情報として,いずれも高いレベルの保護が与えられるべきとしている。[21] したがって,たとえばガイドラインは,通信事業者は,「利用者の同意がある場合,裁判官の発付した令状に従う場合その他の違法性阻却事由がある場合を除いては,位置情報……を他人に提供しない」と規定している（同 26 条 1 項。警察からの要請があった場合の手続については,**2**.2）。

　携帯電話事業者等が取り扱う位置情報は,当該事業者が同時に加入者情報等を保有していることから,先述の容易照合性に基づき,「個人情報」該当性を肯定できるが,それ以外の事業者（アプリケーション提供者等）が取り扱う位置情報は,常に「個人情報」該当性を有するわけでない。しかし,複数の研究会報告書[22]では,継続的に収集される位置情報等については,その時点で個人特

---

[20] Wi-Fi のアクセスポイントを単位とする位置情報である「Wi-Fi 位置情報」については,総務省「位置情報プライバシーレポート」（2014 年 7 月）を参照いただきたい。
[21] ガイドライン解説 48 頁,位置情報プライバシーレポート 6-7 頁。

定性を有しなくても，個人を特定しうる蓋然性が高いために，要保護性の高いパーソナルデータとして扱うべきとされている。総務省の「位置情報プライバシーレポート」でも，「位置情報は，ある人がいつどこに所在するかを示す情報であることから高いプライバシー性を有し，精度が詳細であるほど，また，一定期間連続するほど，そのプライバシー性が高まるという特徴を有している」[23]と述べている。さらに，同レポートは，一般的な位置情報については，その時点での技術水準では再特定化が不可能または極めて困難といえる程度に加工された場合には（「十分な匿名化」），[24]個人特定リスクが大きく低減されており，利用者の同意なく利用・第三者提供できるとしている。[25]他方，レポートは，携帯電話事業者等が取り扱う「通信の秘密」に該当する位置情報（少なくとも，前述の①(a)はこれに分類されよう）については，通信の秘密の要請から，「十分な匿名化」を行ったとしても，本人の同意なく利用・第三者提供はできないとしている。しかし，「十分な匿名化」を行いさえすれば，一定の要件を満たすことを条件に，契約約款等に基づく事前の包括同意によって，（個人の具体的な同意なく）利用・第三者提供することは可能であるとしている。[26]

以上のように，法の規定を超えて，通信分野にかかわるガイドライン等まで参照してみると，ISPや携帯電話事業者がかかわる通信関連情報については，通信の秘密の観点から，より厳格な保護が要請されていることがわかる。

1.2 プロファイリングとプライバシーポリシー

(1) 個人が特定されている状況下で行われるプロファイリング

インターネット空間における個人情報保護のあり方を考えるとき，プロファイリングの問題を避けて通れない。先述のように，ターゲティング広告は，利

---

[22] 総務省『パーソナルデータの利用・流通に関する研究会報告書』（2013年6月）25, 29頁，同『スマートフォン プライバシー イニシアティブ（利用者視点を踏まえた ICT サービスに係る諸問題に関する研究会）』（2012年8月）44-45, 51, 61頁等を参照。
[23] 位置情報プライバシーレポート27頁。
[24] これは，法案のいう匿名化よりも高度な匿名化を意味している。宇賀＝宍戸＝森・前掲注11）v頁参照［森亮二発言］。
[25] 位置情報プライバシーレポート38頁。
[26] 位置情報プライバシーレポート47頁。

用者の行動履歴等から，その人物像をプロファイリングし，その結果に基づいてパーソナライズドされた広告を当該利用者に送るものである。もちろん，プロファイリングは，広告にとどまらず，パーソナライズドされたニュース配信のために，あるいは（警察においては）犯罪者の予測などのために用いられる。これは，少なくとも個人が特定されている状況で行われれば，それ自体でプライバシー権等の侵害を構成しうる。たとえば，アメリカの小売業者である Target 社は，顧客の購買履歴から，当該顧客の妊娠の可能性や出産予定日を予測していたとされる。もちろんこれを，「マーケティング」という既に同意を得ている包括的な目的がカバーしている「利用」形態の一つに過ぎないとか，そこで得ているのは，当該顧客の私生活に関する事実や真実ではなく，アルゴリズムに基づく推論や予測である（創造的な知的作業の１つである）とみることも不可能ではないであろう。しかし，プライバシー権に関するリーディングケースである「宴のあと」事件判決[27]が，「一般の人が……当該私人の私生活であると誤認しても不合理でない程度に真実らしく受け取られるものであれば，それはなおプライバシーの侵害としてとらえることができる」（傍点筆者）と述べていることからすれば，一定の精度が担保されたアルゴリズムによって導かれたプロファイリング結果は，「真実らしく受け取られる」情報であると解され，その限りにおいて，Target 社が行ったような行為は，「データ媒介的覗き見」として，プライバシー権の侵害を構成するものと考えられよう。[28] プライバシー権を，自己の存在にかかわる情報を開示する対象・範囲を選択できる権利（自己情報コントロール権）[29]と捉える立場に立っても，本人の同意なく，プロファイリングによってセンシティブ情報を新たに生み出す行為は，本人から開示対象の選択機会を奪うものとして，同権利の侵害を構成するものと考えられる。

また，人間ないし個人を統計学的な確率で評価・判断することは，憲法の基底的な原理である人間の尊厳や個人の尊厳に反するとの指摘も可能であろう。実際，人間の尊厳を重視する傾向の強い EU では，先述の規則提案に対する欧州議会修正案（2014 年）が，すべての自然人にプロファイリング拒否権を認めたうえ，「データ主体には，……〔この〕権利に関する情報が目立つかたちで提

---

27) 東京地判 1964・9・28 下民集 15 巻 9 号 2317 頁。
28) 山本龍彦「予測的ポリシングと憲法」慶應法学 31 号（2015）333 頁。
29) 佐藤幸治『憲法〔第 3 版〕』（青林書院，1995）453-54 頁。

供されなければならない」と規定している。他方，日本では，情報漏えいによる安全管理措置違反や個人情報の第三者提供の可否に議論が集中し，プロファイリングに関する議論は必ずしも十分になされてこなかったと指摘されている。[30] 実際，プロファイリング自体を権利侵害と捉える傾向はEUほどには強くなく，改正大綱でもこの問題は継続的に検討されるべき課題の1つと位置づけられるにとどまっている。こうしたことから，改正法にも，プロファイリングについて規定した特別の条項は存在していない。しかしながら，本人の同意なく，その者に関するセンシティブ情報を生み出すようなプロファイリングは，センシティブ情報を新たに「取得」する行為として，「個人情報取扱事業者は，〔原則として〕……あらかじめ本人の同意を得ないで，要配慮個人情報を取得してはならない」とする法17条2項に違反する可能性があるように思われる。ここでいう「要配慮個人情報」とは，「本人の人種，信条，社会的身分，病歴，犯罪の経歴，犯罪により害を被った事実その他本人に対する不当な差別，偏見その他の不利益が生じないようにその取扱いに特に配慮を要するものとして政令で定める記述等が含まれる個人情報」を意味する（法2条3項）。

(2) **個人が特定されない状況下で行われるプロファイリング**

オンライン識別子によって利用者Xは識別されているが，Xが何者かわからない（識別非特定的）状況でなされるプロファイリングについては，前記(1)と同じようにそれ自体をプライバシー権侵害とみることは困難であろう。しかし，個人非特定的なプロファイリングに問題がないわけではない。たとえば，このプロファイリングに基づいて，他者と区別された情報を利用者Xに送ることは，差別的な取扱いを構成する可能性がある。アメリカの旅行代理店であるOrbitz社は，同社のウェブサイトの閲覧履歴等を解析した結果，〈Macユーザーは，Windowsユーザーに比べ，ホテル1泊につき30％ほど高い金額を支払っている〉ことを突きとめ，Macユーザーに対して，Windowsユーザーに提示するものよりも高額のオプションを提示していたという。

また，個人非特定的なプロファイリングであっても，いわゆる「フィルターバブル」[31]の問題を生じさせる。フィルターバブルとは，インターネット利用

---

30) 石井・前掲注10)『個人情報保護法の現在と未来』77頁。

FIGURE 11-1　本人同意が必要となる場面

法において本人同意が要求されている行為

行為	同意の方式	法的根拠
個人情報の目的外利用	オプトイン	法16条
個人データの第三者提供	オプトイン or オプトアウト	法23条
要配慮個人情報の取得	オプトイン	法17条2項

法解釈上，本人同意が要求されるべきと解される行為

行為	同意の方式	法的根拠
位置情報の取得	オプトイン	電気通信事業における個人情報保護に関するガイドライン，位置情報プライバシーレポート
差異化された一部情報の送信	オプトイン or オプトアウト	反差別原理，情報受領拒否権

者の一人ひとりが，プロファイリングによって推論された"自分"（虚像）にマッチした情報によって囲い込まれる――"自分"にマッチしていないとコンピューター・アルゴリズムが「判断」した情報はフィルタリングされ，利用者の元に送られない――という状態を意味する。これは，利用者Xの商品選択等に対して誘導的・操作的な影響を与えるということ以上の問題を提起する。こうしたフィルタリングは，自分と異なる見解をもった他者と接触し，コミュニケートする機会を減じさせることで，利用者の人格的な発展に否定的な影響を与えるだけでなく，異なる見解がぶつかり合うことによって維持される民主主義社会にも否定的な影響を与えるからである。

　もちろん，個人が特定されない状況下で行われるプロファイリングの問題は，

---

31) イーライ・パリサー（井口耕二訳）『閉じこもるインターネット――グーグル・パーソナライズ・民主主義』（早川書房，2012）。

プロファイリングそれ自体よりも，これに基づいてパーソナライズされた——差異化された——情報を利用者に継続的に送ることにある。アメリカでは，このような差異化情報の受信拒否を，追跡自体を拒否する"Do Not Track"と区別し，"Do not Target"と呼ぶことがある。しかし，この場合でも，ポイントになるのは利用者本人の同意である。差異化された情報に囲まれたい，"自分"に関係のない情報はフィルタリングしてほしいと考える利用者の主体的な選好を否定することは難しい。[32] したがって，個人が特定されている状況下で行われるプロファイリングでも，特定されていない状況下で行われる差異化情報の送信でも，結局は，本人同意をどのように取得するかを重要な課題とする。

(3) 告知の実効化と選択機会の実質的保障

(2)でみてきた点も含めて，現状の個人情報保護法制は，本人同意に頼る部分が大きい。しかし，この同意ベースの保護モデルは，とくにアメリカにおいてその限界が指摘されている。本人による実質的な同意（informed consent）には，事業者の掲示するプライバシーポリシー等によって，情報の利用目的，第三者提供の有無（「第三者」の範囲等を含む），プロファイリングの有無・種類，差異化された情報の送信の有無・種類などがわかりやすく告知され，かつ，本人がこれを理解することが必要となるが，多くの場合，この告知のための文章が難解で，利用者はほとんどこれを理解していないどころか，十分に読んでもいないというのである。アメリカの一部の論者は，このような同意ベースの保護モデルの限界から，より直接的で実体的な制約・義務を事業者に課していくべきであるという考え（直接規制モデル）を主張しているが，このモデルについては，技術革新を大きく阻害しうることや，差異化された情報を望む利用者の意思を無視しうることなどから，批判も強い。そこでアメリカでは，同意モデルを基本的に維持しつつ，告知の実効性を高め，利用者の同意・選択機会を実質的に確保するための提案がなされてきている。たとえば，自らの情報を事業者に提供するかどうかを熟考するよう利用者を「ナッジ」（軽く一押し）するためのイ

---

[32] ただし，フィルターバブルが人格発展や民主主義に否定的な影響を与えることが実証される場合には，本人の同意にかかわらず，差異化情報の送信を一部制限することは憲法上許容されるように思われる。

ンターフェイスデザインやアーキテクチャを導入すべきとするプライバシーナッジ論や，オンライン活動を追跡されているという事実を——視覚化などをとおして——利用者に「直感」させるようなデザインないしアイコンを導入すべきとする直感的告知（visceral notice）論などが有力に主張されている。

　このような提案は，人間の限定合理性や認知的限界・認知的バイアスを前提とした行動経済学の影響を強く受けている。人間の認知能力には限界があり，その行動は，環境・デザイン・アーキテクチャによって大きく左右されるというものである。上述したプライバシーナッジ論や直感的告知論は，こうした行動経済学の知見を応用し，プライバシーポリシーの内容に関する利用者の理解を助け，実質的な同意・選択を可能にするデザインやアーキテクチャの必要性を説いているのである。このような研究者らの主張・提案には追い付いていないものの，法制度上も，告知の実効化や同意・選択機会の実質的確保が要求され始めている。たとえば，カリフォルニア州のオンライン・プライバシー保護法（California Online Privacy Protection Act of 2003）は，ウェブサイトの運営管理者はそのプライバシーポリシーを，「当該ウェブサイト上に目立つかたちで（conspicuously）掲示しなければならない」[33]と規定し，ウェブブラウザにおける追跡拒否（Do Not Track）のシグナルに運営管理者がどのように対応するのかなど，プライバシーポリシーに記載する事項についても事細かく規定している。[34]さらに同法は，プライバシーポリシーを実際に掲示しているウェブページへのリンクを貼るアイコンの色を指定するなど，プライバシーポリシーを「目立つかたちで」掲示するための具体的方法についても規定している。[35]

　連邦レベルでも，たとえばFTCは，2012年のプライバシーレポートにおいて，「企業はそのデータ実践の透明性を高めるべきである」との一般原則の下，業界に対し，「プライバシーに関する説明を，より明確に，より簡潔に，より標準化すること」を求めている。[36]具体的に，同レポートは，透明性を改善し，告知の実効性を高める方策として，機械可読ポリシー（machine-readable

---

33) Cal. Bus. & Prof. Code §22575 (a).
34) Cal. Bus. & Prof. Code §22575 (b).
35) Cal. Bus. & Prof. Code §22577 (b).
36) Privacy Report, *supra* note 9, at 60.

policies）やアイコン等を推奨している。機械可読ポリシーとは，消費者のウェブブラウザが自動的に読み取れるよう，標準的なコンピューター言語で書かれた，ウェブサイトのプライバシー実践に関するステイトメントを意味する[37]。このような機械可読ポリシーをブラウザが読み込むと，ブラウザは，当該ポリシーと消費者のプライバシー選好とを比較し，この選好が消費者の訪問しているウェブサイトの実践と合致しないことを消費者に警告する。これにより，消費者の選択機会が向上するというのである。

　先述したように，日本のオンライン・プライバシー保護も本人同意に頼る部分が少なくないことから，公表・告知と同意・選択をどのように意味あるものにしていくかが重要なポイントとなる。法は，個人データの第三者提供について，①本人の求めに応じて個人データの第三者提供を停止することとしている場合で，②(a)第三者提供を利用目的とすること，(b)第三者に提供される個人データの項目，(c)第三者提供の方法，(d)本人の求めに応じて第三者提供を停止すること，(e)本人の求めを受け付ける方法を，「<u>個人情報保護委員会規則で定めるところにより</u>，あらかじめ，本人に通知し，又は本人が容易に知り得る状態に置くとともに，個人情報保護委員会に届け出たとき」は，本人の事前同意がなくても，当該個人データを第三者に提供できるとしている（法23条2項）。オプトアウトによる第三者提供を認めた規定である（ただし要配慮個人情報を除く）。注目されるのは，改正法が新たに挿入した上記下線部分である。旧法の時点でも既に，告知の実効性確保の観点から，プライバシーポリシー等について単に「本人の知り得る状態」ではなく，「本人が容易に知り得る状態」に置くことを求めていたが，現実にはこうした「状態」に至っておらず，実効性について疑問を抱かざるをえないケースが多くみられた。そこで改正法は，まず，個人情報保護委員会規則で掲示の方法を指示することとした（下線部）。加えて事業者に，上記告知事項につき，委員会に届け出ることを求めるとともに，委員会に対しては，当該届出にかかわる事項の公表を義務づけている（法23条4項）。委員会のホームページ等において，各事業者の第三者提供に関する事実が一覧性のあるかたちで公表されることによって，告知の実効性を一層

---

[37] *Id.* at 62.

高めようとしているのである。また，告知の事項として，「本人の求めを受け付ける方法」を新たに加えることにより（下線部），オプトアウトまでの導線を明確にし，同意・選択機会の実質化を図っている（なお，これらの手続に関する違反は，委員会の勧告・命令の対象とされている。法42条）。

また，先述したJIAAの「行動ターゲティング広告ガイドライン」は，ターゲティング広告の透明性と消費者関与の機会を確保するために，広告内や広告周辺に共通のアイコンを表示して，情報の取扱いやオプトアウトの方法を消費者に告知するためのわかりやすい仕組み（インフォメーションアイコンプログラム）の導入を推奨している。消費者は，このアイコンをクリックすることで，情報の取扱いを確認したり，ターゲティング広告の表示を停止することのできるページへのアクセスが，簡単にできるようになるとされる。これは，先述したアメリカの取組みを踏まえ，法そのものの要求を超えて，告知の実効化と同意・選択機会の実質的な保障を図るものと考えることができる。これも先に触れたように，JIAAのような業界団体が，委員会により，「認定個人情報保護団体」として認定され，マルチステークホルダーの参加を許す公正な手続により，オンライン活動の特徴に適合したより効果的な告知方法や選択機会の提供方法を「指針」化した場合，この指針は一定の正統性と実効性を付与されることになる。また，こうした「指針」の内容について一定のコンセンサスが形成されれば，委員会がこれを「規則」として摂取することもありえよう。法が，公表・告知と選択・同意の方法について踏み込んで規定するのが，先に挙げた第三者提供の場面だけであるとすれば，「指針」が，その他の場面における告知・同意方法を具体的に指示すべきであろう。

2 国家による情報の収集・利用等

2.1 「ゲートキーパー」としての電気通信事業者

インターネット空間における個人情報保護を考えるうえで，国家の役割の両義性を無視できない。**1**では主に，民間事業者によるプライバシー侵害の可能

性について検討してきたが，そこにおいては，国家はプライバシーの保護者として立ち現われた。立法府は個人情報保護法を制定し，委員会は同法の執行のほか，業界団体による自主規制の制定プロセスに関与し，この規制（指針）に正統性と実効性を付与しているのである。また，利用者が，他の私人によりインターネットを通じてIDやパスワードを騙し取られることを防ぐため，立法府は，2012年に不正アクセス禁止法を改正し，フィッシング行為を可罰化するなどしている（不正アクセス禁止法7条・12条4号）。ここで，フィッシング行為とは，利用者にID・パスワードを入力させて騙し取ることを企図して，コンピューターの利用等について権限をもつアクセス管理者が公開したウェブサイトまたはアクセス管理者が送信したメールであると誤認させて，アクセス管理者がID・パスワードの入力を求める旨の情報を閲覧させようとする行為をいう。インターネットは，ISP等の民間事業者によって構築される私的なネットワーク空間でありながら，我々の日常生活を支える重要な社会的インフラでもあるから，国家は，その空間にある程度は立ち入って，そこでの活動の安全を確保する責務を負っているのである。

　しかし，国家によるこの私的空間への立入りは，やはり「ある程度」でなければならない。エドワード・スノーデン氏によって暴露されたアメリカの国家安全保障局（NSA）による大規模な監視プログラムを想起すればわかるように，国家が，この空間へ立ち入って，自らプライバシーの侵害者となることもあるからである。もちろん，ここでも注意しなければならないのは，インターネット空間の私的性格である。つまり，国家は，自らがその管理者ではないため，犯罪捜査等のために利用者の個人情報を収集したくとも，ハッキングやクラッキングなどの手段でこの空間に強行的に侵入しない限り，[38]直接にはそれをなしえず，このインフラを設置管理しているISP等の協力を得なければならないのである。比喩的にいえば，ISP等がこの空間のゲートを開放してはじめて，国家はそこに立ち入ることが許されるということになる。逆にいうと，ISP等

---

[38] このように国家自身が，スパイ・プログラムのインストールなどを通じて，秘密裡に情報システムに侵入して情報を取得する行為を「オンライン捜索」と呼ぶことがある。ドイツの連邦憲法裁判所は，2008年2月27日，このような手法を，一般的人格権の特別な具象化である「情報技術システムの秘匿性と十全性に対する基本権」を侵害し，違憲であると判断している（BVerfGE 120, 274）。

がこのゲートを簡単に開放してしまうと——NSA の監視プログラムがそうであったと指摘されるように——インターネット利用者である我々の情報はいとも容易く国家の手にわたり，公私一体的な，巨大なデータベースが立ち現われることになる。そうすると，我々がインターネット上において，どこまで国家によってプライバシーを侵害されるかは，国家と ISP 等との関係性ないし距離に大きく依存していることになる。国家によるプライバシー侵害からの保護は，インターネット空間においては，国家と ISP 等との適切な緊張関係が維持され，国家の同空間への立入りが「ある程度」のものに抑えられることによってはじめて実現されるのである。ここでは，利用者（情報主体）本人は国家によるインターネット空間への立入りを知覚し，自らこれに対抗することができないこと，したがって，我々のプライバシーは，ISP 等のゲートキーピングによって実際上保護されていることを忘れるべきではない。

2.2 裁判官による「境界」管理

では，国家と ISP 等との適切な緊張関係は，現状においてどのように維持されているのであろうか。

ISP や携帯電話事業者といった通信事業者の側を統制しているのが，先述した「電気通信事業における個人情報保護に関するガイドライン」である。同ガイドライン 23 条 2 項は，通信の秘密の観点から，通信事業者は，通信履歴につき，裁判官の発付した令状に従う場合等，違法性阻却事由がある場合を除いて，外部提供してはならないと規定している。この規定からは，捜査関係事項照会（刑訴法 197 条 2 項）に応じて捜査機関に通信履歴を提供することは，違法性が必ずしも阻却されないために，原則としては許されない。[39] 個人データの第三者提供を原則として禁止する法 23 条が，（一般的な）個人データについて，捜査関係事項照会に応じた提供を認めている（むしろ義務づけている）と解されている[40]ことと比較すると，通信履歴の保護レベルが相当に高いことがわかる。

---

[39] 総務省『電気通信事業における個人情報保護に関するガイドライン（平成 16 年総務省告示第 695 号。最終改正平成 27 年総務省告示第 216 号）の解説』。
[40] 宇賀・前掲注 14) 109 頁。

また，ガイドライン26条1項は，位置情報についても，通信履歴と同様，裁判官の発付した令状に従う場合等，違法性阻却事由がある場合を除いて，外部提供してはならないと規定している。かつては，さらに，通信事業者は，捜査機関の要請によりGPS位置情報の取得を求められた場合に，①画面表示や移動体端末の鳴動等の方法により，当該位置情報が取得されていることを利用者が知ることができるときであって，②裁判官の発付した令状に従うときに限り，当該位置情報を取得できるものと規定していたが，前記①の要件については，GPS位置情報を取得されていることを被疑者等に知られることになり，実効性のある捜査が困難になるとの理由から，2015年6月の改正により削除された（同条3項）[41]。もちろん，②要件は健在であり，現状でも通信事業者の側は，裁判官の発付した令状によって，先述したゲートの開閉をコントロールされているといえる。したがって，通信事業者の側が，任意に利用者情報を捜査機関に提供することは許されない。

　国家（とりわけ捜査機関）の側を統制しているのは，刑訴法218条1項および219条1項である。これらは，捜査機関は，裁判所の発する令状により，ISPなどのデータの保管者等に命じて，必要なデータ（通信履歴等）を記録媒体に記録または印刷させたうえ，その記録媒体を差し押さえることができると規定している（記録命令付差押え。ISP等をして，サーバーコンピューター等に保管されている通信履歴をCD-R等に記録等させて，これを差し押さえる）。このような規定により，捜査機関は，一般的・抽象的な理由でインターネット空間に立ち入り，ISP等に，あるいはISP等を媒介に利用者の個人情報にアクセスすることを禁止される。捜査機関は，令状の請求に当たって，被疑者等の氏名，罪名はもちろん，記録等させるべきデータなどをできる限り特定しなければならず，特定の犯罪の嫌疑およびその犯罪と差押え対象との関連性が認められるか（正当な理由があるか）といった観点から，独立の第三者である裁判官による審査を受けなければならないからである。その意味では，捜査機関の側に対しても，通信履歴等の取得について，現行法は比較的高いハードルを課しているものと考えることができる。

---

[41] 改正の趣旨等について，『電気通信事業における個人情報保護に関するガイドライン』の改正について（案）』（2015年3月）10-12頁。

このように，裁判官の発する令状がある限りで，捜査機関による通信履歴の取得は認められる。しかし，通信履歴が通信事業者においてそもそも保存されていなければ，令状の手続も意味のないものとなってしまう。捜査上必要な通信履歴の取得を可能ならしめるためには，一定期間，通信事業者が通信履歴を保存しておくことが必要となる。他方で，先述のガイドラインによれば，通信事業者は，いったん記録した通信履歴について，課金や料金請求等，業務上必要な範囲で保存期間を設定することを原則とし，同期間が経過したときは速やかに通信履歴を消去しなければならないと規定しており（10条・23条1項），捜査機関が，業務上の必要から通信事業者が保存している通信履歴の保全を要請する場合でも，その限界が問題となる。この保全要請の限界については種々の議論があったが，刑訴法は，2011年の改正を受け，捜査機関は，記録命令付差押えをするために必要があるときは，通信事業者等に対し，通信履歴のデータのうち必要なものを特定し，30日を超えない期間を定めて，これを消去しないよう書面で求めることができると規定している（刑訴法197条3項。特に必要がある場合は，30日を超えない範囲内で延長できるが，通じて60日を超えることができない。同条4項）。

なお，インターネットの発展により，メールや文書ファイル等のデータが，ネットワーク接続している（物理的に離れた）記録媒体上にあって，当該コンピューター上にはない，という場合がある（いわゆるクラウドコンピューティングなど）。かつては，当該コンピューターのハードディスク等が大量の情報を保存でき，被疑事実と関連しない情報まで含みうることなどから（記録媒体がISPのサーバー等である場合には，情報量はさらに大きくなり，記録媒体自体の差押えがISP等の業務に重大な支障を生じさせることもある），被疑事実と関連しうる情報に限定したかたちで記録媒体を差し押さえるべきか否か[42]などが主な刑訴法上の論点とされたが，近年は，当該コンピューターからネットワークを通じて

---

[42] 最決1998・5・1刑集52巻4号275頁は，被疑事実に関連する情報が記録されている蓋然性が認められる場合で，当該情報が実際に記録されているかの内容確認をしたのでは当該情報を損壊される危険があるときは，内容確認をせずに，コンピューターのハードディスク等の記録媒体それ自体を差し押さえることができるとした。2011年の改正により、刑訴法は，記録媒体それ自体の差押えに代えて，当該媒体に記録された情報を他の記録媒体に転写等して，これを差し押さえることを可能にした（刑訴法110条の2）。

拡散したデータを，どこまで，そしてどのように取得できるかも重要な論点となっているのである。2011年の刑訴法改正により，捜査機関は，令状により，コンピューターにネットワーク接続している記録媒体で，当該コンピューターで作成・変更したデータまたは当該コンピューターで変更・消去できることとされているデータの保管のために使用されている記録媒体（たとえばメールサーバー，リモートストレージサーバー）から，そのデータを当該コンピューターまたは他の記録媒体に複写したうえでこれを差し押さえることができるとされた（刑訴法218条2項）。リモート・アクセスと呼ばれる新たな捜査手法である。これは，インターネットに依存した日々の生活ないしオンライン活動の監視（通信履歴や位置情報の取得など）に関連した論点というより，伝統的に行われてきた文書作業ないしオフライン活動の場所的拡散に関連した論点であるが，ネットワーク化が進めば，1つのコンピューターから実に多くのデータが芋づる式に入手できることから，その範囲の限定が重要な課題となろう（刑訴法上は，219条1項および2項がこの範囲を限定している）。

2.3 今後の展望

　これまでみてきたように，日本では，少なくとも法制度上は，国家とISP等との「境界」（ゲート）は，裁判所によって厳格に管理されていると考えることができる。日本の場合，通信「内容」（メールの内容等）とは異なる通信「履歴」の取得についても，捜査機関に対して比較的高いハードルを課していることが，とくに注目される。たとえばアメリカでは，通信の外容情報（通信履歴等）と内容情報とが峻別され，前者を取得する場合の要件は，後者を取得する場合の要件よりも相当緩やかに設定されている。そこで，日本でも，たとえば不特定多数者の閲覧を許しているような公開型のウェブサイトに関する通信履歴は，（現実世界における）公道上の移動と本質的に異ならないために，プライバシー性が低く見積もられるべきであるとの見解がある。

　今後は，インターネット空間の特質を踏まえて，「通信履歴」の分類および各位置付けを具体的に検討していくべきであるが，その際には以下の点を軽視すべきではないように思われる。1つは，処分の直接の名宛人であるISP等は，情報主体本人ではなく，その情報を保護することに必ずしも高いモチベーショ

ンを有していないため，境界を人為的に高く設定しておく必要が認められること，もう1つは，それ自体プライバシー性の高くない通信履歴も，集積され，統合されれば，情報主体の思想傾向等を明らかにしうること（プロファイリングの可能性），である。後者は，直接には，取得後の通信履歴の捜査機関による保存・利用・管理等のあり方にかかわるが，現状，取得後の通信履歴の取扱いについて規律した具体的な立法はなく，そうである限りは，「水際」としての取得に高いハードルを課すことにも理由はあるように思われる。

CONCLUSION　おわりに

　インターネットが社会に普及して既に一定の月日が経つが，そこにおいて個人情報をいかに保護していくかについて，未だ確立したコンセンサスが存在しているわけではない。本章では，インターネット上の個人情報保護の問題を，民間事業者を侵害者として想定した場合 (1) と，国家を侵害者として想定した場合 (2) に分けて論じてきたが，いずれにおいても，現在の議論状況をまとめ，問題の所在を示すにとどまった。しかし，前者においては，インターネット空間において「個人情報」をカテゴリカルに定義することは困難で，結局は個人特定のリスクを生み出す保有状況や文脈・構造の側から具体的に検討していかざるをえないこと，プロファイリングこそが本章表題の議論領域における"本丸"であり，その規律に関する検討を深めていく必要があること，同意モデルをベースとした個人情報保護には限界があり，今後は，告知の実効化と本人同意の実質的な機会を法的に実現していく必要があること，そして後者においては，ISP 等によって構築・管理されるインターネット空間への国家（とくに捜査機関）の立入りをどのようにコントロールしていくか，国家と ISP 等との適切な"距離"をどのように維持していくかが鍵となることを示唆できたように思われる。法律の規定だけでなく，省庁のガイドライン，業界団体の自主規制，ブラウザの初期設定などの現状と行方に注目しながら，こうした問題に対する考察を深めていってもらいたい。

考えてみよう

本文でも触れたように、個人情報保護法制は、基本的には同意モデルを採用している。これは、憲法学のいう自己情報コントロール権とも関連する考えである。この権利を、自分の情報を開示する相手を自分自身が選択できる権利と捉えた場合でも、ポイントになるのは本人の選択ないし同意である。自分が、この相手に情報を伝えることに「同意」している限りで、その情報伝達は自己情報コントロール権を侵害しているとはみなされない。しかし、インターネットの世界で、「同意」はどれぐらい実質的なものなのだろうか。プライバシーポリシーを斜め読みして、何に同意しているかわからずに「同意」ボタンをクリックするということが多くないだろうか。

近年、事業者の告知のあり方を改めて、本人の同意や選択をより実質的なものにする提案が有力になされている。しかし、本人が自らのプライバシーについて真剣に考えるように促す告知の方法(インターフェイスデザインやブラウザの初期設定等)を、国家が事業者に「強制」したとき、それは、事業者の「表現の自由」と抵触してこないだろうか。国家が憲法上要求しうる告知の方法とはどのようなものか、また、あるべき告知方法の提示について、ガイドラインや自主規制が果たすべき役割とはどのようなものか、考えてみてほしい。

もっと詳しく知りたい方は　REFERENCE

宍戸常寿「通信の秘密に関する覚書」高橋和之先生古稀記念『現代立憲主義の諸相(下)』(有斐閣, 2013)

高橋和広「IT基本権論に関する一考察」六甲台論集61巻1=2号 (2015) 39頁以下

山本龍彦「インターネット時代の個人情報保護――個人情報の「定義」とプロファイリングを中心に」阪本昌成先生古稀記念論文集『自由の法理』(成文堂, 2015) 539頁

山本龍彦「インターネット時代の個人情報保護――実効的な告知と国家の両義性を中心に」慶應法学33号 (2015) 181頁

日置巴美=板倉陽一郎『平成27年改正個人情報保護法のしくみ』(商事法務, 2015)

第二東京弁護士会 情報公開・個人情報保護委員会編『Q&A 改正個人情報保護法』(新日本法規, 2015)

CHAPTER 12

サービス・プロバイダーの責任と発信者開示

西土 彰一郎

PREFACE　はじめに

　表現行為を行うとき，我々は情報を伝達する媒体（メディア）に頼ることが多い。インターネットでは，サービス・プロバイダー（以下「プロバイダー」と表記）が情報を媒介する中心的な役割を担っている。したがって，インターネット上の表現の自由を保障するためには，プロバイダーが情報媒介機能を十分に発揮できるようにしておかなければならない。

　しかし他方で，情報媒介者は，表現の場を提供したことに対する法的責任を問われる可能性もある。投書や広告に対する新聞社の責任が問題になった事件，電報を用いた脅迫に対する電話会社の法的責任が問われた事件などは，既に情報法の代表的な教科書で扱われているところである。[1] インターネットにおいても，名誉毀損，プライバシー侵害，著作権侵害等の違法情報が発信された場合，まず法的責任が問われるのは発信者であるものの，それを媒介したにすぎない

---

1) 小向太郎『情報法入門〔第3版〕』（NTT出版，2015）141頁以下など参照。

プロバイダーや電子掲示板管理者などの法的責任も問題となりうる。とりわけインターネットの場合，被害者が発信者を特定して責任を追及することが困難な面もあることから，プロバイダーの責任が焦点となりやすい。この問題は，情報媒介者のみが発信者に関する情報を保有している場合が多いこととも関係している。被害者が発信者の責任を追及できるようにするためには，被害者は情報媒介者に発信者情報を開示するよう請求できる権利を有する必要がある。

　以上のようなプロバイダーの責任と発信者情報開示請求権は，インターネット上の違法情報の対策，被害者救済という観点からは望ましい。しかし，冒頭で述べたように，プロバイダーはインターネット上の表現の自由を保障するうえでの前提ともいうべき情報媒介機能を担っているのであり，プロバイダーに過度の責任を負わせることは，この機能を損なうおそれがある。また，発信者情報開示は，通信の秘密と抵触する可能性がある。プロバイダーの責任と発信者開示の検討は，インターネットにおける表現の自由・通信の秘密の保障と，違法情報の被害者の救済との調整を，法の原理に依りつつどのように行うべきであるのかを考えることに他ならない。

　本章は，このような視座から，プロバイダーをめぐる法的問題を明らかにする。

1　プロバイダーの役割

1.1　マスメディアとコモンキャリア

　まず，プロバイダーの役割を，他のメディアとの比較のなかで見ておくことにする。

　冒頭で述べたように，表現行為は，印刷媒体や無線・有線など情報を伝達する媒体（メディア）に依拠して行われることが多い。高橋和之教授の整理によれば，[2]それは，① 表現者自身が所有・管理している媒体を用いて表現する場合，② 表現者が，他人の所有・管理に属する媒体を利用して表現する場合，に分けられる。

新聞，テレビなどのマスメディアは，①の形態をとってきた（ただし，テレビに関しては，2010年放送法改正により，放送の業務〔ソフト〕と設備の設置〔ハード〕の分離が制度上，認められてはいる）。そこでは，メディアの所有・管理者がそれを通して伝達する表現内容を決定する「編集権」を有すると考えられている。したがって，メディアの所有・管理者が表現内容についての責任を負う。

これに対して，電信・電話による通信は，②の形態をとっている。そのうえで，メディア所有者・管理者には，彼らのメディアを利用してなされる他者の私的な言論を保護する観点から，この種の言論に対する「編集権」を否定する「検閲の禁止」が課されてきた。電気通信事業法3条で禁止されている検閲に関しては，最高裁判所による憲法21条2項の検閲概念の定義を参考にしつつ，a）通信事業者の取扱中に係る通信の内容又はそれを通じて表現される思想の内容を調査し，b）場合によっては，不適当と認めるものの発信を禁止すること，と定義されている（なお，憲法21条2項の検閲とは異なり，通信の検閲は，発表前（事前）の禁止に限定されず，発表後（事後）の積極的な知得をも含むとされている）。このうち，a）はメディア所有者・管理者が通信の内容などを積極的に取得，窃用，漏洩することを禁止する「通信の秘密」（電気通信事業法4条）を意味するといえよう。b）は，メディア所有者・管理者はいかなる内容に対しても平等にメディアの利用を許さなければならないという電気通信役務の提供の差別的取扱いの禁止（電気通信事業法6条）にもつながると考えられる。そうであるならば，検閲の禁止は，「通信の秘密」と「差別的取扱いの禁止」を包摂する上位概念として整理できる。こうした検閲の禁止が課されるメディアは，一般にコモンキャリアと呼ばれてきた。コモンキャリアは，「通信の秘密」が課される裏返しとして，通信内容に対する責任を有していない。

1.2　プロバイダーの位置づけ

以上のように，情報媒介者に関して，表現内容に対する「編集権」を有して

---

2) 高橋和之「インターネット上の名誉毀損と表現の自由」高橋和之ほか編『インターネットと法〔第4版〕』（有斐閣，2010）71頁。

いるマスメディアのモデルと,「検閲の禁止」が課されるコモンキャリアのモデルという両極が存在していることが分かる。では,プロバイダーはどちらのモデルに整理されうるのであろうか。日本では,プロバイダーは「電気通信事業者」として電気通信事業法の適用を受ける。電気通信事業法は,コモンキャリアを念頭に置いて制定された法律であることからすると,プロバイダーは「編集権」を有してはいないと結論づけられるかもしれない。

　この問題を考えるにあたり,プロバイダーの形態や情報の関与の仕方の違いを押さえておく必要がある。プロバイダーと言った場合,第三者の情報を伝送・アクセスを仲介するプロバイダー(アクセス・プロバイダー,経由プロバイダー,導管),第三者の情報を中間保存するプロバイダー(キャッシング),利用者のために第三者の情報を蓄積するプロバイダー(ホスティング・プロバイダー),そして自ら情報を発信し,編集責任を負うコンテンツ・プロバイダー(発信者)などが考えられる。この中で,コンテンツ・プロバイダーは前述の①,アクセス・プロバイダーとキャッシングは概ね②に整理することができよう。問題は,ホスティング・プロバイダーの位置づけである。

　ホスティング・プロバイダーは,ウェブページのホスティングサービスに代表されるように,他人の情報発信の機能や場を提供する。「2ちゃんねる」のような電子掲示板の管理者,コメント欄での自由な書き込みを認めている「食べログ」や「Amazon」などもホスティング・プロバイダーとして整理できる。ここから分かるように,ホスティング・プロバイダーの提供するサービスは,個別のデータの送受信という通信の側面を有している一方,機能的には公衆(不特定多数の者)に向けた一方向型情報発信としての放送と類似している面もある。このような複合的なサービスに関して,日本では1990年代の郵政省の研究会を通して,「公然性を有する通信」という概念が使われるようになった。この概念により,通信の側面ではプロバイダーに対して「検閲の禁止」がなお妥当する一方(ただし,電信・電話よりもその効力は弱い可能性がある),ホームページにおける掲示や電子掲示板への書き込みは「表現」であるとして,一定の範囲でプロバイダーは「編集権」を有するとの理解が示されたのである。

　そこで次に問題となるのが,ホスティング・プロバイダーが行使できる「編集権」の範囲である。この問題は,ホームページや電子掲示板等で公開された表現内容が違法である場合,プロバイダーなど情報媒介者はこうした違法情報

を削除するなど「編集権」を行使する法的義務があるのか，という不作為不法行為責任の文脈で論じられることが多い。名誉毀損的表現に関連してこの点が問われた主要な判例として，以下の3つがある。

2 情報媒介者の法的責任 ●名誉毀損を例として

2.1 ニフティサーブ「現代思想フォーラム」事件

まず，パソコン通信での名誉毀損的発言が問題になった事件を見てみよう。
現在では廃れているが，パソコン通信とは，電話回線によりパソコン等をホストコンピューターに接続して，各種サービスを受けられる通信手段のことを指す。この種のサービスとして，様々なテーマにつき意見交換・情報取得などを行う場としての「フォーラム」の開設などが挙げられる。サービスを受けるためには，会員となる必要があり，発言等について削除可能性も含めて，会員規約を承諾して加入しなければならない。

本件は，電子会議室「現代思想フォーラム」を開設したパソコン通信事業者ニフティとその管理・運営者であるシステム・オペレーター（シスオペ）に対して，この会議室での名誉毀損的表現を削除しなかったことを理由に，原告が損害賠償を求めた事件である。名誉毀損的表現が書き込まれたため，原告はシスオペ等に対してこの表現を削除するよう要請したところ，シスオペは名誉毀損にあたる発言部分を特定するよう原告に求めるとともに，削除の場合には原告の要請に基づくことを付記することを申し出た。この申出を原告は拒否し，原告の氏名等を明らかにせずに削除するよう求めたものの，シスオペは，会員から削除の理由を問われた場合に，原告の要請がなかったと説明することを約束することはできない旨，伝えた。その後，削除を求める要望書が代理人から出されたため，シスオペは削除したものの，削除が求められなかった発言についても，訴訟では責任を問われることになった。

東京地方裁判所は，加害者の書き込みが名誉毀損であることを認めたうえで，シスオペが名誉毀損的表現を原告から指摘されてから削除しなかったことを不

法行為と判断した（東京地判 1997・5・26 判時 1610 号 22 頁）。それによると，シスオペはフォーラムの管理・運営者として，発言の常時監視やすべての発言の問題性を検討するといった重い作為義務を負わせるのは相当ではないという。そのうえで，次に問題となるのが，名誉毀損的発言が実際に書き込まれた場合の作為義務についてであるが，これは何が名誉毀損にあたるか判断が難しいことから，シスオペはどの程度の名誉毀損該当性の認識によりいかなる作為義務を負うのかという問いへと転換されうる。これについて，本判決は，「他人の名誉を毀損する発言が書き込まれていることを具体的に知ったと認められる場合」に，「その者の名誉が不当に害されることがないよう必要な措置をとるべき条理上の作為義務があったと解するべき」であるとした。そして，本件シスオペが名誉毀損発言を削除しなかったことは，必要な措置を怠ったものであるとして，シスオペの不法行為責任，そしてニフティにはシスオペに対する使用者責任を認めた。

　控訴審の東京高裁は，「標的とされた者がフォーラムにおいて自己を守るための有効な救済手段を有しておらず，会員等からの指摘等に基づき対策を講じても，なお奏功しない等一定の場合」，シスオペは発言を削除すべき条理上の義務を負うとした。そのうえで本件のシスオペが取った措置は適当であるとして，不法行為責任を否定している（東京高判 2001・9・5 判時 1786 号 80 頁）。東京高裁は，名誉毀損該当性の認識の程度という問題には答えてはいない。たとえ原審のようにシスオペが本件発言の名誉毀損該当性を具体的に認識した場合に何らかの作為義務が生ずるとしても，それは，削除相当と判断される発言についても直ちに削除することはせず，議論の積み重ねにより発言の質を高めるというフォーラムの運営方針に基づき，発言者に疑問を呈するなどの措置でまずは十分と考えたからであろう。こうした措置が機能しない場合に初めて，削除義務が生ずる。

2.2 都立大学事件

　大学に設置された教養教育用のパソコン教室のシステム内に，学生個人として与えられた利用資格に基づき，名誉毀損にあたる発言を含むホームページが開設され，被害学生からの申出にもかかわらず，削除されなかった。そこで，

被害者が, 発言者とともにシステム管理者としての大学を訴えた。

東京地方裁判所は, 発言者の名誉毀損は認めたものの, 大学の責任については これを否定した (東京地判 1999・9・24 判時 1707 号 139 頁)。東京地裁は, 次のように指摘している。管理者が被害発生防止義務を負うのは, 名誉毀損文書が発信されていることを現実に発生した事実であると認識した場合であって, 名誉毀損に該当すること, 加害行為の態様が甚だしく悪質であること及び被害の程度も甚大であることが一見して明白であるような極めて例外的な場合に限られる。

2.3　2ちゃんねる (動物病院) 事件

インターネット上の電子掲示板「2ちゃんねる」において, 名誉毀損発言が書き込まれたにもかかわらず, 掲示板管理者がかかる発言の削除義務を怠ったとして, 原告が掲示板管理者に対して損害賠償及び発言の削除を求めた。東京地裁は, 掲示板管理者が利用者の IP アドレス等の接続情報を原則として保存していないため, 被害者による加害者の責任追及が困難であること, 匿名性ゆえに権利侵害が容易に推測されること等を理由に,「遅くとも本件掲示板において他人の名誉を毀損する発言がなされたことを知り, 又は, 知り得た場合には, 直ちに削除するなどの措置を講ずべき条理上の義務を負っている」と判断した (東京地判 2002・6・26 判時 1810 号 78 頁)。控訴審の東京高裁は, 掲示板管理人は匿名による発言を誘引している以上,「利用者に注意を喚起するなどして本件掲示板に他人の権利を侵害する発言が書き込まれないようにするとともに, そのような発言が書き込まれたときには, 被害者の被害が拡大しないようにするため直ちにこれを削除する義務がある」と指摘している (東京高判 2002・12・25 判時 1816 号 52 頁)。

なお, 東京地裁, 東京高裁とも, 発言の公共性, 目的の公益性, 内容の真実性といった名誉毀損の違法性阻却事由の存在の立証責任は, 掲示板管理者側にあるとの判断を示している。情報媒介者はあくまで情報を媒介しているにすぎず, 自らが行っているわけではない違法行為について証明責任を負わせるのは公平ではないとの批判もある[3]。

また, 電子掲示板「2ちゃんねる」は,「2ちゃんねる (動物病院) 事件」当時,

IPアドレス等の接続情報を原則として保存していないことを標榜していたものの，現在ではアクセスログの保存を行っているため，被害者による加害者の責任追及は可能となっている。これについては「アクセスログを保存しない匿名掲示板が実質的に禁止されているともいえ，匿名の表現の自由の観点からは，立法によらないこのような制約は問題ではないか」と疑問視する見解もある。[4]

2.4 基準の一般化の必要性

　以上見てきたように，判例は法の一般原則である条理を根拠に情報媒介者の作為義務を認めている。この条理上の作為義務の内容について，情報媒介者は違法発言に向けられた常時監視義務を負わない点に争いはない。言い換えると，違法な発言が書き込まれた時点で削除等の作為義務が成立するわけではない。なぜなら，こうした常時監視義務は情報媒介者をマスメディアと同じ立場に置くことを意味することになるし，そもそもこの種の義務の履行は事実上，不可能だからである。

　では，いかなる場合に，どのような作為義務が成立するのか。この点をめぐり，以上の判例において見解の相違がみられたのであるが，これを確認すると次のようになる。「2ちゃんねる（動物病院）事件」第1審判決は，「他人の名誉を毀損する発言がなされたことを知り，又は，知り得た場合には，直ちに削除するなどの措置を講ずべき」と判断した。「ニフティサーブ『現代思想フォーラム』事件」第1審判決は，「他人の名誉を毀損する発言が書き込まれていることを具体的に知ったと認められる場合」に「必要な措置をとるべき」義務があると指摘した。「都立大学事件」東京地裁判決は，「一見して明白であるような極めて例外的な場合」に限り名誉毀損文書の発信を妨げるべき義務が生じると述べている。上記の順に，情報媒介者の責任が軽くなる。

　判例により基準の違いが生じた理由として，複数の可能性が考えられる。
　例えば，①「都立大学事件」では大学という教育の場での無償のサービスであるのに対し，「ニフティサーブ『現代思想フォーラム』事件」では営利目的

---

　3)　小向・前掲注1) 154頁脚注38)。
　4)　小向・前掲注1) 154頁。

の商用プロバイダーであることによる。②「都立大学事件」のように，ウェブページのような一方的な情報発信形態と，「ニフティサーブ『現代思想フォーラム』事件」のように人間が介在するという違いによる。③「ニフティサーブ『現代思想フォーラム』事件」のように議論への参加が求められるフォーラム管理者と，「都立大学事件」のようにネットワークが円滑に機能するよう整備することを主たる職務とするネットワーク管理者との実態の違いによる（金子順一・平成14年度主要民事判例解説〔判タ臨増1125号〕(2003) 74頁以下）。

また，「2ちゃんねる（動物病院）事件」第1審判決について，同事件は後述するプロバイダー責任制限法施行前であり同法の適用はなかったものの，同法3条1項の影響があることを指摘する見解もある（この見解によれば，プロバイダー責任制限法は，プロバイダー等に責任を負担させないための要件を明確化したものにすぎず，プロバイダー等の責任を負担させるための要件である条理上の作為義務にダイレクトに影響を及ぼすべきではないと批判している)[5]。

いずれにせよ事案の特性により，情報媒介者の作為義務の発生時期をめぐる基準にばらつきがあり，法的安定性の点で問題があるといえる。このような状況下では，情報媒介者は「クレイムがつけられた書き込みは，自分の安全のためにできる限り削除するという方針をとる可能性が強い。そして，それが書き込んだ会員との関係で契約違反とならないようにするために，規約上削除しうる範囲を予め広く規定しておこうとするであろう。そうなれば，結果的に，会員の表現の自由の範囲が狭められるということになる」[6]。

こうした危惧を払拭すべく，基準を一般化するために，一方で，大学の責任に絡む特殊性を承認しながらも，「都立大学事件」の基準に賛同する学説がある。表現の自由の観点から，情報媒介者への過大な責任はその私的検閲を招くことを危惧するからである。他方で，「2ちゃんねる（動物病院）事件」第1審判決に接近する見解もある。この見解は，情報媒介者の作為義務の実質的根拠を危険源の事実的支配としたうえで，発信者の特定ひいては不法行為責任追及の難しさへの対処という被害者救済の視座，過度の削除措置による市場競争力の減退及び発言者の債務不履行・不法行為責任追及に対する管理者の不安から

---

[5] 長瀬貴志「プロバイダ等の作為義務」別冊NBL141号（2012）91頁。
[6] 高橋・前掲注2) 77頁

くる自浄作用の点を加味している。なお，作為義務の内容については，それが発生した時点で削除義務も成立するとの考えが多い。削除措置が名誉毀損発言から被害者を保護する最も有効な手段であるからである。

　こうした基準の一般化という発想とは別に，判例の事案を類別化して，基準を整理するやり方もあろう。そうしたなか，情報媒介者に対してより明確な指針を与える目的で，2001年に「特定電気通信役務提供者の損害賠償責任の制限及び発信者情報の開示に関する法律」，いわゆるプロバイダー責任制限法が制定され，2002年5月に施行された。

3　プロバイダーの責任の制限

　プロバイダー責任制限法は，「公然性を有する通信」概念の内容を基礎にして，プロバイダーが民事上の損害賠償責任を負わない場合を定めるという「セーフハーバー」方式を採用している。また，被害者が発信者の特定に資する情報を保有しているプロバイダーに対して，その開示を請求するための法律上の根拠を与えるものである。

　この法律が対象としているプロバイダーは，「特定電気通信役務提供者」である。プロバイダー責任制限法によれば，「特定電気通信役務提供者」とは，不特定の者によって受信されることを目的とする電気通信の送信（＝特定電気通信）の用に供される電気通信設備（＝特定電気通信設備）を用いて，他人の通信を媒介し，その他特定電気通信設備を他人の通信の用に供する者である（2条参照）。したがって，電子メールなど1対1の通信は除外されるものの，インターネット上のウェブページや電子掲示板など不特定の者によって受信されることを目的とする電気通信サービスを提供・媒介する者（プロバイダー，電子掲示板管理者など）はすべて本法の対象とするプロバイダーである。

　対象となる情報は，名誉毀損情報，著作権侵害情報など違法情報である。有害情報は，プロバイダー責任制限法の対象ではない。

3.1 プロバイダーの責任が問題になる場合

プロバイダーの責任は，(1)プロバイダーが他人の権利を侵害する情報について送信防止措置を講じなかった場合，(2)プロバイダーが送信防止措置を講じた場合，の2つの局面で問題となる。前者では，違法情報の被害者に対するプロバイダーの責任，後者では，発信者に対するプロバイダーの責任がそれぞれ関係している。

(1) 送信防止措置を講じなかった場合

ホームページや電子掲示板に他人の権利を侵害する表現が書き込まれたものの，システムを管理するプロバイダーが問題の表現を削除しなかったとき，プロバイダーは民事責任を免れることができるのであろうか。プロバイダー責任制限法3条1項によれば，① 送信防止措置を講ずることが技術的に可能であり，かつ② a) 情報の流通によって他人の権利が侵害されていることを知っていたとき，又は b) 情報の流通を知っていた場合であって，他人の権利が侵害されていることを知ることができたと認めるに足りる相当の理由があるとき，でなければ，問題の情報の流通による民事責任を負わない。

①の措置は，あくまで権利の侵害を防止するために必要な限度にとどまるものである。したがって，関係のない大量の情報の送信を停止しなければならないような場合や，インターネットへの接続自体をさせないなど当該情報の発信者の情報発信のすべてを停止するしかない場合には，技術的に可能とはいえないとされている。[7]

② b) により，プロバイダーは，情報の流通自体を知らない場合には民事責任を負わない。したがって，プロバイダーは違法な情報が流通していないか監視する義務を負わないことが明確にされている。こうした常時監視義務が存在しない理由として，こうした監視は「それが特定の情報を検知する技術的手段を用いた機械的な検知である場合を含め，事実上の検閲になりかねず，また，疑わしい情報は全て予め削除することにつながりかねないことから，表現の自

---

[7] 総務省総合通信基盤局消費者行政課『プロバイダ責任制限法〔改訂増補版〕』（第一法規，2014）29頁以下。

由に対し著しい萎縮効果を及ぼすおそれがある上，場合によっては通信の秘密を侵害する可能性もある」こと，プロバイダーが「監視の負担に耐えられずサービスの提供を中止することも考えられ，情報の自由な流通が阻害されるおそれもある」こと，などが挙げられる[8]。

なお，コンテンツ・プロバイダーのように情報媒介者というよりも情報発信者である場合には，プロバイダー責任制限法上の責任制限の対象にはならない。

被害者がプロバイダーに対して民事責任を追及する場合，①，②の立証責任は被害者側にある。しかし，②については，被害者が立証すべき範囲が必ずしも明確ではないとの高橋和之教授の指摘がある[9]。例えば，名誉毀損に関して，被害者は，事実の摘示による社会的評価の低下のみならず，公共の利害，公益目的，摘示事実の真実性（あるいは，真実と信じたことの相当の理由）という名誉毀損に特有の違法性阻却事由の不存在の立証まで要求されるのか，問題になる。

高橋教授によると，プロバイダーとの関係でも被害者が立証責任を負うと考える実質的な理由は，次のようなものであるという。

第一に，プロバイダーは発信者と同じ立場にあるのではない。だからこそ，プロバイダーの責任を発信者とは異なるものとして限定しようとしたのが法の趣旨である。実際にも，プロバイダーが，発信者の意図が専ら公益を図るものかどうか知ることは困難であるし，真実と信じたことの相当の理由について，プロバイダーにとり，発信者がいかなる根拠で事実が真実であると信じたかなど知ることは困難である。

第二に，被害者の救済は，本来は発信者に対して請求すべきものである。発信者に対して請求した場合には，違法性阻却事由の立証責任は発信者にあるのであるからプロバイダーに請求する場合にはその点の立証責任を転換しても不公平とはいえないという考えも，現実に発信者に請求しうる状況が存在するならば，成り立ちうる。

第三に，実際には，発信者を特定しうる情報を有しているのはプロバイダーであり，後述するように，プロバイダーがその情報を被害者に開示しうるなら，

---

[8] 利用者視点を踏まえた ICT サービスに係る諸問題に関する研究会『プロバイダ責任制限法検証に関する提言』(2011年7月) 22頁。
[9] 高橋・前掲注2) 79頁以下。

開示情報といわば交換に,「救済は発信者に対して求めてください。私に対して請求する場合には違法性阻却事由の不存在の立証責任を被害者の側で負担してください」と主張するのも納得できないわけではない。

　以上に対して,プロバイダー側が立証責任を負うと考える余地もあるという。その理由として,以下のことが挙げられている。

　第一に,被害者が発信者を訴える場合には,違法性阻却事由の立証責任は発信者にあるという判例とパラレルに考えて,プロバイダーが訴えられた場合にも,プロバイダーは発信者に代わって立証責任を負うべきである。

　第二に,被害者の実効的な救済という観点から,被害者に対して,違法性阻却事由の少なくともいずれか一つが存在しないことの立証責任を課すことは公平とはいえない。

　第三に,後述のように,プロバイダー責任制限法の設定したプロバイダーによる発信者情報の開示制度は,プロバイダーに対して開示しない方向へのインセンティブを与える内容となっている。

　以上のように議論を整理した後,高橋教授は,「プロバイダー責任制限法は,名誉毀損における違法性阻却事由の立証責任に関して曖昧さを残し,解釈に委ねている」と指摘し,「具体的ケースの公平な解釈を図る過程を通じて判例法理を確立していくことが望まれ」ると結論付けている。なお,前述したように,「2ちゃんねる(動物病院)事件」では,プロバイダー責任制限法の適用は問題にならなかったものの,プロバイダー側に名誉毀損の違法性阻却事由の存在の立証責任があると判断している。また,プロバイダー責任制限法3条1項の逐条解説は,次のように指摘している。「この規定は,関係役務提供者の不作為責任の判断の際に,当然に考慮されるべき事情を独立の要件として抽出し,類型化して規定することで,関係役務提供者が民事上の責任を問われる場合を明確化するものである。したがって,被害を受けたと主張する者は,関係役務提供者に対して損害賠償請求をするに当たっては,まず,本項の各要件に該当することを主張・立証した上で,作為義務の存在や因果関係等損害賠償請求に必要な他の要件をも主張・立証する必要がある。すなわち,本項の規定は,主張・立証責任を転換するものではなく,また,本項の要件に該当した場合に当然に損害賠償責任があることとなるわけでもない」[10]。

(2) 送信防止措置を講じた場合

　プロバイダーが情報の削除など送信防止措置を講じた場合，発信者に対する契約上，あるいは不法行為法上の損害賠償責任を負う可能性がある。プロバイダー責任制限法3条2項は，こうした措置を講じたとき，プロバイダーが発信者に対して民事上の責任を負わない場合を明確化している。それによると，① 送信防止措置が必要な限度の措置であり，かつ，② a) 情報の流通によって他人の権利が不当に侵害されていると信じるに足りる相当の理由があったとき，又は，b) 自己の権利を侵害されたとする者から送信防止措置を講ずるよう申出があった場合に，発信者に送信防止措置を講ずることに同意するか否かを照会した場合であって7日を経過しても発信者から送信防止措置に同意しない旨の申出がなかったときには，発信者に対する民事責任を負わないという。

　② a) は，「不当に」という言葉を差し挟むことにより，単に違法な権利侵害があることに加えて，正当防衛のような違法性阻却事由等がないことをも含んでいる。表現の自由との関係でこの要件についてはできるだけ限定的に規定することが望ましいという配慮に基づいている。

　なお，違法性阻却事由の不存在を含めて本要件の該当性をプロバイダー側が立証しなければならないと指摘する学説が存在する一方で，[11] 総務省の逐条解説は，不法行為における違法性阻却事由についての立証責任は加害者側にあると一般に理解されている通り，ここでも情報発信者が違法性阻却事由の存在を立証することになると指摘している。[12]

　② b) は，被害者が権利侵害を主張しているなかで，プロバイダーが表現の自由を過度に制約することのないように意見表明の機会を与えているにもかかわらず，発信者が権利の主張を行わない場合，被害者と発信者の利害の平衡を考えて，プロバイダーによる送信防止措置により民事責任が問われることはないとする規定である。問題が生ずるのは，発信者が同意しないと回答した場合である。この点について，プロバイダー責任制限法は，表現の自由の観点から，

---

10) 総務省・前掲注7) 33頁。
11) 髙橋・前掲注2) 82頁。
12) 総務省・前掲注7) 36頁以下。

放置するようインセンティブを与えていると指摘する学説がある。プロバイダーが送信防止措置を講じなかった場合の責任制限を規定するプロバイダー責任制限法 3 条 1 項の要件の立証責任は，（違法性阻却事由については不明確ではあるものの）被害者側にある一方，プロバイダーが送信防止措置を講じた場合の責任制限を規定するプロバイダー責任制限法 3 条 2 項の要件の立証責任は（違法性阻却事由については争いがあるものの）プロバイダーの側にあるとされていることも，このことを裏書しているという。[13]

3.2 公職候補者等の特例

なお，インターネット等を利用する方法による選挙運動の一部を解禁する 2013 年の公職選挙法改正により，選挙運動期間中における名誉侵害情報の流通に関する公職候補者等に係る特例（3 条の 2）が追加された（CHAPTER 2 の 3.2 を参照）。本条の趣旨は，プロバイダーが，公職候補者の名誉侵害情報の送信防止措置を過度に躊躇することなく講ずることを促す点にある。[14]

本条は，プロバイダーが，選挙運動又は落選運動のために用いられている文書図画の流通によって自己の名誉を侵害されたとする公職候補者等から送信防止措置を講ずるよう申出を受けた場合，情報発信者に対する同意照会の期間を通常の場合の 7 日から「2 日」に短縮している（3 条の 2 第 1 号）。これは，公示・告示日から選挙期日までの期間が 7 日に満たない場合もあることを考慮してのことである。また，以上の送信防止措置を講ずるよう要請のあった文書図画等に発信者の電子メールアドレス等が正しく表示されていないときには，プロバイダーがこの情報の送信防止措置を講じたとしても，それについての責任を問われない（3 条の 2 第 2 号）。

3.3 プロバイダーの作為義務？

ところで，プロバイダー責任制限法は，前述の通り，プロバイダーが民事上

---

[13] 髙橋・前掲注 2) 82 頁。
[14] 総務省・前掲注 7) 47 頁。

の損害賠償責任を負わない場合を定めるという「セーフハーバー」方式を採用しており，プロバイダーに送信防止措置等の作為義務が生ずる場合を規定するものではない。したがって，プロバイダー責任制限法の定める要件に合致しない場合に，直ちに民事責任が生ずるのではなく，他の法律に基づいて個別に判断することになる。[15]

プロバイダー責任制限法制定前の判例において言及された「条理上の作為義務」という考えは，本法制定後の判例においても維持されている。そして，判例の傾向として「条理上の作為義務が生じる場合については，プロバイダ等が違法情報のアップロードがなされたことを認識していたことに加え，アップロードされた電子掲示板等の設置目的や管理・運営状況・匿名性・営利性，被侵害利益の性質等を総合的に検討し，事例ごとの特性に合わせて認定しているものと見受けられる」と指摘されている。こうした事例を集約して，類似の場面の対処方法や一定の方向性を示すことにより作為義務は明確化されうるが，それは，プロバイダー，その業界団体，著作権等の権利者団体により設立された「プロバイダ責任制限法ガイドライン等検討協議会」により作成される，関係者の行動基準を明確化するガイドラインにより，なされるべきであるという。[16]

3.4 著作権侵害の場合の特殊性

なお，著作権侵害情報の媒介に対するプロバイダーの責任を個別に判断する際には，名誉毀損表現の媒介とは異なる特殊な性格を把握しておく必要がある。

著作権の分野では，直接の侵害者でない者（＝間接侵害者）に対しては原則として差止請求を認めるべきではないという「間接侵害の法理」がある。例えば，電子掲示板「2ちゃんねる」に，書籍「ファンブック」に収録された対談記事が無断で転載されたため，その著作権者が電子掲示板の管理者に対して掲載（送信可能化及び自動公衆送信）の差止めと損害賠償を請求した「罪に濡れたふたり」事件において，東京地裁は，（著作権者は，その著作物を侵害する者又は侵害するおそれがある者に対し，その侵害の停止又は予防を請求することができる旨定

---

[15] 大村真一「プロバイダ責任制限法の概要」別冊NBL141号（2012）15頁。
[16] 利用者視点を踏まえたICTサービスに係る諸問題に関する研究会・前掲注8）18頁。

めている）著作権法112条1項の差止請求の相手方は，「現に侵害行為を行う主体となっているか，あるいは侵害行為を主体として行うおそれのある者に限られると解するのが相当である」と判断することにより，原告の請求を棄却している（東京地判2004・3・11判時1893号131頁）。

これに対して，著作権侵害に対するプロバイダーの責任を認める考えとして，第一に，「罪に濡れたふたり」事件控訴審判決のように，著作権侵害に対し適切な是正措置を講ずるプロバイダーの義務を重視するものがある（東京高判2005・3・3判時1893号126頁）。第二に，「管理・支配」と「営業上の利益」の帰属を要件に，著作権の侵害主体を規範的に認定していく，いわゆる「カラオケ法理」（およびその拡張）を用いて，情報媒介者を著作権の侵害主体として認定するというものである（最判2011・1・18民集65巻1号121頁〈まねきTV事件〉，最判2011・1・20民集65巻1号399頁〈ロクラクⅡ事件〉など。「カラオケ法理」については，最判1988・3・15民集42巻3号199頁〈クラブ・キャッツアイ事件〉。カラオケ装置を設置したスナック経営者が客の歌唱につき，その歌唱の主体として著作権侵害による不法行為責任を免れないとしたこの事件にちなんで，上述のようにして著作権侵害主体を認定していく考え方を「カラオケ法理」というようになった）。したがって，この場合には，第一の考えとは異なり，コンテンツ・プロバイダー（発信者）の民事責任が問題となるため，そもそもプロバイダー責任制限法との関わりはない。

「間接侵害」については，法秩序全体との調和を図りつつ，要件を明確化した規定を新設することが，本質的な解決策であるとの指摘が根強い。

3.5 プロバイダーの刑事責任

プロバイダー責任制限法3条1項の責任制限規定は民事責任に関するものであるが，プロバイダーの責任を個別に判断する際には，ホスティング・プロバイダーの刑事責任も問題となりうる。とりわけ，わいせつ物公然陳列罪，児童ポルノ公然陳列罪，名誉毀損罪に該当する情報の流通に対する刑事責任が問題となる。

佐伯仁志教授の整理に従うと，[17] インターネット上の違法情報の削除等を義務づけ，その不履行を処罰する規定は存在していない。したがって，プロバイ

ダーの刑事責任は，不真正不作為犯（通常は作為の実行行為によって実現されることが予定されているとみられる構成要件を不作為によって実現することにより成立する犯罪）としての責任が問われることになる。不真正不作為犯が成立するためには，行為者に保障人的地位，つまり作為義務が必要である。

保障人的地位の発生根拠として，形式上，法令，契約，条理の3つが考えられてきたものの，現在では実質的根拠として，①先行行為等による危険創出，②引受け等による排他的支配，③社会的期待による支配領域性が重視されている。加えて，不真正不作為犯は，不作為を作為と同じ構成要件で処罰するため，保障人的地位を認めるためには作為と不作為の同視可能性が必要である。そして，ここでの保障人的地位の内容は，危険源の管理監督義務である。

以上を前提にすると，例えば電子掲示板の開設それ自体は危険創出行為とみることはできないため，プロバイダーがさらに違法情報の掲示を誘いかけ，勧めたといった特別の関与がなければ，保障人的地位を肯定することは困難であるという。仮に，プロバイダーに積極的関与が認められる場合には，さらに，プロバイダーの行為が作為犯あるいは不作為犯にあたるか，犯罪の（共同）正犯あるいは幇助犯にあたるかが論点になる。

4 プロバイダー責任制限法における発信者情報開示請求権

4.1 通信の秘密との関連性

情報の流通により自己の権利を侵害されたとする者が情報発信者の責任を追及しようとするとき，発信者の身元を把握しておく必要がある。インターネット上の匿名表現が問題となる場合，発信者の特定は容易ではないものの，プロバイダーはサービス提供の契約の際に取得した発信者の住所，氏名等の情報を

---

17) 佐伯仁志「プロバイダの刑事責任」別冊NBL141号（2012）164頁以下。

保有しているし，電子掲示板の管理者は現在ではアクセスログを保存している。したがって，被害者救済の観点からは，被害者がプロバイダーに対して発信者情報の開示を請求できるようにしておく必要がある。しかし，この種の発信者情報は，電気通信事業法上，プロバイダーに課されている通信の秘密の保護の対象となりうる。

　一般に，「通信の秘密」は，「通信内容」，そして通信当事者の住所，氏名，通信回数など「発信者情報」を対象とすると考えられてきた。発信者情報が保護される筋道としては，プロバイダー責任制限法の考え方の基礎をなすものと評価されている旧郵政省の「電気通信サービスにおける情報流通ルールに関する研究会報告書」(1997年12月)や高橋教授の整理に従うと，次の2つがある。第一に，発信者情報は，通信内容とは独立して保護されるべきであるという考えである。第二に，発信者情報が保護されるのは，それが知られることによって，特定の通信内容が推知されるからであるという考えである。

　この第二の見解によれば，「公然性を有する通信」のように通信内容が公開されている場合には，発信者情報を通信の秘密として保護する実質的な理由は弱くなる。したがって，プロバイダーが発信者情報を開示しても電気通信事業法4条の通信の秘密に反する可能性は低くなる。これに対して，第一の見解では，プロバイダーが発信者情報を開示することは原則として禁止されており，例外を認めるためには基本的に新たな立法が必要となる。ただし，第二の見解に立ったとしても，プロバイダーが会員との契約で本人情報を秘密にしておくことが通常であることを考慮する必要がある。高橋教授が指摘するように，プロバイダーが契約違反をおそれて発信者情報の開示を拒否する場合には，開示を義務づける法律が存在しない限り，開示を強制する適切な方法がない。そこで，第一，第二の見解のいずれにおいても，被害者救済の観点から，プロバイダーに対する被害者の発信者情報開示請求権を創設する規定が求められることになる。そこで定められたのが，プロバイダー責任制限法4条である。

4.2　プロバイダー責任制限法4条の構造と論点

　プロバイダー責任制限法4条によれば，権利を侵害されたとする者は，① 当該開示を請求する者の権利が侵害されたことが明らかであること，② 発信

者に損害賠償を請求するために必要である等，開示を受けるべき正当な理由があること，以上2つの要件を満たせば，プロバイダーに対して発信者情報の開示を請求することができる。①の「権利侵害の明白性」は，不法行為等の違法性阻却事由の不存在までをも意味する。

　また，プロバイダーは開示の請求を受けた場合，① 発信者の意見を聴かなければならない。そのうえで，② 開示を拒否しても，故意又は重大な過失がある場合でない限り，責任を負わない。その一方で，開示した場合の免責規定を置いていないことからすると，プロバイダー責任制限法は，プロバイダーに対して開示よりも不開示を選択するように誘導していると考えられる。[18] すなわち，プロバイダー責任制限法は，被害者救済よりも発信者側の利益に重きを置いているといえる。

　開示の対象となる発信者情報は，総務省令（平成14年総務省令第57号）で定められている。そこでは，「発信者その他侵害情報の送信に係る者の氏名又は名称」（1号），「発信者その他侵害情報の送信に係る者の住所」（2号），「発信者の電子メールアドレス」（3号），「侵害情報に係る IP アドレス」（4号），「侵害情報に係る携帯電話端末等からのインターネット接続サービス利用者識別符号」（5号），「侵害情報に係る SIM カード識別番号のうち，携帯電話端末等からのインターネット接続サービスにより送信されたもの」（6号），「第4号から第6号までに係る開示関係役務提供者の用いる特定電気通信設備に侵害情報が送信された年月日及び時刻（いわゆるタイムスタンプ）」（7号）が発信者情報として限定列挙されている。

　発信者情報開示請求の名宛人として，ホスティング・プロバイダーのみならず，インターネットへのアクセスのみを提供するアクセス・プロバイダー（経由プロバイダー）も含まれるのか，立法当時不明確であったため，争われたことがある。この論点の背景は，高橋和之教授の次のような説明により，明らかになる。「経由プロバイダーは接続サービスを提供する対価を徴収する必要から，通常，発信者の氏名・住所等の情報を把握している。発信者がインターネット上のウェブサイトで無料提供されている掲示板等に書き込みを行う場合，

18）小向・前掲注1）169頁以下，高橋・前掲注2）84頁。

そのサイトを運営・管理しているプロバイダーが発信者について把握するのはIPアドレスとタイムスタンプ（書き込みがなされた日時）のみということが多い。ゆえに，このプロバイダーがもつ発信者情報の開示を得ても発信者の氏名・住所はわからない。そこでIPアドレスから経由プロバイダーを割り出し，経由プロバイダーに対し書き込みがなされた日時に当該IPアドレスを割り当てられていた者の氏名・住所の開示を請求する」必要が生じる。[19]

2003年4月の東京地裁判決は，発信者が掲示板に書き込むまでの過程と書き込まれた情報が受信者に送信される過程を分けたうえで，前者は「不特定の者によって受信されることを目的とする電気通信の送信」，すなわち「特定電気通信」に該当せず，この過程を担う経由プロバイダーは開示請求の対象にならないと判断した（東京地判2003・4・24金判1168号8頁）。「発信者情報開示請求権は，通信の秘密に関する例外を認めるものであるから，安易な拡大解釈は許されない」との視点を打ち出した判決である。[20] しかし，その後，経由プロバイダーも発信者情報開示請求の対象になると判断する下級審判決が出されるなかで，2010年の最高裁判決もこれを認める判決を下した（最判2010・4・8民集64巻3号676頁）。本判決は，発信者から受信者までの情報流通過程を一体として特定電気通信と把握し，「最終的に不特定の者によって受信されることを目的とする情報の流通過程の一部を構成する電気通信を電気通信設備を用いて媒介する者」，つまり経由プロバイダーも発信者情報開示請求の対象になると判断している。経由プロバイダー以外は，発信者の住所，氏名等を把握していないことが少なくないことを考えると，経由プロバイダーを発信者情報開示請求の対象にしないと法4条の趣旨が没却されることになるからである。

---

19) 高橋・前掲注2) 85頁脚注24)。
20) 小向・前掲注1) 170頁脚注80)。

5 | プロバイダーの責任制限及び発信者情報の開示を考える

5.1 プロバイダー責任制限法に対する指摘

　以上，プロバイダー責任制限法の概要を見てきた。
　プロバイダー責任制限法は，被害者の権利救済と発信者の（匿名）表現の自由，通信の秘密，プライバシー権の保護とのバランスを図りつつ，後者の権利・利益が過度に制約されないように配慮しているものと評価できる。ただし，次のような指摘もある。
　第一に，プロバイダー責任制限法は，憲法 21 条の表現の自由のもとで許されるプロバイダーの民事責任の範囲を限定するのに成功していないとの指摘がある。プロバイダー責任制限法 3 条 1 項は，a）情報の流通によって他人の権利が侵害されていることを知っていたとき，又は b）情報の流通を知っていた場合であって，他人の権利が侵害されていることを知ることができたと認めるに足りる相当の理由があるとき，でなければ，プロバイダーは問題の情報の流通による民事責任を負わないと規定していた。再三述べてきたように，プロバイダー責任制限法は「セーフハーバー」方式を採用しており，a）又は b）に該当するからといって，直ちに民事責任が生ずるわけではない。しかし，この a）と b）について松井茂記教授が指摘しているように，「権利侵害を知っていたかどうかがその権利侵害が違法であることを知っていたことも含まず，たとえ適法だと考えていても権利侵害であることを知っているか，知ることができたと認めるに足りる相当の理由があれば免責は認められないとなると，免責の範囲は大きく狭まることになる」[21]。また，前述のように，プロバイダー責任制限法は，名誉毀損における違法性阻却事由の立証責任に関して曖昧さを残しており，名誉毀損の違法性阻却事由の存在の立証責任はプロバイダー側にあると

---

[21] 松井茂記『インターネットの憲法学〔新版〕』（岩波書店，2014）352 頁。

解釈するのであれば，それはプロバイダーに対して過大な負担を課すことになる。

　第二に，提供サービスの態様によりプロバイダーを分類し，それに応じて責任制限を明確化すべきであるという指摘がある[22]。前述のようにプロバイダーといってもそれが果たす役割はさまざまであり，したがって責任も異なってくる。例えば，アメリカのデジタルミレニアム著作権法ではアクセス／キャッシング／ホスティング／検索といったサービスごとに責任制限を明示し，EU電子商取引指令もアクセス／キャッシング／ホスティングごとの責任制限規定を設けている。

　これに対して，日本のプロバイダー責任制限法は，インターネット上のウェブページや電子掲示板など不特定の者によって受信されることを目的とする電気通信サービスを提供・媒介する者（＝「特定電気通信役務提供者」）を広く対象としており，役割の違いの観点から明確な分類化を行ってはいない。確かに，「公然性を有する通信」概念を土台にして制定されたプロバイダー責任制限法は，ホスティング・プロバイダーを主な対象にしているといえる。しかし，3条の責任制限規定も4条の発信者情報開示請求権も2条で定義されている「特定電気通信役務提供者」を前提にしているところ，判例・実務上，経由プロバイダーについては，3条の適用は問題にならないものの，4条の対象にはなるという体系上の不明確さを残している。

　なお，今後，パケット制御技術の精度が向上し，権利侵害情報について経由プロバイダーが有効な送信防止措置を取りうる状況になった場合に，プロバイダー責任制限法上の送信防止措置義務をどのように考えるべきかが問題となりうるとの指摘もある[23]。

5.2　クラウド・コンピューティングと検索サービス

　最後に，情報媒介者の法的問題の文脈で，クラウド・コンピューティングと

---

[22]　小向・前掲注1)174頁以下。
[23]　小向太郎『情報法入門〔第2版〕』（NTT出版, 2011）161頁。なお，同前掲注1)178頁も参照。

検索サービスについて簡単に触れておきたい。

　クラウド・コンピューティングについての確立した定義はないものの，ここでは小向太郎氏の簡明な説明に従ってみたい。それによると，「クラウド・コンピューティングとは，ネットワーク上にあるコンピュータを使って高度な処理を実現する技術」を意味する。「ネットワーク上にある複数のコンピュータ群が利用者の要求に応じて様々なコンピュータ処理を行うもので，利用者からはハードウェアがどこにあるかを意識せずに使うことができる。クラウド（雲）の中身は分からなくても，そこから有益なサービスが降ってくるということをイメージして呼ばれるようになったといわれている」[24]。

　クラウド・コンピューティングについては，情報が分散的に処理されることによるセキュリティ上の問題が論じられることが多い。他方で，クラウド・サービスを提供する事業者が不特定多数の書き込みを可能にする電子掲示板を運営するなど，プロバイダー責任制限法上の「特定電気通信役務提供者」に該当することもあるのであり，その際には，以上で見てきた民事上の責任制限がそのまま当てはまる。

　検索サービスとは，インターネット上の情報を，特定のキーワードで検索できるようにするサービスである[25]。膨大な情報量を有するインターネットにおいて，検索サービスは一般人が必要とする情報に接するために不可欠な手段となっている。その一方で，検索結果に名誉毀損的表現の記載のあるウェブページが表示され，名誉毀損の被害を拡大してしまうおそれもある。そこで，検索サービスの運営者に対して，この種のウェブページが検索結果として表示されないこと，つまり削除を求めることができるか問題になる。

　これについて，東京地判2010・2・18判例集未登載は次のように述べて，検索サービスの運営者の管理責任をかなり厳格に理解している。「違法な表現を含むウェブページが検索サービスの検索結果として表示される場合でも，検索サービスの運営者自体が，違法な表現を行っているわけでも，当該ウェブページを管理しているわけでもないこと，検索サービスの運営者は，検索サー

---

[24] 小向・前掲注1）6頁。
[25] 検索サービスに関する以下の記述については，田島正広（監修）『インターネット新時代の法律実務Q&A〔第2版〕』（日本加除出版，2013）290頁以下。

ビスの性質上，原則として，検索結果として表示されるウェブページの内容や違法性の有無について判断すべき立場にはないこと，現代社会における検索サービスの役割からすると，検索サービスの検索結果から違法な表現を含む特定のウェブページを削除すると，当該ウェブページ上の違法ではない表現についてまで，社会に対する発信や接触の機会を事実上相当程度制限する結果になることなどからすると，ウェブページ上の違法な表現によって人格権等を侵害される者が，当該表現者に対してその削除等を求めることなく，例外的に，法的請求として，検索サービスの運営者に対して検索サービスの検索結果から当該ウェブページを削除することを求めることができるのは，当該ウェブページ自体からその違法性が明らかであり，かつ，ウェブページの全体か，少なくとも大部分が違法性を有しているという場合に，申し出等を受けることにより，検索サービスの運営者がその違法性を認識することができたにもかかわらず，これを放置しているような場合に限られる」。

　なお，以上とは別に，検索エンジンで自分の名前を入力すると，その関連検索やサジェスト機能（＝検索したいキーワードを入力した時に，このキーワードといっしょに検索される頻度の高い単語を自動的に検索ウィンドウに表示する機能）により，個人にとって否定的な単語が表示されることも問題になっている。個人はこうした否定的な単語が表示されないように検索サービスの運営者に求めることができるのか議論がある。一方で，サジェスト機能等はあくまで機械的・自動的に関連の単語を表示するにすぎず，検索サービスの運営者が個人に対して否定的な意思を示したものではないため，人格権を侵害していないと理解する考えがある。他方で，否定的な単語が表示されることにより，利用者が違法表現を含むウェブページに到達することを容易にしている側面もあるため，検索サービスの運営者に削除を申し入れたにもかかわらず放置され，当該個人が甚大な不利益を被る場合には，削除請求が認められるとする見解もある。

CONCLUSION
おわりに

　本章では，プロバイダー責任制限法を中心に情報媒介者の法的問題について

見てきた。

5でも触れたように，情報技術の向上は，プロバイダー責任制限法をはじめとする既存の法制度の解釈に大きな問題を投げかけている。近い将来，法改正を視野に入れなければならない事態も生じるかもしれない。ただし，いずれにせよ重要なのは，情報技術の進展を正確に認識したうえで，「国民の知る権利」の実現という情報媒介者の社会的役割を損なうことなく，違法情報の被害者の救済をどう図るべきかを，法の原理に依拠しつつ考えていくことである。この点を重ねて強調しておきたい。

考えてみよう

　近時，検索結果に含まれる個人情報の削除請求権をシンボリックに表現する「忘れられる権利」が注目を集めている。それは，2014年5月13日のEU司法裁判所が「忘れられる権利」を認め（詳細については，**CHAPTER 2**の**4**.2を参照），また日本でもそれと歩調を合わせるかのように，同年10月9日に検索結果の削除を認める東京地裁の仮処分決定が出されたこととも関係している。しかし，現代社会における検索サービスの役割の観点からすると，「忘れられる権利」は，検索結果の表示をめぐり，サービス運営者によるいわゆる「検閲」を促してしまう，言い換えると「国民の知る権利」を損なうことにもなりかねないとも指摘されている。マスメディアの「編集権」と対比すると，この問題はどのように捉えられるべきであろうか。

もっと詳しく知りたい方は　　　　　　　　REFERENCE

岡村久道編著『インターネットの法律問題』（新日本法規出版，2013）
酒匂一郎『インターネットと法』（信山社，2003）
堀部政男編著『インターネット社会と法〔第2版〕』（新世社，2006）
堀部政男監修『プロバイダ責任制限法　実務と理論』（別冊NBL141号）（商事法務，2012）

CHAPTER 13

国境を越えた紛争の解決

長田 真里

PREFACE　はじめに

　前章までの記述は，基本的に日本の国内で問題が生じたときに，日本の法律でどのような対応が可能であるか，ということを前提としたものである。しかし，インターネットの中では，国境概念や意識が極めて薄弱であり，日本法や各国法の現状を理解したところで，全ての問題が解決できるわけではない。本章では，インターネットに関して生じうる国境を越えた紛争に対して，どのような解決や対応がなされるのか概観する。

　まず，以下で述べるのは，基本的には私法分野に限定されることを確認しておきたい。公法にかかる事柄については一般的には属地主義が妥当し，日本の裁判所で外国の公法を適用して事案を解決することは許されない。そのため，公法分野においては，ある法が適用される領域（規律管轄）とその法を用いて裁判をすることが許される領域（裁判管轄）とが一致するのが通常である。例えば，日本の裁判所でドイツ刑法を適用して刑事裁判を行うことはできない。これに対して，私法分野においては，厳格な属地主義はとられず，日本の裁判所で裁判をすることができても（＝日本で国際裁判管轄が認められても），外国の

民法等を使って（＝外国法を準拠法として）事案の解決を図ることが可能である。そのため，それぞれに，国際裁判管轄の問題（**1**），準拠法決定の問題（**2**）として考える必要が出てくる。また，外国で下された裁判や判決，決定などの効力について日本国内で問題とされることもある。これは外国判決の承認・執行の問題（**3**）である。以下これらの国際私法と呼ばれる分野に特有の問題につき日本の現状を概観する。

1　国際裁判管轄

1.1　2011年民事訴訟法改正前

　日本では，長年，国際裁判管轄について直接定めた規定がないとされ，民事訴訟法の国内土地管轄規定を参考に，日本の裁判所に国際裁判管轄があるか否かを判断してきた。参考の仕方には諸説あり議論も多かったが，最判1981・10・16民集35巻7号1224頁〈マレーシア航空事件〉で一定の方向が示された。最高裁は，同判決において，日本には国際裁判管轄に関する明文の規定がないとの前提に立ち，条理によって国際裁判管轄の判断をするが，その条理判断につき民事訴訟法の土地管轄規定を参照する，とした。その後，下級審では同最高裁判例を踏襲する流れが続いた。その中で，民事訴訟法の土地管轄規定を参照するが，その結果として日本の裁判所の国際裁判管轄が認められたとしても，それが当事者間の衡平，裁判の適正・迅速を損なう結果となるのであれば，例外的に日本の国際裁判管轄を否定する特段の事情があるとする，という立場が判例の主流となった。この特段の事情論は，マレーシア航空事件判決以後，財産関係事件の国際裁判管轄に関する初めての最高裁判決となった最判1997・11・11民集51巻10号4055頁〈ファミリー事件〉で，最高裁に採用されるに至った。

1.2　2011年民事訴訟法改正後

上記の状況は，2011年に民事訴訟法が改正され，財産関係事件について国際裁判管轄に関する明文の規定がおかれることによって解消された。以下では，改正民事訴訟法下においてインターネットに関連して問題となりうる裁判管轄ルールについて概観したい。

(1) 被告住所地原則

国際裁判管轄における被告住所地原則とは，被告の住所のあるところであれば，請求の性質の如何を問わず，常に裁判管轄が認められる原則のことを指す。したがって，インターネットを介した取引や不法行為であっても，当然被告住所地管轄は妥当する。国際裁判管轄における同原則を規定するのは民事訴訟法3条の2である。

同条1項によると被告が自然人である場合には，①その者の住所が日本国内にあるとき，②被告が住所を有しないか住所がわからない場合にはその者の居所が日本国内にあるとき，③被告が居所も有しないか居所も分からない場合には訴えの提起前に日本国内に住所を有していたことがあるとき，に日本で国際裁判管轄が認められる。これらの判断はあくまでも，国際的なレベルでされる。つまり，②や③は，「日本に」住所や居所がない場合ではなく，「世界中のどこにも」住所や居所がない場合に初めて適用されることになる。特に③について，日本に住所を有した後に外国のどこか（例えば中国の北京）に住所を持ち，その後住所も居所もなくなった，という場合には日本にかつて住所を有していたことを理由とする国際裁判管轄は認められない。この点，改正前は通説が主張するところであったが，改正立法では，明文をもって明らかにされた。

他方，法人が被告である場合には，同じく民事訴訟法3条の2第3項により，法人の本店またはそれに類するものが日本にある場合，あるいは本店等を一切持たない場合に代表者等の住所が日本にある場合にのみ住所地に基づく管轄が認められる。したがって，改正法下では，法人の本拠が外国にある場合には，日本に営業所があることのみをもって当該法人に日本の国際裁判管轄が認められることはない。

(2) 特別管轄

民事訴訟法3条の3以下では，一定の場合，あるいは一定の類型に属する事

件についてのみ認められる特別管轄の規定が定められている。ここでは，その中で，インターネットに関連して問題となりうる，①債務履行地管轄，②営業所所在地管轄・事業活動地管轄，③財産所在地管轄，④不法行為地管轄，⑤合意管轄，⑥消費者契約管轄について取り上げたい。

①債務履行地管轄　　債務履行地管轄は，3条の3第1号に規定されており，契約関係事件についてのみ認められる管轄原因である。同号では，①契約上の債務について，②当該債務の履行地もしくは当該契約の準拠法が合意されている場合に，③契約上の債務履行地が日本にあれば日本に国際裁判管轄を認める，とする（ただし消費者契約については後述のように特別な管轄規定が設けられている）。

まず，契約上の債務といえるためにはどのような基準が満たされているべきか。この点について，日本ではそれほど議論はされてこなかった。そもそも改正前に同様の管轄を認めていた土地管轄規定が，一般的な義務についてその履行地の管轄を認めていたため，どのように履行地管轄の範囲を狭めるか，という点が議論の中心であったためである。外国に目を転ずると，同じく契約関係事件についての特別管轄規定をもつEUの「民商事事件における国際裁判管轄及び外国判決の承認・執行にかかるEU理事会規則1215/2012号」（以下，ブリュッセルI改定規則とする[1]）においては，EU司法裁判所による判例の積み重ねにより，当事者の少なくとも一方が自発的に負担した義務に基づくものであるか否かを判断基準としており参考となろう[2]。

---

1)　この規則は「民商事事件における国際裁判管轄及び外国判決の承認・執行にかかるEU理事会規則44/2001号（以下，ブリュッセルI規則とする）」にかかる解釈や判例の状況をふまえ，2012年12月に同規則を改定する形で制定された規則である。本章の対象とする部分については，条文番号は変更されたが実質的な規定改正は行われていない。なお，契約関係事件にかかる両規則上の国際裁判管轄の規定は以下の通りである。

　5条1号（改定規則7条1号）
　　構成国に住所を有する者は以下の場合に他の構成国で訴えられうる。
　(1) (a) 契約に関する事柄については，問題となる義務の履行地の裁判所。
　　(b) 本条の適用に当たっては，他に合意がある場合を除いて，問題となる義務の履行地とは以下の地をいうものとする。
　　　―物品の売買契約においては，契約に基づき，対象となる物が引き渡されたか引き渡されるべきであった地
　　　―役務提供契約においては，契約に基づき，当該役務が提供されたか提供されるべきであった地
　　(c) 第b号が適用されない場合には，第a号が適用される。

債務履行地に基づく国際裁判管轄が認められるためには，さらに，問題とされる債務の履行地もしくは契約の準拠法が合意されていなければならない。明示の合意も黙示の合意も認められるという点を除けば，当該債務の履行地が合意されている場合についてはあまり問題とはならないであろう。しかし，準拠法により履行地が決定される場合については，注意が必要である。後述のように契約の準拠法の決定方法には，当事者の意思に基づく方法（法の適用に関する通則法〔以下「通則法」とする〕7条・9条）と，客観的に契約が最も密接に関係を有している場所の法を決定する方法（通則法8条）との2種類があるが，このうち7条もしくは9条に基づいて準拠法が決定される場合についてのみ債務履行地管轄が認められることになる[3]。また，債務履行地は日本と合意されていなければ日本に国際裁判管轄は認められない。一方，準拠法については日本法が合意される必要はなく，合意された準拠法に基づき履行地が日本になればよい。

②**営業所所在地管轄・事業活動地管轄**　上述したように，改正民事訴訟法の下では，外国に本拠のある法人について，日本に営業所を有していることのみに基づいて日本の国際裁判管轄が認められることはない。しかし，当該法人が日本に営業所等を有しており，かつその営業所における業務に関連する訴え（3条の3第4号）や，日本に営業所等を有していなくても日本において事業を行っており，かつその者の日本における業務に関連する訴え（3条の3第5号）については，日本の国際裁判管轄が認められる。4号と5号の差は，①営業所等が日本にあるか否か，②請求との関連性が問題となるのが営業所の業務全体であ

---

[2] Fonderie Officine Meccaniche SpA v. HWS GmbH, C-334/00[2002] E.C.R. I-7357 では，契約締結前の交渉段階で生じた損害についての賠償が問題とされ，EU司法裁判所は当事者の一方が自発的に負った債務ではないので契約上の債務ではないと判断した。

[3] この点に関して，特に国際物品売買契約に関する国際連合条約（以下CISGとする）と本規定との関係が問題となる。CISGは，動産の売買を目的とした契約の当事者がそれぞれ別の締約国に営業所を有し，当該営業所により契約を締結した場合には，当事者が適用排除しない限り，契約準拠法の如何を問わず自動的に適用される（1条1項b号）。そのため，多数説はCISGが1条1項b号に基づき自動的に適用される場合には債務履行地管轄は認められないとする（たとえば，櫻田嘉章『国際私法〔第6版〕』（有斐閣，2012）362頁）が，この場合でも当事者の予見可能性は確保されているとして，債務履行地管轄を認める見解もある（横山潤『国際私法』（三省堂，2012）337頁）。

るか，それとも法人の日本における業務であるか，の2点である。営業所等を日本に有している場合には，4号が適用され，営業所の行っている業務に関連している訴えについて日本の国際裁判管轄が認められる。この場合には，営業所が行った業務全体に関連しているかどうかが問われるのであり，当該業務が日本で行われていなくてもかまわない。これに対して，営業所等を日本に有していない場合には，その者が日本において継続的に業務を行っていること，および，当該訴えがその者が日本で行った業務に関連していることの2つの要件が満たされてはじめて日本の国際裁判管轄が認められることになる。[4]

インターネット取引に関連して特に問題となりうるのは，日本に営業所も代表者もおいていないが，ウェブサイトを通じて日本と何らかの取引を行っている外国の事業者との関係であろう。この場合，5号に基づいて管轄が認められるか否かが問題となる。具体的には上述した2要件（日本での事業活動の有無，訴えと日本における業務との関連性）を判断することになる。このうち，日本での事業活動の有無に関しては，当該事業者のウェブサイトに日本から単にアクセス可能というだけでは足りず，当該ウェブサイトの言語や，日本からの申込みが可能であるか，購入した製品を日本に送付してもらうことが可能か，などの事情に鑑み個別具体的な判断が求められる。[5]

③**財産所在地管轄**　日本に住所・本拠も営業所も有しておらず，かつ日本で事業活動も行っていない個人や事業者等であっても，日本に財産を有している場合には，日本の国際裁判管轄が認められることがある。3条の3第3号の財産所在地管轄である。[6] ただし，この管轄が認められるのは，①当該財産が請求の目的となっている場合か，あるいは，②金銭の支払を求める訴えであり，かつ，当該被告の財産の価値が著しく低くない場合の2つの場合に限られる。

④**不法行為地管轄**　民事訴訟法3条の3第8号には，不法行為に関する訴えにつき，不法行為があった地が日本国内にあるときに日本の国際裁判管轄が認められると規定されている。この「不法行為があった地」に加害行為が行われ

---

4) この場合に，問題となる業務と訴えとの間に具体的な関連性が必要とされるのか，抽象的な関連性で足りるのかについても問題となりうる（本間靖規＝中野俊一郎＝酒井一『国際民事手続法〔第2版〕』（有斐閣，2012））。
5) 佐藤達文＝小林康彦編『一問一答　平成23年民事訴訟法等改正』（商事法務，2012）57頁。
6) 佐藤＝小林編・前掲注5) 47頁。

た場所と加害行為の結果が発生した場所の双方が含まれることには争いがない[7]。しかし，外国で行われた行為の結果のみが日本で発生した場合（いわゆる隔地的不法行為の場合）に，日本での結果の発生につき加害行為者に予見可能性がなかったと判断される場合には，本号に基づく国際裁判管轄は否定される（同号下段括弧書）。この予見可能性は，加害者の主観を基準にするのではなく，客観的に判断される[8]。また，不法行為自体の存否に争いがある場合，原告は，不法行為があったことについての客観的事実関係を完全に証明することが求められる[9]。

インターネットに関して不法行為が問題となりうる類型は，(a)名誉・信用やプライバシーなどの人格権侵害など，と(b)著作権，商標権，特許権や営業秘密などの知的財産侵害とが考えられうる。以下それぞれの類型につき，少し詳細にみておこう。

(a) 人格権侵害

名誉・信用やプライバシーの侵害など，いわゆる人格権侵害に基づく損害賠償請求や差止請求について，不法行為地管轄の対象となることにはほぼ争いがない。問題となるのは，特にインターネットによる人格権侵害について，どこをもって加害行為地とし，どこをもって結果発生地とするか，という点である。もちろん，この点は雑誌・新聞や放送など従来型のメディアにおいても問題となっていたが，インターネットでは，誰でもどこからでも，瞬時に全世界に拡散する情報を簡単に発信できるため，この問題がさらに深刻となる。日本の判例からは，裁判所の立場は明確にならない[10]が，民事訴訟法3条の3第8号と同じく加害行為地にも結果発生地にも不法行為地管轄を認めるブリュッセルⅠ規則5条3項[11]の解釈にかかるEU司法裁判所判例が解釈の参考となろう。

まず，Shevill判決[12]において，EU司法裁判所は，新聞による名誉信用毀損やプライバシー侵害について，加害行為地は出版印刷をした場所（すなわち，通常は出版社の設立地）であり，結果発生地は被告がそこで知られているのであれば，当該出版物が頒布された場所となるとした。ただし，同判決では，加害

---

[7] 佐藤＝小林編・前掲注5) 69頁。
[8] 佐藤＝小林編・前掲注5) 71頁，本間＝中野＝酒井・前掲注4) 61頁。
[9] 最判2001・6・8民集55巻4号727頁。

行為地には全損害について管轄が認められるが,結果発生地では,そこで生じた損害分についてしか管轄が認められなかった(具体的には全発行部数のうち結果発生地とされる場所で販売された部数の割合に応じて計算することになる)。

　この従来型のメディアにおける考え方がインターネットにおいても貫けるかが問題となったのが,eDate事件・Martinez事件の併合判決[13]である。同併合判決は,まず,Shevill判決の基本的な考え方はインターネットにも妥当しうるが,コンテンツの遍在性が大きく異なるため,頒布地の範囲や当該国でのみ発生した損害を切り分けることが不可能であるとした。その上で,インターネット上のコンテンツにより人格権が侵害された場合には,侵害者の本拠地(＝加害行為地)もしくは被害者の利益の中心が所在する地(通常は被害者が常時居住している国)で全損害についての管轄が認められ,これらの国以外で当該コンテンツにアクセス可能な国においてはそこで生じた損害(ただし,そこで生じた損害をどのように切り分けるかについてEU司法裁判所は何の基準も示していない)分についてのみ管轄を有するとしている。

　これらの判断は日本の不法行為地の具体的な判断についても十分に参考となり得よう。ただし,日本では,国際裁判管轄につき客観的併合を認める民事訴

---

10) 東京地判1989・8・28判時1338号121頁は,アメリカカリフォルニア州に住所を有する被告に対して,日本で雑誌を印刷販売した出版社から提起された債務不存在確認請求につき,被告の居住しているカリフォルニア州で雑誌を販売したことが不法行為であり,日本は不法行為地ではないと判断した。しかし,この訴訟は日本訴訟での被告がアメリカカリフォルニア州で原告出版社に対して提起した損害賠償請求訴訟の対抗訴訟として日本で提起されたものであり,ここでの判示が一般的な基準となりうるかどうかは疑問である。また,東京地判2013・10・21判例集未登載では,インターネット上のプレスリリース(英語のHPに英語で発表されたもの)によって名誉と信用が毀損されたとして日本法人がネバダ州法人に対して,日本の裁判所に損害賠償を求めた事件について,被告がプレスリリースをインターネット上で公表し,当該プレスリリースを日本国内でも閲覧可能な状態としたことのみで結果発生地が日本にあることを認めたものの,結局後述する特別の事情があるとして日本の管轄を認めなかった。

11) ブリュッセルI規則5条3号(同改定規則7条2号)
「構成国に住所を有する者は以下の場合に他の構成国で訴えられうる。
⑵不法行為もしくは準不法行為にかかる請求については,不法行為が発生したかもしくは発生する可能性のある地」

12) Shevill and Others v. Presse Alliance, C-68/93[1995] E.C.R. I-415

13) eDate Advertising GmbH v. X and Olivier Martinez, Robert Martinez v. MGN Limited, C-509/09 and C-161/10 [2011]ECR I-10269

訟法3条の6があるため，管轄の認められる損害を制限するということは観念し得ない。他方，日本では結果発生地につき予見可能性の要件を要求するため，アクセス可能な地を結果発生地としても，その無限の広がりはある程度阻止できるのではないだろうか。[14]

(b) 知的財産侵害

知的財産侵害についても，多くの判例学説は当該侵害に基づく損害賠償請求や差止請求について不法行為地管轄の対象となることを認めている。[15]しかし，特にインターネット上での知的財産侵害について，日本の判例で，どのような場所をもって知的財産の侵害があった場所（加害行為地も結果発生地も含めて）とするのか，について明確な基準が示されたことはない。[16]ここでも，特に知的財産権侵害について下された，ブリュッセルI規則に関するEU司法裁判所の判例が参考となろう。[17]

EU司法裁判所の判例によると，上述のeDate事件・Martinez事件併合判決の示した考え方は，知的財産権についてはとり得ない。人格権侵害と異なり，知的財産権では属地主義が認められ，各国の知的財産権はその国でのみ効力を有しうるからである。しかし，知的財産権の侵害につき，不法行為地，特

---

[14] 山田恒久「インターネットを介した取引・不法行為事件の国際裁判管轄」日本国際経済法学会編『国際経済法講座Ⅱ 取引・財産・手続』（法律文化社，2012）211頁も参照。

[15] 営業秘密侵害にかかる差止請求につき，不法行為地管轄に基づく判断を間接管轄についてした最判2014・4・24民集68巻4号329頁や，佐藤＝小林編・前掲注5) 69頁など。ただし，登録によって発生する知的財産権の存否または効力に関しては，登録地が日本であれば日本に専属的な管轄が認められる（民事訴訟法3条の5第3項）。この規定があることをもって，外国で登録された特許権等については，侵害についても当該登録地国にのみ管轄を専属させるべきであると考えられなくもない。しかし，改正前であるが判例もこのような立場に立っておらず，多数説も不法行為地管轄とすることで一致をみている（佐藤＝小林編・前掲注5) 113頁）。なお改正前の立法提案にかかる論稿ではあるが，河野俊行「知的財産侵害事件の管轄及び例外条項」河野俊行編『知的財産権と渉外民事訴訟』（弘文堂，2010）227頁以下も参照。

[16] 例えば，東京地判2014・7・16裁判所ウェブサイトでは，韓国企業が日本でインターネットを利用したテレビ番組配信サービスを行っていた韓国企業を，日本で訴えた事件につき，サービスが向けられた場所が日本であるから不法行為があった地に少なくとも日本は含まれると判断しているが，これが一般的に妥当しうる基準であるかどうかは不明である。

[17] ブリュッセルI規則でも知的財産権侵害に基づく損害賠償請求も差止請求も不法行為地管轄の対象とされている。Magnus/Mankowski, Brussels I Regulation (2nd ed. 2012) art.5 note 200

に結果発生地を決定するに際して，加害者側にある特定の国を狙う意図があったかどうかを検討する必要はない。なぜなら，そこで損害が発生したか発生しうる，ということだけで，その場所での管轄を認めるに十分な関連性が認められるからである。この前提に立った上で，商標のように登録を必要とする知的財産権については，加害行為地は加害行為者の設立国で結果発生地は登録地（Wintersteiger 判決[18]），著作権のように登録を必要としない知的財産権については，結果発生地は問題となる権利が保護される場所でかつアクセス可能な場所（Pinckney 判決[19] 及び Hejduk 判決[20]，ただし，そこで発生した損害分に限られる）とした。

　もちろん，上述のように，日本では客観的併合が認められている事情から，管轄の対象となる損害を限定することにあまり意義はないが，インターネット上の知的財産侵害の場合の加害行為地や結果発生地の考え方の一つの指針とはなり得よう[21]。

⑤合意管轄　　また，当事者間で管轄裁判所につき，予め合意をしておくことも可能である。国際的な管轄合意と認められるためには，一定の要件が要求される。すなわち，①一定の法律関係に関する合意であること，②書面でしなければならないこと（ただし電磁的記録でも可），③外国の裁判所を専属裁判所とする管轄合意については，当該外国で事実上，法律上裁判をすることができること（以上民事訴訟法3条の7），④日本の裁判所に専属管轄がないこと（3条の10）である。また，条文上求められてはいないが，合意管轄に関する最判1975・11・28民集29巻10号1554頁で要求された，⑤当該合意が公序良俗に反しないこと，との要件も必要とするのが通説である[22]。当然，これらの合意管轄の要件はインターネット取引にも適用されるが，消費者契約については，後述するように，管轄の合意に関する制限が設けられている。

⑥消費者契約管轄　　すでにみたように，契約関係事件については，債務履行

---

[18]　Wintersteiger AG v. Products 4U Sondermaschinenbau GmbH, C-523/10, ECLI:EU:C:2012:220
[19]　Peter Pinckney v. KDG Mediatech AG, C-170/12, ECLI:EU:C:2013:635
[20]　Pez Hejduk v. EnergieAgentur.NRW GmbH, C-441/13, ECLI:EU:C:2015:28
[21]　ただし，山田・前掲注14) 211 頁。
[22]　佐藤＝小林編・前掲注5) 141 頁。

地管轄が定められているが，契約が事業者と消費者との間で締結された消費者契約である場合には，特別な管轄ルールが定められている。民事訴訟法3条の4第1項では，訴え提起時か，消費者契約締結時に，消費者の住所が日本にあれば，消費者から事業者に対する訴えについて日本の国際裁判管轄が認められる。さらに，<u>消費者から事業者に対する訴え</u>については，他の管轄規定（債務履行地管轄，財産所在地管轄，事業活動地管轄，営業所所在地管轄など）も利用することが可能である。

これに対して，消費者契約に関する，<u>事業者から消費者に対する訴え</u>については，3条の2しか利用できない（3条の4第3項）ため，訴え提起時に消費者の住所地が日本にある場合にのみ日本で国際裁判管轄が認められる。

また，特にインターネット上の消費者契約では，約款に予め管轄合意条項が盛り込まれていることが多いが，消費者契約においては，原則として，消費者契約締結時に消費者が住所を有していた場所を管轄地とする合意のみしか有効とならない（3条の7第5項第1号）[23]。したがって，一般的にみられる，事業者の所在地を管轄地とする合意[24]は，日本の国際裁判管轄法上は無効となる。さらに，仮に消費者の住所地を専属的管轄地と合意していたとしても，専属性は否定され，その地でも訴えられるとする付加的管轄合意と読み替えられる。

(3) 特別の事情による訴えの却下

ここまでに，インターネットに関連して日本で管轄が認められる様々な管轄

---

[23] 消費者契約締結時の消費者の住所地に管轄合意をする場合以外に，消費者契約で管轄合意が有効となるのは，消費者が当該管轄合意に基づいて事業者をその地で訴えた場合や，別の場所で消費者が訴えられたにもかかわらず，管轄合意を援用して合意管轄地での裁判を主張した場合である（3条の7第5項第2号）。

[24] 例えば，Twitterの利用規約では，「12. 一般条件 B. 準拠法および裁判管轄」として，「本サービスに関連する一切の請求，法的手続または訴訟は，米国カリフォルニア州サンフランシスコ郡の連邦裁判所または州裁判所においてのみ提起されるものとし，ユーザーはこれらの裁判所の管轄権に同意し，不便宜法廷地に関する一切の異議を放棄するものとします」とされているが，民事訴訟法上は，日本に居住する消費者との契約に関するこの合意は原則として有効とはならない。しかし，このことは，Twitter社がカリフォルニア州で日本居住の消費者を訴えることを妨げるものではない。手続法は法廷地法によるのが原則であり，カリフォルニア州では日本の民事訴訟法を全く考慮しないで裁判管轄を判断するからである。ただし，日本の管轄規定上許されない管轄原因に基づき下された判決として，後述する外国判決の承認・執行時に問題となる可能性は高い。

原因について述べたが，これらが満たされても日本での裁判が認められない場合があり得る。改正前の判例で認められた「特段の事情論」が明文化されたからである。民事訴訟法3条の9では，事案の性質，被告の負担の程度，証拠の所在地その他の事情に鑑み，日本の裁判所が裁判をすることが当事者間の衡平や適正・迅速な審理の妨げとなる特別の事情があるときは，訴えの全部または一部を却下することができる，とする。このように，国際裁判管轄が認められるにもかかわらず，その管轄権を裁判所の裁量により行使しないという制度は，英米法で認められるフォーラム・ノン・コンヴィニエンス（不便宜法廷地）法理に通じる考え方であり，大陸法系ではあまりみられないものである。特に，改正前に特段の事情が認められた背景には，国内の土地管轄規定を参考にして国際裁判管轄の範囲を確定するという手法から生じる問題を是正する目的があったため一定の合理性が認められたのに対して，国際裁判管轄に関する明文規定をおいたにもかかわらず，裁判所の裁量による訴え却下を認めることにはあまり合理性が感じられない。さらに，特別の事情による訴えの却下は被告住所地に基づく管轄にも認められており，原告の「裁判を受ける権利の保障（憲法32条）」とも抵触する危険をはらんでいる。これらの点を考慮すれば，特別の事情の判断はできるだけ謙抑的かつ制限的になされるべきであろう。

2 準拠法

2.1 準拠法決定ルール

「はじめに」で述べたように，私法分野においては，ある渉外的な法律関係につき日本で裁判することが認められたとしても，それが日本法を使って当該事案を解決することにはつながらない。常に裁判を行う場所の法（＝法廷地法）を使って事案を解決するという原則がどの国においても認められることになると，原告が自分に有利な法を有している法廷地を選べばよい，ということになり，原告のフォーラムショッピング（法廷地漁り）を助長することになる。また，A国で下される判決とB国で下される判決とが全く内容の異なるものとなる

可能性が高まり，事案の解決の国際調和が得られない。さらに，自国の法も外国の法も，主権国家の法であるという点では同等であるにもかかわらず，自国の法の優位性を認めることになるという意味でも望ましい結果ではない。そのため，問題となる法律関係に密接に関係を有する法を探り，その法を適用することで，事案の解決の国際調和を図り，内外法の平等を確保することが必要となる。このように渉外的な要素を含む場合に，最密接関連地を探り，問題となる法律関係に適用されるべき法を決定するルールを「抵触法」，もしくは「法選択規則」と呼び，抵触法により適用されるべきとして指定された法を「準拠法」と呼ぶ。日本では「法の適用に関する通則法」に抵触法にかかる明文規定がおかれている。

準拠法を決定するためには，いくつかのステップを踏む必要がある。まず，当該法律関係が渉外的な私法関係であることが確認されなければならない。ついで，問題となる法律関係が，準拠法の適用対象として，いくつの法律関係に分類されるのか，また，それぞれの法律関係がどのような性質を帯びているのかを確定しなければならない（法律関係の性質決定，略して法性決定とも呼ばれる）。それぞれの法律関係の性質が決まれば，通則法には，多くの場合各法律関係に応じた「連結点」（＝法律関係と準拠法をつなぐ要素）が定められており，それに応じて準拠法を決定することになる。例えば，通則法4条1項には，「人の行為能力は，その本国法によって定める」と定められているが，この場合の単位法律関係は「人の行為能力」，連結点は「その者の本国」，準拠法は「その者の本国法」ということになる。以下では，インターネットに関して特に問題となりうる，契約の準拠法，消費者契約の準拠法，不法行為の準拠法（生産物責任，名誉毀損，知的財産侵害も含む）を概観する。

2.2 契約の準拠法

(1) 契約の成立及び効力の準拠法

契約の成立及び効力の準拠法については，通則法上2種類の準拠法決定ルールが定められている。一つは当事者の意思を基準とするもの（主観的連結），もう一つは客観的な要素を基準とするもの（客観的連結）である。

当事者の意思を基準として，すなわち当事者の法選択合意によって契約の準

拠法を決定することを当事者自治ともいう。当事者自治は，通則法7条によって認められているが，契約締結後に当事者が準拠法を選択する意思を示した場合には，通則法9条による契約準拠法の変更として処理される（なお，9条に基づく準拠法の選択は，第三者の権利を害する場合には，当該第三者に対抗できない）。準拠法選択の意思表示は明示でも黙示でもかまわない。しかし，ここで認められるべき黙示の準拠法選択合意は，様々な状況から契約を類型化して仮定的に推認されうるものではなく，当事者の現実の意思に合致しているが明らかには示されていないものに制限すべきとするのが現在の通説である[25]。

　客観的な要素を基準とするのは，当事者の法選択がない場合に限られる（通則法8条）。したがって，原則としては，当事者が有効に法選択をしているにもかかわらず，そこで選択された法とは異なる法が契約の成立・効力の準拠法となることはない。契約の準拠法を客観的な基準に従って決定するために通則法が用意している連結点は，「当該法律行為の当時において当該法律行為に最も密接な関係がある地」（通則法8条1項）であるが，この規定では具体的に何を見て準拠法を決定したら良いか明らかではない。そのため，通則法は，2項と3項で推定規定を設け，契約に特徴的給付がある場合には，特徴的給付をなす者の常居所地[26]（法人の場合は本拠地），不動産を目的とする契約については，不動産所在地，をそれぞれ最密接関連地と推定する，としている。具体的にどのような契約につきどのような給付が特徴的給付となるのか，については，事例ごとに考える必要がある。例えば，売買契約においては，売主の目的物引渡債務が特徴的給付となり，役務供給契約においては，役務の供給債務が特徴的給

---

[25] 櫻田嘉章＝道垣内正人編『注釈国際私法第1巻』（有斐閣，2011）194頁［中西康］。ただし，仮定的当事者意思と黙示の意思とを切り分けることは現実には不可能であると指摘する見解もある（横山・前掲注3) 170頁）。

[26] 特徴的給付や常居所地とは，国際私法特有の概念である。まず特徴的給付とは，契約を類型化する際に，ある契約をどの類型におくか，という点に関して，決定的な役割を果たす契約上の債務のことをいう。つまり，片務契約では，唯一存在する義務が特徴的給付となり，双務契約においては，往々にして，金銭給付は共通しているから，金銭給付の反対給付を指すとされる（櫻田＝道垣内編・前掲注25) 206頁［中西］）。また，「常居所」とは，法律概念である「住所」に対して事実概念であるとされ，人が常時居住する場所を指し，単なる居所ではなく，相当長期間にわたり居住する場所のことである（南敏文『改正法例の解説』（法曹会，1992) 47頁）。

付となる。また，銀行取引のような金融業者からの貸付契約に関しては，いずれも金銭給付ではあるが，業として貸付を行っている側が特徴的給付者であるとする見解が通説である。しかし，常に特徴的給付が簡単に決定されるわけではなく，例えば知的財産の譲渡契約や実施契約については譲渡人（許諾者）が特徴的給付をなす者とする見解がある一方，個々の契約ごとに考える必要があるとする見解も有力に主張されている[27]。また，特徴的給付をなす者の常居所地や不動産が目的の場合の不動産所在地は，あくまでも契約の最密接関連地を推定するためのツールであり，これらの場所よりも，様々な要素に鑑みて，契約が密接に関連を有する他の場所がある場合には，推定は覆る。

(2) 契約の方式の準拠法

契約の方式については，通則法10条が，①契約の成立・効力の準拠法，②行為地法のうち，方式を有効とする法を準拠法とする（1項・2項。選択的適用）。ただし，国際的なインターネット取引のように，契約当事者がそれぞれ別の国にいて契約を締結するような場合には，①契約の成立・効力の準拠法，②申込通知発信地法，③承諾通知発信地法のうち，当該方式を有効とする法に従っていればよい（10条1項・4項）。

2.3 消費者契約

(1) 消費者契約の成立及び効力の準拠法

準拠法決定についても，国際裁判管轄の場合と同様，一般契約の成立及び効力の準拠法決定と異なる消費者契約の特則（通則法11条）が規定されている。

11条は，原則としては，一般契約と同様，当事者の意思による準拠法決定（主観的連結）と客観的な要素での準拠法決定（客観的連結）を認める。例えば，インターネット上で，日本に住んでいる消費者とアメリカカリフォルニア州の事業者が契約を締結し，オンライン上確認できる約款にカリフォルニア州法を準拠法とする準拠法合意条項が定められていたとしよう。この場合，消費

---

[27] 知的財産にかかる契約についての議論につき詳細は木棚照一『国際知的財産法』（日本評論社，2009）450頁以下。

者が約款に対して「同意する」ボタンをクリックすれば，原則として，通則法7条に基づく準拠法合意をしたことになる（事後の合意であれば9条によることも同じである）。[28] 消費者がその内容を理解していたかどうかは問われない。しかし，当該準拠法合意で，消費者の常居所地以外の場所の法が選ばれている場合には，消費者は，自分の常居所地の法のうち，特定の強行規定の適用を主張すれば，当該強行規定が契約の準拠法にプラスして適用される。ここで「強行規定」とは，当事者が自らの意思によって適用を排除することができない規定をいう。例えば，前述の例では契約の準拠法はカリフォルニア州法であるが，日本に住んでいる消費者は日本法中の特定の強行規定の適用を主張することにより，その強行規定の保護を受けることができる。この主張は，裁判で行われる必要はなく，当該規定を適用したいという意思を相手方に伝えるだけで十分である。[29]

なお，契約の準拠法が合意されていない場合には，通則法8条は適用されず，消費者の常居所地法が準拠法となる（11条2項）。

(2) 消費者契約の方式の準拠法

消費者契約の方式についても，通則法11条には特則がある。原則としては10条が適用されるが，①消費者の常居所地法以外の法が成立・効力の準拠法と合意されている場合には，消費者が自分の常居所地の特定の強行規定を適用するよう主張した場合には，方式についてはその法のみが適用される（11条3項）。また，②消費者の常居所地法が成立・効力の準拠法として選択された場合には，消費者が望めば，10条の選択的適用を排斥して，消費者の常居所地

---

28) つまり，消費者契約にかかる管轄合意は原則無効であるのに対して，準拠法合意は原則有効である。したがって，上述した，Twitterの利用規約「12. 一般条件 B. 準拠法および裁判管轄」中で，「本規約およびそれに関連して行われる法的行為は，米国カリフォルニア州法の抵触法に関する規定またはご自身の居住している州もしくは国にかかわらず，米国カリフォルニア州の法に準拠するものとします」という部分は原則有効となる。

29) 通則法11条1項で消費者が適用を主張しなければ適用されることのない強行規定（相対的強行規定という）とは別に，消費者の意思や準拠法に関係なく必ず適用されるべき強行規定（強行的強行規定や絶対的強行規定などと呼ばれる）が存在している。例えば「外国為替及び外国貿易法」はその典型である。この区別は非常に重要であるが，具体的にどのような法規範が前者に当たり，後者に当たるのは何かについては，見解が大きく分かれる。詳細は，櫻田=道垣内編・前掲注25) 261頁以下［西谷祐子］参照。

法だけを方式の準拠法とすることができる（11条4項）。また，方式についても，成立・効力の準拠法の合意がなければ，消費者の常居所地法のみが準拠法となる（11条5項）。

(3) 消費者契約の特則の適用除外

以上述べた，消費者契約にかかる特則は，一定の場合には適用されない。通則法11条6項には，能動的消費者（1号2号）と事業者の不知・誤認（3号4号）のそれぞれに基づく適用除外が規定されている。

能動的消費者に関する適用除外　11条6項1号2号では，消費者が自ら常居所地外へ移動して，契約の締結をする（1号：例えば海外旅行先で現地商店の店頭で商品を購入したような場合）もしくは契約上の債務の全部の履行を受けたか受けることとなっていた場合（2号：例えば海外旅行先で，日本からインターネットで予約したホテルに宿泊する場合）場合には，同条1項から5項の保護を受けることができなくなる。このように能動的に国外に出て行く消費者まで，手厚い保護をする必要がないためである[30]。しかし，1号2号にはさらに例外が規定されており，消費者が自らの常居所地で，外国での契約締結に関する勧誘（1号但書）や外国での債務の履行に関する勧誘（2号但書）を受けていた場合には，能動的消費者の例外が外れ，1項から5項の保護を受けることができるようになる。

この「勧誘」をどのように理解するかについて，学説は分かれている。外国の事業者が，個別の消費者に対して，直接，郵便やe-mail，電話などで契約締結もしくは債務の履行にかかる勧誘を行っている場合に，これらの行為が「勧誘」に当たることはほぼ異論がない。しかし，インターネット上の広告に関しては，事実上世界中に勧誘を行っているも同じになるので，能動的消費者を除外した意味がなくなるとして「勧誘」には当たらないとする見解がある[31]一方，一定範囲に対象を区切ったようなインターネット上の広告（特定期間内に特定国から日本に来る人のみが使える格安クーポンをインターネット上に掲載しているような

---

30) なお，日本にいる消費者が海外に所在するサーバー上のインターネットのサイトに接続して，音楽や映画などのデータをダウンロード購入するような場合は，能動的消費者には当たらない。

31) 小出邦夫『一問一答 新しい国際私法』（商事法務，2006）76-77頁。

場合) には,「勧誘」に当たるとする見解[32]もある。いずれにしても,不特定多数を対象とした一般的な広告では足りず,消費者に,自分の常居所地の消費者保護の網から外れる行為をさせるきっかけとなるような,一定の具体的・積極的な働きかけが必要といえよう。

事業者の不知・誤認に基づく適用除外　11条6項3号4号では,事業者が相手方消費者の常居所を知らないか,相手方が消費者でないと誤認している場合の,同条1項から5項の適用除外を定める。いずれの場合も知らないことや,誤認について,事業者側に相当の理由がなければ認められない。

3号は,例えば,インターネット上で,商品を購入できる消費者を特定国に限定しているにもかかわらず,特定国外に住む消費者が偽りの住所を書き込むことで商品を購入したような場合が想定される。4号については,小売業者に対してのみ卸値で販売しているインターネットサイトで,消費者が小売業者であるかのような登録をした上で購入するような場合が考えられる。3号4号については,勧誘の有無は問題とならない。

2.4　不法行為の準拠法

(1) 一般不法行為の準拠法

不法行為の準拠法については,一般不法行為にかかる通則法17条,生産物責任にかかる18条,名誉・信用毀損にかかる19条,例外規定の20条,当事者の準拠法選択を一定の場合に認める21条,法廷地法たる日本法が累積的に適用される22条により準拠法が定められることになる。以下順次みていこう。

一般不法行為については,通則法17条が,加害行為の結果発生地を原則的な連結点としつつ,結果発生地での結果の発生について通常予見可能性を欠く場合には2次的な連結点として,加害行為地を連結点とする。このような規定

---

[32] 澤木敬郎 = 道垣内正人『国際私法入門〔第7版〕』(有斐閣, 2012) 211頁。なお,武田邦宣「デジタルプラットフォームの市場支配力分析」公正取引779号 (2015) 19頁以下によると,近時のインターネット上の広告は,利用者のデータを細かく分析した上でのターゲティング広告となっているようである。「勧誘」を特定個人に特定事業者からアプローチしたものとのみ解するならばともかく,一定のターゲットに絞っていれば足りるとするのであれば,現在我々が目にするインターネット上の広告の多くは「勧誘」と解される余地があろう。

は，加害行為の行為地と結果の発生地が異なる国で生じる隔地的不法行為を念頭においておかれた規定といえる。インターネット上の不法行為は，往々にして，隔地的不法行為になりがちであるため，この規定の恩恵を受けることになろう。ここでの通常予見可能性は，国際裁判管轄の場合と同じく，結果の発生自体の予見可能性ではなく，その場所で結果が発生することについての予見可能性を問題とする。また，基準は，加害行為者本人ではなく，客観的に判断されるべきであるのも，国際裁判管轄の場合と同じである。なお，知的財産権侵害については，知的財産権の準拠法で触れる。

(2) 生産物責任の準拠法

生産物責任の準拠法に関しては，通則法18条が一般不法行為と異なる特則を規定している。すなわち，同条によれば，引渡しを受けた生産物の欠陥により，生命身体または財産を侵害された場合には，生産業者に対する被害者からの訴えについては，原則として，被害者が生産物の引渡しを受けた地の法によることになる。

18条の特則が適用されるためには，生産物が被害者に引き渡されたことが必要である。したがって，18条の対象となる被害者は原則として引渡しを受けた者に限られる。引渡しを受けてはいないが，生産物の欠陥により被害を受けた者（バイスタンダーと呼ばれる。例えば，欠陥のあるテレビを購入した者と一緒にテレビを見ていて，テレビの出火によりやけどを負った者など）は，17条の一般不法行為の準拠法による。[33]

また，18条の対象となる「生産物」とは，生産され加工されたものをいうとされ，未加工の農水産物や不動産を含む広い概念である。[34] 日本の製造物責任法の対象よりも広いので注意が必要である。また，「生産業者等」とは，生産物を業として生産する者だけでなく，加工，輸出入，流通，販売した者を全て含み，こちらも日本の製造物責任法の製造者よりもかなり広い概念である。例えば，インターネット上で何らかの商品（中古品でもかまわない）を販売してい

---

[33] ただし，直接引渡しを受けた者と家計を同じくする家族など，その者と同視できる立場にある者については，例外的に18条で定まる準拠法によらしめるべきとの見解が多い。櫻田＝道垣内編・前掲注25) 469頁［佐野寛］。

[34] 小出・前掲注31) 105頁。

る場合には，通則法18条の生産業者等に含まれることになる。さらに，実際に生産物の製造に携わっておらず，OEMやODMなどで他人に委託して生産物を製造してもらい，自分の商号や商標等の表示をしているだけであったとしても，「生産業者等」に含まれる。連結点としての「生産物の引渡しを受けた地」とは，法的な占有取得が行われた場所をいうとするのが通説である。[35]

なお，生産業者にとって，生産物の引渡し地での当該生産物の引渡しが，通常予見可能性を欠く場合には，18条の但書により，生産業者等の本拠地もしくは常居所地法が生産物責任の準拠法となる。但書に該当する場合としては，例えば，インターネット上でA国居住者にのみ販売していたある製品を，購入者がB国に旅行した際に転売し，その後製品の欠陥により最終使用者がけがをしたような場合が考えられる。ここでも基準は，生産業者等の主観ではなく，客観的な事情からの判断となる。

(3) **名誉・信用毀損の準拠法**

通則法19条は，他人の名誉または信用を毀損する不法行為について特則を定める。同条によると，名誉・信用毀損に基づく請求については，被害者の常居所地法による。本条の対象となるのはあくまでも名誉や信用が毀損されている場合のみであり，プライバシー侵害については17条の一般規則によるとする見解もある[36]が，プライバシー侵害についても本条により，一括して被害者の常居所地法によるべきとの見解がより多数説といえる[37]。したがって，多数説の見解によれば，例えばインターネット上の掲示板で，何らかの殺人事件の犯人であるとして実名や住所を書き込まれ，事実上世界中の人がその情報にアクセス可能な状況になっている場合には，名誉毀損にかかる請求についても，プライバシー侵害にかかる請求についても，通則法19条に従い，どこの国から誰が書き込んだものであろうとも，被害者の常居所地国の法により判断されることになる。

(4) **準拠法の変更：その1 例外規定**

---

[35] 小出・前掲注31) 106頁。
[36] 小出・前掲注31) 112-3頁。
[37] 櫻田＝道垣内編・前掲注25) 486頁 [出口耕自]

ここまで，一般不法行為の準拠法，生産物責任の準拠法，名誉・信用毀損の準拠法についてみてきたが，これらの規定により準拠法が決まっても，実際の事案に適用されない場合がある。通則法 20 条の例外規定と 21 条の合意による準拠法変更である。

20 条は，17 条から 19 条で決まった準拠法所属地よりも，様々な事情から，明らかにより密接な関係を有する他の地があると認められる場合には，そのより密接な関係を有する地の法を準拠法とする，と規定する。20 条で具体的に挙げられているのは，不法行為時に当事者が共通常居所を有していた場合と不法行為が当事者間に既存の契約債務に違反して行われた場合の 2 つであるが，これらの場合であっても，必ず共通常居所地法や契約準拠法が 20 条で準拠法とされるわけではない。逆に，これらの事情がなくても，不法行為により密接な関係を有する地があることも考えられる。あくまでもこの 2 例は例示であり，密接関連地の探求は事案に関係する様々な要素を考慮しつつ行われることになる。

(5) 準拠法の変更：その 2 合意による準拠法変更

不法行為等の準拠法が変更される可能性の 2 つ目は，当事者の合意による準拠法の変更である。通則法 21 条は，不法行為の起こった後であれば，当事者間で準拠法を合意することができるとする。ただし，合意によって不法行為等の準拠法が変更され，その変更により第三者が不利益を被る場合には，当該第三者には準拠法の変更を対抗することができない。例えば保険代位によって損害賠償請求権を代位取得する可能性のある保険会社などが，ここでいう第三者の例である。

(6) 法廷地法の累積適用

不法行為等の準拠法が 17 条から 21 条までのルールに従い決定されたとしても[38]，そこで決まった準拠法が外国法である場合には，22 条により，不法行

---

[38] ただし，22 条が適用されるのは，17 条から 19 条により準拠法が決定された場合に限られるとする制限的な解釈もある。高杉直「法適用通則法における不法行為の準拠法」ジュリスト 1325 号（2006）60 頁。

為の成否と救済方法について日本法が必ず累積的に適用される。

22条1項は，準拠外国法により不法行為となる場合であっても，当該事実が日本法によれば不法行為にならない場合には，準拠外国法ではなく，日本法を基準として，不法行為に基づく請求を認めない，とする。例えば後述するカードリーダー事件最判では，準拠法となるアメリカ法に基づくと特許権侵害が認められる可能性のあった事実につき，本条1項（通則法の前身である法例11条2項）に従い，日本法によれば特許権侵害とならないとして，不法行為の成立を認めなかった。また，22条2項は，準拠外国法と日本法との双方で不法行為の成立が認められるときであっても，被害者に与えられる救済は，日本法により認められる内容や範囲に限定されるとする。例えば，英米法でみられる懲罰的損害賠償は，仮に準拠外国法で認められたとしても，日本法が認めていないため，認められない。

このように不法行為について特別に法廷地法を累積的に適用する制度は，諸外国でも昔は存在していたが，今では非常に制限的な制度になっているか，廃止された国が多い。特に，一般的な公序条項が通則法42条に存在している中で，不法行為についてわざわざ強制的な累積適用を課す必然性は疑わしい。しかし，条文上は，外国法が不法行為等の準拠法になった場合には，自動的に，必ず日本法を累積的に適用するしかない。

2.5　知的財産権侵害の準拠法

(1)　知的財産権の準拠法：属地主義と準拠法

知的財産権については属地主義が妥当するとされ，古くは，法選択規則の対象とならない，と考える見解も多くあった。しかし，現在では，最判2002・9・26民集56巻7号1551頁〈カードリーダー事件〉が，外国特許権に関する私人間の紛争については準拠法決定が必要となる，と判断したことからもわかるように，知的財産権にかかる法律問題についても準拠法の決定が必要となるという点では判例はほぼ一致しており，学説も多数説は準拠法決定を必要とする[39]。

---

39) 櫻田＝道垣内編・前掲注25) 630頁 [道垣内正人]。

準拠法決定を必要とするとした場合，どのように準拠法を決定するべきかの問題がさらに発生する。この点につき，通則法は何ら規定をおいていないため，条理による解決が必要となる。知的財産権の帰属や効力等については，学説は多岐に分かれているものの，有力説は保護国法を準拠法とする。[40] 侵害についてはさらに学説が分かれており，以下少し詳細に検討する。

(2) 知的財産権の侵害の準拠法

インターネット上で，特許権や著作権，商標権などの知的財産権や営業秘密などの知的財産が侵害された場合，準拠法の決定はどうなるか。この点，まず，そもそもこの問題をどのような性質の問題ととらえるべきか問題となる。参考となるのは前述のカードリーダー事件最判である。同判決では，インターネット上ではないものの，アメリカ特許権が日本での侵害品の生産とアメリカへの輸出によって侵害されたとして，日本で侵害行為の差止め・作られた製品の廃棄，損害賠償が求められ，最高裁は，侵害行為の差止め・作られた侵害品の廃棄については特許権の効力の問題，損害賠償については不法行為の問題として別個の法律関係と性質決定したのである。その後知的財産権侵害が問題となった事例では，いずれも，このカードリーダー事件最判を踏襲して，差止め等に関しては知的財産権の効力の問題，損害賠償は不法行為の問題と法性決定している。

法性決定の次には，連結点の確定が問題となる。特にインターネット上で知的財産権が侵害される場合には，例えば一つのアップロード行為により，それぞれに属地性をもった権利として各国に存在している知的財産権が侵害されるという状況が容易に発生しうるからである。特に著作権については，ベルヌ条約により，同条約締約国については登録や表示などの特別な手続をしなくても，外国で成立した著作物に対して内国での著作権が発生することとされている。そのため，ある国で著作権が発生した途端に，条約加盟国170カ国弱の国で

---

40) さらに，保護国とはどのような国のことを指すのか，という点でも学説は分かれているが，有力説は登録を必要とする知的財産権については登録国が保護国であり，登録を必要としない知的財産権については利用行為が行われた場所を保護国とする。カードリーダー事件最高裁判決もこの流れにあると理解されている。これらの見解の分類や詳細については櫻田＝道垣内編・前掲注25) 630頁以下参照［道垣内］。

それぞれの著作権法に守られた著作権が同時多発的に発生することになり，インターネットによる侵害の遍在性（ユビキタス性）が特に問題視される。

　前述のカードリーダー事件最判は，差止め等については知的財産権の効力の問題，損害賠償を不法行為の問題と性質決定し，そして，前者は明文の規定がないから，条理により特許権の登録国を連結点とし，後者は特許権の登録国が結果発生地であるとして，いずれも特許権の登録国法を準拠法とした。この考え方は，確かにユビキタス性を帯びていない状況では，一定の解決を示している。特許権の効力が属地性を有している以上，登録国以外では不法行為の結果が発生し得ないからである。他方著作権についてはどうであろうか。最高裁はまだ著作権の効力の準拠法について判断を下したことはないが，下級審では，著作権の効力等については，これを保護する国の法，すなわち保護国法を準拠法とし，保護国法とはすなわち著作権の所属国と解することが多い。また，著作権侵害の結果発生地国については，著作権を与え，かつ，そこでの侵害が問題とされている国と判断する判例が多い。つまりカードリーダー事件最判の判断を連結点の確定についても踏襲しているといえる。そうすると，インターネット上で著作権が侵害されている場合には，少なくとも理論的には，ベルヌ条約により著作権が認められる著作権所属国の全てが，差止めや損害賠償の準拠法所属国となりうることになり，非常に煩雑な結果を招くことになる。

　学説はこの点，差止め・廃棄等の問題と損害賠償の問題とを区別し，前者は知的財産権の効力の問題として登録国ないしは保護国法によらしめ，後者は不法行為の問題として処理をする見解，全て一括して権利の侵害という不法行為と考え，不法行為の準拠法で処理をする見解，全て一括して知的財産権の効力の問題として保護国法によるとする見解など多岐にわたっている。また，インターネットとの関連については，全て一括して保護国法によらしめるべきとの見解から，このような場合について，行為者が積極的に侵害行為をどこに向けていたかに着目し，実質的に損害が発生したと評価できる保護国法のみを準拠法とすべきとの見解が主張される。[41] このような考え方[42]は，全て不法行為として一括して処理すべきとの立場からも「結果発生地」の解釈として十分に参

41）　櫻田＝道垣内編・前掲注 25）456 頁［西谷］。

42）　学説の詳細については櫻田＝道垣内編・前掲注 25）642 頁以下参照［道垣内］。

考となり得よう。ただし，不法行為として準拠法を決定する場合には，20条や21条による準拠法の変更の影響，さらに22条による日本法の累積適用の影響を受けざるを得ないことにも注意が必要である。

3 外国判決の承認・執行

3.1 外国判決承認執行制度

　外国の裁判所の下した判決は，通常であれば，当該外国の主権の及ぶ範囲でのみ，当該外国の手続法の定める効力を有することとなる。日本の裁判所の下した判決については，日本の民事訴訟法に基づき認められる様々な効力を有するが，それは日本の領土内で，かつ日本の手続法がそのような効力を認めているからである。つまり判決は，それを下した裁判所の所在する国でその法廷地法に従った効力を有し，執行をすることも簡単であるが，他の国ではそれだけでは何の効力もなく，絵に描いた餅でしかない。しかし，外国で判決を得ても，他国で何度もやり直しの訴訟をしなければならないとなると，国際的なビジネスを展開する上では煩雑であるし，訴訟コスト上も好ましくない。そのため，各国では外国判決の効力を一定の場合に承認し，内国での当該外国判決に基づく執行を認める制度を有している。日本では民事訴訟法118条及び民事執行法24条が外国判決承認執行制度の枠組みについて規定している。

3.2 外国判決承認執行の要件

　民事訴訟法118条によれば，外国判決は，①外国裁判所の確定判決であること（柱書），②判決国裁判所が当該事件につき裁判管轄を有していたこと（1号），③敗訴の被告に訴訟の開始を告げる文書が送達されていたこと（2号），④判決の内容及び手続が日本の公序良俗に反しないこと（3号），⑤判決国と日本との間に相互の保証があること（4号），の5要件が備わっている限り，なんら手続を必要とせずに，自動的に承認される。また，民事執行法24条では，外国判

決を執行する際には，当該外国判決の内容の当否を判断してはならないとするいわゆる実質的再審の禁止にかかる明文規定がおかれている。承認要件に関する規定である民事訴訟法118条にはこのような規定はおかれていないが，承認時にも実質的再審は許されないとするのが通説である。また，これらの要件は多くの国で共通しており，日本の裁判所の下した判決も，外国で承認執行されるときには，おおよそこれらの要件が判断されることになる。

ただし，近年アメリカで制定されたSPEECH法に注意する必要がある。SPEECH法とはSecuring the Protection of our Enduring and Established Constitutional Heritage Act[43]の略称であり，名誉毀損に基づく損害賠償を命じる外国判決の承認執行についてのみ適用される法である（通常の金銭判決については，統一外国判決承認法Uniform Foreign-Country Money Judgments Recognition Actを採択している州が多い）。同法によれば，名誉毀損にかかる外国判決の承認執行に際しては，(1)外国訴訟での敗訴被告が同判決の内容が合衆国憲法第1修正に反していると抗弁しているか，(2)外国訴訟での敗訴被告が判決国の管轄権行使が合衆国憲法の求めるデュープロセスに反していると抗弁しているか，(3)プロバイダーに対する判決であり，かつ当該プロバイダーが1934年通信法§230に反していると主張しているかのいずれかに該当する場合には，これらの抗弁の内容について判断しなければ当該外国判決は承認されない，とする。確かに法文上は，日本の民事訴訟法118条で求められる要件と大きく異ならないようにも思われるが，実際には，特に名誉毀損が簡単に認められがちなイギリスで下された判決をアメリカで承認することを阻止する目的で作られたと認識されており，今後の運用について，注意が必要である。[44]

(1) 外国裁判所の確定判決であること

外国裁判所の判決が確定しているか否かについては判決国法上認められている通常の不服審査申立ての手段が尽きているか否かにより判断されることになる。また，「外国裁判所」には，未承認国家の裁判所も含まれるが，国際司法

---

[43] 28 U.S.C. §§ 4101-4105
[44] Emily C. Barbour, The SPEECH Act: The Federal Response to "Libel Tourism", available at https://fas.org/sgp/crs/misc/R41417.pdf

裁判所や国際海洋法裁判所のような国際裁判所は含まれない。

(2) 間接管轄

民事訴訟法 118 条 1 号で要求される間接管轄の要件は，判決国裁判所に国際裁判管轄があったことを問うものである。このような要件を課す趣旨は，判決国の管轄ルールを尊重しつつ，被告や事件と当該判決国との間に十分な関連性が認められるかという観点から，判決国の適切さを審査することである。

間接管轄の要件の判断基準について，[45]学説は承認国である日本の国際民事訴訟法を基準とする点では一致するが，直接管轄と間接管轄の基準は一致するとの通説（鏡像理論とも言われる）[46]と，間接管轄と直接管轄との基準との不一致を認める見解[47]とに分かれる。この点について判断を下した最判 1998・4・28 民集 52 巻 3 号 853 頁はどちらの立場に立ったものか評価が分かれていたが，その後の最判 2014・4・24 民集 68 巻 4 号 329 頁は，間接管轄について，民事訴訟法上の国際裁判管轄の基準によりつつ，外国判決を承認するのが適当か否かとの観点から条理に従って判断すべき，と述べ，鏡像理論に立たないことを明確にした。

(3) 敗訴の被告への送達

敗訴被告への適法な送達を外国判決承認の要件とする趣旨は，手続開始時点での審問請求権や手続関与権の保障にある。この要件は(ア)適正な方式に則ってなされた送達であったか（適式性）と(イ)被告となった者が手続の開始や請求内容を了知できたか，応訴をするために時間的余裕があったか（了解可能性あるいは適時性）とに分けて論じられる。適式性については，多数説は判決国の裁判

---

[45] 学説の詳細は河野俊行「間接管轄」高桑昭＝道垣内正人編『新・裁判実務大系 3 国際民事訴訟法（財産法関係）』（青林書院，2002）326 頁以下，芳賀雅顯「外国判決承認要件としての国際裁判管轄――間接管轄の基本姿勢と鏡像理論をめぐって」法律論叢 72 巻 5 号（2000）31 頁以下など。

[46] 中野俊一郎「外国判決承認要件としての国際裁判管轄」CDAMS ディスカッションペーパー（2007）13 頁など。

[47] 小杉丈夫「承認要件としての管轄権」『国際私法の争点〔新版〕』（有斐閣，1996）235 頁など。ただし，独自の基準で判断すべきとの学説にも，間接管轄をより広くすべきとする見解と，単に独自の基準で判断すべきとする見解とに分かれる。

手続の一部であることを理由に，判決国法に従っていれば足りるとし[48]，了解可能性・適時性については，個別具体的に審査すべきとする説が多数説である[49]。

この要件に関して最も議論が多いのは，直接郵便送達の可否についてである。日本が，「民事又は商事に関する裁判上及び裁判外の文書の外国における送達及び告知に関する条約」（以下「ハーグ送達条約」とする）批准の際に，直接に文書を郵送する方法を認める10条ａ号に拒否宣言をしなかったことの意味を巡る議論及び同条約10条同号に拒否宣言をしなかったことが，本要件判断に影響を及ぼすのか否かについて見解が分かれている[50]。学説上は，そもそも直接郵便送達自体を認めないとする見解や，翻訳文添付がなければ一律に了解可能性を欠くので「送達」要件を満たさないとする見解，翻訳文添付がなくても被告に了解可能性／適時性があれば認めるとする見解などがある。

(4) 公　　序

外国判決は，その訴訟手続が日本の公序に反しないこと（手続的公序），およびその内容が日本の公序に反しないこと（実体的公序）という要件も備える必要がある。いずれの要件もその判断に際しては，当該外国判決を承認執行した場合の結果の反公序性と当該事案と日本との関連性の2点から判断をする必要がある。

手続的公序に関しては，裁判官の独立性・中立性の保障，当事者に対する審問請求権の保障が実質的になされているかが問題となる。実際に判例で手続的公序違反を理由として承認拒絶されたのは，日本ですでに下された判決と内容が矛盾する外国判決の承認が問題となった事案[51]である。

---

[48] 安達栄司「外国判決承認における送達要件の自由化傾向——特に送達の適式性に関して」鈴木重勝ほか編『内田武吉先生古稀祝賀・民事訴訟制度の一側面』（成文堂，1999）458頁など。

[49] 鈴木正裕＝青山善充編『注釈民事訴訟法(4)裁判』（有斐閣，1997）377頁［高田裕成］，海老沢美広・私法判例リマークス1992（上）（日本評論社，1992）165頁など。

[50] 政府は「外国から裁判上の文書が直接郵送されてきたとしても，わが国としては，それを主権侵害とはみなさないということを意味している」にすぎないとする。原優「私法の国際的統一運動」国際商事法務17巻12号（1989）1284頁。学説の整理につき斎藤彰・平成2年度重要判例解説（有斐閣，1991）270頁，高杉直・ジュリスト1100号（1996）124頁参照。

[51] 大阪地判1977・12・22判タ361号127頁。

実体的公序に関しては，特にアメリカなどでよくみられる懲罰的損害賠償を認める判決の承認が問題となる。この点，最判 1997・7・11 民集 51 巻 6 号 2573 頁〈萬世工業事件〉は，懲罰的損害賠償を認めた外国判決の民事判決性は認めつつ，日本の損害賠償制度と法的性質の異なる懲罰的損害賠償を日本で承認することは公序違反となるとして，当該外国判決の塡補賠償を認めた部分についてのみ日本で承認執行することを認めた。

(5) 相互の保証

相互の保証要件とは，判決国において，日本の外国判決承認執行要件と同程度の要件で日本の判決が承認執行されることを要求するものである。最判 1983・6・7 民集 37 巻 5 号 611 頁で「『相互の保証があること』とは，当該判決をした外国裁判所の属する国……において，我が国の裁判所がしたこれと同種類の判決が同条各号所定の条件と重要な点で異ならない条件のもとに効力を有するものとされていることをいう」との基準が示されて以来，学説判例ともほぼこの基準を認めている。

これまで判例で相互の保証が認められたのは，アメリカ合衆国カリフォルニア州，ハワイ州，ニューヨーク州，ネバダ州，ヴァージニア州，フランス，ドイツ（統一前の西ドイツも含む），スイス，香港，イングランド・ウェールズ，オーストラリア，シンガポールであり，逆に認められなかったのはベルギー（東京地判 1960・7・20 下民集 11 巻 7 号 1522 頁）と中国（大阪高判 2003・4・9 判時 1841 号 111 頁）である。ベルギーに関しては，1960 年当時のベルギー法が判決承認に際して実質的再審を求めていたことを理由に，日本と判決承認の基準が違うと判断されたのであるが，現在では同国でも実質的再審は禁止されており，仮に再びベルギー判決の承認が日本で問題とされた場合，相互の保証はありと判断される可能性は極めて高いと思われる。他方，中国については，中国国内判例実務や最高人民法院の司法解釈により日本の判決承認が拒絶されていることが理由とされている。そのため，引き続き相互の保証を欠く状態が続くことは明らかと思われる。

CONCLUSION　おわりに

　インターネットは国境概念が希薄な世界であり，インターネットの登場により国境を越えるビジネスのチャンスは飛躍的に広がったといえるだろう。その一方で，現実の世界では国境を越えれば法も裁判システムも異なる状況は全く変わっていない。つまり，インターネットでなされた取引であっても，通常の取引と同じように，ここで述べた国際私法上の問題による影響を受けることになる。一部の紛争類型ではインターネット上で国際紛争を解決できるように，オンライン仲裁なども試みられ，一定の成果を挙げてはいるが（例えばWIPO調停仲裁センターでのドメインネーム紛争解決システム　http://www.wipo.int/amc/en/arbitration/online/ など），必ずしも一般的な紛争解決システムになっているとはいいがたい。

　とはいえ，取引や権利侵害がインターネットによって行われ，それらが簡単に国境を越えたとしても，現実世界の人間がそれらを操っている限りにおいては，国際私法的な問題処理で十分対応可能といえるのではないだろうか。

考えてみよう

1　インターネット上の消費者契約について，通則法は，オンライン約款での準拠法合意は原則有効として，自分の常居所地法の保護を受けたい場合には特定の強行規定を指示して適用意思を告げるよう要求しており，さらに能動的消費者を保護の対象から外している。これに対して，国際裁判管轄では管轄合意を一切認めないどころか，事業者が提訴する場合には，消費者の住所地でしか裁判ができない上に，能動的消費者の適用除外も認められていない。このような準拠法と国際裁判管轄ルールはアンバランスではないだろうか。準拠法上の消費者の保護のあり方や，管轄法上の事業者の保護のあり方について考えてみよう。

2　準拠法決定や国際裁判管轄決定ルールにおいて，経済的弱者保護はどのように考えられているだろうか。国内の消費者保護法制と消費者契約の準拠法ルー

ルそれぞれにおける消費者保護のあり方について考えてみよう。

3 インターネットを介した名誉・信用毀損については，すでにみたように通則法 19 条で，被害者の常居所地法が準拠法となる。これに対して，EU で契約外債務準拠法に関する立法を試みた際には，被害者の常居所地を連結点とすることはマスメディアの表現の自由や報道の自由に抵触するおそれがあるとするマスメディアの大規模ロビー活動によって，阻止され，結局名誉・信用毀損に関する特別ルールを明文化することは見送られた（詳細は出口耕自「ローマ II および通則法における名誉毀損」上智法学論集 54 巻 2 号〔2010〕1 頁以下）。それぞれの立場について考えてみよう。

もっと詳しく知りたい方は　REFERENCE

国際私法・国際民事手続法一般について，
松岡博編『国際関係私法入門〔第 3 版〕』（有斐閣，2012）
中西康＝北澤安紀＝横溝大＝林貴美『国際私法』（有斐閣，2014）
横山潤『国際私法』（三省堂，2012）など

INDEX

判例索引

大判 1903・5・21 刑録 9 輯 874 頁 ……………………………………………… 238
大判 1926・3・24 刑集 5 巻 117 頁 ………………………………………………… 57
大判 1926・7・5 刑集 5 巻 303 頁 ………………………………………………… 56
東京高判 1950・2・28 民集 7 巻 4 号 474 頁〈欧文字単一電報隠語作成方法事件〉……… 251
最判 1953・1・30 刑集 7 巻 1 号 128 頁 ………………………………………… 246
最判 1953・4・30 民集 7 巻 4 号 461 頁〈欧文字単一電報隠語作成方法事件〉 ………… 251
最大判 1956・7・4 民集 10 巻 7 号 785 頁〈謝罪広告事件〉 ………………… 58, 63
最判 1956・7・20 民集 10 巻 8 号 1059 頁 ……………………………………… 57
東京高判 1957・1・24 刑集 11 巻 5 号 1530 頁 ………………………………… 32
最大判 1957・3・13 刑集 11 巻 3 号 997 頁〈チャタレイ事件〉 …………… 94, 95, 120
最決 1957・5・22 刑集 11 巻 5 号 1526 頁 ………………………………………… 32
最判 1958・4・10 刑集 12 巻 5 号 830 頁 ………………………………………… 58
最判 1959・5・7 刑集 13 巻 5 号 641 頁 ………………………………………… 61
東京地判 1960・7・20 下民集 11 巻 7 号 1522 頁 ……………………………… 355
最判 1961・4・20 民集 15 巻 4 号 774 頁 ………………………………………… 179
東京地判 1964・9・28 下民集 15 巻 9 号 2317 頁〈「宴のあと」事件〉 ………… 76, 287
最判 1966・6・23 民集 20 巻 5 号 1118 頁 ……………………………………… 60, 61
最決 1968・1・18 刑集 22 巻 17 号頁 ……………………………………………… 60
最判 1968・12・17 民集 22 巻 13 号 2998 頁 …………………………………… 179
最大判 1969・6・25 刑集 23 巻 7 号 975 頁〈夕刊和歌山事件〉 ………… 60, 61, 230
最大判 1969・10・15 刑集 23 巻 10 号 1239 頁〈悪徳の栄え事件〉 ……… 42, 95, 120
最大決 1969・11・26 刑集 23 巻 11 号 1490 頁〈博多駅テレビフィルム提出事件〉 … 28, 37
最判 1969・12・19 民集 23 巻 12 号 2539 頁 …………………………………… 184
最大判 1969・12・24 刑集 23 巻 12 号 1625 頁〈京都府学連事件〉 ……………… 80
東京地決 1970・3・14 判時 586 号 41 頁〈「エロス＋虐殺」事件〉 ……………… 80
東京高決 1970・4・13 判時 587 号 31 頁 ………………………………………… 80
最判 1970・12・18 民集 24 巻 13 号 2151 頁 …………………………………… 57
最判 1972・11・16 民集 26 巻 9 号 1633 頁 ……………………………………… 61
東京地判 1974・11・5 判時 785 号 116 頁 ……………………………………… 60
最判 1975・11・28 民集 29 巻 10 号 1554 頁 …………………………………… 336
大阪地判 1977・12・22 判夕 361 号 127 頁 ……………………………………… 354

最決 1978・5・31 刑集 32 巻 3 号 457 頁〈外務省秘密電文漏洩事件〉	37
最判 1978・9・7 民集 32 巻 6 号 1145 頁〈ワン・レイニー・ナイト・イン・トーキョー事件〉	256
東京高判 1978・9・28 判タ 372 号 85 頁	61
東京地判 1980・7・11 無体例集 12 巻 2 号 304 頁〈テレビまんが事件〉	266
最判 1980・11・28 刑集 34 巻 6 号 433 頁〈「四畳半襖の下張」事件〉	95
東京高判 1981・3・25 無体例集 13 巻 1 号 333 頁〈テレビまんが事件〉	266
最判 1981・4・16 刑集 35 巻 3 号 84 頁〈月刊ペン事件〉	60
最判 1981・7・21 刑集 35 巻 5 号 568 頁	40
最判 1981・10・16 民集 35 巻 7 号 1224 頁〈マレーシア航空事件〉	328
東京高判 1981・12・17 高刑集 34 巻 4 号 444 頁	101
最判 1983・6・7 民集 37 巻 5 号 611 頁	355
東京地判 1983・6・10 判時 1084 号 37 頁〈月刊ペン事件〉	60
最大判 1983・6・22 民集 37 巻 5 号 793 頁〈よど号ハイジャック記事抹消事件〉	42
最判 1983・10・20 判時 1112 号 44 頁	60
最決 1984・4・27 刑集 38 巻 6 号 2584 頁	239
東京地判 1984・6・28 判時 1126 号 6 頁	238
最大判 1984・12・12 民集 38 巻 12 号 1308 頁〈税関検査事件〉	42, 120, 121
最大判 1985・10・23 刑集 39 巻 6 号 413 頁〈福岡県青少年保護条例事件〉	120
最大判 1986・6・11 民集 40 巻 4 号 872 頁〈北方ジャーナル事件〉	37, 57, 64, 65, 120
最決 1987・3・12 刑集 41 巻 2 号 140 頁	228
最判 1987・4・24 民集 41 巻 3 号 490 頁	60
最判 1988・1・26 民集 42 巻 1 号 1 頁	63
最判 1988・3・15 民集 42 巻 3 号 199 頁〈クラブ・キャッツアイ事件〉	317
最大判 1989・3・8 民集 43 巻 2 号 89 頁〈法廷メモ採取事件〉	38, 42
東京地判 1989・6・23 判時 1319 号 132 頁	81
東京地判 1989・8・28 判時 1338 号 121 頁	334
最判 1989・9・19 刑集 43 巻 8 号 785 頁〈岐阜県青少年保護育成条例事件〉	118
最判 1989・12・21 民集 43 巻 12 号 2252 頁	62
最判 1990・2・20 判時 1354 号 76 頁	218
東京地判 1990・5・22 判時 1357 号 93 頁	78
岡山地判 1991・9・3 判時 1408 号 107 頁	81
大阪地判 1991・12・2 判時 1411 号 128 頁	32
東京高判 1993・6・29 高刑集 46 巻 2 号 189 頁	240, 241
最判 1993・7・19 判時 1489 号 111 頁	212
最判 1994・2・8 民集 48 巻 2 号 149 頁〈ノンフィクション「逆転」事件〉	77, 84
東京地判 1995・2・13 判時 1529 号 158 頁	242
東京地判 1995・5・19 判時 1550 号 49 頁	79

最判 1995・11・30 民集 49 巻 9 号 2972 頁 ……………………………………… 189
東京地判 1997・5・26 判時 1610 号 22 頁〈ニフティサーブ「現代思想フォーラム」事件〉
　……………………………………………………………………… 71, 75, 305, 308
最判 1997・5・27 民集 51 巻 5 号 2009 頁〈夕刊フジ事件〉 ……………… 57, 58
東京地判 1997・6・23 判時 1618 号 97 頁 ……………………………………… 79
最判 1997・7・11 民集 51 巻 6 号 2573 頁〈萬世工業事件〉 ……………… 355
最判 1997・9・9 民集 51 巻 8 号 3804 頁 ……………………………………… 62
大阪高判 1997・10・8 判時 1631 号 80 頁 ……………………………………… 79
最判 1997・11・11 民集 51 巻 10 号 4055 頁〈ファミリー事件〉 ………… 328
岡山地判 1997・12・15 判時 1641 号 158 頁 ……………………… 98, 232, 233
東京地判 1997・12・22 判時 1637 号 66 頁 …………………………………… 71
山形地判 1998・3・20 判例集未登載 ………………………………………… 100
最判 1998・4・28 民集 52 巻 3 号 853 頁 …………………………………… 353
最決 1998・5・1 刑集 52 巻 4 号 275 頁 …………………………………… 297
東京地判 1998・11・30 判時 1686 号 68 頁 …………………………………… 79
最判 1999・2・23 判時 1670 号 3 頁〈メイプルソープⅠ事件〉 …………… 96
大阪地判 1999・2・23 判例集未登載 ………………………………………… 100
大阪地判 1999・3・19 判タ 1034 号 283 頁 …………………………… 98, 100
神戸地判 1999・6・23 判時 1700 号 99 頁 …………………………………… 83
東京地判 1999・9・24 判時 1707 号 139 頁〈都立大学事件〉 …………… 306
最判 1999・10・26 民集 53 巻 7 号 1313 頁 …………………………………… 61
最判 1999・12・14 裁判所時報 1258 号 1 頁 ………………………………… 128
東京地判 2000・2・29 判時 1715 号 76 頁 …………………………………… 77
大阪高判 2000・2・29 判時 1710 号 121 頁〈堺通り魔殺人事件〉 ……… 79
東京高判 2001・2・15 判時 1741 号 68 頁〈「石に泳ぐ魚」事件〉 …… 79, 80
東京地判 2001・2・26 判タ 1055 号 24 頁 …………………………………… 58
最決 2001・3・12 刑集 55 巻 2 号 97 頁 …………………………………… 215
東京地判 2001・4・24 判時 1755 号 43 頁〈J-PHONE 事件〉 …………… 270
最判 2001・6・8 民集 55 巻 4 号 727 頁 …………………………………… 333
東京地判 2001・6・29 判タ 1139 号 184 頁 ………………………………… 63
最決 2001・7・16 刑集 55 巻 5 号 317 頁〈アルファネット事件〉 … 92, 93, 232
東京高判 2001・7・18 判時 1751 号 75 頁〈「あしながおじさん」公益法人常勤理事事件〉 …… 78
東京地判 2001・8・27 判時 1778 号 90 頁〈ニフティサーブ「本と雑誌フォーラム」事件〉 …… 72, 231
東京高判 2001・9・5 判時 1786 号 80 頁〈ニフティサーブ「現代思想フォーラム」事件〉 …… 71, 305
東京地判 2001・9・20 判時 1764 号 112 頁〈電着画像形成方法事件〉 … 255
東京地判 2001・10・5 判時 1790 号 131 頁 ………………………………… 78
東京高判 2001・10・25 裁判所ウェブサイト〈J-PHONE 事件〉 ………… 270

東京地判 2001・12・25 判時 1792 号 79 頁	76
最判 2002・1・29 民集 56 巻 1 号 185 頁	62
最判 2002・1・29 判時 1778 号 49 頁	60, 62
東京地判 2002・3・14 裁判所ウェブサイト	231
最判 2002・6・17 集刑 281 号 577 頁	108
東京地判 2002・6・26 判時 1810 号 78 頁〈2ちゃんねる（動物病院）事件〉	307
東京地判 2002・7・15 判時 1796 号 145 頁〈mp3 事件〉	271
最判 2002・9・24 判時 1802 号 60 頁〈「石に泳ぐ魚」事件〉	57, 80
最判 2002・9・26 民集 56 巻 7 号 1551 頁〈カードリーダー事件〉	348, 349, 350
東京高判 2002・12・25 判時 1816 号 52 頁〈2ちゃんねる（動物病院）事件〉	72, 307
東京高判 2003・3・5 東高刑時報 54 巻 1〜12 号 8 頁	236
最判 2003・3・14 民集 57 巻 3 号 229 頁〈長良川事件〉	78
最判 2003・4・8 民集 57 巻 4 号 337 頁	212
大阪高判 2003・4・9 判時 1841 号 111 頁	355
東京地判 2003・4・24 金判 1168 号 8 頁	321
東京地判 2003・6・25 判時 1869 号 54 頁	75
東京地判 2003・7・17 判時 1869 号 46 頁	72
最判 2003・10・16 民集 57 巻 9 号 1075 頁	58
横浜地判 2003・12・25 判タ 1177 号 348 頁	215
東京地判 2004・2・19 裁判所ウェブサイト	78
東京地判 2004・3・11 判時 1893 号 131 頁	317
東京高決 2004・3・31 判時 1865 号 12 頁〈「週刊文春」事件〉	80
東京地判 2004・4・15 判時 1909 号 55 頁	187
大阪高判 2004・4・22 判タ 1169 号 316 頁	75
東京地判 2004・7・14 判時 1879 号 71 頁	81
最判 2004・7・15 民集 58 巻 5 号 1615 頁	63
東京高判 2005・3・3 判時 1893 号 126 頁〈罪に濡れたふたり事件〉	262, 316
名古屋高判 2005・3・17 金判 1214 号 19 頁	211
東京地判 2005・3・25 判時 1899 号 155 頁	244
東京高判 2005・3・31 裁判所ウェブサイト〈ファイルローグⅠ事件〉	260
東京高判 2005・3・31 裁判所ウェブサイト〈ファイルローグⅡ事件〉	260
広島地判 2005・5・31 判例集未登載	189
東京地判 2005・9・2 判時 1922 号 105 号	182
東京地判 2005・9・26 判時 1934 号 61 頁	211
東京地判 2005・9・27 判時 1917 号 101 頁	85
最判 2005・11・10 民集 59 巻 9 号 2428 頁	81
大阪地判 2005・12・8 判時 1934 号 109 頁〈クルマの 110 番事件〉	268

判例索引

東京地判 2006・1・30 判時 1939 号 52 頁	178
最決 2006・2・14 刑集 60 巻 2 号 165 頁	240, 241
最決 2006・10・3 民集 60 巻 8 号 2647 頁	39, 61
京都地判 2006・12・13 刑集 65 巻 9 号 1609 頁	260
東京地判 2007・5・31 判例集未登載	74
東京地判 2007・8・27 判タ 1282 号 233 頁	81
東京地判 2007・12・5 判時 2003 号 62 頁	58
東京地判 2007・12・14 裁判所ウェブサイト〈HOYA 事件〉	255
最判 2008・1・28 集刑 293 号 11 頁等	40
最判 2008・2・19 民集 62 巻 2 号 445 頁〈メイプルソープⅡ事件〉	96
東京地判 2008・2・29 刑集 64 巻 2 号 59 頁〈ラーメンチェーン店事件〉	68
名古屋地判 2008・3・28 判時 2029 号 89 頁	189
大阪地判 2008・6・10 判タ 1290 号 176 頁	187
東京地判 2008・10・1 判時 2034 号 60 頁	72
東京地決 2008・11・14 判例集未登載	83
東京地判 2009・1・21 判時 2039 号 20 頁	83
東京高判 2009・1・30 刑集 64 巻 2 号 93 頁〈ラーメンチェーン店事件〉	68
最判 2009・3・9 刑集 63 巻 3 号 27 頁	128
東京高判 2009・3・12 高刑集 62 巻 1 号 21 頁	228
東京地判 2009・4・15 判タ 1303 号 180 頁	58
東京高判 2009・7・15 判時 2057 号 21 頁	58
大阪高判 2009・10・8 刑集 65 巻 9 号 1635 頁〈Winny 事件〉	261
さいたま地判 2009・10・16 判例集未登載〈読売新聞西部本社事件〉	70
東京地判 2010・2・18 判例集未登載	83, 324
最決 2010・3・15 刑集 64 巻 2 号 1 頁〈ラーメンチェーン店事件〉	68, 230
知財高判 2010・3・24 判タ 1358 号 184 頁〈JAddress サービス事件〉	255
最判 2010・4・8 民集 64 巻 3 号 676 頁	321
東京高判 2010・4・27 判例集未登載〈読売新聞西部本社事件〉	70
最判 2011・1・18 民集 65 巻 1 号 121 頁〈まねき TV 事件〉	262, 317
最判 2011・1・20 民集 65 巻 1 号 399 頁〈ロクラクⅡ事件〉	262, 317
京都地判 2011・4・21 判例集未登載	151
最判 2011・4・28 民集 65 巻 3 号 1499 頁	39, 62
東京地判 2011・6・15 判時 2123 号 47 頁	85
東京地判 2011・6・30 判例集未登載	83
大阪高判 2011・10・28 判例集未登載	151
東京地判 2011・12・1 判時 2146 号 69 頁	182
最決 2011・12・19 刑集 65 巻 9 号 1380 頁〈Winny 事件〉	261

東京地判 2011・12・21 判例集未登載	83
最判 2012・2・2 民集 66 巻 2 号 89 頁〈ピンク・レディー事件〉	82
最決 2012・2・23 判例集未登載	151
最判 2012・3・23 判時 2147 号 61 頁〈読売新聞西部本社事件〉	70
東京高判 2012・3・26 東高刑時報 63 巻 1～12 号 42 頁	238
東京高判 2012・4・18 判例集未登載	75
奈良地判 2012・6・25 判例集未登載〈奈良水平社博物館事件〉	150
最決 2012・7・9 判時 2166 号 140 頁	99, 109
福岡高判 2012・7・13 判時 2234 号 44 頁	86
高知地判 2012・7・31 判タ 1385 号 181 頁	63
東京高判 2012・8・29 判時 2189 号 63 頁	75
東京地判 2012・10・31 金判 1440 号 22 頁	189
最判 2012・12・7 刑集 66 巻 12 号 1337 頁〈堀越事件〉	67
奈良地判 2013・1・17 判例集未登載	75
東京高判 2013・2・22 判時 2194 号 144 頁	233
大阪地判 2013・4・26 判例集未登載	61
東京地判 2013・7・9 判例集未登載	81
東京高判 2013・7・24 判タ 1394 号 93 頁	189
京都地判 2013・10・7 判時 2208 号 74 頁〈京都朝鮮学校事件〉	57, 151
東京地判 2013・10・11 判例集未登載	61
東京地判 2013・10・21 判例集未登載	334
東京高判 2014・1・30 金判 1440 号 10 頁	182, 189
東京地判 2014・3・4 判時 2225 号 83 頁	75
最判 2014・4・24 民集 68 巻 4 号 329 頁	335, 353
大阪高判 2014・7・8 判時 2232 号 34 頁〈京都朝鮮学校事件〉	57, 151
東京地判 2014・7・16 裁判所ウェブサイト	335
京都地判 2014・8・7 判時 2264 号 79 頁	83
東京地決 2014・10・9 判例集未登載	84
最決 2014・12・9 判例集未登載〈京都朝鮮学校事件〉	151
東京地判 2015・1・29 判時 2249 号 86 頁〈IKEA 事件〉	269
大阪高判 2015・2・18 判例集未登載	84
大阪地判 2015・2・23 裁判所ウェブサイト	76
東京地判 2015・5・27 判例集未登載	76

INDEX

事項索引

A～Z

ADR　271
ARPANET　1
CDA　8, 15, 33
EDI　168
EMA　137
ICANN　19
IoT　25
P2P　98, 259, 260
POS　173
SLAPP　63

あ 行

IT 基本法　10
IT 戦略会議　9
IT 総合戦略本部　11
IP アドレス　3, 269, 274, 278
アクセス制限　34
アクセス・プロバイダー　304
「悪徳の栄え」事件　42, 95, 120
アクワイヤラ　216
「あしながおじさん」公益法人常勤理事事件　78
アルファネット事件　92, 93, 232
IKEA 事件　269
「石に泳ぐ魚」事件　57, 79, 80, 83
いじめ防止対策推進法　117, 141
イシュア　216
萎縮効果　61, 96
位置情報　285, 296
位置情報プライバシーレポート（総務省）　285, 286
e- 文書法　16
違法ダウンロード　258
EU 基本権憲章　41
EU 電子商取引指令　17, 175, 323
印刷メディア　27
インターネット　1

── の技術特性　32
── の構造　2
── の特色　7
── の歴史的発達　2
インターネット・オークション　→ ネットオークション
「インターネット・オークションにおける『販売業者』に係るガイドライン」（消費者庁）　192
インターネット広告ガイドライン（消費者庁）　192
インターネット選挙運動　38
インターネット法　18
ウィキリークス　41
Winny 事件　261
受け手側の自由　41
「宴のあと」事件　76, 287
営業所所在地管轄　331
営業秘密　239
エージェント技術　169
エッジ・プロバイダー　46
閲覧防止措置　135
mp3 事件　271
「エロス＋虐殺」事件　80
OECD プライバシーガイドライン　276
欧文字単一電報隠語作成方法事件　251
大阪市ヘイトスピーチ抑止条例案　162
大阪府興信所条例　163
岡山市電子掲示板に係る有害情報の記録行為禁止に関する条例　163
オプトイン・オプトアウト　15, 79, 192, 283, 289, 292
オンライン識別子　278, 288
オンライン捜索　294
オンラインマーク制度　196

か 行

海外サーバー　99
外国判決の承認・執行　351
解除（契約の）　187

ガイドライン　283
外務省秘密電文漏洩事件　37
顔認識データ　85, 281
価格誤表示　182
隠し撮り　→盗撮
瑕疵担保責任　204
仮想通貨　220
割賦販売法　218
カード決済　185
カードリーダー事件　348, 349, 350
カラオケ法理　317
間接管轄　353
偽　造　209, 223, 242
岐阜県青少年保護育成条例事件　118
器物損壊罪　238
行政手続における特定の個人を識別するための番号の利用等に関する法律　277
共同規制　140, 284
京都朝鮮学校事件　57, 150
京都府学連事件　80
業務妨害　→電子計算機損壊等業務妨害罪
記録命令付差押え　296
銀行振込　200, 210
グーグルストリートビュー　86
クッキー ID　278
クラウド・コンピューティング　261, 297, 323
クラッキング　243
クラブ・キャッツアイ事件　317
クリックラップ契約　170
クーリングオフ　195
クルマの110番事件　268
クレジットカード　201, 216
クレジットカード決済　185
掲示板管理者　99
携帯電話事業者　133
景品表示法　191
刑　法　91, 226
契約の準拠法　338
契約不履行　187
経由プロバイダー　304
月刊ペン事件　60
決済（電子商取引の）　199
原因関係　207, 211, 218
検　閲　121, 303
検索サービス（検索エンジン）　43, 83, 99, 323
現実の悪意　39, 59
合意管轄　336

公共の利害　59, 65, 230
広　告　283, 343
広告規制　191
公衆送信　257
公　序　354
公職候補者等の特例　315
公職選挙法　39, 315
公正な論評の法理　62
行動ターゲティング広告ガイドライン（JIAA）　275, 283, 293
高度情報通信社会　9
高度情報通信ネットワーク社会形成基本法　10
公用文書等毀棄罪　238
国際裁判管轄　328
告　知　283, 290
個人関連情報　283
個人識別符号　→識別符号
個人情報の保護に関する法律についての経済産業分野を対象とするガイドライン　282
個人情報保護　274
個人情報保護法　277, 294
国家による情報収集　293
子ども・若者育成支援推進本部　132
コード論　21
誤表示　182
誤振込　211
コミュニティサイト運用管理体制認定基準　138
コモンキャリア　31, 47, 302
コモンキャリッジ　30
コンテンツ・プロバイダー　304
コンピューターウィルス　246
コンピューター業務妨害　→電子計算機損壊等業務妨害罪
コンピューター詐欺　240

さ　行

罪刑法定主義　226
財産所在地管轄　332
財産犯　240
サイバーストーキング　235
サイバースペース　2
サイバーセキュリティ基本法　17
サイバー犯罪条約　92
裁判管轄　328

債務不履行	187	商標法	263
債務履行地管轄	330	私用文書等毀棄罪	238
堺通り魔殺人事件	79	情報格差	46, 175
詐欺罪	240	情報窃盗	238, 243
錯誤	177	知る権利	36
サジェスト機能	325	知る自由	124
差押え	296	人格権侵害	333
差止め	80	人権擁護法案	161
サーバー型電子マネー	202	人工知能	25, 171
差別的表現	145	真実性の証明	59
JAddressサービス事件	255	人種差別撤廃条約	152
J-PHONE事件	270	人種差別撤廃法案	162
識別符号（識別子）	275, 278, 281, 288	スカーレット事件	43
識別符号取得罪	243	ステルスマーケティング	193
事業活動地管轄	331	ストーカー規制法	235
資金決済に関する法律	210, 215	税関検査事件	42, 120, 121
自己検閲	96	生産物責任（の準拠法）	345
自主規制	112, 140, 196, 283	政治的言論の自由	38
システム・オペレーター	305	青少年閲覧防止措置	135
システム障害	189	青少年環境整備法	15, 116, 129
事前抑制	121	青少年保護	115
思想の自由市場	156, 159	正当な公共の関心事	78
児童買春・児童ポルノ禁止法	103, 116, 234	センシティブ情報	79, 276, 287, 288
自動契約締結	172	煽動	153, 154, 159
児童ポルノ	90, 100, 234	戦略的訴訟	63
——の定義	105	相互の保証	355
支払い（電子商取引の）	199	捜査	295
支払関係	207, 211, 218	送信可能化	257
支払用カード電磁的記録不正作出罪	242	送信防止措置	311
GPS位置情報	285, 296	相当性の法理	61, 69
氏名・住所	79	属地主義	348
社会的評価	57	組織犯罪処罰法	221
社会の正当な関心事	78	損害賠償	58, 75, 82, 187
謝罪広告	63, 76		
謝罪広告事件	58, 63	**た 行**	
「週刊文春」事件	80		
住所・氏名	79	代金引換　→代引き	
収納代行	201, 214	対抗言論	64, 71, 73, 156, 230
出店者管理義務違反	188	代引き	203, 214
シュリンクラップ契約	170	ダウンロード	258
準拠法	338	ターゲティング広告	275, 283, 286, 293
準拠法の変更	346	単純所持罪（わいせつ物等の）	110
肖像権	76, 80, 84	地下銀行	215
承諾	176	知的財産権侵害	335, 348
消費者契約（の準拠法）	341	知的財産法	249
消費者契約管轄	336	チャタレイ事件	94, 95, 120
消費者保護	191	中間媒介者	41

著作権侵害　259, 316
著作権法　255
著作者人格権　256
通信事業者　30
通信の秘密　295, 303, 318
通信販売　170
通信販売業における電子商取引のガイドライン　196
通信品位保持法（通信品位法）（CDA）　8, 15, 33
通信履歴　284
「罪に濡れたふたり」事件　262, 316
出会い系サイト規制法　15, 116, 234
デジタル署名　→電子署名法
デジタル・デバイド　46
データマイニング　275
デフォルトルール　205
テレビまんが事件　266
電気通信事業における個人情報保護に関するガイドライン（総務省）　285, 295
電気通信事業法　31, 112, 303, 319
電子計算機使用詐欺罪　240
電子計算機損壊等業務妨害罪　17, 229, 238, 246
電子契約　172
──の成立時期　179
電子契約法　16, 178, 179
電子商取引　14, 16, 167, 199, 240
電子商取引及び情報財取引等に関する準則　175
電子商取引指令（EU）　17, 176, 323
電子商取引に関する消費者保護ガイドライン（OECD）　196
電子商取引の未来　170
電子署名法　16, 172
電磁的記録不正作出罪　242
電子文書　174
電子マネー　14, 199, 201, 242
──の仕組み　207
電子メール　98, 180, 192
電着画像形成方法事件　255
同　意　→本人同意
盗　撮　81, 105, 231
ドクター・キリコ事件　14
特定商取引法　192
特定的救済　63, 75
特別管轄　329

特別の事情による訴えの却下　337
特許法　250
鳥取県人権侵害救済推進及び手続に関する条例　161
ドメイン名　18, 19, 269
都立大学事件　306
ドローン　86

な　行

名板貸責任　189
長良川事件　78
奈良水平社博物館事件　150
なりすまし　183
2ちゃんねる（動物病院）事件　72, 307, 313
ニフティサーブ「現代思想フォーラム」事件　71, 75, 305, 308
ニフティサーブ「本と雑誌フォーラム」事件　72, 230
ニュース配信サイト　85
ネットオークション　181, 188, 192
ネットオークションサイト運営者　188
ネットバンキング　212
ネットワークセキュリティ　242
ノンフィクション「逆転」事件　77, 84

は　行

配信記事　62
ハイパーリンク　75
博多駅テレビフィルム提出事件　37
パーソナルデータ　277, 280
ハッキング　243
発信者開示　301
発信者情報開示請求権　318
パブリシティ権　81
番号法　277
犯　罪　227
犯罪収益移転防止法　221
犯罪捜査　295
萬世工業事件　355
ピアツーピア　→P2P
被告住所地原則　329
ビジネス方法特許　252
ビッグデータ　25, 275
ビットコイン　220
表見代理　183

事項索引　367

表現内容規制・表現内容中立規制二分論　122
表現の自由　25
ピンク・レディー事件　82
ファイル共有ソフト　→ P2P
ファイルローグⅠ事件　260
ファイルローグⅡ事件　260
ファミリー事件　328
フィッシング　245, 294
フィルターバブル　288
フィルタリング　43, 128
フィルタリング推進機関　136
風俗営業法　15, 116
福岡県青少年保護条例事件　120
不正アクセス禁止法　17, 184, 237, 243, 294
不正競争防止法　239, 263, 270
不正指令電磁的記録に関する罪　238, 246
不当景品類及び不当表示防止法　191
不当訴訟　63
不法行為（の準拠法）　344
不法行為地管轄　332
プライバシー　53, 76
プライバシーガイドライン（OECD）　276
プライバシーポリシー　286
プライバシーポリシー作成のためのガイドライン（JIAA）　283
ブランデンバーグの基準　159
プリペイド式電子マネー　202
「ブロガーの特権」　36
プログラム　251
ブロッキング　112
ブロードバンド・プロバイダー　46
プロバイダー　46, 303, 304
　——の責任　301
プロバイダー責任制限法　16, 38, 310, 318
「プロバイダ責任制限法 名誉毀損・プライバシー関係ガイドライン」　56, 165
プロファイリング　286
ヘイトクライム法　157
ヘイトスピーチ　145
編集権　303
返品権　195
放送メディア　29
法廷地法の累積適用　347
法廷メモ採取事件　37, 42
法適用通則法　331
報道の自由　36
法の適用に関する通則法　331

ホスティング・プロバイダー　304
北方ジャーナル事件　37, 57, 64, 65, 120
HOYA 事件　255
堀越事件　67
ポルノグラフィー　94
本人確認　184
本人同意　289

ま 行

マイナンバー法　277
マスキング　98
まねき TV 事件　262, 317
マネーロンダリング　216, 221
マレーシア航空事件　328
未成年者による意思表示　186
三鷹市ストーカー殺人事件　87
民間事業者による情報収集　278
民事訴訟法　328
民法　183
無権限取引　208, 212, 219
明確性の原則（理論）　121, 227
メイプルソープⅠ事件　96
メイプルソープⅡ事件　96
名誉毀損　53, 56, 229, 305, 312, 324
　——の準拠法　346
　——の成立時期　75
名誉の概念　56
迷惑メール規制法　15
メタタグ　266
メール　98, 180, 192
申込み　176
モデル小説　79
モバイルコンテンツ審査・運用監視機構　137
モール運営者　188

や 行

約款　164, 184, 204, 207, 337, 342
有害情報　128
有害図書　117
　——の定義　126
有害表現　14
夕刊フジ事件　57
夕刊和歌山事件　60, 61, 230
ユビキタス　25, 350
要配慮個人情報　79, 288

「四畳半襖の下張」事件　95
よど号ハイジャック記事抹消事件　42
読売新聞西部本社事件　70

　　　ら 行

ラーメンチェーン店事件　67, 230
リスクの分配　204, 214
リベンジポルノ　15, 87, 236
リモート・アクセス　298
リンク　99
類推解釈の禁止　227
レッシグ　21

連邦通信委員会　47
ロクラクⅡ事件　262, 317

　　　わ 行

わいせつ画像　96
「わいせつ」の意義　95
わいせつ表現　90, 120, 232
わいせつ物頒布等罪　91, 94, 232
忘れられる権利　43, 83, 325
ワンクリック請求　177
ワン・レイニー・ナイト・イン・トーキョー事件　256

事項索引　369

インターネット法
Internet Law

2015年12月25日 初版第1刷発行

編者	松井茂記
	鈴木秀美
	山口いつ子

発行者　江草貞治

発行所　株式会社 有斐閣
　　　　郵便番号 101-0051
　　　　東京都千代田区神田神保町2-17
　　　　電話 03(3264)1314〔編集〕
　　　　　　 03(3265)6811〔営業〕
　　　　http://www.yuhikaku.co.jp/

文字情報・レイアウト　田中あゆみ
印刷・大日本法令印刷株式会社／製本・牧製本印刷株式会社
© 2015, S. Matsui, H. Suzuki, I. Yamaguchi. Printed in Japan
落丁・乱丁本はお取替えいたします。
★定価はカバーに表示してあります。

ISBN 978-4-641-12583-4

JCOPY　本書の無断複写(コピー)は、著作権法上での例外を除き、禁じられています。複写される場合は、そのつど事前に、(社)出版者著作権管理機構〔電話03-3513-6969, FAX03-3513-6979, e-mail:info@jcopy.or.jp〕の許諾を得てください。